Petra Skibbe und Joachim Skibbe

Ayurveda – Die Kunst des Kochens

Petra Skibbe und Joachim Skibbe

Ayurveda – Die Kunst des Kochens

vollwertig & individuell

pala verlag

Danke!

Wir möchten uns bei all denjenigen bedanken, die uns durch Rezepte, Tipps und Ermutigungen bei der Arbeit an diesem Buch unterstützt haben. Ein ganz besonderer Dank geht an unsere Lehrer, ohne die auch dieses Buch nicht entstanden wäre.

Zur Neuauflage 2009

Nun sind es genau zehn Jahre her, seit dieses Buch »Ayurveda – Die Kunst des Kochens« 1999 das erste Mal im pala-verlag erschienen ist. Irgendwie erscheint es uns, als wäre es erst gestern gewesen. Und dennoch ist dieses Buch inzwischen ein Klassiker unter den vielen Ayurveda-Kochbüchern geworden.
Egal, ob Sie dieses Buch nun erstmals in Ihren Händen halten und neugierig und wissensdurstig versuchen, sich einen ersten Eindruck über die Zusammenhänge der ayurvedischen Medizin, Kochkunst und Lebensphilosophie zu verschaffen, oder ob Sie schon mit den grundlegenden Prinzipien, Begriffen und Konzepten des Ayurveda vertraut sind – wir hoffen, dass Ihnen dieses Buch ein guter Begleiter sein wird.
Wir alle versuchen, eine Balance und Ausgeglichenheit in unserem Leben zu finden. Diese Suche mag für einige von uns bei der Ernährung und einer selbstverantwortlichen Gesundheitsvorsorge beginnen. Andere mag diese Suche zu weiteren philosophischen Betrachtungen über das Leben und das Ziel des menschlichen Daseins führen. Der Ayurveda und die gesamte vedische Kultur und Philosophie des alten Indiens können uns bei all unseren Fragen viele wertvolle Denkanstöße und Antworten bieten.

In der neuen überarbeiteten Auflage dieses Buches haben wir versucht, häufige Fragen, die uns immer wieder in unseren Ayurveda-Ernährungsberatungen gestellt werden, noch klarer hervorzuheben.
Einer der wichtigsten Aspekte scheint uns dabei zu sein, nicht bei der Frage »Welcher Konstitutionstyp bin ich?« hängen zu bleiben. Dies herauszufinden ist zwar spannend und kann uns helfen, uns selbst und unseren Körper besser kennen und verstehen zu lernen. Aber viel wichtiger und praktischer erscheint es uns, sowohl in der Ernährung als auch in unserer Lebensweise eine *sattvische* ausgewogene vegetarische Ernährung mit ökologischen und möglichst regionalen Produkten und einen ausgeglichenen Lebensstil anzustreben. Dies mag uns in der Hektik unseres Alltags nicht immer gelingen, sollte jedoch unser Ziel sein. Denn mit dieser Basis haben wir eine gute Grundlage, tiefere Zusammenhänge besser verstehen zu können.
Wir freuen uns, dass Sie uns ein Stück auf dieser spannenden Reise begleiten, und bereit sind, sich neuen Konzepten zu öffnen. Wir wünschen Ihnen viele gute Begegnungen auf diesem Weg.

Petra Skibbe und Joachim Skibbe
März 2009

Inhalt

Ayurveda – Die Kunst des Kochens erhebt nicht den Anspruch eines Heilbuches, das konkrete Diätvorschläge zum Ausgleich bestimmter Beschwerden und Krankheiten anbietet. Die Informationen in diesem Buch können die Diagnose und Hilfe eines Arztes oder Heilpraktikers nicht ersetzen.

Ayurveda – Die Kunst des Kochens

Ayurveda, die jahrtausendealte Heilkunst des alten Indiens, hilft uns, unsere verloren gegangene Sensibilität und Harmonie wieder zu entdecken. Die Behandlung von Krankheiten ist ein bedeutender Bereich des Ayurveda; noch wichtiger aber sind die Erkenntnisse, wie wir in unserem Alltag harmonisch leben und uns ebenso harmonisch ernähren können, damit Krankheiten gar nicht erst entstehen.

Die Prinzipien des Ayurveda sind universell und weder auf bestimmte nationale Heilmittel noch auf eine bestimmte Küche begrenzt. Ob Spargelcremesuppe oder Safranreis, Nudeln oder Nuss-Sandesh, Karottengemüse oder Khichari, ob süß, sauer, pikant oder würzig – die Ayurveda-Küche hat für alle etwas zu bieten.

Lernen Sie die einfachen Prinzipien des Ayurveda kennen. Finden Sie heraus, zu welchem Konstitutionstyp Sie gehören – und welche Ernährung Ihnen am besten bekommt. Wenn Sie die Prinzipien einmal verstanden haben, können Sie Ihr Wissen auf jede beliebige Küche der Welt übertragen. Harmonie beginnt in der Küche.

Die gesündeste Nahrung ist nach dem Ayurveda diejenige mit der meisten *Prana* (Lebensenergie). Deshalb sind vegetarische, vollwertige und biologisch angebaute Lebensmittel aus der Region am wertvollsten. Auch die Gemütsverfassung der Köchin oder des Kochs spielt eine energetisch wichtige Rolle. Ihre oder seine Gedanken und Gefühle übertragen sich auf die zubereiteten Speisen. Kein Wunder, dass der Ayurveda so großen Wert darauf legt, dass man für sich und die eigene Familie am besten selbst kocht: Für Selbstgekochtes gibt es keinen energetischen Ersatz.

Ayurveda-Ernährung heißt Ernährung im Einklang mit den Naturgesetzen. Wer auch in der Küche nach den Prinzipien von Vollwertigkeit, typgerechter Ernährung, Mitgefühl und innerer wie äußerer Ausgeglichenheit handelt, erfreut nicht nur den Gaumen, sondern auch die eigene physische und psychische Gesundheit und die der ganzen Familie.

Möge dieses Buch Ihnen, liebe Leserin und lieber Leser, nicht nur ein reines Kochbuch, sondern auch ein Lesebuch und vielleicht sogar ein Lebensbuch sein, dessen Denkanstöße Sie in Ihr Leben einbauen können.

Die Prinzipien des Ayurveda

Körper, Geist und Seele sind wie ein Dreifuß. Ihr Zusammenspiel erhält die Welt und stellt das Substrat für alles Existierende. Vereint bringen sie das fühlende Wesen hervor, für das der Ayurveda ins Licht gerufen wurde.
Caraka Samhita, Sutrasthana 1.46 – 47

Ayurveda, wörtlich »die Wissenschaft des Lebens« oder auch »die Wissenschaft des langen Lebens«, ist die älteste der Menschheit bekannte Medizin und Heilkunst; der Ayurveda ist eingebunden in den ganzheitlichen Wissensbereich der ältesten zivilisierten Hochkultur, der vedischen Kultur. Deren Zentrum lag zwar auf dem indischen Subkontinent, in ihrer Blütezeit jedoch erstreckte sich ihr Einflussbereich nahezu auf die gesamte damals zivilisierte Erde.
Nach dem *Shrimad-Bhagavatam,* einem der bekanntesten vedischen Schriftdokumente, wurde der Ayurveda von *Dhanvantari,* einer Inkarnation *Vishnus* oder *Krishnas,* begründet. Ursprünglich mündlich überliefert, wurde diese Heilkunde vor über fünftausend Jahren im *Atharva-Veda* und im *Rig-Veda,* zwei der vielen Überlieferungen der uralten indischen Hochkultur, schriftlich festgehalten.
Inzwischen wird der Beginn der vedischen Kultur mit dem Beginn der zivilisierten Menschheit gleichgesetzt – gestützt durch Funde und Zeugnisse wie beispielsweise mehr als jahrtausendealte Tempel und Schriftdokumente.
Veda bedeutet »echtes Wissen«. Es ist ein Sammelbegriff für die vor fünftausend Jahren schriftlich niedergelegten wissenschaftlichen und philosophischen Erkenntnisse der altindischen Hochkultur. In den *Vedas* sind zahlreiche Wissenschaften vereint wie Architektur, Baukunst, Statik, Mathematik, Geometrie, Astrologie, Astronomie, Kosmologie, Geomantie (Berücksichtigung der planetaren Kraftorte), Kampfkunst – und natürlich Medizin (Ayurveda). Daneben behandeln die *Vedas* kulturelle Themen wie Musik, Tanz, Rhetorik, Theater, Dramaturgie und Poetik. Besondere Aufmerksamkeit widmen die *Vedas* spirituellem Wissen, dem Wissen um und für die Seele. Die Beantwortung von Fragen wie »Woher komme ich?«, »Wohin gehe ich?« und »Was ist der Sinn meines Lebens?« ist ein elementarer Bestandteil der *Vedas.* Sie wollen dem Menschen nicht nur helfen, im Einklang mit den kosmischen Naturgesetzen zu leben, sondern auch sein Ziel im Leben zu bestimmen.
Ayurveda ist eine ganzheitliche Heilkunde, die den Menschen als eine Einheit von Körper, Geist und Seele, die in eine höhere Ordnung eingebunden ist, betrachtet. Seine Therapieformen beinhalten Diätetik, Kräuterheilkunde, Mantra-

Übernatürliche Heilung (Heilung mit Gott)	Subtile Heilkunde (Heilung mit positiven *Sattva*-Energien)	Rationale Heilkunde (medizinische Wissenschaft)
Heilgebete, Heilrituale, Heilmeditation	Chakrabehandlungen, Handauflegen, Farbtherapie, Edelsteintherapie, Musiktherapie, Heilmeditation, autosuggestive Methoden, Tanztherapie, Entsagungen	1. Ernährungslehre 2. Lebensweise 3. Ayurveda-Medizin a. Medikamentöse Therapie b. Chirurgie c. Physikalische Therapie (z. B. Massagen) d. Psychotherapie

Ayurvedische Behandlung von Krankheiten

Meditation, Lebensweise und -beratung, Edelsteintherapie, Yoga, Hygienik oder Musiktherapie. Sie werden in acht Fachbereichen angewandt: Innere Medizin, Chirurgie, Hals-Nasen-Ohren-Augen-Heilkunde, Kinder- und Frauenheilkunde, Psychiatrie, Toxikologie, Sexualheilkunde, Regenerativmedizin und Geriatrie. Die bedeutendsten, noch heute existierenden Ayurveda-Kommentare sind die *Caraka Samhita* und die *Sushruta Samhita*.

Essen als Medizin

Ebenfalls bis heute erhalten geblieben sind die Empfehlungen für die typgerechte Ernährung und eine ausgewogene Verdauung – neben einem integrativen Lebensstil die Eckpfeiler der Gesundheit im Ayurveda. Gerade eine individuell abgestimmte Ernährung nimmt im Ayurveda einen zentralen Platz ein, ganz gleich, ob es um die Erhaltung der Gesundheit oder um die Behandlung von Krankheiten geht.

> Eine gesunde Ernährung setzt sich aus verschiedenen Faktoren zusammen; wichtig sind die richtige Kombination, Menge und Zubereitung der Nahrungsmittel und der passende Rhythmus der Nahrungsaufnahme. Da es sich beim Ayurveda um ein ganzheitliches Heilsystem handelt, achtet man auch auf die rechte Zeit, den geeigneten Ort für die Mahlzeit und eine ausgeglichene Stimmung der Person, die das Essen zubereitet. Außerdem spielen Jahreszeit, Klima, Alter, Konstitution und Gesundheits- oder Krankheitszustand ebenso eine Rolle beim Zusammenstellen unserer Nahrung wie die Tatsache, ob wir mehr geistig oder körperlich arbeiten.

Gesundheit: Gleichgewicht von Körper, Geist und Seele

Die Weltgesundheitsorganisation (WHO) definiert Gesundheit als »körperliches, geistiges und soziales Wohlbefinden«. Der Ayurveda fasst seine Betrachtungsweise sogar noch weiter: Gesundheit ist ein Leben in Erkenntnis, Glück und Harmonie und umfasst nicht nur Körper, Psyche und Mitlebewesen, sondern auch unsere Umwelt sowie Selbst- und Gotteserkenntnis. Nur wenn wir in all diesen Bereichen ausgewogen leben, werden wir auf Dauer gesund bleiben können. Geraten wir in einem dieser Bereiche aus dem Gleichgewicht, so werden wir dies früher oder später auch als Störung in den anderen Bereichen erleben, bis zuletzt auch der Körper reagiert: Wir werden krank. Krankheit will uns also darauf hinweisen, dass wir unsere Harmonie verlassen haben, und stellt unsere bisher scheinbar ausbalancierte Ordnung in Frage. Was immer sich in unserem Körper als ein Krankheitssymptom manifestiert, ist sichtbarer Ausdruck eines unsichtbaren Prozesses. Das Symptom möchte durch seine Signalfunktion unseren bisherigen Weg unterbrechen und uns darauf hinweisen, dass etwas nicht in Ordnung ist.

Nach der ganzheitlichen Betrachtungsweise des Ayurveda ist ein Mensch dann vollkommen gesund, wenn sieben Kriterien erfüllt sind (siehe Tabelle nächste Seite oben).

Der Ayurveda will uns helfen, unsere Harmonie in all diesen Bereichen wiederherzustellen. Wie in einem Orchester, in dem alle Instrumente richtig gestimmt und gespielt werden müssen, so sollte auch in unserem Leben Harmonie auf allen Ebenen bestehen. Harmonie bedeutet dabei nicht, dass alle *Doshas* (Bioenergien) gleich verteilt sind – vielmehr geht es um die **individuelle** Balance eines jeden *Doshas* in sich und zueinander.

Ziel jeder ayurvedischen Behandlung ist es, den Wohlklang dieser Instrumente des Lebens wiederherzustellen.

Allerdings weisen uns die alten Ayurveda-Texte darauf hin, dass ein Zustand absoluter Gesundheit und ewigen Lebens in einer Welt der

Gesundheitskriterien	Auswirkungen auf
1. Ausgewogene *Doshas* (Bioenergien)	Körper, Psyche
2. Optimales *Agni* (Verdauungskraft und Stoffwechsel)	Körper, (Psyche)
3. Stabile und gut entwickelte *Dhatus* (Körpergewebe)	Körper, (Psyche)
4. Rechtzeitige und angemessene Ausscheidung *(Mala)*	Körper, (Psyche)
5. Uneingeschränkte Sinnesfunktionen	Körper, (Psyche)
6. Glück und Harmonie	Psyche, andere Lebewesen, Umwelt, Selbst- und Gotteserkenntnis
7. Wahrnehmung der spirituellen Seele	Selbst- und Gotteserkenntnis

Gesundheit für Körper, Geist und Seele

Dualitäten und der Vergänglichkeit nicht möglich ist. Aus diesem Grund kommt immer wieder das eigentliche Ziel des menschlichen Lebens zur Sprache, das auf unseren unvergänglichen spirituellen Aspekt hinweist: Selbstverwirklichung und Gottesverwirklichung. Nur wenn wir die Kunst erlernen, im Einklang mit unseren Mitgeschöpfen, unserer Umwelt und den göttlichen Naturgesetzen zu leben, können wir uns spirituell weiterentwickeln und glücklich werden.

Unsere Konstitution: die drei Doshas

Das ganzheitliche und integrative Heilsystem des Ayurveda basiert auf einem universellen Naturgesetz: der Aufrechterhaltung des harmonischen Gleichgewichts aus den fünf Elementen Äther/Raum, Luft, Feuer, Wasser und Erde, aus denen der gesamte Kosmos und alles darin Existierende zusammengesetzt ist.
Der menschliche Körper ist das mikrokosmische Abbild des Makrokosmos, des Universums. Ein gesunder Organismus enthält alle fünf Elemente in unterschiedlichen Anteilen, aber in sich ausgeglichen. Geraten aber eines oder mehrere dieser Elemente aufgrund ungeeigneter Ernährungsweise, unzureichender Verdauung oder eines unausgeglichenen Lebensstils aus der Balance, entstehen Störungen und über kurz oder lang Krankheiten, die sich auf der psychischen oder körperlichen Ebene manifestieren. Nach dem Ayurveda werden die fünf Elemente des Körpers durch drei feinstoffliche Bioenergien, die *Doshas,* intakt gehalten. Die drei *Doshas* heißen *Vata, Pitta* und *Kapha.*
Die *Doshas* sind die drei grundlegenden Funktionsprinzipien, die für alle körperlichen und psychischen Vorgänge verantwortlich sind. Sie geben Auskunft über die individuelle Natur des Menschen, seine konstitutionellen Anlagen und seine derzeitige körperliche und psychische Verfassung, die mehr oder weniger von seiner gesunden Natur abweichen kann.

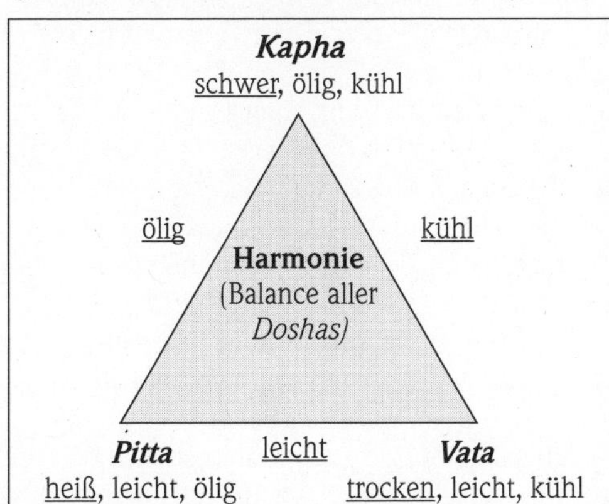

Die drei Doshas

VATA Äther/Luft	PITTA Feuer/(Wasser)	KAPHA Erde/Wasser
Funktionen im Körper		
Bewegung	Körperwärme	Struktur
Atmung	Verdauung	Zell- und Körperschutz
Ausscheidung	Stoffwechsel	Widerstandskraft
Nervenleitung	Farbempfinden	Geschmacksempfindung
Freude/Schmerzempfinden	Auffassungsgabe	Stabilität
Eigenschaften		
trocken	etwas ölig, fettig	ölig, fettig
leicht	leicht	schwer
kühl	heiß	kühl
beweglich	beweglich	statisch
rau	flüssig	klebrig
hart	weich	weich

Funktionen und Eigenschaften der drei Doshas im Körper

Vata herrscht über das Gleichgewicht der Äther- und Luftelemente. Es steht für Bewegung und Transport sowie für die Fähigkeiten wahrzunehmen und zu kommunizieren.
Die Eigenschaften von *Vata* sind mobil, agil, leicht, veränderlich, kalt, rau und trocken.
Pitta entspricht dem Element Feuer und zum Teil auch Wasser. Es ist zuständig für Stoffwechsel, Verdauung und den Wärmehaushalt. Intellekt und emotionaler Ausdruck werden ebenfalls von *Pitta* beeinflusst.
Pitta-Eigenschaften sind heiß, scharf, leicht, sauer, intensiv, riechend und leicht ölig.
Kapha ist das aus den Elementen Wasser und Erde abgeleitete *Dosha.* Es ist verantwortlich für Zusammenhalt, Stabilität, Körperstruktur und den Flüssigkeitshaushalt. Außerdem fördert es die Abwehrkräfte. *Kapha*-Merkmale sind schwer, ölig, langsam, stabil, kalt, üppig, sanft, süß, fest, kompakt und klar.
Psychische und physische Gesundheit ist nur möglich, wenn sich diese drei *Doshas,* die Regelkräfte unseres Organismus, in einem harmonischen Gleichgewicht befinden. Gelangen unsere *Doshas* aus der Balance, entstehen Störungen und rasch auch Krankheiten.
Jeder Mensch hat eine ganz individuelle *Dosha*-Verteilung, die im Detail nur er und niemand sonst hat. Stehen bei ihm beispielsweise *Vata* und *Pitta* im Vordergrund und sind seine *Kapha*-Charakteristika eher untergeordnet, dann sprechen wir bei ihm von einem *Vata-Pitta*-Typen. Betrachten wir die sieben verschiedenen *Dosha*-(Misch-)Typen einmal näher.
Welcher Typ könnten Sie sein?

Vata: öfter mal was Neues

Vata-Typen sind hochsensible, eher schüchterne Menschen von äußerst kreativer, intuitiver und feingeistiger Natur. Sie sind schnell von Begriff, schnell begeistert und schnell im Handeln – aber auch schnell erschöpft. Um die Erschöpfung und Langeweile zu überwinden, brauchen *Vata*-Menschen den Reiz des Neuen. Routine ist nichts für sie, *Vata*-Menschen lieben Veränderungen, Reisen und dergleichen. In der Ausbildung, im Beruf und in Partnerschaften kommt es oft zum Wechsel, immer sind sie auf der Suche nach Neuem und Interessantem. Sie können ein sehr asketisches oder auch sehr sinnbetontes Leben führen oder schwanken zwischen beiden Extremen hin und her.
Vata-Konstitutionen im unausgewogenen Zustand sind oft nervös und unruhig, sie reagieren empfindlich auf Geräusche, Schmerzen, Kälte und negative Energien. Es scheint, als würde

ihnen eine Haut fehlen. Der innere Antrieb, sich vor etwaigen negativen Einflüssen zu schützen, manifestiert sich bei *Vata* als Unsicherheit, Konfliktscheue und Angst, die im Extremfall bis zur tiefen Depression mit Selbstmordgedanken führen kann.
Physiognomisch gesehen sind *Vata*-Menschen schlank und hochgewachsen oder – seltener – recht klein. Lange, schmale Hände, markante Gesichtszüge und steife, knackende Gelenke sind weitere typische Merkmale. Ihr Haar ist eher spröde und oft stark gekräuselt.
So unregelmäßig wie ihr Leben ist auch ihr Appetit: Manchmal essen sie einfach und wenig, manchmal viel und opulent. Trotzdem haben sie selten Gewichtsprobleme, es sei denn, sie essen extrem viel, was zuweilen vorkommt, wenn sie sich die fehlende »dicke Haut« anessen oder mit Energie aufladen wollen. Trockenheit ist ein weiteres charakteristisches Merkmal von *Vata*-Menschen, sei es die Haut, das Haar oder die Verdauung (Verstopfung). Kälte mögen sie überhaupt nicht, am liebsten halten sie sich den ganzen Tag im Warmen oder in der Sonne auf. Ihre Einfühlsamkeit macht sie zu idealen Lehrern oder Heilern, doch findet man sie ebenso in künstlerischen und kreativen Berufen. Körperlich anstrengende Arbeit und monotone Berufe dagegen liegen ihnen überhaupt nicht, ebenso wenig wie Räume mit künstlicher Beleuchtung und Klimaanlage. Auch Stress, Konkurrenzdenken und Ehrgeiz kann der konfliktscheue *Vata*-Typ nicht tolerieren; dadurch werden all seine Fähigkeiten und Motivationen geradezu gelähmt. In einem guten und kollegialen Klima dagegen arbeitet er unermüdlich und mit großer Aufmerksamkeit und liefert jede Menge kreativer Impulse.
Vata-Menschen brauchen Ausgleich und Entspannung. Ihnen helfen Speisen mit den Geschmacksrichtungen Süß, Sauer und Salzig, zusammen mit Gewürzen, die *Agni* (das Verdauungsfeuer), aber nicht *Pitta* anregen. Sie sollten auf eine nahrhafte, beruhigende und »erdende« Diät achten; ihre Speisen sollten warm, bekömmlich, flüssig, stärkend und von salzigem, saurem und süßem Geschmack sein.

Pitta: es muss etwas geschehen

Pitta-Menschen sind intensiv, schnell und können leicht reizbar reagieren. Sie sind kritische und leistungswillige Naturen, die besonders auf ökonomischem und wissenschaftlichem Gebiet viel Kreativität entwickeln können. Probleme und Hindernisse sind dazu da, gelöst oder bewältigt zu werden. *Pitta*-Typen fällt es leicht, einmal gesetzte Ziele zu erreichen. Sie scheuen sich nicht vor Konfliktsituationen und Herausforderungen und provozieren solche Situationen sogar, wenn es ihnen zu ruhig wird – *Pitta* ist eine Kämpfernatur und oft auch ein Workaholic.
Pitta-Typen sind im Verstehen und Handeln schneller als die meisten Menschen in ihrer Umgebung – und werden daher leicht ungeduldig. Luxus, Ästhetik und Musik sind ihnen wichtig. Die richtige Entspannung fällt ihnen jedoch schwer, weil sie ständig von ihrem Leistungswillen und Ehrgeiz getrieben werden. Gepaart mit Reizbarkeit, Ungeduld und Hang zum Luxus führt dies über kurz oder lang zu gesundheitlichen Beschwerden.
Körperlich liegt der muskuläre *Pitta*-Mensch zwischen dem hochgewachsenen *Vata*- und dem kräftigen *Kapha*-Typen. Der ganze Körper ist harmonisch proportioniert. Der ausgeprägte Stoffwechsel allerdings sorgt für frühzeitiges Ergrauen, Geheimratsecken und Haarausfall. *Pitta*-Typen haben eine empfindliche Haut, die schnell rot wird und oft voller Sommersprossen ist. Hitze oder grelles Sonnenlicht vertragen sie nicht. *Pitta*-Menschen sind stets die ersten, die ein Fenster öffnen, um frische, kühle Luft hereinzulassen. Sie essen und trinken gern, weil dies ihr inneres Feuer lindert. Doch wenn *Pitta*-Typen dies nicht regelmäßig tun, können sie richtig ungenießbar werden.
Ihr Hauptproblem in Beziehungen ist, dass sie zwar gerne andere kritisieren, selbst aber keine Kritik vertragen.
Ihre forsche Zielstrebigkeit hilft *Pitta*-Menschen in Berufen in der Forschung, der Entwicklung, der Exekutive oder im Verkauf. *Pitta*-Typen besitzen Charisma und Überzeugungskraft; man findet sie oft im Management oder als Selbst-

ständige in mittelständischen Unternehmen. Ihr Arbeitsplatz sollte gut belüftet, ohne Hitzequellen und ohne Kontakt mit Chemikalien sein. *Pitta*-Menschen brauchen Herausforderung und Verantwortung.
Scharfe, saure oder salzige Nahrungsmittel verstärken die Hitze des *Pitta*-Organismus noch mehr. Insbesondere Fleisch, Fisch, Eier, Alkohol und Zigaretten bringen das *Pitta-Dosha* aus dem Tritt. Auf der psychischen Ebene aktivieren sie negative *Pitta*-Eigenschaften wie Ungeduld, Egoismus und Aggression. Auf der körperlichen Ebene kann es zu Entzündungen, Fieber, Sodbrennen, Hautkrankheiten, Leberproblemen, vorzeitigem Ergrauen der Haare u. ä. *Pitta*-Beschwerden kommen. Ideal für *Pitta*-Typen sind süße, bittere und zusammenziehende Nahrungsmittel, die eine kühlende Wirkung auf den Körper ausüben und den Stoffwechsel auf seine normale Funktion reduzieren.

Kapha: immer mit der Ruhe

Kapha-Konstitutionen sind kaum aus der Ruhe zu bringende, geduldige Menschen von anziehender Herzlichkeit. Sie arbeiten nach dem Motto »langsam, aber sicher« und fahren damit auch recht gut. Komfort, ein gewisser Wohlstand und eine sichere Position sind ihnen wichtig; sie halten sich am liebsten in gewohnter Umgebung auf. Ihre Denkweise ist eher konservativ und auf die Erhaltung und den Ausbau des Bestehenden ausgerichtet; Veränderungen stehen sie skeptisch gegenüber. Kein Schritt erfolgt ohne genaue Überlegung und auch erst dann, wenn der Erfolg sicher ist. *Kapha*-Menschen brauchen etwas Zeit, um zu verstehen und zu handeln, aber was dann herauskommt, hat Hand und Fuß. Das macht *Kapha*-Menschen ausgeglichen und stabil, manchmal aber auch etwas träge und selbstzufrieden.
Ihre Körperstruktur ist kompakt, stämmig und kräftig. Bei ausreichendem Training sind sie gute Athleten, bei Bewegungsmangel nehmen sie jedoch leicht zu. *Kapha*-Typen sind zu schwerer körperlicher Arbeit durchaus in der Lage, besitzen sie doch von allen *Doshas* die größte Ausdauer. Allerdings verfügen sie auch über ein gewisses Geschick, andere für sich arbeiten zu lassen. Sie haben lange Arme, breite Schultern und Hände, eine stark ausgeprägte Brust, eine breite Stirn und buschige Augenbrauen. Große Augen, dichtes, kräftiges Haar, schöne regelmäßige Zähne und eine tiefe, kräftige Stimme lassen *Kapha*-Naturelle sympathisch erscheinen. *Kapha*-Frauen wirken mit ihren weichen femininen Rundungen sehr sinnlich und anziehend. Wegen ihrer Bodenständigkeit verkraften sie Hunger, Durst, Stress und Unglück besser als die beiden anderen *Doshas*. Trotz ihres in der Regel geringen Appetits ist das Essen für sie ein Genuss, eine Art emotionale Befriedigung.
Am Arbeitsplatz sollte, wie auch sonst, weder Kälte noch Feuchtigkeit herrschen. *Kapha*-Menschen eignen sich gut für Berufe, in denen es auf Beständigkeit und Routine ankommt, wie in der Verwaltung, doch ihre »dicke Haut« und ihre diplomatische Art prädestinieren sie ebenso für die Politik oder fürs Unternehmerische. Aufgrund ihrer erdverbundenen und hilfsbereiten Eigenschaften findet man sie in der Krankenpflege und in erzieherischen, aber auch in landwirtschaftlichen, gärtnerischen oder gastronomischen Berufen. In Partnerschaften leben sie treu und lassen sich selten auf Abenteuer ein. Der für *Kapha*-Typen typische Mangel an körperlicher und geistiger Bewegung sowie ihr Hang, viel zu schlafen, können langfristig gesundheitliche Beschwerden verursachen und sie zu sehr unflexiblen Partnern machen. Sie neigen zu Husten, Erkältungen und Bronchitis und fühlen sich oft müde, schlapp und unzureichend durchblutet.
Kapha-Menschen brauchen Motivation, Bewegung und Stimulation. Ihnen helfen die Geschmacksrichtungen Scharf, Bitter und Zusammenziehend.

Die vier Mischtypen

Gehören Sie zu den Menschen, auf die nur eine einzige *Dosha*-Beschreibung zutrifft? Dann werden Sie mit äußeren Einflüssen leichter umgehen können als Menschen mit einer

dualen Konstitution. Die meisten Menschen besitzen heutzutage allerdings eine doppelte *Dosha*-Konstitution, d. h., sie stehen gleichzeitig unter dem Einfluss von zwei *Doshas: Vata-Pitta, Pitta-Kapha* oder *Vata-Kapha.* Unter bestimmten Bedingungen, z. B. in unterschiedlichen Jahreszeiten oder Lebensabschnitten, dominiert das eine *Dosha,* dann auch wieder das andere.
Nur selten sind die Eigenschaften aller drei *Doshas* in einer Person gleich ausgeprägt *(Vata-Pitta-Kapha).* Sind bei diesen Menschen alle drei *Doshas* im Lot, wird sie so schnell nichts aus der Bahn werfen. Von allen sieben *Dosha*-Typen gehören *Vata-Pitta-Kapha*-Konstitutionen zu den gesündesten.

Vata-Pitta: harte Schale, weicher Kern

Wenn Sie mit einem Blasebalg ins Feuer blasen, geschieht genau das, was wir bei *Vata-Pitta*-Menschen sehen können: Je mehr *Vata*-Luft wie Ideen, Unruhe, Veränderung oder Sorgen in ihrem Leben auftreten, desto schneller und intensiver brennt ihr *Pitta*-Feuer, was sich in Überaktivität, Überengagement, Ungeduld, Reizbarkeit und dergleichen zeigt. *Vata-Pitta*-Naturen sind intensive, intelligente und aktive Menschen. Ihre Sensibilität und innere Unruhe, gepaart mit dem Verlangen, etwas Substantielles im Leben zu erreichen, kann dazu führen, dass sie sich selbst aufbrauchen oder aufopfern. Bei diesen Menschen wechseln sich *Vata*- und *Pitta*-Einflüsse häufig ab. Hat ein *Vata-Pitta*-Mensch sein inneres Lot verloren, reagiert er in Stresssituationen entweder mit Angst und Depression oder mit Gereiztheit und Überaktivität. Sein *Pitta*-Aspekt möchte gern das Kommando übernehmen, aber sein *Vata*-Aspekt streut Gefühle von Minderwertigkeit und Unsicherheit ein. Sozusagen als Kompromiss versuchen *Vata-Pitta*-Menschen oft, schwächeren Personen ihren Willen aufzuzwingen. Mit ihrer inneren Unzufriedenheit und ihrer dominanten Natur gehen sie anderen Menschen nicht selten auf die Nerven, was in der Partnerschaft und im Berufsleben zuweilen zu Reibereien führt.
Im harmonischen Zustand vereinen *Vata-Pitta*-Menschen in sich die Flexibilität und den Ideenreichtum von *Vata* mit dem pragmatischen und effizienten Umsetzungsvermögen von *Pitta.*
Vata-Pitta-Menschen sind eine lebende Mischung aus *Vata* und *Pitta.* Ihr welliges Haar beispielsweise ist eine Kombination aus krausem *Vata*-Haar und glattem *Pitta*-Haar. Wie *Vata*-Typen sind sie schlecht durchblutet und lieben Sonne und Wärme, doch aufgrund ihrer *Pitta*-Natur vertragen sie keine starke Hitze. Ihr *Pitta*-Anteil lässt sie gerne und opulent essen, aber wegen ihres *Vata*-Anteils haben sie Probleme mit der Verdauung von schwerem Essen.
Vata-Pitta-Konstitutionen brauchen Stabilität. Ihnen hilft alles, was sie erdet, auch der süße Geschmack von *Kapha*-erhöhenden Lebensmitteln.

Pitta-Kapha: alles kein Problem

Pitta-Kapha-Menschen vereinen die Stabilität von *Kapha* und die Effektivität von *Pitta* in sich; dies ist vielleicht die beste *Dosha*-Kombination in einer von ständigem Wechsel und Veränderung geprägten Zeit. Viele heute erfolgreiche Menschen sind *Pitta-Kapha*-Charaktere.
Im emotionalen Bereich sind sie sehr ausgeglichen. Die für *Kapha*-Menschen typische Vorsicht und Lethargie haben die Ungeduld und Reizbarkeit von *Pitta* erfolgreich neutralisiert. *Pitta-Kapha*-Naturen sind engagierte, soziale und lebensfrohe Menschen. Im Allgemeinen sind sie liebevolle Partner, mit denen man gut zurechtkommt.
In ihrem Leben läuft alles »wie geschmiert«. Weil ihnen das bewegliche *Vata*-Element fehlt, kann es allerdings vorkommen, dass sie ihr Ziel verbissen verfolgen oder in ihrer Position verharren. Auf diese Weise kommen auch die Schattenseiten von *Pitta* (Arroganz und übersteigertes Selbstbewusstsein) und von *Kapha* (Selbstzufriedenheit) zum Vorschein: *Pitta-Kapha*-Menschen haben zuweilen ihre ganz eigene Wahrnehmung der Welt und sind gegen gut gemeinte Ratschläge meist immun.
Pitta-Kapha-Typen sind von eher rundlicher Statur und mittlerer Größe. Der aktive Stoffwechsel von *Pitta* und die widerstandsfähige Konstitution von *Kapha* versprechen gute

Gesundheit, wenn sie mäßig essen und für tägliche Bewegung oder regelmäßigen Sport sorgen. Obwohl *Pitta-Kapha*-Menschen normalerweise gemäßigte Klimazonen bevorzugen, vertragen sie sowohl Hitze als auch Kälte. *Pitta-Kapha*-Konstitutionen wird es gut tun, sich Zeit für sich zu nehmen und eigene Werte oder Positionen zu überdenken. Teamarbeit und ein sich Einstellen auf andere Meinungen könnten ihnen dabei helfen, ebenso die Geschmacksrichtungen Bitter und Zusammenziehend.

Vata-Kapha: etwas Wärme braucht der Mensch

Aufgrund der emotionalen Natur von *Kapha* und der sensitiven, wechselhaften Natur von *Vata* wird jede gefühlsmäßige Verletzung tief empfunden und niemals vergessen. *Vata-Kapha*-Menschen vereinen zwei ganz gegensätzliche *Doshas* in sich; Kälte ist die einzige gemeinsame Eigenschaft von *Vata* und *Kapha.* Rein körperlich gesehen brauchen *Vata-Kapha*-Konstitutionen zwar nicht so viel Wärme wie reine *Vata*-Menschen, auf der emotionalen Ebene aber haben sie ein stark ausgeprägtes Bedürfnis nach Wärme und Zuneigung, wobei das ihrer Umgebung nicht unbedingt auffällt.
Da sie die Kontaktfreudigkeit und die Sensibilität von *Vata* und die ruhige, liebevolle Art von *Kapha* in sich vereinen, findet man *Vata-Kapha*-Naturen häufig in Heilberufen und in psychologischen oder seelsorgerischen Berufen. Sobald andere Menschen ihre sanftmütige und hilfsbereite Art ausnutzen und sie als seelische Mülleimer missbrauchen, reagieren *Vata-Kapha*-Menschen mit emotionalem Rückzug oder Gefühlskälte. Das ist für sie ein Schutz, denn sie sind oft zu schwach, um »nein« zu sagen. Nach außen geben sie sich recht kontaktfreudig, innerlich allerdings lassen sie nur wenige Menschen an sich heran.
Vata-Kapha-Naturen setzen sich mit Leib und Seele für Dinge ein, hinter denen sie voll und ganz stehen. Das führt allerdings auch dazu, dass sie ihre Grenzen übersehen und sich leicht übernehmen. Wenn ihnen die Integration der beiden *Doshas* aufgrund des mangelnden Feuer-Elements nicht gelingt, sind *Vata-Kapha*-Konstitutionen einmal extrovertiert und mitteilsam und ein anderes Mal introvertiert und ernst.
Vata-Kapha-Menschen sind nicht selten überdurchschnittlich groß und haben einen wohl proportionierten bis athletischen Körperbau – fast wie *Pitta*-Konstitutionen. Im Spitzensport sind sie häufig sehr erfolgreich. Manchmal fällt es diesen sensiblen Menschen schwer, mit ihrem groß wirkenden Körper zurechtzukommen. Der Mangel an innerer Wärme manifestiert sich in Erkältungskrankheiten und Verdauungsstörungen, vor allem Verstopfung.
Vata-Kapha-Naturen brauchen besonders viel Wärme, Liebe und Zuneigung. Auch die erwärmenden Geschmacksrichtungen Scharf sowie Sauer und Salzig tun ihnen gut.

Die Psychoprinzipien: Sattva, Rajas, Tamas

Sattva (Glück, Erkenntnis), Rajas (Aktivität, Leistungsstreben) und Tamas (Hilflosigkeit, Apathie) – diese drei Psychoprinzipen (Gunas) der materiellen Natur binden das verkörperte ewige Lebewesen an seinen Körper.

Bhagavad-Gita 14.5

Die fünf Elemente (Erde, Wasser, Feuer, Luft und Raum/Äther) durchziehen die gesamte Materie. In ihren verschiedenen Kombinationen beeinflussen sie die drei *Doshas* von Mensch, Tier und Pflanze. Neben den drei *Doshas* beschreibt der Ayurveda allerdings noch drei feinere oder feinstoffliche Eigenschaften der Materie, nämlich die drei Psychoprinzipien (Sanskrit: *Gunas;* wörtlich: das, was bindet). *Sattva, Rajas* und *Tamas* und ihre verschiedenen Kombinationen beeinflussen über unsere Psyche auch den gesamten Organismus.

Sattva

Sattva (wörtlich: Reinheit, Tugend, Wahrhaftigkeit) gilt als das positive und bewahrende Prinzip der Natur. Es entspringt dem Wunsch, sich fortzuentwickeln, im Leben voranzuschreiten und die Fülle der eigenen Möglichkeiten zu entfalten. Menschen mit vielen *sattvischen* Eigenschaften geben gerne, sind gelehrt, weise, tolerant, der gesamten Schöpfung gegenüber verständnis- und liebevoll eingestellt und verfügen über eine ausgewogene Gemütsverfassung. *Sattva* ist der Impuls in uns, der das Leben schön, harmonisch, erfüllt und glücklich gestalten möchte. In der Gesundheitserhaltung spielt *Sattva* eine entscheidende Rolle.

Rajas

Steht *Rajas* im Vordergrund, so ist ein Mensch überaktiv, ichbezogen und leistungsorientiert. Die übermäßige innere Spannung entlädt sich oft in Gemütswallungen, Intoleranz, Aggression, Ärger und Missmut und kann zu Rechthaberei, Stolz, Eifersucht und körperlicher Überanstrengung führen. Überwiegend von *Rajas* beeinflusste Menschen handeln oft nicht im Interesse ihrer Gesundheit. Bedingt durch ihre unausgewogene Lebensweise und Ernährung entstehen über kurz oder lang Krankheiten.

Tamas

Bei *Tamas*-betonten Menschen ist das gesunde Feinempfinden für die eigenen psychischen und körperlichen Bedürfnisse nur mangelhaft vorhanden. Ihre psychische Verfassung ist apathisch, träge, hilflos und dumpf. *Tamas*-beeinflusste Menschen sind nicht in der Lage, ihre Situation richtig einzuschätzen. Oft flüchten sie sich in übermäßigen Schlaf und ernähren sich mit qualitativ schlechten Nahrungsmitteln. Nicht selten führt diese Lebensweise zu einer nach innen und außen gerichteten Destruktivität. *Tamas*-betonte Menschen haben oftmals mit einer Vielzahl von Beschwerden und Krankheiten zu kämpfen. *Tamas* besitzt *Sattva* entgegengesetzte Eigenschaften.

Der Einfluss der Psychoprinzipien

So wie ein Gemälde aus den drei den *Gunas* zugeordneten Grundfarben Gelb *(Sattva)*, Rot *(Rajas)* und Blau *(Tamas)* und ihren unzähligen Mischfarben besteht, wird alles in dieser Welt von den drei *Gunas* beeinflusst. Ganz gleich ob es sich um Nahrungsmittel handelt, die von *Sattva, Rajas* oder *Tamas* dominiert sind und sowohl unser Bewusstsein als auch unseren physischen Körper beeinflussen, oder um die Umgebung, in der wir leben, die Menschen, zu denen wir uns hingezogen fühlen, die Kleidung, die wir tragen, die Musik, die wir hören – alles wird von den drei *Gunas* geprägt.

Tagesmenü:
Glück, Hektik oder Apathie

Auch unsere Nahrungsmittel teilt der Ayurveda in *Sattva, Rajas* und *Tamas* ein. Schließlich ist die Art und Weise unserer Ernährung ein entscheidendes Kriterium für unsere Gesundheit. Nicht ohne Grund heißt es, dass der Mensch ein Produkt dessen ist, was er isst und tut.

Sattvische Nahrung

Sattvische Nahrung ist von der Grundwirkung her süß, saftig, bekömmlich, fetthaltig, leicht kühlend sowie ausgeglichen im Nährstoffgehalt. Sie enthält alle sechs Geschmacksrichtungen und energetisiert Körper und Geist. *Sattvische* Nahrung schafft nicht nur Zufriedenheit und Ausgeglichenheit, sondern schenkt auch innere Ruhe und Gelassenheit. Sie stärkt den Organismus, unterstützt die Entwicklung von Selbstvertrauen und verleiht Vitalität.
Sattvische Nahrungsmittel sind vegetarisch und vollwertig, insbesondere sind dies frisches Obst und Gemüse, vollwertiges Getreide, Nüsse, Honig, Vollrohrzucker, Gur, Jaggery, Ghee, kaltgepresste Öle, Milch und Milchprodukte aus artgerechter Tierhaltung sowie reines Wasser. *Sattva*-Nahrung hilft, das eigene Feingefühl für Körper und Geist wieder zu entwickeln und sensibler für unsere Mitgeschöpfe wie Menschen und Tiere und für die ganze Natur zu werden. *Sattvisch* lebende Menschen stellen innere Werte, spirituelles Wissen und Gotteserkennnis in den Mittelpunkt ihres Lebens.

Rajasische Nahrung

Rajas-vermehrende Nahrungsmittel wirken überstimulierend auf den Organismus und erhitzen Körper und Psyche. *Rajas*-verstärkende

SATTVA-NAHRUNG	RAJAS-NAHRUNG	TAMAS-NAHRUNG
vegetarisch, vollwertig, frisch, süß, ölig, leicht, sanft kühlend	zu scharf, zu salzig, zu sauer, zu bitter, zu trocken, zu süß, überstimulierend	abgestanden, verdorben, gegoren, geschmacklos, berauschend, mit dem Einsatz von Gewalt erworben
frisches Obst frisches Gemüse vollwertiges Getreide Nüsse und Ölsamen kaltgeschleudeter Honig Vollrohrzucker, Gur, Jaggery Milch (Vorzugsmilch oder nur-pasteurisiert) Milchprodukte (nur-pasteurisiert) reines Wasser Trockenfrüchte Beeren Küchenkräuter und Gewürze Muttermilch	weißer Zucker (Fabrikzucker) Weißmehlprodukte wärmegeschädigter Honig homogenisierte Milch homogenisierte Milchprodukte konserviertes Obst und Gemüse Fruchtsaft in Flaschen Tiefkühlgemüse und -obst Ketchup	Fleisch, Fisch, Eier Alkohol, Zigaretten und andere Rauschmittel Kaffee, Cola Schwarztee Muscheln, Austern Schnecken Pilze Knoblauch, Zwiebeln Lauchgewächse H-Milch, Kondensmilch Fast Food genmanipulierte Nahrung Fertiggerichte Mikrowellen-Gerichte

Die Qualität unserer Nahrung

Nahrungsmittel sind *zu bitter, zu sauer, zu salzig, zu scharf oder beißend, trocken und brennend (Bhagavad-Gita 17.9).* Zu ihnen gehören beispielsweise weißer Zucker, Weißmehlprodukte und konservierte oder tiefgekühlte Nahrung. Die Folge einer *rajasischen* Ernährung sind u. a. Unausgeglichenheit, Gefühlswallungen, Reizbarkeit, Ungeduld, Rechthaberei, Neid, Hektik und Unwohlsein sowie über kurz oder lang auch körperliche Krankheiten.

Tamasische Nahrung

Nahrungsmittel mit einem Übermaß an *Tamas* entziehen dem Körper bei der Verdauung zu viel Energie. Dies führt dazu, dass sich im Körper *Ama,* eine Vielzahl an toxischen Stoffwechselprodukten, anhäuft. Langsam, aber sicher geht das gesunde Feinempfinden für die eigenen körperlichen und psychischen Bedürfnisse verloren. Die Folgen sind körperliche und geistige Trägheit, Apathie, ein übermäßiges Schlafbedürfnis und – langfristig gesehen – ernste Krankheiten. In die Kategorie von *Tamas* fallen denaturierte, verdorbene, gegorene, geschmacklose und durch den Einsatz von Gewalt erworbene Nahrungsmittel wie Fleisch, Fisch, Eier, aber auch »Genussmittel« wie Alkohol, Zigaretten und Drogen.

Harmonisch essen und leben nach Sattva

Unsere *Dosha*-Konstitution steht ab dem Zeitpunkt, in dem sich Samen- und Eizelle verbinden, für die Dauer dieses Lebens fest. Einzelne *Doshas* können im Lauf des Lebens vielleicht aus der goldenen Mitte kommen und Beschwerden verursachen, doch unsere Grundkonstitution ändert sich in der Regel nicht. Bei unserer psychischen Konstitution ist das jedoch ganz anders. Wir sind, was wir denken, fühlen, wollen und tun.

Das zentrale Anliegen des Ayurveda besteht daher darin, einen Menschen wieder zu seiner *sattvischen* Grundnatur hinzuführen und ihn

	VATA	PITTA	KAPHA
Sattva	enthusiastisch, innovativ, energetisch, kommunikativ, anpassungsfähig, schnelle Auffassung, wahrheitsliebend, Sinn für die Gleichheit aller Lebewesen, integratives Denken, Initiative ergreifend, fähig zur positiven Veränderung und Bewegung, guter Heiler, Schriftsteller, Seelsorger, Musiker, Künstler, Lehrer	intelligent, klar erfassend, selbstständig, entscheidungsfreudig, mutig, effektiv, warm, freundlich, fröhlich, tolerant, differenzierend, weitsichtig, kooperativ, wohlwollend, geduldig, teamorientiert, guter Manager, Leiter, Lehrer, Organisator	ruhig, geduldig, ruhender Pol, stabil, intelligent, konsequent, loyal, liebevoll, sanft, vergebend, zufrieden, wohltätig, unterstützend, hilfsbereit, arbeitsam, Berufe in Verwaltung, Medizin, Erziehung, Seelsorge, Garten und Landwirtschaft, Gastronomie, Handwerk
Rajas	unentschlossen, unzuverlässig, unbeständig, rastlos, überaktiv, erregt, verwirrt, abgelenkt, verzettelt sich, nervös, ängstlich, geschwätzig, laut, oberflächlich, neidisch, schnell begeistert und leicht entmutigt	impulsiv, ehrgeizig, hektisch, eigensinnig, aggressiv, dominant, manipulierend, ungeduldig, kritisch, jähzornig, eifersüchtig, gereizt, rücksichtslos, egoistisch, stolz, eitel, berechnend, skrupellos	materialistisch, habgierig, stur, neidisch, lüstern, kontrollierend, geizig, anhänglich, sentimental, sicherheitsbedürftig, nach Komfort und Luxus strebend
Tamas	furchtsam, unehrlich, heimlichtuerisch, deprimiert, selbstzerstörerisch, zu sexuellen Perversionen neigend, psychotisch, selbstmordgefährdet, suchtgefährdet	hasserfüllt, gemein, rachsüchtig, gewalttätig, zerstörerisch, psychopathisch, feige, suchtgefährdet	lethargisch, gefühllos, depressiv, apathisch, faul, derb, gelangweilt, ungehobelt, begriffsstutzig, suchtgefährdet

Wie die Psychoprinzipien unsere Doshas beeinflussen

mit der Quelle integrativen Verhaltens in Verbindung zu bringen. Wer unter dem harmonischen Einfluss von *Sattva* (Glück und Erkenntnis) fühlt, denkt, handelt und lebt, ist in der Lage, dadurch auch die eigene Gesundheit positiv zu beeinflussen.
Ein erster praktischer Schritt in Richtung *Sattva* ist neben einem *sattvischen* Lebensstil vor allem die Ernährung. Wenn wir uns von *sattvischen* Lebensmitteln ernähren, wirkt sich das nicht nur positiv auf unser Wohlbefinden, unsere Gesundheit und unsere Lebensdauer aus. Darüber hinaus erlangen wir automatisch mehr Klarheit und ein besseres Unterscheidungs- und Einfühlungsvermögen in Bezug auf uns selbst, andere Menschen und höhere Zusammenhänge. Dann sehen, spüren und handeln wir instinktiv nach den Prinzipien, die gut für uns sind.

Test: Welcher Konstitutionstyp bin ich?

Mit dem folgenden Test können Sie herausfinden, welcher ayurvedische Konstitutionstyp Sie sind (Teil 1) und welche *Dosha*-Beschwerden Sie zur Zeit plagen (Teil 2). Auch wenn unser Test die fundierte Diagnose eines Ayurveda-Therapeuten nicht ersetzt, soll er Ihnen doch dabei helfen, sich selbst besser kennenzulernen und mit Ihren *Doshas* umzugehen.

Beantworten Sie die Fragen möglichst spontan und ehrlich. Setzen Sie ein Häkchen neben die Eigenschaft, die Sie am besten beschreibt, und gehen Sie nur auf die Merkmale ein, die für Sie typisch und von Bedeutung sind. Vermutlich markieren Sie zuweilen mehr als eine Spalte. Zählen Sie zum Schluss alle Häkchen für *Vata, Pitta* und *Kapha* getrennt nach Anlagen und Beschwerden zusammen. Das *Dosha* mit den meisten Markierungen bei **Mein Typ** entspricht Ihrem eigentlichen Konstitutionstyp, der übrigens auch eine duale oder eine *Vata-Pitta-Kapha*-Konstitution sein kann.

Bei der Auswertung Ihrer **Beschwerden** finden Sie das oder die *Doshas,* die bei Ihnen im Augenblick gestört sind. Vergleichen Sie Ihr Ergebnis auch mit der jeweiligen *Dosha*-Beschreibung. Haben Sie beispielsweise eine *Vata-Pitta*-Konstitution und leiden im Augenblick unter *Kapha*-Beschwerden, z. B. einem Schnupfen, dann sollten Sie Ihre Ernährung und Ihren Lebensstil zunächst darauf einrichten, *Kapha* zu vermindern sowie *Pitta* und *Vata* zu erhöhen. Sind Ihre *Kapha*-Beschwerden dann vorüber, können Sie sich der Ernährung und dem Lebensstil zuwenden, die Ihre eigentliche *Vata-Pitta*-Konstitution ausgleicht.

Ein Test auf dem Papier beschreibt natürlich niemals alle Facetten einer Person. Nicht alle schlanken Personen müssen eine *Vata*-Konstitution besitzen, und nicht alle übergewichtigen Menschen sind *Kapha*-Typen. Es kommt häufig vor, dass eine von der körperlichen Beschaffenheit her als *Vata*-Typ wirkende Person ruhig und gelassen ist. Hier kann es sich also nicht um einen reinen *Vata*-Typ handeln. Der psychische Aspekt ist bei der Beurteilung genauso wichtig wie der körperliche.

Teil 1: Mein Typ (der ausgewogene Zustand)

Psyche

VATA	PITTA	KAPHA
❑ enthusiastisch, innovativ	❑ intelligent, klar erfassend	❑ ruhig, stabil, konsequent
❑ kommunikativ, Sinn für die Einheit aller Menschen	❑ selbstständig	❑ stark, ausdauernd
❑ heiter, beschwingt	❑ humorvoll, witzig	❑ loyal, vergebend
❑ lebendig, lebhaft, aktiv	❑ engagiert, energetisch	❑ unterstützend, liebevoll
❑ klar und wach	❑ scharfsinnig, differenziert	❑ zufrieden, ausgeglichen
❑ flexibel, geistig wendig	❑ starker Wille, durchsetzungsfähig	❑ nimmt sich Zeit, geduldig
❑ ideenreich	❑ genießt Herausforderung	❑ geht den Dingen auf den Grund
❑ kreativ, musisch	❑ zielorientiert, effizient	❑ bedachtsam und methodisch
❑ reiselustig, weltoffen	❑ methodisch, organisiert	❑ Komfort liebend
❑ gesprächig	❑ erfinderisch, analytisch	❑ tolerant, sanftmütig
❑ intuitiv	❑ realitätsbezogen	❑ mitfühlend, hilfsbereit
❑ sensibel	❑ charismatisch	❑ praktisch

VATA	PITTA	KAPHA
Energie		
❑ vielseitig ❑ rasch erschöpft	❑ gezielt, aktiv ❑ energetisch und kämpferisch	❑ beständig, aktiv ❑ ausdauernd
Überzeugung		
❑ liberal bis veränderlich	❑ fixiert bis fanatisch	❑ stetig bis konservativ
Finanzen		
❑ kommt schnell zu Geld ❑ gibt Geld schnell wieder aus	❑ durchschnittlich ❑ gibt Geld für Luxus aus	❑ spart, vermögend ❑ gibt Geld für Essen und familiäre Belange aus
Aufnahmefähigkeit		
❑ schnell ❑ mäßiges Kurzzeitgedächtnis ❑ schlechtes Langzeitgedächtnis ❑ akustisches Gedächtnis	❑ selektiv ❑ gutes Kurzzeitgedächtnis ❑ selektives Langzeitgedächtnis ❑ optisches Gedächtnis	❑ langsam ❑ extrem gutes Kurzzeitgedächtnis ❑ gutes Langzeitgedächtnis ❑ sensitives Gedächtnis
Sprache		
❑ flüssig, schnell ❑ gesprächig ❑ redegewandt ❑ höhere Stimme	❑ prägnant, ausdrucksstark ❑ überzeugungsstark ❑ guter Redner ❑ mittlere Stimmlage	❑ langsam, überlegt ❑ spricht wenig, aber bestimmt ❑ trägt ruhig vor ❑ tiefe Stimme
Körperbau und Bewegung		
❑ leicht und zartgliedrig ❑ schlank bis unterentwickelt ❑ sehr groß oder sehr klein ❑ beweglich, flink, gelenkig ❑ gutes Rhythmusgefühl ❑ zarte Gelenke	❑ mittlere Statur ❑ schlank bis athletisch ❑ sportlich, temperamentvoll ❑ fester Griff, bestimmter Schritt ❑ Gelenke weich, flexibel ❑ dynamischer Körper mit guter Wärmeregulation	❑ kräftige, starke Statur ❑ gut proportioniert bis Übergewicht ❑ ruhige, maßvolle Bewegungen ❑ ausdauernd, standfest ❑ kräftige, flexible Gelenke
Gesicht		
❑ schlanke Gesichtsform ❑ gebogene, dünne Nase ❑ feine Lippen	❑ energisches Kinn ❑ prägnante gerade Nase ❑ rote, geschwungene Lippen	❑ weiche, runde Gesichtsform ❑ volle, große Nase, Stupsnase ❑ große, volle Lippen
Hände und Füße		
❑ kühl, grazil, fein ❑ schmale dünne Nägel	❑ warm, wohlgeformt ❑ Nägel rosig durchscheinend	❑ kühl, groß, kräftig, ruhig ❑ Nägel kräftig, weiß
Haut		
❑ fein, zart, kühl ❑ gute Venenzeichnung ❑ bräunlicher Teint ❑ mag gerne eincremen und feuchte Wärme (Dampfbad)	❑ geschmeidig, warm ❑ Sommersprossen ❑ hell, rötlich, gelblich ❑ mag gerne Kaltwaschungen und Schwimmen im kühlen Wasser	❑ geschmeidig, fest, kühl ❑ Venen kaum sichtbar ❑ hell, blass, weiß ❑ mag gerne Trockenreibungen und trockene Wärme (Sauna)

VATA	PITTA	KAPHA
Haare		
❑ aschblond und andere Zwischentöne ❑ lockig oder kraus ❑ spärlicher Haar-, Bartwuchs ❑ feine und zarte Haare	❑ blond oder rötlich, früh grau ❑ glattes Haar ❑ mäßiger Haarwuchs ❑ seidig glänzend	❑ dunkel, braun, schwarz ❑ gewellt, dicht ❑ viele, kräftige Haare ❑ ölig, glänzend
Augen		
❑ klein ❑ grau und andere dunkle Zwischentöne ❑ wacher Blick, lebendig ❑ zarte Wimpern und Augenbrauen ❑ rasches Erkennen von Details	❑ mittlere Größe ❑ grün, kupferfarben ❑ leuchtend, energetisch ❑ helle Wimpern und Augenbrauen ❑ gute Sehfähigkeit	❑ anziehend groß, »Rehaugen« ❑ blau, dunkelbraun ❑ Blick ruhig und sanft ❑ buschige Wimpern und Augenbrauen ❑ gutes Sehvermögen
Zähne		
❑ klein oder schmal und lang ❑ unregelmäßig ❑ perlartig glänzend ❑ trockenes Zahnfleisch	❑ mittlere Größe ❑ scharfe Bisskante ❑ weißgelblich ❑ rosa Zahnfleisch	❑ groß, kräftig, wohlgeformt ❑ wenig kariesanfällig ❑ weiß ❑ weißliches Zahnfleisch
Appetit und Durst		
❑ eher wenig bis veränderlich ❑ unregelmäßig ❑ nimmt Hunger und Durst wahr	❑ isst und trinkt häufig und viel ❑ starke Verdauungskraft ❑ isst mit dem Auge	❑ gleichmäßig, wenig Durst ❑ kann gut fasten oder eine Mahlzeit auslassen ❑ genießt den Geruch und Geschmack der Speisen (stiller Genießer)
Bevorzugtes Essen		
❑ süß, sauer, salzig ❑ warme Speisen und Getränke	❑ süß, bitter, zusammenziehend (herb) ❑ kühle Speisen und Getränke	❑ scharf, bitter, zusammenziehend (herb) ❑ warme Speisen und Getränke
Ausscheidung		
❑ eher trocken ❑ regelmäßiger Stuhlgang	❑ weich, ölig, locker, viel ❑ kräftiger Stuhlgang	❑ zäh, ölig, schwer ❑ regelmäßiger und wohlgeformter Stuhl
Biorhythmen		
❑ Leistungshoch frühmorgens und nachmittags, im Herbst und Winter	❑ Leistungshoch zu Mittag und Mitternacht, im Sommer	❑ Leistungshoch vormittags und am frühen Abend, Winterende und Frühling
Schlaf		
❑ weniger als sechs Stunden ❑ leicht, aber erfrischend ❑ Träume: fantasiereich, vom Fliegen	❑ sechs bis acht Stunden ❑ regenerierend, tief ❑ Träume: träumt viel, farbenfroh und leidenschaftlich, vom Feuer	❑ mehr als acht Stunden ❑ tief, erholsam ❑ Träume: wenig, sanft, vom Wasser

Sinne

VATA

- ❏ guter Orientierungssinn
- ❏ feines Tastempfinden
- ❏ feine akustische Wahrnehmung, musikalisch
- ❏ Sinn für Proportionen und für Details

PITTA

- ❏ guter optischer Wahrnehmungssinn
- ❏ gutes Gefühl für Farben, Malerei
- ❏ scharfe Wahrnehmung
- ❏ gute Unterscheidungsfähigkeit

KAPHA

- ❏ guter Geschmacks- und Geruchssinn
- ❏ gutes Formempfinden
- ❏ kann Gewichte gut schätzen
- ❏ Sinn für Ordnung und Struktur und für das Wesentliche

Teil 2: Meine Beschwerden (der unausgewogene Zustand)

Psyche

VATA

- ❏ schreckhaft, übersensibel
- ❏ wechselhaft, unregelmäßig
- ❏ unruhig, nervös
- ❏ fühlt sich oft unter Zeitdruck
- ❏ unkonzentriert, zu viele Gedanken
- ❏ unsicher, unentschlossen
- ❏ vergesslich
- ❏ kann Neues nicht aufnehmen
- ❏ sorgenvoll, ängstlich
- ❏ stimmungslabil
- ❏ unstet, orientierungslos
- ❏ fängt vieles an, bringt nichts zu Ende

PITTA

- ❏ wenig tolerant
- ❏ perfektionistisch
- ❏ kritisiert und nörgelt
- ❏ zu ehrgeizig
- ❏ übernimmt sich, Workaholic
- ❏ tut sich schwer, wertfrei zu urteilen
- ❏ reizbar
- ❏ ungeduldig
- ❏ aufbrausend
- ❏ emotional
- ❏ dominant
- ❏ draufgängerisch

KAPHA

- ❏ schwerfällig und langsam
- ❏ Nachdenken fällt schwer
- ❏ stur und unnachgiebig
- ❏ hängt an Vergangenem
- ❏ lethargisch
- ❏ kann sich nicht aufraffen
- ❏ schwermütig
- ❏ neidisch
- ❏ sentimental
- ❏ hängt an Luxus und Komfort
- ❏ häuft Besitztümer an
- ❏ verlässt nicht gerne seinen angestammten Platz

Sprache

VATA

- ❏ verliert leicht den Faden
- ❏ abschweifend, hastig
- ❏ spricht viel
- ❏ stotternd

PITTA

- ❏ redegewandt
- ❏ neigt dazu, scharf und laut zu werden
- ❏ provokant, sarkastisch
- ❏ überzeugend

KAPHA

- ❏ langsam
- ❏ Sprechen fällt schwer
- ❏ oft wortkarg, verschlossen
- ❏ unverständlich, dumpf

Körperbau, Bewegung und Wärmeregulation

VATA

- ❏ Untergewicht, hager oder Übergewicht bei leichtem Körperbau, starke Gewichtsschwankungen
- ❏ steif, verspannt
- ❏ zappelig, hektisch
- ❏ zittrig und ungeschickt
- ❏ steife Gelenke, Arthrose
- ❏ kalte Hände und Füße, friert leicht

PITTA

- ❏ gedrungener, athletischer Körperbau
- ❏ stößt sich öfter an
- ❏ Nase gerötet
- ❏ hitziger Kopf
- ❏ Gelenke heiß, rot, entzündet
- ❏ schwitzt leicht und stark

KAPHA

- ❏ neigt zu Übergewicht
- ❏ bewegungsarm, behäbig
- ❏ schnell außer Atem
- ❏ kommt nur langsam in Schwung
- ❏ Schwellungen, Ödeme
- ❏ friert leicht

VATA	PITTA	KAPHA
Hände		
❑ kalt, trocken, rissig, faltig	❑ warm	❑ kalt, feucht, schwer
❑ Nägelkauen	❑ gut durchblutet	❑ Nägel verdickt
❑ brüchige Nägel mit Rillen und Erhebungen	❑ Nagelbettentzündung	❑ weiße Einlagerungen
Haut		
❑ trocken, rissig, spröde	❑ gereizt, gerötet, entzündet	❑ dick, schuppig, fettig
❑ hart, pergamentartig, dünn	❑ sonnenempfindlich	❑ kalt, feucht, blass
❑ kitzelig	❑ allergische Reaktionen	❑ teigig, Lymphstau, Ödeme
❑ dunkel, bläulich, braune Flecken	❑ rote Male	❑ weiße Flecken
❑ mag keine kalten Anwendungen	❑ verträgt keine Hitze und keine heißen Anwendungen	❑ mag keine kalten und feuchten Anwendungen
Haare		
❑ trocken, spröde, splissig	❑ vorzeitiges Ergrauen	❑ schuppig, fettig
❑ lichtes Haar	❑ Geheimratsecken	❑ steif
❑ glanzlos	❑ vorzeitiger Haarausfall	❑ stumpf
Augen		
❑ trocken, Sandkörnchen	❑ gelber Rand der Iris	❑ Einlagerung
❑ nervöses Lidzucken	❑ Entzündung der Bindehäute, blutunterlaufen	❑ leicht tränend
❑ Zwinkern, Flimmern	❑ licht- und blendempfindlich	❑ träge, müde
❑ dunkle Augenringe	❑ Brennen, Sehstörungen	❑ Schlieren
❑ besorgter, ausweichender Blick	❑ durchdringender Blick	❑ schwermütiger Blick
Lippen		
❑ schmal, blass	❑ rot	❑ dick, blass
❑ trocken, rissig	❑ Entzündung, Herpes	❑ geschwollen
Zähne		
❑ unregelmäßig	❑ gelb verfärbt	❑ Zahnstein
❑ kariesanfällig, bräunlich	❑ Neigung zu Zahnfleischbluten	❑ Zahnfleischwucherungen
❑ Zahnfleischschwund	❑ Zahnfleischentzündungen	❑ weiße Flecken
❑ kälte- und wärmeempfindlich	❑ wärmeempfindlich	❑ kälteempfindlich
Appetit und Durst		
❑ wechselnder Appetit	❑ unstillbarer Appetit und Durst	❑ isst zu schwer, zu viel und oft
❑ isst unregelmäßig, durcheinander, zwischendurch	❑ überisst sich und würzt zu stark	❑ nimmt leicht an Gewicht zu und schwerer ab
❑ isst zu viel oder zu wenig	❑ anfällig für Genussmittel (Alkohol, Rauchen, Kaffee, Stimulanzien)	❑ trinkt zu viel Nahrhaftes
❑ vergisst zu trinken	❑ gereizt, wenn eine Mahlzeit übergangen wird	❑ schläfrig nach dem Essen

VATA	PITTA	KAPHA
Unvertägliche Speisen		
❑ Rohkost, Kohl und Hülsenfrüchte blähen	❑ verträgt keine stark gewürzten oder sauren Speisen	❑ verträgt kein Fett und keine Milchprodukte
Ausscheidung		
❑ hart und trocken ❑ Blähungen, Verstopfung, unregelmäßiger Stuhlgang	❑ dünner Stuhl ❑ Durchfallneigung	❑ Schleim- und Fettstühle ❑ träge Ausscheidung
Biorhythmen		
❑ anfällig frühmorgens und nachmittags ❑ im Herbst und Winter ❑ bei Wetterwechsel, Wind, Zugluft, Föhn, trockener Kälte, Klimaanlage	❑ anfällig zur Mittagszeit, um Mitternacht ❑ im Sommer ❑ bei heißem Wetter oder im überheizten Zimmer	❑ anfällig am Vormittag und frühen Abend ❑ anfällig am Ende des Winters und im Frühling, bei feucht-kühlem Wetter ❑ kommt morgens schwer in Gang
Schlaf		
❑ leichter, gestörter Schlaf ❑ Einschlafschwierigkeiten ❑ Träume: angstvoll, ruhelos, Verfolgungsträume, Fallen aus großer Höhe	❑ Nachtschweiß ❑ Schlafstörungen um Mitternacht ❑ Träume: von Feuer, Krieg und Kampf	❑ schläft lange ❑ tagsüber müde ❑ traumloser Schlaf oder schwere depressive Träume
Sinne		
❑ schlechte Orientierung, verliert den Überblick ❑ überempfindlich auf alle Sinneswahrnehmungen, v. a. auf Geräusche u. Berührung ❑ schmerzempfindlich	❑ licht- und blendempfindlich ❑ subjektive Wahrnehmung ❑ wählt knallige bis schrille Farben	❑ Geruch und Geschmack vermindert ❑ neigt zum Schlemmen ❑ nachlässig in Geschmacksfragen
Krankheitsneigung		
❑ psychische Beschwerden ❑ Ängste, Nervosität, Schlafstörungen ❑ Erschöpfung, Trockenheit ❑ Rückenschmerzen, Steifheit ❑ Gelenk- und Kopfschmerzen ❑ Verstopfung, Blähungen ❑ jede Art von Schmerz	❑ entzündliche Erkrankungen, z. B. Gastritis, Hepatitis ❑ Sodbrennen ❑ Gelenkentzündungen ❑ Hautkrankheiten ❑ brennende Beschwerden ❑ übler Körpergeruch ❑ pochende, pulsierende, klopfende Schmerzen	❑ Depression, Lethargie ❑ Müdigkeit, Übergewicht ❑ Ansammlung von Giftstoffen ❑ Diabetes ❑ Schwellungen, Ödeme, Krampfadern ❑ Erkältung, Husten, Asthma ❑ dumpfe und schwere Schmerzen
VATA	**PITTA**	**KAPHA**
Summe Teil 1:	Summe Teil 1:	Summe Teil 1: ....
Summe Teil 2:	Summe Teil 2:	Summe Teil 2: ....

Die sechs Geschmacksrichtungen (Rasas)

Sobald wir unsere *Dosha*-Konstitution herausgefunden haben, stellt sich die nächste Frage: Woran können wir feststellen, mit welchen Speisen wir gesund bleiben oder wie wir uns bei Beschwerden oder Krankheiten wieder harmonisieren können?
Der Ayurveda zieht hierfür ein ganz einfaches Kriterium heran: den Geschmack. Geschmack wird im Ayurveda in drei verschiedene Komponenten eingeteilt: der Augenblick, in dem wir den ersten Bissen kosten *(Rasa)*, über den Zeitpunkt, zu dem die Nahrung in den Magen gelangt *(Virya)*, bis zu dem Moment, in dem die Nahrungsbestandteile absorbiert werden *(Vipak)*.

Rasa

Rasa ist der Geschmack, den wir auf der Zunge erfahren, wenn wir Nahrungsmittel oder Kräuter in den Mund nehmen. Der Ayurveda unterscheidet sechs Geschmacksrichtungen (Süß, Sauer, Salzig, Scharf, Bitter, Zusammenziehend), die jeweils unterschiedliche Wirkungen auf den Körper ausüben (siehe Übersicht folgende Seite).

Virya

Virya (wörtlich: Kraft) ist die Energie und Wirksamkeit von Nahrungsmitteln. Speisen mit »heißer« Energie regen den Stoffwechsel und die Verdauung an, während die »kalte« Nahrungsenergie kühlend und stoffwechselhemmend wirkt. Eine Substanz mit erhitzendem *Virya* muss dabei selbst nicht unbedingt heiß sein; ihre Einnahme jedoch fördert das Schwitzen und verstärkt *Pitta.* Die Geschmacksrichtungen Süß, Bitter und Zusammenziehend besitzen einen kühlenden Einfluss auf den Organismus, während Scharf, Sauer und Salzig erwärmend wirken.

Vipak

Bei *Vipak* handelt es sich schließlich um den Nachverdauungseffekt. Das Verdauungsfeuer *Agni* wandelt die sechs Geschmacksrichtungen in drei Nachverdauungseffekte um, die zwar ebenfalls als »Süß«, »Sauer« und »Scharf« bezeichnet werden, aber nicht über die Zunge wahrgenommen werden können. Die drei *Vipaks* wirken langfristig, nachhaltig und subtil auf den ganzen Organismus – während einige das Körpergewebe aufbauen (Süß) und die Ausscheidungsfunktionen anregen (Süß und Sauer), bewirken andere das Gegenteil (Scharf und teilweise auch Sauer).

Der Einfluss der Rasas

Für die Ayurveda-Ernährung interessieren uns hier allerdings nur die sechs *Rasas* (Geschmacksrichtungen). Geschmacksrichtungen in Nahrungsmitteln sind wie verschiedene Musikinstrumente eines Orchesters: Wenn sie gut aufeinander abgestimmt sind, lässt sich mit ihnen eine harmonische Symphonie spielen.
Die Geschmacksrichtungen liefern uns die Hauptinformationen für eine ausgewogene Ernährung. Heißhunger auf bestimmte Speisen oder ein natürliches Verlangen nach einem bestimmten Geschmack weisen auf einen körperlichen oder psychischen Mangel oder auf ein Ungleichgewicht hin. Andererseits können wir über den Geschmack der Speisen nicht nur die Balance unserer *Doshas* wiederherstellen, sondern sogar unseren psychischen Zustand beeinflussen. Jeder Geschmack hat für den Organismus und unser Wohlbefinden eine eigene Wirkung und Bedeutung.
Wie alles im Kosmos bestehen auch unsere Nahrungsmittel aus den fünf Elementen Erde, Wasser, Feuer, Luft und Äther – und können mit Hilfe der sechs *Rasas* direkt auf der Zunge geschmeckt werden.

Süß

Der süße Geschmack besteht aus den Elementen Erde und Wasser und hat eine kühlende Wirkung auf die Verdauungsenergie, d. h., der Verdauungsprozess wird leicht verlangsamt oder aufgehalten.
Das Sanskrit-Wort *Rasa* bedeutet allerdings nicht nur Wohlgeschmack oder Geschmacksempfindung, sondern auch Gefühl. *Rasa* weist also auf

Geschmacksrichtung *(Rasa)*	Elemente	Eigenschaften	besänftigt
1. Süß *(Madhura)*	Erde + Wasser	kühl, feucht, schwer	*Vata* + *Pitta*
2. Sauer *(Amla)*	Erde + Feuer	warm, feucht, leicht	*Vata*
3. Salzig *(Lavana)*	Wasser + Feuer	warm, feucht, schwer	*Vata*
4. Scharf *(Katu)*	Luft + Feuer	heiß, trocken, leicht	*Kapha*
5. Bitter *(Tikta)*	Luft + Äther	kalt, trocken, leicht	*Kapha* + *Pitta*
6. Zusammenziehend, Herb *(Kasaya)*	Luft + Erde	kühl, trocken, mittelschwer	*Pitta* + *Kapha*

Die sechs Rasas

das Phänomen hin, dass jeder Geschmack nicht nur allein auf den Körper wirkt, sondern auch auf die Psyche. Nach dem Ayurveda erdet und beruhigt Süßes die nervöse Geistesenergie von *Vata*. Erde und Wasser sind es auch, die *Pitta* ausgleichen. Nur bei *Kapha*-Konstitutionen verstärkt Süß das, was bereits im Überfluss vorhanden ist: Stabilität und Lethargie.
Der süße Geschmack, besonders als Abschluss einer Mahlzeit, löst Gefühle wie Zufriedenheit, Wohlbefinden, Genießen und Liebe aus. Ein Übermaß an Genuss und auch an Süßigkeiten fordert allerdings seinen Preis: Gewichtszunahme und Lethargie bis hin zu Selbstzufriedenheit und Gier.

Sauer

Sauer besteht aus den Elementen Erde und Feuer. Die wärmende Eigenschaft des Feuers wirkt auf die Verdauung anregend und auf den ganzen Körper leicht wärmend.
Vata profitiert von der Wärme, der Feuchtigkeit und der Erdverbundenheit des Sauren; es kann für die Verdauung hilfreich sein. *Pitta*-Menschen dagegen vertragen Sauer nicht so gut. Bei *Kapha*-Konstitutionen führen die milde Schwere und Feuchtigkeit oftmals dazu, dass sie Flüssigkeit zurückhalten und an Gewicht zulegen.
Auf der emotionalen und geistigen Ebene kann etwas Saures wegen seiner aufrüttelnden Wirkung einen erfrischenden Realismus hervorrufen. Doch zu viel davon verstärkt die Tendenz, nach Dingen zu suchen, die man gerne selbst besitzen möchte. Alles, was man sieht, beurteilt man danach, ob es den eigenen Wünschen und Zwecken entspricht. Ein Übermaß an dieser Einstellung führt zu Kitiksucht, Neid, Rivalität oder Eifersucht – von dem, was man nicht bekommen kann, wendet man sich verächtlich ab (»Saure-Trauben-Philosophie«).

Salzig

Feuer und Wasser sind die Elemente des salzigen Geschmacks. Feuer gibt dem Salz bei der Verdauung seinen wärmenden Effekt und stärkt somit das Verdauungsfeuer.
Salz ist gut für *Vata*-Menschen, da es wärmt und die Feuchtigkeit hält, *Pitta* wird dagegen eher verstärkt. *Kapha*-Typen mögen vielleicht seine Wärme, jedoch sollten sie Salz wegen seiner wasserbindenden und gewichtserhöhenden Tendenz nur sparsam verwenden.
Bei Salz geht es um Lebensfreude und den Pfiff im Leben; erst mit Salz wird der Appetit so richtig geweckt. Etwas Salz kann einem Menschen Stabilität verleihen. So wie Salz Wasser bindet, kann ein Übermaß davon Gefühle im Übermaß binden. Man zieht sich in sich selbst zurück, wird nachtragend und lässt das Salz in den Wunden der erlittenen emotionalen Verletzungen grollend brennen, bis man irgendwann nur noch verschlossen, starr und rigide ist.

Scharf

Scharf besteht aus den Elementen Feuer und Luft. Es ist der heißeste und verdauungsanregendste Geschmack und besitzt leichte und sehr trocknende Eigenschaften. Seine Wirkung ist kurz- und langfristig gleich: Es wärmt stark. Daher ist Scharf für *Kapha* genau das Richtige.

Für *Vata* sind kleine Mengen des scharfen Geschmacks hilfreich, da er wärmend und stimulierend wirkt, in größeren Mengen jedoch verstärkt er die Leichtigkeit und Trockenheit zu sehr. *Pitta*-Konstitutionen bekommt diese Geschmacksrichtung gar nicht, weil ihre Flammen dadurch nur noch höher schlagen. Maßvoll eingesetzt wirkt ein scharfer Verstand oder eine scharfe Bemerkung belebend und klärend. Wer Scharfes in seiner Ernährung liebt, richtet auch im Leben seine Aufmerksamkeit nach außen und sucht nach Aufregung, Stimulation und Leidenschaft. Alles muss intensiv sein. Überdosiert führt Scharf leicht zu Reizbarkeit, Aggressivität, Ungeduld und Voreingenommenheit.

Bitter

Luft und Äther sind die Elemente des bitteren *Rasa,* der kältesten und leichtesten aller sechs Geschmacksrichtungen. Bitter ist auch leicht trocken. Auf den Körper wirkt es kühlend, obwohl es in der Nachwirkung der Verdauung *(Vipak)* scharfe und erwärmende Eigenschaften besitzt. Bitter reinigt und trocknet alle Sekretionen, verstärkt den Appetit und senkt Fieber. Die leichte, kalte und trockene Eigenschaft von Bitter ist für *Pitta*-Typen optimal und kann auch *Kapha*-Naturen empfohlen werden. *Vata*-Menschen dagegen sollten diese Geschmacksrichtung möglichst meiden.
In kleinen Mengen hilft dieser Geschmack dabei, wieder klar zu sehen. Bitter erzeugt eine leichte Unzufriedenheit und hilft uns, weiter zu blicken und die Dinge realistisch zu betrachten. Übermäßig bittere Menschen hängen allerdings voller Kummer und Groll an Vergangenem und ihren unliebsamen Erfahrungen. Sie sind mit sich und ihrem Leben von Grund auf unzufrieden, was dazu führen kann, dass sie ständig etwas in ihrer Außenwelt verändern wollen. Große Enttäuschungen jedoch enden in Frustration und Resignation und verstärken ihre Bitterkeit nur noch mehr.

Zusammenziehend / Herb

Diese Geschmacksrichtung besteht aus den Elementen Luft und Erde. Sie besitzt eine kühlende Wirkung auf die Verdauungsenergie – weniger als Bitter, aber mehr als Süß. Ihre langfristige Wirkung ähnelt dem scharfen Geschmack. Herb wirkt im Nachverdauungseffekt *(Vipak)* mittelschwer, trocken und im Laufe der

Geschmacksrichtung	**Beispiele für Nahrungsmittel**
1. Süß	Weizen, Dinkel, Reis, Milch, reife Bananen, Datteln, Zuckerrohr, Ahornsirup, junger Honig (vor weniger als sechs Monaten abgefüllt), eingeweichte oder gekochte Rosinen
2. Sauer	Joghurt, Zitrusfrüchte, Tamarinde, Rhabarber, Tomaten, Hagebutten
3. Salzig	Meersalz, Steinsalz, Algen
4. Scharf	Chili, Pfeffer, Paprika, Asafoetida, Senfsamen, Rettich, Meerrettich, Radieschen
5. Bitter	Radicchio, Bittermelone (Karela), Chicorée, Löwenzahn, Giersch, Neemblätter, Birkenblätter
6. Zusammenziehend / Herb	Brombeeren, Heidelbeeren, Stachelbeeren, Äpfel, unreife Bananen, Granatäpfel, Schlehen, gereifter Honig (vor mehr als sechs Monaten abgefüllt)

Nahrungsmittelbeispiele für die sechs Geschmacksrichtungen (Rasas)

Zeit auf den Körper immer weniger kühlend. Die sanfte Kühle von Herb besänftigt die Hitze von *Pitta,* und seine trockene Qualität gleicht *Kapha* aus. Nur für *Vata* ist Herb nicht geeignet, denn es macht diese Konstitution nur noch trockener und kühler.
Angemessene Mengen dieses Geschmacks balancieren extreme Emotionen aus und fördern eine asketische und nüchterne Einstellung zum Leben. Zu viel dieser Tendenz kann allerdings dazu führen, dass man sich aus Angst zu sehr ins eigene Schneckenhaus zurückzieht. Im Bestreben, allen unliebsamen Situationen und Aufregungen aus dem Weg zu gehen, wird man unsicher, sorgenvoll und ängstlich, bis man innerlich und äußerlich vertrocknet ist.

Welcher Dosha-Typ isst wie?

Des Rätsels Lösung ist ganz einfach: Die erste und wichtigste Empfehlung ist, erst einmal darauf zu achten, dass Ihre Ernährung und Mahlzeiten möglichst *sattvisch* sind. Dies bedeutet eine ausgewogene Ernährung aus frischen, vollwertigen, vegetarischen, biologischen und – wenn möglich – regionalen Zutaten. Wenn Sie Schritt für Schritt die *Sattva*-Ernährung in Ihr tägliches Leben integriert haben, können Sie sich eingehender Gedanken über Ihre *Dosha*-Konstitution machen. Vergessen Sie aber nicht, dass es in erster Linie die *sattvische* Ernährung ist, die Sie präventiv gesund erhält. Nur bei starken *Dosha*-Dysbalancen und Krankheiten sollten bestimmte Nahrungsmittel für eine gewisse Zeit (oder in einer bestimmten Jahreszeit) vermindert oder gemieden werden. Eine speziell abgestimmte Diät kann Ihnen am besten ein ayurvedisch geschulter Therapeut in einer Ernährungsberatung empfehlen. Wenn Sie sich nach und nach mit den ayurvedischen Prinzipien und Empfehlungen für die einzelnen *Dosha*-Typen vertraut gemacht haben und die *Dosha*-Wirkungen der Nahrungsmittel und Gewürze am eigenen Leib spüren, werden Sie ganz intuitiv die Zutaten und Gerichte für Ihre Familie oder für Sie selbst so zusammenstellen, dass alle sie gut vertragen.

Wenn Sie eine duale *Dosha*-Konstitution wie *Vata-Pitta, Vata-Kapha, Kapha-Pitta* oder *Vata-Pitta-Kapha* haben, sollten Sie die Empfehlungen für **all** Ihre *Doshas* berücksichtigen.
Die ausführliche Übersicht im Anhang (ab Seite 265) zeigt Ihnen die Hauptwirkung vieler einzelner Nahrungsmittel und Gewürze – damit Sie die empfehlenswerten Lebensmittel für Ihren Typ auswählen können.

Vata: vom Feinsten, bitte

Vata-Menschen, von ihrer Natur her flexibel und kreativ, aber auch zart und von sensibler Wahrnehmung, lieben den feinen Geschmack. Wenn es ihnen bekommen soll, muss das Essen harmonisch, ausgewogen, warm und wohlschmeckend sein. Da *Vata*-Naturen selbst feinste Nuancen geschmacklicher Variationen wahrnehmen, sollte das Essen geschmacklich ausgeglichen und nicht zu stark gewürzt sein. Nicht nur die Speisen selbst, auch die ganze Atmosphäre beim Essen ist für die *Vata*-Natur wichtig: der Duft der Speisen (am besten voller *Sattva),* der geschmackvolle, mit Liebe zum Detail gedeckte Tisch und schließlich die Konversation, die entspannt und von leichten Gedanken getragen sein sollte. Das Gesprächsthema darf durchaus geistreich und tiefschürfend sein. Auseinandersetzungen und schlechte Stimmung verderben *Vata* jedoch buchstäblich den Appetit.
Ist *Vata* aus dem Gleichgewicht geraten – und das ist heute bei den meisten Menschen der Fall –, sind innere und äußere Ruhe, Sammlung und Wärme beim Essen oberste Gebote. *Vata*-Menschen brauchen eine unbeschwerte und gelöste Atmosphäre, um ungestört verdauen und die regenerativen Energien freisetzen zu können, die in einer ausgewogenen Mahlzeit stecken. Ebenso wichtig sind für *Vata*-Naturelle drei regelmäßige Mahlzeiten, idealerweise morgens zwischen 6 und 8 Uhr, mittags zwischen 12 und 14 Uhr und abends zwischen 18 und 20 Uhr. Die süße Geschmacksrichtung schätzen *Vata*-Menschen besonders, aber auch der saure und der salzige Geschmack und *Agni*-vermehrende Gewürze sollten dabei sein. Auch heißes Wasser, in kleinen Schlucken getrunken,

tut *Vata*-Naturen gut (siehe auch Seite 31). Die für *Vata* empfehlenswerten Nahrungsmittel finden Sie im Anhang ab Seite 265.
Um *Vata*-Störungen wieder zu harmonisieren, sind innere Ruhe und Sammlung angesagt. Deswegen sollte auch die Lebensweise so abgestimmt sein, dass sie *Vata* wieder ins Lot bringt. Gehen Sie also rechtzeitig ins Bett, und sorgen Sie für ausreichenden Schlaf, regelmäßige Ruhe und Regeneration. Auch Spaziergänge, Yoga, Chi Gong, Mantra-Meditation, sanfte Musik oder kreative Tätigkeiten sind einfache, aber effektive Hilfen. In der kalten Jahreszeit schützen Sie Ihre Haut am besten durch Ölmassagen mit Sesam-, Oliven- oder Mandelöl vor Austrocknung durch Wind und Kälte.

Zur Beruhigung von Vata (bei einer Vata-Konstitution oder Vata-Störung)

Empfohlen
- Geschmacksrichtungen Süß, Sauer, Salzig und *Sattva*-Nahrung
- warme, mäßig gewürzte Speisen, Getränke
- bekömmliche, flüssige Speisen mit etwas Ghee, Butter oder Olivenöl
- regelmäßig drei Mahlzeiten am Tag
- geordnetes Leben, möglichst sichere, ruhige und geborgene Umgebung
- regelmäßige Ruhe, Sammlung, Regeneration
- warme Ölmassagen und Bäder

Nicht empfohlen
- Geschmacksrichtungen Bitter, Zusammenziehend, übermäßig Scharf (da *Vata*-vermehrend)
- kalte, trockene und körpergewebeabbauende Nahrungsmittel
- unregelmäßige Mahlzeiten oder Fasten

Pitta: die goldene Mitte

Pitta-Personen sind energetisch und energisch, besitzen einen starken Willen und in der Regel eine gute Verdauung. Große Herausforderungen, Stress, Hitze und schwüle Sommertage bringen dieses *Dosha* stark ins Schwitzen, wodurch das Verlangen nach kühlenden Getränken steigt. Ihr großer Ehrgeiz verführt *Pitta*-Menschen dazu, sich zu übernehmen und emotional zu reagieren. Dann essen sie unkontrolliert und greifen zu Genussmitteln, die das *Pitta*-Feuer noch anheizen. In solchen Situationen sollten *Pitta*-Naturen scharfes, salziges und intensiv gewürztes Essen meiden. Beim Essen sollten kühlende Nahrungsmittel im Vordergrund stehen, also die Geschmacksrichtungen Süß, Bitter und Herb.
Pitta-Typen greifen am besten zu reichlich frischem Obst und Gemüse sowie zu Rohkost, Salaten, Vollkorngerichten und Milchprodukten. Mit Gewürzen und Fetten dagegen sollten sie lieber maßvoll umgehen. Ebenso wie für *Vata*-Konstitutionen ist auch für *Pitta*-Typen das regelmäßige Essen in ruhiger Atmosphäre wichtig. Sie reagieren oft ungehalten, wenn sie eine Mahlzeit hastig oder später als gewohnt einnehmen oder gar auf sie verzichten müssen. Auch für *Pitta*-Naturen sind drei Mahlzeiten am Tag am besten. *Pitta*-besänftigende Nahrungsmittel finden Sie ab Seite 265. Ein Lebensstil der goldenen Mitte wird Pitta helfen, seine verlorene Balance wiederzugewinnen und das richtige Maß für seinen Tatendrang und Unternehmungsgeist zu finden. Wenn *Pitta* überhandnimmt, gilt es, zu einem ausgewogenen Rhythmus von Entspannung und Aktivität zurückzufinden. Ruhe und Erholung an einem kühlen Ort (in nordischen Urlaubsländern oder im Gebirge) und in viel frischer Luft, Zeit zum Nachdenken und Reifen bringen *Pitta*-Störungen rasch wieder ins Lot, denn *Pitta*-Konstitutionen fühlen schnell, was ihnen gut tut und was nicht. Mit etwas Vernunft ist die äußerst regenerationsfähige Natur von *Pitta* bald wieder im Gleichgewicht. Um gesund zu bleiben, sollten Sie jedoch auch hinterher stets die goldene Mitte zwischen Ruhe und Aktivität bewahren.

Zur Beruhigung von Pitta (bei einer Pitta-Konstitution oder Pitta-Störung)

Empfohlen
- Geschmacksrichtungen Süß, Bitter, Zusammenziehend und *Sattva*-Nahrung

- gehaltvolle und nur mild gewürzte Mahlzeiten
- Ghee in Maßen
- frisches Obst und Gemüse, Salate, Rohkost, Vollkorngerichte
- regelmäßig drei Mahlzeiten am Tag
- ausgewogener Rhythmus von Ruhe und Aktivität; Zeit für innere Sammlung

Nicht empfohlen
- Geschmacksrichtungen Scharf, Sauer, Salzig (da *Pitta*-vermehrend)
- leichte, trockene, unregelmäßige Mahlzeiten
- heiße Speisen und Getränke
- eisgekühlte Getränke
- zu viele Gewürze, Fette und Frittiertes
- Kaffee, Schwarztee, Alkohol und Zigaretten

Kapha: Abwechslung tut gut

Kapha-Menschen bevorzugen instinktiv warme und bekömmliche Nahrungsmittel mit bitterem, scharfem oder herbem Geschmack. Diese regen Galle und Leber an, aktivieren den Stoffwechsel und vertreiben Müdigkeit und Trägheit. Frisches Gemüse, Kräuter, Salate, leichte Gemüsesuppen, Gewürze, Obst und Gewürztees entlasten das Verdauungssystem, regen *Agni* an und helfen, überschüssiges *Kapha* und *Ama* abzubauen. Um schwer verdauliche und frittierte Speisen und – auch wenn's schwerfällt – um Süßes jeder Art sollten *Kapha*-Menschen einen großen Bogen machen. *Kapha*-Naturen sagt man nach, sie würden allein durch das Betrachten von Süßigkeiten dick. *Kapha*-Menschen kommen gut mit zwei Mahlzeiten pro Tag aus. Sie können das Frühstück ganz ausfallen lassen oder nehmen allenfalls etwas Leichtes (z. B. Obst, Knäckebrot und dergleichen) zu sich.
Kapha-harmonisierende Nahrungsmittel finden Sie im Anhang ab Seite 265.
Wer mit seinem Lebensstil ein Zuviel an *Kapha* ausgleichen möchte, erreicht dies durch tägliche körperliche Aktivität. Flotte Spaziergänge, Nordic Walking oder bewegungsintensiver Sport wird Ihnen in jedem Fall gut tun. Abwechslung beim Essen, bei Freunden und Unternehmungen sorgt dafür, die alten und gewohnten Pfade zu verlassen und die Welt auch einmal mit anderen Augen zu sehen. Eine weitere wichtige Maßnahme ist, die für *Kapha* günstigen Tagesrhythmen zu nutzen. Also früh aufstehen, noch während der *Vata*-Zeit des beginnenden Tages (vor 6 Uhr morgens). Sie werden merken, dass Ihnen das Aufstehen vor 6 Uhr morgens leichter fällt als danach. Die von *Vata* beschwingte Leichtigkeit begleitet Sie durch den ganzen Tag. Außerdem steuert *Vata* die Ausscheidungsvorgänge in unserem Körper. Wer früh aufsteht, hat aus diesem Grund meist zu dieser Zeit einen problemlosen Stuhlgang, während die Darmentleerung später schwierig sein kann. Nutzen Sie stoffwechselanregende Maßnahmen wie Reinigungs- und Entschlackungskuren vor allem im Frühjahr und im beginnenden Herbst. Am besten regen Sie den Stoffwechsel und die Ausscheidungsorgane durch heißes Wasser mit einigen Ingwerscheiben an, das Sie während des Tages in kleinen Schlucken trinken (siehe auch Seite 31, Kapitel *Ama)*. Geben Sie sich abends mit einer leichten, warmen Mahlzeit zufrieden.

Zur Beruhigung von Kapha (bei einer Kapha-Konstitution oder Kapha-Störung)

Empfohlen
- Geschmacksrichtungen Scharf, Bitter, Zusammenziehend und *Sattva*-Nahrung
- warme Speisen und Getränke
- leichte, trockene und gut gewürzte Gerichte, frische Gemüse, Salate, Kräuter, Obst
- zwei Hauptmahlzeiten täglich
- Abwechslung, körperliche Aktivitäten

Nicht empfohlen
- Geschmacksrichtungen Süß, Sauer, Salzig (da *Kapha*-vermehrend)
- kalte, schwere und reichhaltige Speisen
- zu üppige und ölige Gerichte, Frittiertes
- Zwischenmahlzeiten, Naschen
- Milchprodukte (am besten durch Mandelmilch, Soja- oder Haferdrink ersetzen)

Unsere Verdauung

Agni – die Verdauungskraft

Lebensdauer, Ausstrahlung, Stärke, Gesundheit, Abwehrkraft, Energie, Wärmeprozesse und vitaler Atem – all das hängt vom Verdauungsfeuer Agni ab.

Caraka Samhita

Eine ausgewogene und vollwertige Ernährung ist wichtig. Noch wichtiger allerdings ist die Frage, inwieweit unser Körper die Nahrung auch wirklich aufnehmen kann. Unsere Verdauungsleistung spielt dabei eine entscheidende Rolle, was vielen Menschen gar nicht so bewusst ist. Bei jeder Stoffwechselleistung entsteht Wärme. Aus diesem Grund bezeichnet der Ayurveda die Verdauungsleistung des Körpers auch als *Agni* (wörtlich: Feuer), also Verdauungsfeuer. *Agni* steuert nicht nur die Verdauungstätigkeit im Magen-Darm-Trakt, sondern reguliert den gesamten Stoffwechsel bis hin zur Umformung der Nahrungsbestandteile in jeder einzelnen Körperzelle zu Energie oder neuen Körperbestandteilen. Ist *Agni* zu schwach, kämpfen wir – trotz vitaler und ausgewogener Ernährung – mit einer langsamen Verdauung, mit Aufstoßen, Blähungen und Verstopfung; wir tun uns schwer damit, am Morgen aufzustehen, und schwitzen auch bei körperlicher Anstrengung wenig bis gar nicht. *Agni* wird gehemmt durch zu viel und zu häufiges Essen. Zu starkes *Agni* entsteht durch zu heiße und zu scharfe Speisen, längere Fastenperioden und durch Ärger. Eine übermäßige Verdauungsenergie zeigt sich in Sodbrennen, Aufstoßen, Durchfall, Reizbarkeit, einem starken Mitteilungsbedürfnis sowie starkem Durst und Schwitzen. Ein gestörtes *Agni* kann viele Krankheiten verursachen. Der Ayurveda versucht in diesen Fällen, *Agni* durch typgerechte Ernährung, Bewegung, Yoga und einen ausgewogenen Lebensstil wieder anzuregen oder auszugleichen. Bei ausgeglichenem *Agni* haben wir eine regelmäßige Verdauung und verspüren zwei- bis dreimal am Tag ein gesundes Hungergefühl. Die drei *Doshas* unserer Konstitution beeinflussen auch unsere Verdauungskraft. Bei Menschen mit einer *Vata*-Dominanz ist *Agni* sehr wechselhaft. *Vata*-Naturen essen gern einmal viel und ein andermal wenig; sie neigen zu Blähungen und Verstopfung. *Pitta*-Konstitutionen haben die stärkste Verdauungskraft. Sie schwitzen leicht, sind schnell hungrig, essen viel und entleeren ihren Darm zwei- bis dreimal täglich. Bei Störungen können Entzündungen in Magen, Darm, Leber und Galle auftreten sowie Geschwüre und Sodbrennen. Die Stoffwechselleistung eines *Kapha*-Menschen hingegen ist langsam und träge. Er neigt zu Völlegefühl, hat täglich Stuhlgang und nimmt leicht zu. Ein gestörtes *Agni* bringt nicht nur Verdauung und Stoffwechsel durcheinander, sondern ruft auch *Ama* hervor.

Ama – Unverarbeitetes aus Körper und Psyche

Wörtlich bedeutet *Ama* »unreif«, »ungekocht« oder »unverdaut«. Im Ayurveda steht *Ama* für Körpergifte, die durch eine unzureichende Verdauung im Magen-Darm-Trakt, in der Leber oder im Stoffwechsel der Zellen und im Gewebe entstehen. *Ama* wird über den Blutkreislauf im ganzen Körper verbreitet und in den Zellen abgelagert; es schwächt das Gewebe und spielt bei praktisch allen Krankheiten eine Rolle.
Ama ist die Wurzel der meisten chronischen Erkrankungen wie chronischen Erkältungskrankheiten, Asthma und Arthritis und einem schwachen Immunsystem, was zu Allergien, Heuschnupfen und sogar Krebs führen kann. Symptome wie Zungenbelag, Mundgeruch, Körpergeruch, schlechter Geruch von Urin und Stuhl, Verstopfung und Reizbarkeit sind Anzeichen, dass sich im Körper *Ama* angesammelt hat.
Im erweiterten Sinn kann *Ama* auch im psychischen Bereich entstehen, als Folge »unverdauter«, also unverarbeiteter Gefühle, Belastungen und ungelöster Konflikte. Was auf diese Weise im Nervensystem und im Stoffwechsel an »Giftsubstanzen« gebildet wird, ist aus ayurvedischer Sicht ebenso schädlich wie unverdaute Nahrung. Aus diesem Grund steht am Anfang einer ayurvedischen Behandlung fast immer der

Abbau von *Ama*. Erst nach der Reinigung des Körpers wird versucht, das oder die gestörte(n) *Dosha(s)* auszugleichen.
Ama entsteht durch eine Ernährungs- und Lebensweise, die den Menschen aus dem Gleichgewicht bringt. Als Hauptursache gelten zu üppige und zu häufige Mahlzeiten, aber auch Zwischenmahlzeiten und andere Gewohnheiten, z. B. beim Essen zu lesen, fernzusehen oder hitzig zu diskutieren. *Ama*-verstärkend wirken auch das zu späte Essen am Abend oder in der Nacht, nicht richtig zubereitete oder unsaubere Nahrung, zu trockene oder zu kalte Speisen, Alkohol, Zigaretten und andere Drogen, Fleisch, Fisch und Eier, unregelmäßige Essenszeiten, Unterdrücken der körperlichen Ausscheidungsbedürfnisse, Stress und intensive Emotionen. Nach dem Ayurveda sollte man nach einer Hauptmahlzeit vier oder besser sechs Stunden bis zur nächsten Nahrungsaufnahme warten (nach einem kleinen und leichten Essen ohne Getreide – z. B. nach Früchten – mindestens zwei Stunden). Nimmt man Speisen zu sich, bevor die vorhergehende Mahlzeit vollständig verdaut worden ist, verwandeln sich die unverdauten Speisereste im Magen und im Darmtrakt in *Ama*.

Wie man Ama wieder los wird

Ama kann am besten durch eine gezielte Therapie und durch Reinigungskuren (wie eine Pancha-Karma-Kur unter Aufsicht eines ayurvedischen Therapeuten) reduziert und ausgeschieden werden. Einige einfache Maßnahmen lassen sich aber auch in den Alltag integrieren.

- Ideal zum Abbau von *Ama* ist das regelmäßige **Trinken von heißem Wasser** (mineralstoffarm und kohlensäurefrei). Durch 10- bis 15-minütiges Kochen bekommt es einen leicht süßlichen Geschmack, der zur Besänftigung von *Vata* beiträgt. Das häufige schluckweise Trinken hat eine stabilisierende und beruhigende Wirkung, bringt Darmstörungen allmählich zum Abklingen, lindert *Ama*-bedingte Beschwerden und verbessert den Geschmackssinn. Zwei bis drei Schlucke halbstündlich oder stündlich aus der Thermoskanne reichen aus. *Vata*-Naturen tut eine größere Menge von heißem Wasser mit Sicherheit gut. Dagegen sollten *Kapha*-Konstitutionen nicht zu viel Flüssigkeit zu sich nehmen, da ihr Organismus dazu neigt, Wasser zu speichern. *Kapha*-Menschen richten sich am besten nach ihrem eigenen Durstgefühl. Gesunde *Pitta*-Menschen nehmen sicher am meisten Flüssigkeit zu sich; sie sollten allerdings eher zu lauwarmem Wasser greifen, da ihr Naturell sonst leicht überaktiv reagiert.

- Im Rezeptteil finden Sie ein ***Ama*-reduzierendes Dalgericht** (Linsengericht) aus Mungbohnen (Tridosha Mung Dal, siehe Seite 126). Diese Zubereitung wird von Ayurveda-Ärzten mehrmals pro Woche als Diätspeise empfohlen, sowohl um Stoffwechselgifte auszuscheiden als auch um dem Verdauungstrakt bei Krankheit, in der Rekonvaleszenz oder während einer Verjüngungstherapie etwas Ruhe und Erholung zu gönnen.

- Ebenfalls empfehlenswert ist **Khichari** (sprich: *Kidschari,* Eintopfgericht), das indische Nationalgericht aus Reis und Mungbohnen (siehe ab Seite 132). Ohne eine Khichari-Diät wäre eine Pancha-Karma-Kur undenkbar. Khichari ist eine leicht bekömmliche Speise, wirkt entspannend und aufhellend auf das Bewusstsein, unterstützt die Ausscheidung von physischem und psychischem *Ama,* reinigt und nährt die *Dhatus* (Körpergewebe, siehe Seite 32) und hilft bei jeder chronischen Erkrankung.

- **Fasten** hilft ebenfalls beim Abbau und bei der Ausscheidung von Stoffwechselgiften. Allerdings sollte der individuelle *Dosha*-Typ immer berücksichtigt werden. *Vata* sollte maximal einen Tag keine Nahrung zu sich nehmen. *Pitta* kann bis zu drei Tage und *Kapha* noch länger fasten. Wer möchte, kann zweimal im Monat einen Fastentag einlegen (Trinken nicht vergessen!). Als Fastentag empfiehlt der Ayurveda jeweils den elften Tag nach Vollmond und nach Neumond *(Ekadashi).*

Dhatus – die sieben Gewebe oder Aufbauelemente

Hat unser Verdauungstrakt die Nahrung angemessen verdaut, werden aus ihr nacheinander sieben verschiedene Körpergewebe oder *Dhatus* (wörtlich: aufbauende Elemente) gebildet. Jedes *Dhatu* entsteht aus dem vorhergehenden *Dhatu,* wird von ihm ernährt und enthält dessen potenzierte Essenz.

Die Körpergewebe sind für unsere gesamte psychophysische Struktur verantwortlich. Sie ermöglichen nicht nur das Funktionieren der verschiedenen Organe und Organsysteme, sondern spielen auch bei der Entwicklung unserer Psyche eine wichtige Rolle. Unser Körper folgt unserer Psyche. Kommt unsere psychische Verfassung aus dem Lot, so kommen auch die drei *Doshas Vata, Pitta* und *Kapha* durcheinander und stören ihrerseits unsere *Dhatus.* Und arbeitet ein *Dhatu* nicht mehr richtig, zieht es auch die nachfolgenden in Mitleidenschaft, was wiederum unser Wohlbefinden und Immunsystem beeinträchtigt. Ein Kreislauf, der – wenn er nicht unterbrochen wird – früher oder später zu spürbaren körperlichen Veränderungen führt: Wir werden krank!

Betrachten wir kurz die sieben *Dhatus:*
In **Plasma und Zellflüssigkeit** ***(Rasa)*** sind die aus unserer Nahrung aufgenommenen Nährstoffe enthalten. Diese werden über den Blutkreislauf an alle anderen Gewebe und Organe weitergegeben. Die **roten Blutkörperchen** ***(Rakta)*** versorgen die Gewebe und Organe mit Sauerstoff und halten die Funktionen aller nachfolgenden Gewebe – Muskeln, Fett, Knochen, Nervensystem und Keimzellen – aufrecht. Das **Muskelgewebe** ***(Mamsa)*** schützt die empfindlichen Organe, ermöglicht Bewegung und verleiht dem Körper physische Kraft. Das **Fettgewebe** ***(Meda)*** dient sowohl der Speicherung von Nährstoffen als auch der Polsterung und dem Schutz von Organen, Muskeln und Knochen. Die **Knochen** ***(Asthi)*** stützen den Körper und halten ihn aufrecht. Das **Knochenmark** ernährt die Knochen, und die **Nerven** leiten motorische und sensorische Impulse (zusammen: ***Majja)*** – Befehle zur Bewegung und Sinneswahrnehmung – an ihre Erfüllungsorgane, Muskeln, Gehirn oder Fettgewebe, weiter. Die **Keimzellen** ***(Shukra)*** dienen der Fortpflanzung und damit der Weitergabe der in ihnen gespeicherten Informationen über alle Organe, Gewebe und Funktionen unseres Körpers – dem Erbmaterial – an unsere Nachkommen. Darüber hinaus vermittelt dieses *Dhatu* Stärke, Energie und Kreativität.

Körpergewebe *(Dhatu)*	**Sanskrit-Name**	**Funktionen**	**Hauptelement**
1. Plasma, Zellflüssigkeit	*Rasa*	Ernährung	Wasser
2. Blut (rote Blutkörperchen)	*Rakta*	Sauerstoffversorgung	Feuer
3. Muskelgewebe	*Mamsa*	Bewegung, Schutz, Kraft	Erde
4. Fettgewebe	*Meda*	Schutz, Speicher	Erde
5. Knochen	*Asthi*	Stabilität	Luft
6. Nervengewebe, Knochenmark	*Majja*	Informationsfluss, Verstandesfunktion	Äther
7. Keimzellen	*Shukra*	Fortpflanzung, Kreativität	Wasser

Die sieben Dhatus

Srotas – die Transportsysteme des Körpers

Mit *Srotas* bezeichnet der Ayurveda die Kanälchen des Körpers, in denen Substanzen transportiert werden. Insgesamt gibt es drei Arten von *Srotas.* Zum einen solche, die den Körper mit *Prana* (Lebensenergie), Sauerstoff, Wasser und Nahrung versorgen wie die Bronchien, das Magen-Darm-System und die arteriellen Blutgefäße. Daneben finden wir aber auch *Srotas*, die die einzelnen Gewebe *(Dhatus)* versorgen wie Blut- und Lymphgefäße, Eileiter, Samenkanäle sowie die Poren in der Zellwand und die Transportwege innerhalb der Zelle. Jedes der sieben *Dhatus* besitzt ein eigenes Transportsystem. Schließlich existieren noch *Srotas,* mit denen sich unser Körper seiner drei Ausscheidungsprodukte *(Malas)* Stuhl, Urin und Schweiß entledigt, nämlich Dickdarm, ableitende Harnwege und Schweißdrüsen.

Ist der Transport in einem oder mehreren *Srotas* zu stark, zu gering, blockiert oder rückläufig, kommt es zu Stoffwechselstörungen verschiedener *Dhatus* und Körperregionen, zur Entstehung von *Ama* und damit über kurz oder lang zu Krankheitsbeschwerden.

Um unsere *Srotas* und unseren Stoffwechsel in Gang zu halten, empfiehlt der Ayurveda, dass wir uns im Einklang mit unseren *Doshas,* der Tages- und Jahreszeit und dem Lebensalter ernähren. Desweiteren sollten wir die physiologischen Bedürfnisse und Ausscheidungsvorgänge unseres Körpers berücksichtigen und nicht unterdrücken, z. B. Niesen, Weinen, Gähnen, Hunger, Durst, Schlafbedürfnis, Stuhl- und Urindrang. Als Drittes wird uns tägliche körperliche Bewegung oder leichte sportliche Aktivität (wie Yoga, Walking oder Spaziergang) empfohlen, was nicht nur den Fluss der *Srotas* anregt, sondern sich auch positiv auf unsere *Doshas* und *Dhatus* auswirkt.

Ojas – die Essenz unserer Lebensenergie

Ojas wird aus der Essenz aller Körpergewebe gebildet, so wie Honig die Essenz der Blumen ist.

Caraka Samhita, Sutrasthana 17.75

Hat unsere Nahrung den Transformationsprozess der sieben *Dhatus* (Körpergewebe) durchlaufen, so wird aus ihr *Ojas* gebildet. *Ojas* besteht aus der Essenz des Fortpflanzungsgewebes *(Shukra).* Aus diesem Grund bezeichnet man *Ojas* auch als das achte *Dhatu.*

Ojas ist die Essenz unserer Lebensenergie und existiert in feinstofflicher Form im Herzchakra, einem der sieben Hauptenergiezentren des Körpers. *Ojas* stärkt unsere Lebensenergie, das Immunsystem und verleiht Wohlbefinden, Kraft, Vitalität und Zufriedenheit. Darüber hinaus ist *Ojas* für eine ausgeglichene Aura (Lebenskraft und Ausstrahlung) verantwortlich. Und unsere Aura ist es, die uns auf subtiler Ebene vor negativen Einflüssen schützt. Je schwächer unser *Ojas* ist, desto empfänglicher werden wir für negative Einflüsse, und desto mehr kommen wir innerlich aus dem Gleichgewicht.

Je stärker unser *Ojas* ist, desto gesünder, glücklicher und ausgeglichener fühlen wir uns.

Schließlich entsteht *Ojas* nicht nur im Verdauungsprozess, sondern auch bei allen erfüllenden Erfahrungen von Harmonie, Glück, Liebe, Selbst- und Gotteserkenntnis. *Ojas* ist die Essenz eines erfüllten *sattvischen* Lebens.

Was uns beeinflusst

Unsere ursprüngliche *Dosha*-Konstitution ändert sich das ganze Leben über nicht mehr. Sie wird allerdings von verschiedenen äußeren Faktoren beeinflusst: von der Tages- und Jahreszeit, dem Lebensalter, der Nahrungsaufnahme, von Medikamenten, der Lebensweise, vom Beruf und von anderen Umwelteinflüssen.

Tagesrhythmen und Essenszeiten

Die drei *Doshas* bestimmen nicht nur Anlage, Konstitution, Temperament, natürliche Neigungen und Fähigkeiten eines Menschen. Im Laufe von 24 Stunden wird auch unser Organismus auf unterschiedliche Weise beeinflusst. Je höher die Sonne oder der Mond steht, desto angeregter ist der Stoffwechsel und damit auch *Agni*, das Verdauungsfeuer. Koppeln wir uns durch Schichtarbeit oder ein ausschweifendes Nachtleben von unseren inneren und äußeren Zeitgebern ab, kommen wir aus dem Lebenstakt und erschweren die Synchronisation unserer inneren Uhr. Die Folgen sind Krankheiten, psychische Beschwerden und ein schlechtes Allgemeinbefinden. Besser, wir richten uns nach den eigenen natürlichen *Dosha*-Rhythmen. Auch nach einer Zeitumstellung auf Sommer- oder Winterzeit können Sie sich nach dieser *Dosha*-Uhr richten. Innerhalb kurzer Zeit hat sich der Organismus an die neue Zeit angepasst.

Morgens und vormittags

Morgens und am Vormittag von 6 bis 10 Uhr dominiert das aufbauende und vorbereitende *Kapha-Dosha*. *Vata*-Menschen sollten unbedingt kräftig frühstücken, sonst setzt ihnen die für die nachfolgende *Pitta*-Zeit charakteristische Hitze zu sehr zu. Auch *Pitta*-Menschen sollten sich in diesem Tagesabschnitt ein ausgiebiges Frühstück gönnen. *Kapha*-Typen, bei denen sich der Hunger ohnehin erst am späten Vormittag einstellt, kommen meist ganz gut ohne Frühstück oder nur mit etwas Obst oder Saft aus. Sie sollten ihre erste große Mahlzeit in der *Pitta*-Zeit einnehmen.

Mittags

Die Mittagszeit, von 10 bis 14 Uhr, ist eine ausgesprochene *Pitta*-Phase. Die Zeit, in der die Sonne am höchsten steht, ist für viele Menschen die produktivste Phase des Tages; auch die Stoffwechselaktivität des Körpers ist nun am stärksten. Die optimale Uhrzeit für die größte Mahlzeit des Tages ist gegen 12 Uhr – in früheren Generationen hat man sich ganz selbstverständlich danach gerichtet. In dieser Zeit können sogar *Vata*-Naturen eine reichhaltige Mahlzeit verdauen. *Pitta*-Menschen sollten sich bewusst Zeit fürs Mittagessen nehmen. Bei zu wenig Nahrung im Magen werden sie sonst von ihrem Feuer aufgezehrt, und dann bekommen vermutlich auch andere Menschen etwas von ihrer *Pitta*-Energie ab. Auch für *Kapha*-Menschen ist der Mittag die beste Zeit für ihre Hauptmahlzeit; in dieser Phase bleibt ein bekömmliches Essen nicht zu lange im Magen liegen.
Nach dem Mittagessen sollten Sie sich – unabhängig von Ihrem Konstitutionstyp – fünf bis zehn Minuten entspannen. Falls Sie die Zeit und Gelegenheit dazu haben, legen Sie am besten die Beine hoch; ein kleiner Verdauungsspaziergang rundet die Mittagspause sinnvoll ab. *Vata*-Menschen dürfen sich auch ein kleines Nickerchen erlauben.

Nachmittags

Am Nachmittag, zwischen 14 und 18 Uhr, wandert der Zeiger unserer inneren Uhr in die *Vata*-Phase. Nun kommen Körper und Geist wieder in Schwung. Manche Menschen werden aber gerade um diese Zeit müde. Das liegt vor allem an einem schwachen *Agni*, das mit der Verdauung des Mittagessens Probleme hat. Unsere Übersicht (ab Seite 265) hilft Ihnen, die für Sie bekömmlichsten Nahrungsmittel herauszufinden. Gönnen Sie sich bei einem solchen Tiefpunkt eine kleine Pause, um sich körperlich und psychisch zu regenerieren. Übermäßige und andauernde Aktivität führt zu typischen Stresssymptomen, weil sie unsere natürlichen Rhythmen stört.

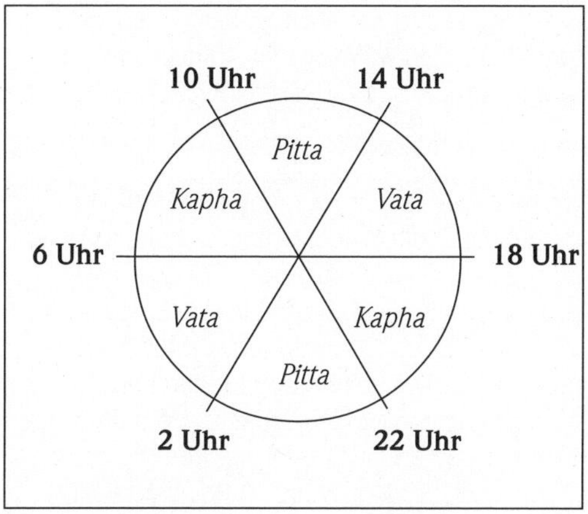

Die Dosha-Rhythmen im Tageslauf

Abends

Abends, von 18 bis 22 Uhr, kehrt in der Natur und in unserem Körper allmählich wieder Ruhe ein. Jetzt übernimmt in unserem inneren Rhythmus erneut *Kapha* die Führung.
Wegen der verlangsamten Stoffwechselleistung empfiehlt sich für alle drei Konstitutionstypen ein kleines, leichtes Abendessen, bei dem Sie die Kraft von *Kapha* aufnehmen. Essen Sie gleich zu Beginn dieser Phase, da der Stoffwechsel später zu träge ist und die Nahrung nur noch schwer verdauen kann. Auf Joghurt oder rohes Obst sollten Sie abends lieber verzichten, weil das die Verdauung zu sehr belastet, unter Umständen die *Srotas* (siehe Seite 33) blockiert und sich dazu auch noch *Ama* (siehe Seite 30) bildet. Nach dem Ayurveda verbessert sich oft schon nach wenigen Tagen das Wohlbefinden, wenn man auf leichte Kost am Abend umstellt, die Hauptmahlzeit mittags zu sich nimmt und auf Zwischenmahlzeiten verzichtet. Der Abend dient im optimalen Fall zur Erholung und Einstimmung auf die Nachtruhe. Menschen mit Schlafproblemen sollten unbedingt in der *Kapha*-Zeit der Nacht zu Bett gehen. Nach 22 Uhr, wenn *Pitta* dominiert, schlafen sie sicherlich schwerer ein.

Mitternacht

Gegen Mitternacht, ab 22 Uhr, beginnt eine neue biologische Phase, nämlich die *Pitta*-Zeit, die bis 2 Uhr morgens anhält. Nun wird neue Energie frei, die jedoch andere Aufgaben hat, als uns wach zu halten. Der erneut aktive Stoffwechsel der *Pitta*-Phase produziert Wärme für den Schlaf und fördert die Erholung des gesamten Organismus. Die Zellteilungsgeschwindigkeit erreicht nun ihren Tageshöhepunkt. Jetzt ist auch die beste Zeit für eine »geistige Verdauung«, also für die Verarbeitung der Erlebnisse und Eindrücke des vergangenen Tages. Diese Vorgänge laufen allerdings nur ungestört ab, wenn wir vor 22 Uhr zu Bett gehen – nur dann fällt der größte Teil unseres Schlafes in die Tiefschlafphase. Nicht umsonst heißt es, der beste Schlaf sei der vor Mitternacht.

Frühmorgens

Frühmorgens, zwischen 2 und 6 Uhr, werden wir wieder von *Vata* beeinflusst. Gleich zu Beginn dieser Phase erreicht die Ausschüttung von Melatonin ihr Maximum, einer wichtigen Substanz für Wachstum, Schlaf, Traumgeschehen und Immunsystem. In dieser Zeit träumen wir am intensivsten, der Schlaf wird langsam unruhig, Nebennierenrindenhormone werden ausgeschüttet, und die Körpertemperatur steigt. Auch die Zellen in den wichtigen Schaltstellen des Zwischenhirns, der Steuerzentrale unseres Körpers, sind jetzt aktiver als sonst. Gegen Morgen aktiviert unsere innere Uhr dann die Ausscheidungsorgane. Alles im Körper bereitet sich auf das Aufstehen vor. Nach dem Ayurveda ist dies die beste Tageszeit, um sich – vor den Aktivitäten des Tages – einer Morgenandacht oder Meditation zu widmen. Um diese *Vata*-Energie optimal zu nutzen, sollte man noch vor Sonnenaufgang aufstehen. Bleibt man während der *Kapha*-Phase zu lange im Bett liegen, beginnt der Tag schwerfällig, und auch tagsüber gehen die Dinge nur schleppend voran. Nutzen Sie die Heilkraft des Schlafes und die Kraft der frühen Morgenstunden, und beginnen Sie den Tag ausgeruht und voller Inspiration – und vor allem frühzeitig.

Ernährung im Wechsel der Jahreszeiten

Künstliche Beleuchtung, Zentralheizung und Klimaanlagen spielen inzwischen in unserem Leben eine größere Rolle als Sonne, Mond, Regen, Wind und Jahreszeiten. Dennoch werden unser Körper und auch unsere Psyche durch die Rhythmen und Phasen der Natur, vor allem aber durch den Wechsel der Jahreszeiten, beeinflusst.

In der Regel ist die Jahreszeit, in der Sie am meisten auf die Bedürfnisse Ihres Körpers achten sollten, jene, die Ihrem Konstitutionstyp entspricht: der Sommer für *Pitta-,* der Winter für *Vata-* und der Frühling für *Kapha*-Naturen. Halten Sie sich in diesen Monaten besonders an die Ernährungsempfehlung für Ihren *Dosha*-Typ, ohne darüber aber die Tipps für den Alltag zu vergessen. Wenn Sie – wie die meisten Menschen – zu einem Mischtyp gehören, balancieren Sie jedes *Dosha* dann aus, wenn »seine« Zeit gekommen ist.

Für einen *Vata-Pitta*-Menschen beispielsweise ist im Spätherbst und im frühen Winter ein *Vata*-beruhigender Ernährungs- und Lebensstil genau das Richtige. Im Sommer sollte er *Pitta* besänftigen und im Frühling, der *Kapha*-Zeit, für eine Ernährung sorgen, die nicht zu viele *Kapha*-Elemente enthält. Ab und zu kommen die normalen Jahreszeiten jedoch durcheinander. In einem verregneten Sommer beispielsweise vermischen sich *Kapha* (Regen) und *Vata* (Wind, Wetterwechsel) mit *Pitta.* Aus diesem Grund stellen die Ernährungstipps für die einzelnen Jahreszeiten nur allgemeine Richtlinien dar.

Frühling – Kapha vorherrschend

Der Frühling ist die Jahreszeit der Reinigung. Jetzt möchte sich der Körper von den im Winter angesammelten Gift- und Schlackenstoffen befreien. Wetterbedingt erhöht sich *Kapha* (durch Feuchtigkeit und Frühlingsregen), und zugleich wird das Verdauungsfeuer *Agni* im Magen schwächer. Jetzt helfen kurze Fastentage (siehe auch Seite 31). Um die im Frühling vorherrschenden Vorgänge zu unterstützen, sind jetzt eine leichte Ernährung, heiße Getränke (vor allem heißes Wasser mit Ingwerscheiben und Kräutertees) und warme, leichte und trockene Speisen mit den Geschmacksrichtungen Bitter, Scharf und Zusammenziehend wichtig. Der Frühling ist die Zeit für Nahrungsmittel wie Dinkel, Buchweizen, Quinoa, Amarant, Hirse, alle Linsensorten (Dal), Äpfel, Birnen, Granatäpfel, Asafoetida, Bockshornklee (gut für Haut und Haare), Ingwer, Kreuzkümmel, Senfkörner, schwarzen Pfeffer, Lorbeerblätter und kleine Mengen Olivenöl. Weiterhin empfehlenswert sind Karotten, Rote Bete, Spargel, grünes Blattgemüse, Blattsalate, Meerrettich, Majoran, Kümmel, Rosmarin, Salbei, Basilikum, Thymian, Nelken, Paprika, Kardamom, Zimt, frische Kräuter und Wildkräuter. Kaltgeschleuderter Honig sollte älter als sechs Monate sein; dann verstärkt er *Pitta* und verleiht Körper und Geist Energie. Frühlingssuppen und -salate aus frischen (Wild-)Kräutern wie Brennnessel, Löwenzahn oder Giersch helfen zu entschlacken. Diese Prozesse werden auch von Tees aus Holunderblüten, Ingwer, Schafgarbe oder Ajwan (Selleriesamen) gefördert.

Schwere und ölige Speisen sollten Sie im Frühling genauso meiden wie zu süße und zu saure Nahrungsmittel. Auch Salz (ideal: Steinsalz) sollte nur in kleinen Mengen zum Einsatz kommen.

Sommer – Pitta vorherrschend

Die Wärme des Sommers beeinflusst vor allem den Stoffwechsel und Wärmehaushalt *(Agni).* Im Magen und im Körperinnern vermindert sich *Agni,* unter der Haut dagegen verstärkt es sich (Schweißbildung). Schwere Speisen kann der Körper in dieser Zeit nur mit viel Energieaufwand verdauen. Da Gewürze die Verdauung anregen, werden die Speisen in heißen Ländern entsprechend gewürzt. In der *Pitta*-Zeit des Jahres kann auch eine milde Abführkur Abhilfe schaffen.

Gut ist es jetzt, viel zu trinken und Bekömmliches zu essen. Im Sommer sollte die Nahrung *Agni*-vermehrend, süß, bitter und etwas zusammenziehend (herb) sein. Eisgekühlte Getränke

empfiehlt der Ayurveda niemals. Sie erscheinen vielleicht im ersten Augenblick angenehm, aber sie reduzieren das ohnehin schwache Verdauungsfeuer noch mehr, das die Getränke im Magen erst erwärmen muss. Im Sommer sind zimmertemperierte oder warme Getränke das Richtige. Zur Aromatisierung wird ihnen gerne etwas Rosenwasser beigegeben, da es kühlende Eigenschaften besitzt.
Auch Joghurt-Zubereitungen, z. B. Lassi (Getränk aus Joghurt, Wasser und Gewürzen; siehe Seite 252) oder Raita (Salat auf Joghurtbasis; ab Seite 199), sind ideale Sommerköstlichkeiten. Joghurt regt *Agni* im Magen an und übt auf den gesamten Körper einen kühlenden Einfluss aus. Einen günstigen Effekt haben jetzt auch alle Beerenfrüchte, süßes und saftiges Obst (z. B. Melonen, Pfirsiche, Aprikosen, Mangos) sowie gelagerter Reis und Weizen, Mung Dal, alle wässrigen und weichen Gemüsesorten (z. B. Zucchini, Sommerkürbisse, Spargel), aus denen sich leicht bekömmliche Khicharis zubereiten lassen. Zur Unterstützung von *Agni* träufelt man im Sommer kleine Mengen geschmolzenes Ghee über die Speisen. Gern greift man auch zu frischen Kräutern wie Dill, Basilikum und Koriander sowie zu Gewürzen, die *Agni* im Magen anregen (z. B. Kardamom, Zimt, Safran, frischer Ingwer, Fenchelsamen, Kreuzkümmel und etwas schwarzer Pfeffer). Die kühlenden Eigenschaften der Minze werden gerade im Sommer gerne genutzt. Mit Minze würzt und verziert man z. B. Frucht- und andere Salate und Pfefferminzchutney. Erfrischend schmeckt auch kühlender Minztee mit Apfelsaft.
Saure und beißend-scharfe Geschmacksrichtungen dagegen sollten Sie im Sommer weitgehend meiden. Gehen Sie auch mit Salz möglichst sparsam um.

Herbst – Vata und Kapha vorherrschend

Im Herbst werden nicht nur im Haus und Garten Vorbereitungen für den Winter getroffen, sondern auch im eigenen Körper. Zu dieser Zeit beginnt der Organismus, Hitze anzusammeln, die gegen die bevorstehende Kälte schützen soll. Die sinkenden Temperaturen und der Herbstregen betonen das *Kapha-Dosha,* während die kalten Winde *Vata* vorherrschen lassen. Kurze Fasten- und Reinigungskuren fördern die Umstellung. Der Ayurveda empfiehlt für diese Zeit auch warme ölige Darmeinläufe.
Im Herbst helfen scharfe, leicht süße und leicht salzige Nahrungsmittel dabei, *Vata* und *Kapha* zu beruhigen. Der mäßige Gebrauch von Milch und Milchprodukten hält gesund und verleiht Energie. Sehr zu empfehlen sind auch Dinkel, Weizen, Mais, Reis, Gerste, Buchweizen, Quinoa und Amarant als Suppen, Khicharis oder Pfannkuchen. Jetzt ist die Zeit für Kürbis, Trockenfrüchte (wie Datteln und Feigen), Nussmilch, Bananen, Waldbeeren und Gewürze wie schwarzen Pfeffer, Ingwer, Asafoetida, Koriander, Senf, Bockshornklee (Methi), Fenchel, Anis, Kümmel, Kreuzkümmel und Schwarzkümmel (Kalonji).
Hilfreich sind weiterhin Massagen mit einem erwärmenden Öl wie Sesamöl. Auf herbe, bittere und zu saure Nahrungsmittel sollten Sie dagegen verzichten.

Winter – Vata vorherrschend

Die Wintermonate sind kalt und trocken. Die Härte und Kälte dieser Jahreszeit erhöhen das Luft-*(Vata-)*Element. Im Körper herrscht ebenfalls Trockenheit vor – *Agni* im Körperinnern hat sich verstärkt. Jetzt ist *Kapha*-erhöhende Nahrung das Mittel der Wahl. Selbst gehaltvolle Gerichte werden im Winter in der Regel leicht verdaut – es ist die ideale Zeit für Nüsse, Ölsamen, Früchtebrote und eingeweichte und mit Gewürzen vermischte Trockenfrüchte. Empfehlenswert sind außerdem Weizen (neue Ernte), Dinkel, Buchweizen, Hirse, Quinoa, Amarant, Mungbohnen, Kartoffeln, Süßkartoffeln, Fenchelgemüse, Steckrüben, Rote Bete, weiße Rüben, Kürbis, Spinat und Weichgemüsesorten in Form von Suppen, Khicharis, Gemüsegerichten und Aufläufen. Vedische Fladenbrote (Chapatis, Parathas, Puris, ab Seite 170), Nudeln und die Vollkorngrießspeise Upma (siehe Seiten 157 und 154) sind jetzt ebenfalls geeignet. Auf ihren Wintereinsatz warten zudem warme Milch (Gewürzmilch, siehe Seite 254), selbst gemach-

FRÜHLING	SOMMER	SPÄTSOMMER / HERBST	WINTER
Wetter stört *Kapha*	**Wetter stört *Pitta***	**Wetter stört *Vata* und *Kapha***	**Wetter stört *Vata***
Anti-*Kapha*-Diät	Anti-*Pitta*-Diät	Anti-*Vata*-*Kapha*-Diät	Anti-*Vata*-Diät
Nahrung sollte vermehrt scharf, bitter und herb sein	Nahrung sollte verdauungsfördernd und vermehrt süß, bitter und herb sein	Nahrung sollte verdauungsanregend, leicht süß, leicht scharf und leicht salzig sein	Nahrung sollte vermehrt süß, sauer und salzig sein
warme, leichte und eher trockene Speisen	kühlende, frische und saftige Speisen	leichte, warme, eher flüssige Speisen	nahrhafte, warme, eher flüssige Speisen
stark gewürzt	mild gewürzt	angemessen gewürzt	angemessen gewürzt
wenig Oliven- oder Maiskeimöl, kein Ghee/Fett	mit etwas Ghee und Sonnenblumen- oder Olivenöl	mit Oliven- oder Maiskeimöl und etwas Ghee	mit Ghee, Olivenöl oder Butter
heiße Getränke	zimmerwarme Getränke	warme Getränke	warme Getränke

Ernährung im Wechsel der Jahreszeiten

ter Frischkäse (Panir, siehe Seite 226), Butter, Ghee (siehe Seite 222), Buttermilch (siehe Seite 229), Bananen, Äpfel und Wintergewürze wie Zimt, Nelken, Safran, Vanille, Kardamom, Muskat, Asafoetida, Kurkuma (Gelbwurz), Anis, Ingwer, Schwarz- und Kreuzkümmel.
Ebenfalls positiv wirken süße, saure und salzige Speisen (mit etwas Ghee angereichert), da sie *Vata* verringern. Ölmassagen verschaffen dem Körper im Winter ebenfalls Erleichterung. Bittere, zusammenziehende und zu scharfe Nahrungsmittel sind in dieser Jahreszeit weniger angesagt. Ist der Winter jedoch eher feucht und matschig, vermischen sich *Vata* und *Kapha*.

Im Einklang mit dem Lebensalter essen

Unsere *Dosha*-Konstitution steht von Geburt an fest und ändert sich – von Krankheiten abgesehen – das ganze Leben nicht mehr. Dennoch spüren und reagieren wir im Laufe unseres Lebens auf verschiedene Einflüsse wie die *Dosha*-Einflüsse der unterschiedlichen Lebensphasen.

Kinder

Je jünger ein Erdenbürger ist, desto stärker wird er von *Kapha* bestimmt. Kinder haben große Augen, weiche Gesichtszüge, runde Körperformen, schlafen viel und essen häufig am Tag. *Kapha* baut gerade in dieser Phase Gewebe und *Ojas* (subtile Lebensenergie und Abwehrkräfte) auf. Dadurch erhält der Körper seine Struktur und Stabilität. Außerdem lernen und bewegen sich Kinder viel, wodurch sie ihren Stoffwechsel anregen. Etwa ab dem 14. bis 16. Lebensjahr verschiebt sich das Funktionsmuster zunehmend in Richtung *Pitta*.

Jüngere Erwachsene

Das Erwachsenenalter ist von Aktivität und Schaffenskraft geprägt. Beruf und Familie stehen im Mittelpunkt des Lebens. Dazu gibt *Pitta* die notwendige Energie und das erforderliche Durchhaltevermögen. Es lohnt sich, bei der Ernährung und beim Lebensstil darauf zu achten, dass *Pitta* nicht aus dem Lot kommt.

Ältere Erwachsene

Ab dem 60. Lebensjahr dominiert *Vata* den Organismus mehr und mehr; in dieser Phase nehmen Verdauungskraft und *Ojas* langsam ab, und auch die Körpergewebe und Sinnesfunktionen werden allmählich reduziert. Wer nach den *sattvischen* Prinzipien des Ayurveda gelebt hat, erntet nun die Früchte: Weisheit und Erfahrung werden an andere weitergegeben. Für ältere Menschen ist alles gut, was den Stoffwechsel aktiviert: äußere Wärme und Spaziergänge an frischer Luft, ebenso eine Anti-*Vata*-Diät mit warmen, fetthaltigen, jedoch bekömmlichen Speisen und heißen Getränken.

Pubertät und Wechseljahre

Pubertät und Wechseljahre stellen Übergangsphasen von einem *Dosha* zum anderen dar, die oft von *Vata* geprägt sind. Für die Betroffenen ist dies meist eine kritische Zeit, denn die Auseinandersetzung mit einer neuen Lebensphase bringt psychische und körperliche Unausgewogenheiten mit sich. Neben anderen Maßnahmen kann auch eine *Vata*-ausgleichende Ernährung helfen.

Die Verdauungsuhr

Auch in unserem Verdauungsprozess wechseln sich *Vata, Pitta* und *Kapha* ab. Hunger ist beispielsweise ein untrügliches Zeichen dafür, dass *Vata* und bis zu einem gewissen Maß auch *Pitta* zugenommen haben. Nach dem Ende der Mahlzeit fühlen wir uns gesättigt und zufrieden – in dieser Zeit herrscht *Kapha* vor. Etwa sechzig bis neunzig Minuten später läuft die Verdauung auf Hochtouren, und wir empfinden ein warmes Gefühl im Bauch; jetzt übernimmt *Pitta* die Führung. Und wenn der Verdauungsprozess nach weiteren sechzig bis neunzig Minuten abgeschlossen ist und die Darmbewegung einsetzt, ist es wieder Zeit für *Vata*.
Aus diesem Grund legt der Ayurveda so großen Wert auf einen ausreichenden Abstand zwischen den Mahlzeiten. Eine Mahlzeit aus ausschließlich leichten Nahrungsmitteln wie Obst oder Milch (saure Früchte und Milch passen jedoch nicht zusammen!) ist schon nach zwei bis zweieinhalb Stunden verdaut; eine normale Mahlzeit mit Getreide dagegen braucht vier bis sechs Stunden. Wird während des noch andauernden Verdauungsprozesses erneut Nahrung aufgenommen, stören die neuen Speisen die Verdauung der vorherigen Mahlzeit. In diesem Zustand entsteht *Ama* (siehe Seite 30).

Alle an einem Tisch

Ayurveda-Ernährung bedeutet nicht, dass ab jetzt für alle Familienmitglieder extra gekocht werden muss! Wenn Sie mit unterschiedlichen *Dosha*-Konstitutionen an einem Tisch sitzen, kann jeder das gleiche essen, nur die einzelnen Portionen werden unterschiedlich ausfallen. So kann z. B. bei einem Mittagessen mit Reis, Dal, Gemüsegericht, Chapatis und Salat jeder von allem essen – nur wird der *Vata*-Typ z. B. mehr vom Reis und den Chapatis essen und dafür etwas weniger vom Salat; der *Kapha*-Typ wird mehr zu Gemüse, Dal und Salat greifen und dafür weniger zu Reis und Chapatis, zusätzlich wird er seine Speisen noch ein bisschen mit schwarzem Pfeffer nachwürzen. Und der *Pitta*-Typ kann bei jedem Gang zugreifen, wenn er nicht zu stark gewürzt ist.

Individuelle Tipps für die verschiedenen *Dosha*-Typen:

- *Kapha*-Konstitutionen brauchen scharfe **Gewürze** wie schwarzen Pfeffer, Ingwerpulver, Asafoetida und Cayennepfeffer. *Kapha*-Menschen vertragen Gewürze am besten, wenn sie trocken geröstet und anschließend im Mörser fein gemahlen werden. Für *Pitta*-Typen sind ausgleichende Gewürze wie Koriander, Kreuzkümmel, Kurkuma und Fenchelsamen gut, die in einem Esslöffel Ghee oder trocken angeröstet werden. Und *Vata*-Menschen brauchen blähungshemmende und verdauungsfördernde Gewürze wie Kreuzkümmel, Kümmel, Kurkuma, Asafoetida, Senfsamen oder frischen Ingwer, die sie in reichlich Ghee oder Olivenöl anrösten (geeignete Gewürze siehe Tabelle Seite 271).

– eine **fett-** und **kohlenhydratreiche Ernährung** ist für *Vata*-Menschen empfehlenswert, anders als für *Kapha*-Typen – beide Konstitutionen brauchen allerdings genügend *Agni*-verstärkende Gewürze. Ähnlich wie *Kapha*-sollten auch *Pitta*-Menschen mit Fett sparsam umgehen; am besten nehmen sie nur wenig Ghee.

– **Rohkost** ist optimal für *Pitta*-Menschen, die genügend Verdauungsfeuer besitzen. *Kapha*- und *Vata*-Konstitutionen dagegen sollten Gedämpftes und Gekochtes vorziehen. Beim Verzehr von Rohkost sollten *Kapha*-Konstitutionen *Agni*-verstärkende Gewürze nicht vergessen. *Vata*-Typen vertragen Rohkost nur in Maßen, wenn *Agni*-erhöhende und entblähende Gewürze mit dabei sind.

– **Warme oder heiße Speisen** oder Getränke sind für *Kapha*- und *Vata*-Typen wichtig, *Pitta*-Naturen dagegen bekommen lauwarme oder zimmertemperierte Speisen besser.

Es ist also ganz einfach, die *Dosha*-Bedürfnisse aller Familienmitglieder miteinander zu vereinen. Bei einer ausreichenden Auswahl auf dem Esstisch werden sich die einzelnen *Dosha*-Konstitutionen ohnehin von dem nehmen, was ihnen am besten bekommt – vorausgesetzt, sie haben noch ein natürliches und gesundes Empfinden für das, was ihnen gut tut und was nicht.

Allgemeine Ayurveda-Tipps zur Ernährung

Gesundheit ist nach dem Ayurveda nichts Selbstverständliches; vielmehr muss sie durch aktive, vorbeugende Maßnahmen erhalten werden. Von den vielen wertvollen Ratschlägen in Bezug auf die Ernährung haben wir die wichtigsten herausgegriffen. Wer sie anwendet, wird ihre positiven Folgen schon bald spüren.

– **Essen Sie Ihrem *Dosha* gemäß,** und passen Sie Ihre Ernährung auch der Jahreszeit und Ihrem Lebensalter an. Ernähren Sie sich in erster Linie mit *sattvischen,* d. h. vegetarischen, vollwertigen, frischen und chemisch oder gentechnisch unbelasteten Lebensmitteln (siehe auch Seite 16).

– Die Nahrung sollte ausgewogen sein; in der Mittagsmahlzeit oder zumindest über den Tag verteilt sollten **alle sechs Geschmacksrichtungen** (siehe auch Seite 24) enthalten sein (es sei denn, Sie müssen wegen einer *Dosha*-Störung oder einer Krankheit eine spezielle Diät einhalten).

– In ein und derselben Mahlzeit kombiniert der Ayurveda **kein rohes Obst mit rohem oder gekochtem Gemüse.** Ebenso verträgt sich **Milch nicht mit Salzigem oder Saurem** wie Joghurt oder rohen sauren Früchten, da das die *Srotas* (siehe Seite 33) blockieren und *Ama* (siehe Seite 30) erzeugen kann.

– **Abends** bekommen uns **weder säuerliche rohe Früchte noch Sauermilchprodukte** wie Joghurt und Quark, sie kühlen den Körper und können zu dieser Tageszeit *Ama* verursachen.

– Kochen und backen Sie nicht mit Honig, denn **erhitzter Honig** mit seinen veränderten Inhaltsstoffen erzeugt *Ama.*

– In ein und derselben Zubereitung werden **Ghee und Honig nie in gleichen Anteilen** verwendet, um Hautirritationen zu vermeiden.

– Wählen Sie Ihren **Essplatz** bewusst aus. Essen Sie nur in einer ruhigen und entspannten Atmosphäre. Hektische Umgebung, Essen an überfüllten Orten mit vielen unbekannten Menschen oder sogar auf der Straße im Stehen sind ungesund. Streit oder Aggressionen schlagen im wahrsten Sinne des Wortes auf den Magen. Die Auseinandersetzung lässt ihn schlecht arbeiten, schnürt ihn zu und »vergiftet« ihn regelrecht. Die Speisen werden nur ungenügend verdaut und belasten so über einen längeren Zeitraum den Körper. Da Sie beim Essen nicht nur Nährstoffe, sondern auch *Prana* (Lebensenergie) aufnehmen, sollten Sie sich überlegen, mit wem und wo Sie Ihre Mahlzeiten einnehmen wollen.

– Lassen Sie sich **Zeit** beim Essen, und entspannen Sie sich. Eine Mahlzeit, die hastig heruntergeschlungen, ungenügend gekaut, durch andere Tätigkeiten unterbrochen oder unaufmerksam verzehrt wird (z. B. wenn man dabei fernsieht oder Zeitung liest), wird nur ungenügend verdaut. Dies führt zu vermehrten Toxinablagerungen *(Ama)* im Körper, die auf Dauer Krankheiten verursachen.

– Lassen Sie dem **Magen** Platz für seine Verdauungsvorgänge. Einer ayurvedischen Empfehlung zufolge soll der Magen beim Essen zu einem Drittel mit Speisen, einem Drittel mit Flüssigkeit und einem Drittel mit Luft gefüllt sein. Achten Sie einmal darauf, wann Sie beim Essen das erste Mal aufstoßen müssen. Dies ist eigentlich der Zeitpunkt, zu dem der Magen genug hat (nur meist will man noch nicht aufhören, stimmt's?). Sie sollten sich nach der Mahlzeit gestärkt und zufrieden fühlen, nicht schwer und voll.

– **Trinken** Sie weder direkt vor dem Essen (bis zu einer Stunde vorher) noch direkt nach der Mahlzeit, das Trinken verdünnt die Verdauungsenzyme und hemmt *Agni,* das Verdauungsfeuer. Während des Essens können Sie natürlich etwas trinken.

– Ihre **Hauptmahlzeit** sollten Sie mittags zu sich nehmen. Abends ist leichte Kost ratsam; essen Sie vor allem nicht zu spät. Was man spät abends oder nachts isst, wird schlecht resorbiert und beeinträchtigt den Schlaf.

– Ein **Mittagsschlaf** nach dem Essen ist für die meisten gesunden Erwachsenen nicht empfehlenswert, denn er vermehrt *Kapha* und führt zu Gewichtszunahme. Fünf- bis zehnminütiges Liegen auf der linken Seite dagegen regt die Verdauung an. *Vata*-Typen, Kinder, Schwangere, stillende Mütter, kranke und ältere Menschen dürfen sich ein kleines Schläfchen gönnen.

– Ein wahres **Wundermittel bei Verdauungsproblemen** ist Ingwer. Kauen Sie ein kleines Stück frischen Ingwer vor dem Essen. Eine Scheibe Zitrone mit Salz zu lutschen, regt ebenfalls den Appetit an und fördert die Verdauung.

– Bereiten Sie Ihre Speisen in gelöster, fröhlicher und glücklicher Atmosphäre zu. Denn ein **glücklicher und zufriedener Koch** schafft glückliche und zufriedene Esser (siehe auch Seite 52).

– Warten Sie als Erwachsener nach einer Mahlzeit mindestens vier, besser noch sechs Stunden bis zur **nächsten Nahrungsaufnahme** (nach einem kleinen und leichten Essen ohne Getreide – z. B. nach Früchten – sollten Sie mindestens zwei Stunden warten). Essen Sie immer erst, wenn Sie wirklich hungrig sind und die vorhergehende Mahlzeit verdaut ist. Und vermeiden Sie Zwischenmahlzeiten und ein Zwischendurch-Naschen.

– Sollten Sie bei Festlichkeiten oder ähnlichen Anlässen einmal **zu viel oder in zu kurzen Abständen gegessen** haben, gönnen Sie Ihrem Verdauungstrakt einfach eine Pause: Lassen Sie die nächste Mahlzeit weg, oder legen Sie einen Fastentag ein.

Harmonie im Alltag: Der Schlüssel zur Gesundheit

Nach dem Ayurveda, der Wissenschaft vom langen Leben, ist Harmonie unser natürlicher Zustand. Um ihn aufrechtzuerhalten, müssen wir unsere Natur kennen und nach ihren Bedürfnissen leben lernen. Harmonie im körperlichen und psychischen Bereich bedeutet Gesundheit, zu deren Eckpfeilern nicht nur eine *sattvische,* harmonische Ernährung und eine gute Verdauung gehören, sondern auch ein ausgeglichener Lebensstil.

Wer sich an alle Empfehlungen der Ayurveda-Lebensweise hält, wird – so heißt es in den Ayurveda-Schriften – hundert Jahre alt (die für unser Leben eigentlich vorgesehene Zeitspanne) und niemals krank. Mit einem gesunden Körper und einem wachen Geist hat man die besten Voraussetzungen, sich dem Sinn des Lebens zu widmen: Selbst- und Gottesverwirklichung.

Wir sind so gesund, wie wir leben

Was wir selbst für unsere Gesundheit tun, ist stets viel effektiver als alles, was andere für uns tun können. Viele der ganzheitlichen Vorbeugungs- und Therapiemaßnahmen des Ayurveda können wir ohne weiteres selbst anwenden, z. B. eine auf unser *Dosha* abgestimmte Ernährung, Yoga, Meditation und die Empfehlungen des Ayurveda für eine ganzheitliche integrative Lebensführung. Ärztliche Hilfe in Form von komplexen medikamentösen Behandlungen oder speziellen Therapieformen wie chirurgischen Eingriffen werden nötig, wenn wir gewisse innere, äußere und göttliche Harmonien über einen längeren Zeitraum ignorieren und verletzen. Und selbst dann ist die Hilfe, die uns ein Therapeut geben kann, begrenzt – sie kann uns nur dazu bewegen, uns in Zukunft besser um uns selbst zu kümmern. Für eine gesunde Lebensweise gibt es keinen Ersatz. So lange wir nicht im Einklang mit unserer eigenen Konstitution, unseren Mitgeschöpfen und den Naturgesetzen leben, kann uns keine Methode der Welt wirklich heilen. Die Verantwortung für uns müssen wir schon selbst übernehmen.

Der Ayurveda hält zahlreiche Tipps für uns bereit, wie wir wieder mit uns, mit anderen und letztlich mit Gott im Einklang leben können. Doch auch die besten Empfehlungen nützen nur dann etwas, wenn wir sie in unseren Alltag wirklich integrieren. Dafür ist gar nicht so viel Zeit und Energie nötig, sondern eher ein gewisses Umdenken und eine neue Kreativität, wenn es um das Ablegen liebgewonnener, aber schlechter Angewohnheiten geht. Bei den ersten Schritten werden wir schon bald merken, wie sich unsere Energie, unser Wohlbefinden und schließlich unser ganzes Lebensgefühl verbessern. Versuchen Sie es einmal selbst, denn schließlich beginnt jede Reise mit dem ersten Schritt.

Aufstehen: Morgenstund hat Gold im Mund

Unser Körper und unsere Psyche durchlaufen an einem Tag zahlreiche biologische Veränderungen, die sich durch moderne medizinische Forschungen bestätigen lassen: Es treten Schwankungen in der Hormonausschüttung sowie Phasen geringerer oder großer körperlicher und geistiger Leistungsfähigkeit und eine tageszeitabhängige Wärmeregulation auf. Sogar Serotonin und andere Neurotransmitter, unsere Gute-Laune-Stoffe im Gehirn, werden vom Stand der Sonne beeinflusst. Passen Sie Ihren Schlafrhythmus doch einmal an den Tag-Nacht-Rhythmus der Natur an; Sie werden staunen, was Sie allein damit für Gesundheit, Energie und Wohlbefinden tun.

Der Ayurveda empfiehlt, die Leichtigkeit der *Vata*-Phase zu nutzen und **mindestens eine Stunde vor Sonnenaufgang aufzustehen.** Wer vor 6 Uhr morgens aufsteht, wird von der Leichtigkeit und der heiteren Frische von *Vata* den ganzen Tag lang in Schwung gehalten. Nur in diesen zwei Stunden vor Sonnenaufgang sind alle drei *Doshas* ausgeglichen. Nach dem Ayurveda ist dies die beste Zeit für Gebet, Mantra-

Meditation, stille Meditation und Yoga. Zuerst sollten Sie sich allerdings erst einmal **räkeln und strecken.** Das aktiviert den Kreislauf und veranlasst die drei *Doshas,* die sich während des Schlafs alle in die Herzgegend zurückgezogen haben, sich wieder an ihre eigentlichen Hauptsitze zu begeben. Sicher haben Sie es auch schon bemerkt: Bleibt man zu lange liegen, bis in die *Kapha*-Phase von 6 bis 10 Uhr morgens, beginnt der Tag schwerfällig, was sich zuweilen auch den ganzen Tag über nicht verändert. Nicht umsonst heißt es: Morgenstund hat Gold im Mund.

Im Badezimmer: Vorbereitung auf den Tag

Die *Vata*-Zeit vor 6 Uhr morgens ist die ideale Zeit, um sich aller körperlichen und geistigen Abfallstoffe zu entledigen, die unseren Organismus noch vom Vortag und der Nacht belasten. Trinken Sie nach dem Aufstehen **ein Glas lauwarmes Wasser,** das den Darm über einen vom Magen ausgehenden Reflex anregt. Ebenso wirkungsvoll, erfrischend und reinigend ist ein Glas warmes Wasser mit einem Teelöffel Honig und einem Schuss Zitronensaft. Versuchen Sie anschließend ohne Zwang und Zeitdruck, **den Darm zu entleeren.** Auch wenn Sie morgens nicht gleich Stuhlgang haben, suchen Sie dennoch als Erstes die Toilette auf. Dieses Training erzieht zur Regelmäßigkeit, der Körper ist während der *Vata*-Zeit ohnehin auf Ausscheidung eingestellt. Eine ein- bis zweimalige Darmentleerung am Tag weist auf eine gute Gesundheit hin.

Putzen Sie sich morgens und abends die Zähne. Der Ayurveda verwendet dazu traditionell Zweige bestimmter heilkräftiger Bäume wie Neem oder Eukalyptus. In unseren Breitengraden tut es natürlich auch eine Zahnbürste; sie sollte sauber sein und in regelmäßigen Abständen erneuert werden. Zahnpasten mit bitterem, herbem oder scharfem Geschmack sind für die Pflege von Zahnfleisch und Zähnen am besten. Das leichte **Massieren des Zahnfleischs** mit dem Finger gehört zur Ayurveda-Mundhygiene ebenso wie das Reinigen der Zunge von Belägen. Dazu eignet sich am besten ein Teelöffel oder ein Zungenschaber, mit dem Sie drei- bis fünfmal von der Zungenwurzel zur Zungenspitze hin schaben. Im Ayurveda gilt ein weißlicher oder gelblicher Zungenbelag als Hinweis auf Stoffwechselgifte *(Ama)*, die sich über Nacht angesammelt haben und Mundgeruch verursachen. Die regelmäßige Zungenreinigung verbessert nicht nur die Geschmacksempfindung, sondern aktiviert auch die Verdauung, verhütet Mundgeruch und schützt die Zähne vor Bakterien. Wer *sattvisch* gesund lebt und sich ebenso ernährt, dessen Zunge wird morgens nur einen feinen weißen Belag haben. Nach einem schweren Abendessen, während einer Krankheit oder auch beim Fasten, wenn abgelagerte Stoffwechselgifte ausgeschieden werden, findet sich dagegen oft ein dicker Zungenbelag.

Wenn Sie etwas für Ihre **Sehkraft** tun möchten, nehmen Sie etwas Wasser in den Mund und besprenkeln die Augen mit kaltem Wasser. Spucken Sie das Wasser anschließend wieder aus.

Jetzt folgt die **Mundspülung mit Olivenöl oder Sesamöl.** Nehmen Sie dazu etwa einen Esslöffel Öl in den Mund, um es zwei bis drei Minuten hin und her zu bewegen und anschließend auszuspucken. Diese Prozedur kräftigt das Zahnfleisch, löst etwaige Giftstoffe und erhöht die Widerstandskraft gegen Bakterien und Viren im Mund- und Rachenraum. Das Hin- und Herbewegen mit Öl stärkt die Stimme, verhindert Karies und Paradontose, strafft den Teint und hält Rachen und Lippen geschmeidig.

Nach dem Reinigen der Nase können Sie mit dem kleinen Finger auch ein bis zwei Tropfen **Olivenöl auf die Innenseiten der Nasenlöcher** geben. Das schützt vor Krankheitserregern, beugt Kopfschmerzen vor und ist ein gutes Mittel gegen trockene Nasenschleimhäute. Darüber hinaus stärkt diese Ölanwendung in der Nase Muskeln und Haut und regt die Reinigungs- und Verdauungsvorgänge im Körper an. Sich lösende Sekrete sollten Sie nicht hinunterschlucken, da sie Stoffwechseltoxine enthalten.

Morgendliche Selbstmassage: geht runter wie Öl

Der Tastsinn ist das Sinnesorgan der Haut. Unsere Haut schützt uns und trennt uns von unserer Umwelt; wir nehmen über sie Sauerstoff auf und scheiden durch ihre Poren Giftstoffe aus. Hautkrankheiten entwickeln sich, wenn sich in der Haut zu viele Stoffwechselgifte angesammelt haben. Kein Wunder also, dass der Ayurveda der **täglichen Ganzkörpermassage** mit pflanzlichen Ölen einen hohen Stellenwert beimisst. Tägliche Ölmassagen regen den Kreislauf an, beruhigen das Nervensystem und kräftigen die Muskulatur. Sie stärken die Verdauungskraft und sorgen für ein anhaltendes körperliches und geistiges Wohlbefinden. Zudem werden die inneren Organe über ihre Reflexzonen in der Haut ausgeglichen. Pflanzliche Öle stärken die Abwehr der Haut, fördern ein gesundes Hautmilieu und schützen vor zu intensiver Sonneneinstrahlung.

Massieren Sie sich jeden Tag einige Minuten lang von Kopf bis Fuß mit dem passenden Öl (siehe Übersicht). Sesam- und Senföl zählen zu den wärmenden Ölen und sind im Winter oder für *Vata*- oder *Kapha*-Typen genau das Richtige. Kokosöl dagegen besitzt kühlende Eigenschaften und eignet sich daher besonders für *Pitta* oder im Hochsommer. Sollten durch Senf- oder Sesamöl Hautreizungen auftreten, verwenden Sie stattdessen Oliven-, Kokos- oder süßes Mandelöl.

Ölmassagen der **Kopfhaut** entspannen Körper und Psyche, lindern *Vata*-Störungen wie Kopfschmerzen und stärken Haare und Sinnesorgane. Im Kopfbereich sollten keine stark erhitzenden Öle angewendet werden. Vor der Haarwäsche wird grundsätzlich immer zuerst Öl auf Kopfhaut und Haar einmassiert. Anschließend wird das Haar ausgekämmt und langes Haar zu einem Knoten gebunden. Das Öl lässt man etwa eine Stunde oder auch über Nacht einwirken (über Nacht ein Tuch um den Kopf wickeln).

Übrigens: Bei Zeitmangel tun es auch **Teilmassagen** mit Olivenöl von Gesicht, Ohren, Händen und Füßen – insbesondere vor dem Schlafengehen. Auch diese besitzen eine ganzheitliche und anhaltende Wirkung.

Vata- und *Pitta*-Menschen werden von sanften und vor allem regelmäßigen Ölmassagen besonders begeistert sein, sie spüren die positiven und entspannenden Wirkungen sofort. *Kapha*-Menschen dagegen brauchen eine kräftige Massage. Bei *Kapha*-Störungen wie fettiger Haut, trägem Stoffwechsel oder Übergewicht verzichten Sie besser auf Öl und nehmen eine **Trocken- oder Bürsten-Massage** vor; sie belebt den Stoffwechsel und aktiviert den Kreislauf. Dazu eignen sich eine Badebürste, ein Frottierhandtuch oder Bourretteseiden-Handschuhe (Garshan-Handschuhe, erhältlich in der Apotheke oder bei einem Ayurveda-Versand).

Konstitution	Öl für den Kopfbereich	Öl für den Körper
VATA	Sesamöl, Olivenöl, Mandelöl, Avocadoöl, Sonnenblumenöl, Weizenkeimöl, Ghee	Sesamöl, Olivenöl, Sonnenblumenöl, Senföl (nur im Winter)
PITTA	Kokosöl, Ghee, Sonnenblumenöl, Olivenöl, Weizenkeimöl	Kokosöl, Ghee, Sonnenblumenöl, Olivenöl
KAPHA	Sesamöl, Maiskeimöl, Olivenöl, Sonnenblumenöl	Senföl, Sesamöl, Maiskeimöl, Olivenöl, Sonnenblumenöl

Massageöle für die Doshas

Die Dusche: weg mit dem Dreck

Unser Körper scheidet seine Giftstoffe nicht nur über Darm, Nieren und Lunge aus, sondern auch über die Haut, und zwar vor allem nachts im Schlaf. Aus diesem Grund empfiehlt der Ayurveda nach der Massage eine **Dusche.** Wasser reinigt nicht nur den Körper, sondern wirkt auch auf die Psyche entspannend und befreiend. Darüber hinaus regt Duschen den Kreislauf an und stärkt die Vitalität. *Vata-* und *Kapha*-Menschen brauchen Wärme, sie sollten eine warme Dusche nehmen und zum Abschluss noch einmal kurz kaltes Wasser über den Körper laufen lassen. Dadurch verengen sich die Blutgefäße und Hautporen und können die Wärme besser im Körper halten. *Pitta*-Naturen tut es gut, sich an kühle Duschen zu gewöhnen, sie haben ohnehin schon genügend Feuer im Körper. Aus hygienischen und gesundheitlichen Gründen bevorzugt der Ayurveda das tägliche Duschen gegenüber dem Wannenbad.

Im **Kopfbereich** sollten alle *Dosha*-Typen kein heißes Wasser benutzen, weil es die Sehkraft vermindert und zu vorzeitigem Ergrauen des Haars und zu Haarausfall führt; lauwarmes Wasser ist besser.

Noch eine Anmerkung zur **Seife:** Während man ein Haarshampoo regelmäßig verwenden kann (natürlich sollte es aus biologischen Rohstoffen bestehen, kein Kadaverfett enthalten und ohne Tierversuche entwickelt worden sein), sollte man nur bei starken Verschmutzungen zur Seife greifen. Seife zerstört den Säureschutzmantel der Haut und fördert das Bakterienwachstum, was zu Körpergeruch führt. Solange man *sattvisch* lebt, wird die Haut nicht über das normale Maß hinaus Stoffwechselgifte ausscheiden – sodass gar kein übler Körpergeruch entsteht. An Stelle von Seife empfiehlt der Ayurveda traditionell, sich mit etwas Heilerde oder aber Gersten- oder Kichererbsenmehl einzureiben (mit Wasser und etwas Kurkuma zu einer Paste gemischt; für einen glänzenden Teint) und anschließend zu duschen, um überschüssiges Massageöl, Schlackenstoffe der Haut und Schweiß nach körperlicher Anstrengung aufzusaugen.

Kleidung, Schmuck, Parfüm: unsere zweite Haut

Nachdem wir uns um unsere erste Haut, die des Körpers, gekümmert haben, wollen wir uns nun unserer zweiten Haut, der **Kleidung,** zuwenden. Auch sie sollte *sattvisch,* d. h. frisch, sauber und atmungsaktiv sein und aus natürlichen Materialien (Baumwolle, Wolle, Leinen, Seide) bestehen. Unsere Kleidung wirkt auf unsere Sinnesorgane und unsere Psyche und beeinflusst auch die Harmonie unserer *Doshas.* Kunststoff-, Leder- und Pelzprodukte erfüllen die Ansprüche an Naturbelassenheit oder Gewaltlosigkeit nicht. *Sattvische* Kleidung hingegen erhöht die Lebensdauer, stärkt die Abwehrkraft und wehrt negative Energien und Strahlungen ab.

Nach dem Ayurveda nimmt die Kleidung nicht nur äußere Verunreinigungen und die Ausscheidungen unseres Körpers auf, sondern auch subtile Schwingungen wie die Gedanken und Emotionen unserer Mitmenschen. Zu Hause sollte man daher die Tageskleidung gegen bequeme Hauskleidung tauschen. Seide schützt gegen negative äußere Einflüsse am besten, was für viele interessant sein dürfte, die am Bildschirm arbeiten. Ein Seidenunterhemd reicht schon aus.

Die **Farbe** unserer Kleidung spielt ebenfalls eine nicht zu unterschätzende Rolle. *Vata*-Naturen werden dezent farbenfrohe Kleider und eine helle, freundliche und bunte Umgebung gut tun. Zur Harmonisierung einer *Vata*-Störung eignen sich neben den Farben Grün, Gelb, Orange und etwas Rot vor allem warme, beruhigende und helle Erdtöne und die ganze Palette der Pastelltöne, deren Ausstrahlung das oft sorgenvolle *Vata*-Gemüt aufhellt. *Pitta*-betonte Menschen sollten aggressive, grelle Farben und vor allem Rot meiden; das würde ihre feurige Natur zu sehr aus dem Gleichgewicht bringen. Ihnen sind vor allem kühlende und beruhigende Farben wie Blau, Grün, Türkis oder auch Weiß zu empfehlen. *Kapha* braucht lichte, beschwingte und zarte Töne wie Gelb, Orange und Rot. Schwarz und Grau sind keinem *Dosha* zu empfehlen; sie beeinträchtigen unsere Aura und Lebensenergie, fördern Depressionen und sind im eigentlichen Sinne ohnehin keine Farben.

Wie alle echten und natürlichen Textilien und Farben üben auch **Edelmetalle und Edel- oder Schmucksteine** positive Wirkungen aus. Jedem einzelnen von ihnen ordnet der Ayurveda ganz spezifische Heilwirkungen zu. Beispielsweise besitzen sie einen ausgleichenden Einfluss auf unsere Gefühle, unser Bewusstsein, unsere Aura und können negative kosmische Einflüsse der Sterne neutralisieren.

Ebenso wichtig sind **Blumen, Räucherstäbchen, ätherische Öle und Parfüms.** Sie stärken den Körper, öffnen Geist und Herz und fördern unsere körperliche Ausstrahlung, unsere psychische Ausgeglichenheit sowie unser Selbstbewusstsein. Nicht zuletzt schaffen sie eine *sattvische* Atmosphäre, die uns hilft, zur Ruhe zu kommen und erfüllt zu leben.

Morgenandacht und Meditation: Zeit für die Seele

Frisch geduscht und gekleidet könnten wir uns nun den vielfältigen Anforderungen und Herausforderungen des Tages widmen. Doch Halt! Warum machen wir das eigentlich alles? Was sind Sinn und Ziel in unserem Leben? Bevor wir loslegen, sollten wir die Richtung bestimmen, in die wir gehen wollen. Sonst sind wir am Abend unzufrieden und frustriert, obwohl wir den ganzen Tag über aktiv waren – denn dann leben wir an unseren eigentlichen Bedürfnissen vorbei.

Der Ayurveda empfiehlt, sich in seinem Leben um **vier Bereiche** zu kümmern, und zwar um Körper, Intellekt, Emotionen und soziale Beziehungen sowie die spirituelle Seele.

In unserer Kultur stehen meist körper- und intellektbetonte Aspekte im Mittelpunkt. Es geht um Leistung, Ergebnisse, Produkte und Geld. Unser Wert wird an unserer Produktivität gemessen. Was dazu führt, dass sich viele Menschen emotional verarmt und verlassen vorkommen. Und der spirituelle Bereich ist fast gänzlich zum Mauerblümchendasein verkommen.

Der Mensch besteht jedoch aus allen vier Bereichen: Er ist eine ewige spirituelle Seele, die mit Hilfe ihres Intellekts und über Emotionen und soziale Beziehungen in einem grobstofflichen Körper agiert. Wenn nur einer dieser vier Bereiche zu kurz kommt, fühlen wir uns im tiefsten Innern unwohl und »nicht ganz«, wir haben unsere ursprüngliche Harmonie verlassen. Wenn sich an dieser Situation nichts ändert, reagieren wir über kurz oder lang mit entsprechenden Symptomen und Beschwerden: Wir werden krank.

In einem ganzheitlich und integrativ orientierten Leben sollten wir uns daher genügend Zeit für Reflexion und Kontemplation nehmen. Der Ayurveda schlägt den verschiedenen Menschentypen dafür unterschiedliche Methoden vor. In der heutigen Zeit der Globalisierung und der ständigen Veränderungen eignet sich als einfachste Methode ein aktiver Meditationsweg: die Mantra-Meditation. Im Rezitieren oder Singen der heiligen Namen Gottes versucht sich die oder der Meditierende auf die eigene spirituelle Natur und ihre oder seine Verbindung mit dem Ursprung auszurichten, um Schöpfer wie Schöpfung liebevoll zu dienen.

Sport und Körperübungen: Jedem das Seine

Eine angemessene sportliche Betätigung hält den Körper vital und fit. Sie kann allerdings ebenso gut abends nach der Arbeit ausgeführt werden. Für *Vata*-Naturen sind ruhige und besinnliche Aktivitäten (Spaziergänge, Tai Chi, Gymnastik, Yoga oder Chi Gong) am besten geeignet. *Kapha*-Konstitutionen fahren besser mit forschen und anregenden Aktivitäten (Joggen, Walking, Kampfsport oder Yoga-Stehübungen, wie Dreieck, Held oder Sonnengruß). *Pitta*-Menschen können sich in beide Richtungen orientieren. Eine den ganzen Organismus aktivierende Yoga-Übung ist der **Sonnengruß.** Er regt die Durchblutung an, stärkt und dehnt die wichtigsten Muskelgruppen, macht die Gelenke beweglicher, reguliert die Wirbelsäule und massiert die inneren Organe. In Verbindung mit sanften Atemübungen *(Pranayama)* dienen maßvolle Körperübungen zur Vertiefung der inneren Sammlung und Meditation. Sportliche Betätigung ist allerdings nur maßvoll, solange durch die Nase ein- und ausgeatmet werden kann.

Und dieses Kriterium erfüllt schon ein zügiger ausreichend langer Spaziergang. In den ersten Morgenstunden und kurz vor Sonnenuntergang ist *Prana,* die kosmische Energie, am stärksten. Ein Spaziergang zu diesen Zeiten gibt uns nicht nur Bewegung und frische Luft, sondern auch einen großen Energieschub. Der Ayurveda empfiehlt ihn besonders Menschen, die an Nervosität, Schlafstörungen, Kopfschmerzen, Verspannungen oder Herz- und Lungenkrankheiten leiden. Die aufgehende oder untergehende Sonne bestrahlt die Natur – und damit auch uns – mit allen sieben Regenbogenfarben. Jede dieser Lichtstrahlungen hat auf bestimmte Funktionen in unserem Körper und unserer Psyche eine eigene stimulierende Wirkung.

Abends: wenn die Sonne schlafen geht

Wenn die Sonne untergeht, sollten auch die Tagesaktivitäten allmählich in ruhigere Bahnen gelenkt werden. Der Ayurveda empfiehlt abends eine **leichte Mahlzeit** in entspannter Atmosphäre. In dieser Zeit kehrt wieder *Kapha* ein. Bevor wir schlafen gehen, sollten alle körperlichen und geistigen Verdauungsvorgänge abgeschlossen sein; der Körper braucht seine Energie in der Nacht für die Regeneration.
Diesen Prozess können wir unterstützen, indem wir uns vor dem Zubettgehen **Hände, Füße und Gesicht waschen** und die **Füße mit etwas Öl massieren.** Das Bettzeug sollte sauber und in sanften, hellen Farbtönen gehalten sein. Idealerweise schläft man mit dem **Kopf in Richtung Osten oder Süden;** das unterstützt die Regenerationsarbeit der Psyche und des Körpers.
Vor dem Schlafengehen empfiehlt der Ayurveda eine innere Rückschau auf den vergangenen Tag und einen Abschluss in Form eines **Gebets oder einer Meditation.** Auf diese Weise schütteln wir etwaige negative Eindrücke ab und richten uns vor dem Einschlafen noch einmal positiv und spirituell aus.
Während der Periode, nach der Entbindung und während der Stillzeit brauchen wir mehr Schlaf, ebenso in der Kindheit, im Alter, während einer Krankheit oder in der Rekonvaleszenz. Müdigkeit ist ein Signal und sollte nach dem Ayurveda ernstgenommen werden: Wir sollten so viel schlafen, wie es unser Organismus erfordert. Besonders auch nach Reisen, intensiver geistiger und körperlicher Arbeit, organischen oder emotionalen Verletzungen oder in der heißen Jahreszeit, wenn die Tage lang und die Nächte kurz sind.
Der entspannendste Schlaf ist der auf der **rechten Seite.** In dieser Lage ist vor allem das linke Nasenloch aktiv, was den Organismus kühlt und sanft regeneriert. In der linken Seitenlage wird der Körper durch die Aktivität des rechten Nasenlochs erwärmt; Verdauung und Stoffwechsel werden angeregt. Der Schlaf in der Bauchlage behindert nicht nur die Atmung, sondern auch alle drei *Doshas.*

Der monatliche Zyklus der Frau: Reinigung und Regeneration

Die Menstruation verkörpert Fruchtbarkeit und Weiblichkeit und ist wohl der persönlichste Aspekt des Frauseins. An ihren Tagen können Frauen wie an einem Seismograph sehen, wie sie sich körperlich und psychisch fühlen, wie energiebedürftig sie sind und auch welche Einstellung sie zu ihrem Körper und zu ihrer Weiblichkeit haben.
Auch wenn viele Frauen eine natürliche Einstellung zu ihrer Monatsblutung haben, lässt es der hektische Alltag nicht immer zu, gelassen auf alle organischen und psychischen Veränderungen zu reagieren. Vor allem berufstätige Frauen und Mütter können nicht einfach sämtliche Verpflichtungen absagen und sich zurückziehen, wenn sie stark bluten, Schmerzen haben oder einfach allein sein wollen. Anderen Frauen erscheint ihre Periode als eine Störung oder fast wie eine Krankheit. Einige Frauen glauben gar, Periodenbeschwerden seien das unabänderliche Los der Frau, mit dem sie sich eben abfinden müssen; so manche Frau fühlt sich durch ihre Periode beeinträchtigt, um nicht zu sagen benachteiligt.

Eigentlich schade, denn im Ayurveda ist die Monatsblutung eine großartige Chance für die Frau. Es ist die Phase des Monats, in der sich Frauen traditionell Zeit für sich selbst nehmen – zum Erholen, Reflektieren und um mit sich und der Welt ins Reine zu kommen.

Mit dem Biorhythmus der Natur leben

Tag und Nacht, Flut und Ebbe, Vollmond und Neumond, Sommer und Winter – überall in der Natur gibt es sich regelmäßig wiederholende biologische Rhythmen. Sie bilden einen ständigen Prozess des Werdens, Bestehens und Vergehens, einen Rhythmus von Tätigkeit und Ruhe. Je mehr wir unsere Verbundenheit mit den natürlichen Rhythmen der Natur und deren Einfluss auf uns erkennen, desto besser verstehen wir, wie wichtig ein gesundes Gleichgewicht von Aktivität und Ruhe in unserem Leben und letztlich auch für den Monatszyklus ist.
Für den Menstruationszyklus der Frau ist der Einfluss des Mondes ausschlaggebend. Bei vielen Frauen tritt die Menstruation bei Neumond ein, dies ist die Zeit der Bewegung und des Wechsels *(Vata)* und auch die natürliche Phase der Reinigung. In den vierzehn Tagen des zunehmenden Mondes sammelt der Körper Kräfte und Energien und ist aufnahmefähiger für stärkende Kuren und Tonika. In dieser Zeit vermehrten *Kaphas* nimmt man leichter zu, und die Gebärmutterschleimhaut wächst heran. Der Vollmond ist die Phase der größten Energie – es ist die Zeit von *Pitta* und oft auch des Eisprungs. In den vierzehn Tagen des abnehmendes Mondes reduziert sich auch die Energie allmählich wieder. Der Körper reinigt sich von Giftstoffen, und die Gebärmutter bereitet sich darauf vor, ihre Schleimhaut abzustoßen, sofern sie keine befruchtete Eizelle ernährt.
Dieser natürliche Rhythmus lässt sich durch viele Faktoren aus dem Gleichgewicht bringen, z. B. durch Schichtarbeit, Nachtarbeit, unregelmäßige Essens- und Schlafzeiten, lange oder anstrengende Reisen, daraus folgende Zeitumstellungen und emotionale Anspannung und Probleme.

Die Doshas und der Menstruationszyklus

Kapha dominiert die Zeit nach der Menstruation und ist für den Aufbau von Gewebe, Schleimhaut und Flüssigkeiten verantwortlich. Mit dem Eisprung beginnt die Zeit von *Pitta,* das für Hormone, Blut und Reinigung verantwortlich ist. Während der Monatsblutung beherrscht *Vata* den Unterleib und sorgt für die Ausscheidung der abgebauten Gebärmutterschleimhaut. Bei einer Störung von *Vata* kommt es eventuell zu einem unregelmäßigen und schmerzhaften Menstruationsfluss. In ähnlicher Weise können auch die anderen *Doshas* zu Regelbeschwerden führen, wenn sie aus dem Gleichgewicht geraten sind.
Neben einer Abklärung eventueller anderer Ursachen durch einen ayurvedisch geschulten Therapeuten sind *Vata*-Frauen insbesondere Ruhe, besinnliche kreative Beschäftigung, regelmäßiger Schlaf, Meditation und innere Sammlung sowie ruhige Yogaübungen zu empfehlen. *Pitta*-Frauen sollten Stress vermeiden, für leichte Bewegung an der frischen Luft sorgen und ihren physischen und psychischen Bedürfnissen mehr Zeit einräumen. *Kapha*-Frauen tut es gut, möglicherweise vorhandenes *Ama* (Stoffwechselgifte) zu reduzieren und sich körperlich mehr zu bewegen.

Die Menstruation – eine Möglichkeit zur Ama-Reduzierung

Auch toxische Stoffwechselprodukte *(Ama)* können eine Ursache für Menstruationsprobleme sein. Da sich der Körper von dem angesammelten *Ama* reinigen möchte, treten manchmal verstärkt Symptome wie Menstruationskrämpfe, Übelkeit, Durchfall und starke Blutungen auf. Wenn Ihre Menstruationsprobleme mit einer vermehrten *Ama*-Ansammlung zusammenhängen, werden Sie sich nach der Periode wahrscheinlich gereinigt und voller Energie fühlen. Dieses Wohlbefinden kann zwei bis drei Wochen andauern. Wenn Sie aber wieder neues *Ama* ansammeln, sich wenig bewegen, sich einseitig oder unnatürlich ernähren und leben, werden die Regelbeschwerden zu Ihrer nächsten Periode wieder auftauchen.

Ayurveda-Tipps für Frauen

- Nehmen Sie sich während ihrer Tage besonders viel **Zeit zum Ausruhen und für die innere Einkehr** (vor allem an den ersten zwei oder drei Tagen der Regel), insbesondere wenn Sie ein *Vata*-Typ sind oder an einer *Vata*-Störung leiden. Dann werden Sie rasch spüren, wie Ihnen diese »langsamen Tage« neue Kraft und Energie für den restlichen Monat geben. Durch zwei bis drei ruhige Tage werden Sie mit einem ganzen Monat körperlicher und emotionaler Vitalität belohnt. Reservieren Sie sich diese Zeit, um zu lesen, vielleicht Tagebuch zu schreiben, zu singen, zu musizieren oder zu stöbern. Falls Sie es sich einrichten können, planen Sie im Beruf oder im Haushalt ein etwas lockereres Programm.

- Das **Trinken von viel warmer Flüssigkeit** (vor allem von heißem Wasser) – besonders vor und während der Menstruation – beruhigt *Vata*. Der Menstruationsfluss kommt in Gang, und etwaige Krämpfe lassen nach. Trinken Sie halbstündlich oder stündlich einige Schlucke oder ein Glas heißes Wasser, je nachdem wie durstig Sie sind.

- **Leichte, warme und flüssige Speisen** besänftigen vermehrtes *Vata* und stärken das in dieser Zeit schwache *Agni*. Empfehlenswert sind Suppen, Khicharis (siehe ab Seite 132), gedünstetes Gemüse, Dals (siehe ab Seite 125) und Reis, Säfte, Kräutertees sowie heiße Milch mit Gewürzen wie Safran, Ingwer oder Zimt. Etwas geschmolzenes Ghee über die Speisen geträufelt, hilft auch, *Vata* zu besänftigen.

- **Vermeiden Sie schwer verdauliche Speisen,** Fast Food, Fleisch, Fisch, Eier, saure oder gegorene Nahrung sowie Essig, Ketchup, Sojasauce und zu scharfe Nahrung. Ihrer Gesundheit zuliebe sollten Sie auch auf Alkohol, Nikotin, Kaffee und andere Stimulantien verzichten.

- Gehen Sie **früh zu Bett** und vermeiden Sie übermäßige geistige Arbeit oder »Plaudereien«. Damit zerstreuen und erhöhen Sie Ihr *Vata* unnötig. Das sanfte Einmassieren von Gesicht (vor allem Stirn und Schläfen), Händen und Fußsohlen mit Sesamöl wirkt wohltuend und entspannend.

- Eine **Wärmflasche** für den schmerzenden unteren Rücken oder den Bauch wirkt ebenfalls lindernd.

- **Vermeiden Sie anstrengende Bewegung und Sportarten,** gerade in den ersten Tagen der Blutung. Wohltuend und auf *Vata* besänftigend wirkt dagegen ein zügiger Spaziergang in der Natur. Überhaupt haben Frauen, die sich regelmäßig bewegen, weitaus weniger Beschwerden.

- In dieser Zeit wird vom Ayurveda **von sexueller Betätigung abgeraten,** denn dadurch würde der abwärts fließende *Vata*-Fluss übermäßig gestört, was Krankheiten der Unterleibsorgane bis hin zu Sterilität zur Folge haben kann.

- Das tägliche **Massieren mit Sesamöl** ist gerade für *Vata*-Frauen wohltuend. Duschen Sie anschließend mit warmem Wasser. Heiße Vollbäder sind eher mit Vorsicht zu genießen, da sie *Pitta* erhitzen und die Blutung verstärken können. Ein warmes Wannenbad kann bei *Vata*-Frauen allerdings auch entkrampfend wirken.

Freunde und Umgebung: wie außen so innen

Wer glücklich und gesund sein und bleiben will, sollte sich gesund ernähren und *sattvisch* leben. Nach dem Ayurveda werden wir allerdings noch von weiteren Faktoren beeinflusst, z. B. von der Umgebung und dem Klima, in dem wir leben und arbeiten. *Vata*-Menschen vertragen Sonne und eine warme, feuchte Umgebung am besten. Kalte, windige Gebiete dagegen mögen sie nicht; in solchen Regionen werden sie über kurz oder lang krank. Auch *Kapha*-Konstitutionen lieben die Sonne; ihnen tut eine warme und trockene Umgebung gut. *Pitta*-Naturen geben kühleren Klimazonen den Vorzug; wenn es ihnen zu warm und zu schwül ist, werden sie psychisch und physisch unausgeglichen.

Auch die Personen, mit denen wir zusammen sind, haben einen Einfluss auf uns. Die meisten Menschen suchen sich intuitiv Freundinnen und Freunde mit solchen Charaktereigenschaften aus, die sie selbst besitzen oder zumindest anstreben. Dahinter steckt das psychologische Prinzip von *Sattva, Rajas* und *Tamas.* Wer viel mit Menschen verkehrt, die sich nach dem integrativen Harmonie-Prinzip des *Sattva* richten, wird auch selbst *sattvisch* leben wollen. Umgekehrt kann schon ein längeres Gespräch mit einem von destruktiven und selbstzerstörerischen Eigenschaften geprägten Menschen negativ auf unsere Psyche und unseren Körper wirken. Die Gemeinschaft mit aufrichtigen, emotional und spirituell erfüllten Menschen dagegen färbt positiv auf uns ab. Es liegt also an uns selbst, wie wir leben möchten.

Neben *sattvischer* Ernährung sowie einem Lebensstil und einer Umgebung, die unserem *Dosha* entsprechen, empfiehlt der Ayurveda, dass wir uns den Erfahrungsschatz reifer, erfüllter und spirituell ausgerichteter Persönlichkeiten zunutze machen.

Die Ayurveda-Ethik: vom Gedanken zum Schicksal

Säe einen Gedanken und du wirst eine Tat ernten; säe eine Tat und du wirst eine Gewohnheit ernten; säe eine Gewohnheit und du wirst einen Charakter ernten; säe einen Charakter und du wirst ein Schicksal ernten.

Indische Weisheit

Was wir denken, fühlen, wollen und tun, bestimmt, wer und wie wir **sind.** Mehr noch: Unsere Handlungen bestimmen den Inhalt unseres Bewusstseins und das Energieniveau unseres Körpers. Sie offenbaren unsere wahren Werte im Leben. Handlungen haben ihren Ursprung in Entscheidungen, die wiederum auf Gefühlen und Gedanken basieren. Auch auf diesen Bereich geht der Ayurveda ein.

Nach dem Gesetz von Ursache und Wirkung *(Karma)* verdampfen Emotionen nicht einfach, sondern prägen sowohl die Beziehungen zu unserem sozialen Umfeld als auch unseren feinstofflichen Körper und die Abwehrkraft. Was uns den Tag über bewegt, ist also durchaus von Bedeutung. Während positive Emotionen und Handlungen unsere Gesundheit stärken, wirken sich negative Emotionen negativ auf unsere physische und psychische Gesundheit aus – über kurz oder lang machen sie uns krank. Beobachten Sie einmal Ihre Reaktionen, wenn Sie jemand beschimpft: Sofort reagiert der gesamte Organismus, indem der Blutdruck steigt und die Atmung schneller wird. Jede Handlung oder Emotion wirkt sich also im weitesten Sinne auf unsere Gesundheit aus, wobei der Begriff Gesundheit sich gleichermaßen auf Körper, Psyche und Seele bezieht.

Das Ethikverständnis des Ayurveda ist daher nicht primär ein soziales, religiöses oder moralisches, sondern bezieht sich auf das Wohlergehen des Individuums.

Die *Bhagavad-Gita* drückt das *sattvische* Ethikverständnis der vedischen Kultur folgendermaßen aus:

Friedfertigkeit, Selbstbeherrschung, Akzeptieren von Unannehmlichkeiten für spirituellen Fortschritt, Reinheit, Duldsamkeit, Ehrlichkeit, Wissen, Weisheit und Selbst- und Gotteserkenntnis sind die natürlichen Eigenschaften, die die Handlungsweise der sattvisch lebenden Menschen (Brahmanas) bestimmen.

Bhagavad-Gita 18.42

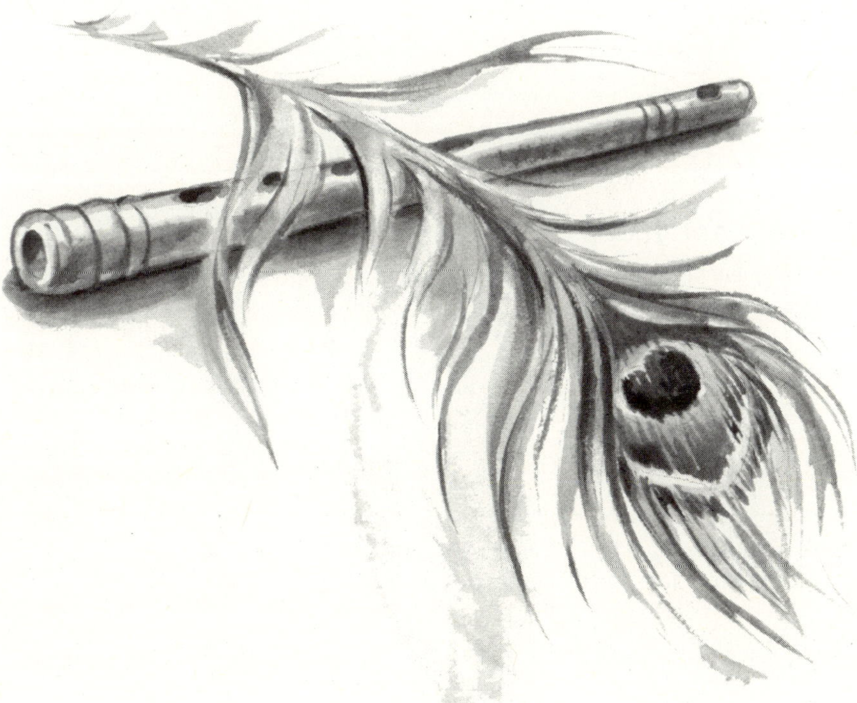

Die Kunst des Kochens – Die Küche als Ort der Kraft

Um essen zu können, sind zwei Dinge notwendig. Man muss entweder hungrig sein, oder der Gastgeber hat die Speisen mit großer Zuneigung zubereitet.

Mahabharata, Idyoga-Parva

Ein einflussreicher vedischer König wurde eines Abends sowohl von seinem armen Freund als auch von einem wohlhabenden Adeligen zum Essen eingeladen. Er entschied sich, bei seinem Freund zu essen, da er sich sicher war, dass die Speisen mit großer Zuneigung zubereitet worden waren. Denn neben den zahlreichen Nährstoffen nehmen wir beim Essen auch die feinstofflichen Wirkungen sowie die *Prana* (Lebensenergie) der Nahrungsmittel auf. Und gerade diese subtilen Energien können bei der Zubereitung der Speisen noch beeinflusst werden. Aus diesem Grund kommt in der Ayurveda-Ernährung der Köchin oder dem Koch eine bedeutende Rolle zu.

Liebe geht durch den Magen

Jeden Tag können wir uns mit der göttlichen Kraft und Energie verbinden, durch die alles Leben entstanden ist. Und das auch ganz praktisch: durchs Essen. Unsere Küche kann für uns und unsere ganze Familie wieder zu einem Ort der Kraft und Inspiration werden. Nicht umsonst war der wichtigste Ort im Haus früher die (Wohn-)Küche mit großer Sitzecke (und nicht der Platz vor dem Fernseher). Hier fand alles Leben statt – Kommunikation und Austausch innerhalb der Familie und im Freundeskreis.
Das alte Sprichwort »Liebe geht durch den Magen« deutet darauf hin, dass mit der Nahrung nicht nur Nährstoffe für den Körper, sondern auch »für die Seele« übertragen werden. Die positiven Einflüsse des Kochs, der mit menschlicher Wärme und Zuneigung kocht, haben einen direkten Einfluss auf die Sättigung und Zufriedenheit, die man nach einem derart zubereiteten Essen erfährt. Wissenschaftler haben entdeckt, dass diese Faktoren nicht nur einen positiven Einfluss auf unsere Verdauung und unseren Stoffwechsel ausüben, sondern auch unser Immunsystem stärken.
Auf unseren Studienreisen durch Indien und der damit einhergehenden Beschäftigung mit dem Ayurveda und anderen Teilen der alten vedischen Texte wie der berühmten *Bhagavad-Gita* stießen wir auf die gleiche Schlussfolgerung. Im Haus einer befreundeten Priesterfamilie erlebten wir hautnah, wie dieses Wissen um die hohe Kunst und Tradition des Kochens bis heute lebendig geblieben ist. Als hätte man noch nie etwas von Fast Food, Konservendosen und Mikrowelle gehört, ist Kochen dort sowohl Meditation als auch Gottesdienst. Hier vereint der Koch mehrere Personen in sich: Koch, Priester und Arzt. Mit seinen lebendig gebliebenen Kenntnissen des Ayurveda stimmt der Koch oder die Köchin die Mahlzeiten auf die individuellen Bedürfnisse oder Krankheiten der Familienmitglieder ab. Entsprechend den Jahreszeiten und vielen anderen Faktoren kocht er oder sie eine wahrhaft göttliche Speise. Diese Begegnungen und Erfahrungen haben tiefe Eindrücke bei uns hinterlassen, was sich auch auf unsere Koch- und Essgewohnheiten zu Hause ausgewirkt hat.

Kochen als Meditation

Bevor es in der Küche losgeht: Haben Sie es nicht auch schon erlebt, wie eine kurze Dusche entspannt, erfrischt und die Energie bündelt? Die heilenden Eigenschaften des Wassers waren nicht nur Pfarrer Kneipp bekannt, sondern auch schon dem Ayurveda, der vor dem Kochen eine kurze Dusche empfiehlt. Sie reinigt nicht nur äußerlich (den Körper), sondern bereitet uns auch innerlich (das Bewusstsein) auf das Kochen vor.
Wenn Sie die Gaben der Natur dankbar zu einer bekömmlichen Mahlzeit zubereiten, kann Kochen immer wieder auf's Neue zu einem kreativen Erlebnis werden. Die aus solchen Töpfen und Schüsseln aufsteigenden Düfte sind ein wahrer Lichtblick im grauen Alltag! In der

indischen Küche ist es noch heute üblich, während des Kochens nicht zu kosten oder abzuschmecken. Das ist nicht nur hygienischer, sondern für die Köchin oder den Koch selbst gesünder – die Verdauung sollte nämlich erst mit der Mahlzeit einsetzen und nicht schon beim Vorkosten. In der Tat kann Vorkosten die Verdauung sogar so durcheinanderbringen, dass gesundheitsschädliche Stoffwechselprodukte *(Ama)* entstehen. Mit etwas Übung und Erfahrung werden Sie beim Kochen und Backen schon bald sehen und riechen, ob noch etwas von einer Zutat fehlt. Lassen Sie sich ruhig einmal auf ein Experiment ein, Sie werden erstaunt sein, wie schnell Sie Ihr Talent für das »Kochen nach Gefühl« entwickeln.
Vor jedem Essen schließlich sollten sich alle Beteiligten ein Weilchen sammeln und wie in allen Traditionen und Glaubensgemeinschaften ein Tischgebet sprechen oder eine kurze gemeinsame Meditation machen. Der nachdenkliche Mensch ist sich bewusst, dass diese Lebensmittel nur durch Gottes Energie gewachsen sind; ihr standen die Elemente Sonne, Wasser, Erde, Luft und Raum hilfreich zur Seite. Nur mit dieser Hilfe konnten wir die Nahrung ernten, zubereiten und dankbar annehmen.
In unserer Familie weihen wir die Speisen vor unserem kleinen Hausaltar auf einem eigens dafür reservierten Teller zusammen mit einem kleinen Glas Wasser. Genau wie in den jahrtausendealten Tempeln der Vaishnavas (Verehrer Vishnus oder Krishnas) sprechen wir Gebete (Mantren) zu Gott, den die Veden als Krishna (der All-Anziehende) bezeichnen. Nach einigen bewussten Minuten der Besinnung verteilen wir dann diese Portion auf unseren Esstellern und spülen Krishnas Teller ab. Anschließend nehmen wir alle gemeinsam unsere Mahlzeit ein.
Die Speisen, die mit spiritueller Energie aufgeladen sind, nennt man im Sanskrit (der Sprache der Veden) *Prasadam,* spiritualisierte Nahrung. Kochen als Meditation macht die Küche wahrlich zu einem positiven Kraftort.

Zeit für gemeinsames Essen

Abschließend noch ein Wort zur gemeinsamen Familienmahlzeit: Auch wenn Sie aus beruflichen Gründen tagsüber nicht zusammen essen können, sollten Sie doch auf ein gemeinsames Abendbrot Wert legen. Wenn auch das nicht möglich ist, essen Sie wenigstens am Wochenende gemeinsam mit Ihrer Familie. Tun Sie es sich selbst und Ihrer Familie zuliebe!
Diese Mahlzeiten (ohne den laufenden Fernseher im Hintergrund, den Kommunikationskiller Nummer eins) sind die Gelegenheiten, bei denen Informationen, Ideen und Visionen ausgetauscht und Beziehungen gepflegt und vertieft werden. Hier findet ein gegenseitiges Geben und Nehmen statt. Ihre Kinder werden Ihnen für diese Begegnungen mit Sicherheit einmal dankbar sein. Unsere moderne »Ess(un)kultur« von Fast Food, Drive-Ins, Snack Bars und Würstchenbuden, die sich dadurch auszeichnet, dass die Menschen im Stehen, im Gehen, in Hast und Eile und sogar beim Autofahren essen, nein: schlingen, ist keineswegs ein Vorbild für eine fortschrittliche Gesellschaft. Zeit zum Essen (und zum Kochen und Backen) sollte kein Luxus sein, sondern der Bestandteil eines psychisch und physisch erfüllten und harmonischen Lebens. *(Sattvische)* vegetarische Nahrung kann uns nur dann mit höheren spirituellen Energien versorgen, wenn wir sie in der richtigen Haltung und in Ruhe zu uns nehmen.

Das sollten Sie noch wissen ...

Kochen nach ayurvedischen Prinzipien ist eine Kunst und gleichzeitig eine Wissenschaft. Die Kunst besteht darin, inspiriert und mit großer Hingabe ein *(sattvisches)* Gericht zuzubereiten und sich dabei von der eigenen Intuition und Kreativität leiten zu lassen. Zur Wissenschaft wird das Kochen nach Ayurveda, wenn Sie die Heilwirkung und Eigenart der einzelnen Zutaten und ihre Verwendung in der Küche kennen. Die richtige Kombination von Nahrungsmitteln, die individuelle Konstitution, die Jahreszeit, das Lebensalter – all diese Faktoren spielen für eine gesunde und harmonische Ernährung eine große Rolle.

»Du bist, was du isst.« – Je mehr Sie Ihre Ernährung in Richtung *Sattva* ausrichten und die Empfehlungen des Ayurveda in Ihr Leben einbeziehen, desto mehr werden Sie wieder ein eigenes Gespür dafür bekommen, was Ihnen gut tut und was nicht. Wichtig ist vor allem die Kombination: Ein gesunder *Vata*-Typ kann beispielsweise auch in Maßen *Vata*-verstärkendes Gemüse zu sich nehmen, wenn diese Wirkung durch die Zugabe bestimmter Nahrungsmittel und Gewürze ausgeglichen wird.

Hinweise zu den Rezepten

Zutaten

- Verwenden Sie **möglichst biologisch angebautes Obst und Gemüse;** das gilt auch für Trockenfrüchte. Am besten ist natürlich frisches, biologisch angebautes Obst, Gemüse und Kräuter aus dem eigenen Garten.

- Die **Gewichtsangaben** für Gemüse und Obst in den Rezepten beziehen sich immer auf das ungeschälte oder ungeputzte Gemüse (Bruttogewicht).

- **Ingwer** sollte vor dem Zerkleinern gewaschen und eventuell geschält werden.

- Bei der Milch in den Rezepten ist immer **Rohmilch, Vorzugsmilch oder nur-pasteurisierte Milch** (aber nicht homogenisiert!) aus möglichst artgerechter Tierhaltung gemeint. Sie ist im Naturkostladen, Reformhaus oder direkt beim Biobauern erhältlich.

- **Alternativen zur Milch** für *Pitta*-Typen sind Mandelmilch, Soja- oder Reisdrink. *Vata*-Typen können auf Reisdrink, Mandelmilch und in Maßen heißen, gewürzten Sojadrink zurückgreifen. Für *Kapha*-Typen eignet sich Ziegenmilch, Mandelmilch oder Sojadrink, wenn er heiß und gewürzt ist.

- **Ghee** (Butterreinfett oder Butterschmalz) sollte idealerweise aus Sauerrahmbutter selbst hergestellt worden sein (siehe Seite 222 und Warenkunde Seite 274); in jedem Fall sollte Ghee aus Kuhmilch bestehen (Alternativen für Veganer s. u.).

- Verwenden Sie nur **kaltgepresste, unraffinierte Pflanzenöle** aus kontrolliert ökologischem Anbau. Raffinierte Speiseöle sind tote Chemiefette.

- Für **Veganer** und alle, die sich völlig tierischeiweißfrei ernähren, bieten wir in vielen Rezepten Alternativen an. Für *Vata*-Typen eignen sich an Stelle von Ghee vor allem Sesam- und Olivenöl, aber auch die meisten anderen Öle wie Sonnenblumen-, Maiskeim-, Walnuss- oder Senföl. *Pitta*-Typen verwenden statt Ghee am besten Sonnenblumen-, Oliven-, (gentechnikfreies) Soja-, Leinsamen- oder Walnussöl. *Kapha*-Typen nehmen Maiskeim-, Sonnenblumen-, Oliven-, Sesam- oder Senföl.

- Als **Süßungsmittel** empfiehlt der Ayurveda je nach Konstitutionstyp in erster Linie Vollrohrzucker, Jaggery bzw. Gur sowie Ahornsirup, Apfeldicksaft oder nicht wärmegeschädigten Honig. Von weißem, raffiniertem Zucker rät der Ayurveda in jedem Fall ab.

– **Meersalz, unraffiniertes Salz oder ayurvedisches Steinsalz bzw. Himalayasalz** (z. B. Sendha Namak, Kala Namak, siehe auch Seite 278) ist nach dem Ayurveda weitaus besser als industriell produziertes oder jodiertes Salz. Das pinkfarbene Sendha Namak wird in kristalliner Form im Sindgebirge in Pakistan abgebaut und in vielen Ayurveda-Heilmitteln, aber auch in der Küche verwendet. Ein weiteres empfehlenswertes Steinsalz ist Kala Namak, insbesondere wegen seines Mineralstoffgehaltes, allen voran Schwefel. Es ist von violetter Farbe und erinnert im Geruch etwas an hartgekochte Eier.

– Lassen Sie **Gewürze und Kräuter nicht zu lange herumstehen.** Nach einem Jahr verlieren Sie an Würzkraft und *Prana,* der Lebensenergie (am besten lagert man sie lichtgeschützt). Natürlich sollten sie auch nicht radioaktiv bestrahlt sein. Das feinste Aroma und die stärkste Heilkraft besitzen frisch mit dem Mörser gemahlene Gewürze (selbst gemachte Gewürzmischungen, Masalas, siehe ab Seite 259).

– Die **Gewürzangaben** in den Rezepten beziehen sich immer auf **gestrichene TL oder EL.** Sie dienen als grobe Richtlinien; die Feinabstimmung bleibt Ihnen überlassen.

– **Mengenangaben der benutzten Messlöffel:**

1 (gestrichener) EL	=	15 ml
1 (gestrichener) TL	=	5 ml
½ TL	=	2 ml
¼ TL	=	1 ml

– Zum **Trockenrösten von Gewürzen** geben Sie diese für einige Sekunden in einen heißen kleinen Topf oder eine Pfanne ohne Fett und rühren Sie dabei gut um. Lassen Sie die Gewürze nicht anbrennen, zu lange geröstete Bockshornkleesamen (Methi) beispielsweise können dadurch bitter werden. Sie können Gewürze auch in einer Schöpfkelle über der Gasflamme rösten.

Kochutensilien

– Ein guter **Mörser** ist aus der Ayurveda-Küche kaum wegzudenken. Wer Gewürze immer frisch mahlt oder zerstößt, schmeckt bald den Unterschied zu käuflich erhältlichen Fertigmischungen. Wir verwenden für diesen Zweck einen schweren Steinmörser (in asiatischen Geschäften erhältlich). Er eignet sich z. B. zum Mahlen von Pfeffer, Koriandersamen, Kreuzkümmel und für getrocknete Kräuter. Wenn Sie ganze Kardamomkapseln verwenden, schlitzen Sie diese mit einem kleinen scharfen Messer auf und zerstoßen Sie die darin enthaltenen Samen in dem Mörser.

– Ein **Schnellkochtopf** aus Edelstahl ist eine sinnvolle Anschaffung, vor allem zum Kochen von Hülsenfrüchten (Dal oder Khichari) und zum Dünsten von Gemüse.

– Eine **Karhai** (doppelgriffige tiefe Pfanne), ein **Wok** oder ein **flacher Topf mit dickem Boden** eignen sich zum Frittieren von Puris und Ähnlichem. Für Fladenbrote wie Chapatis oder Parathas ist eine **Tava** (gusseiserne Flachpfanne mit einem Griff) ideal, eine **Anti-Haft-Pfanne** tut es aber auch.

Nun wünschen wir Ihnen viel Spaß beim Ausprobieren der Rezepte und guten Appetit!

Mit diesem Symbol gekennzeichnete Rezepte sind vegan, d. h. ganz ohne Produkte tierischen Ursprungs. Nicht-vegane Zutaten lassen sich problemlos durch in Klammern angegebene vegane Zutaten ersetzen.

Frühstück

Granola

Wirkt Vata- und sanft Pitta-erhöhend

Den sticht der Hafer. Was der Volksmund leicht schmunzelnd feststellt, hat seine guten Gründe: Hafer macht lebensfroh und vital. Darüber hinaus finden sich in ihm viele ungesättigte Fettsäuren, Protein mit einer hohen biologischen Wertigkeit, besonders leicht verdauliche Kohlenhydrate, zahlreiche Mineralien, Spurenelemente und eine große Palette an Vitaminen wie Provitamin A, Vitamine des B-Komplexes, Vitamin E und Vitamin K.
Hafer unterstützt die Arbeit von Bauchspeicheldrüse und Leber und senkt den Blutdruck sowie den Cholesterinspiegel. Er hilft bei Magen-Darm-Störungen, steigert die körperliche Leistungsfähigkeit und vertreibt Müdigkeit. Nicht nur das Wachstum wird durch Hafer gefördert, sondern auch der Aufbau von Drüsen und Muskeln, die Blutbildung sowie die Leistung von Nerven und Gehirn. Nicht zuletzt sorgen seine Hormone für gute Laune.
Während der ganze Hafer *Kapha* erhöht, gibt es bei Haferflocken eine Besonderheit: Jene, die mit der Flockenquetsche selbst gemacht werden oder aus dem Naturkostladen stammen, wirken *Kapha*-erhöhend, industriell hergestellte Haferflocken dagegen verstärken *Vata*.
Diese Granola-Mischung wirkt *Vata*- und sanft *Pitta*-erhöhend und ist daher ideal für *Kapha*-Menschen. Etwas abgeändert (siehe *Dosha*-Tipp) können jedoch auch *Vata*- und *Pitta*-Konstitutionen zugreifen.

Ergibt 725 g

250 g Hafervollkornflocken
125 g Hirseflocken
100 g Dinkelvollkornflocken
6 Kardamomkapseln
4 – 5 Safranfäden
50 g Sonnenblumenkerne
50 g Kürbiskerne
1 TL Zimt
4 EL Sonnenblumenöl
75 – 100 ml Apfeldicksaft
50 g Amarantpopcorn
100 g Rosinen

So wird's gemacht:

1) Alle Flocken mischen und in einer großen Pfanne bei mittlerer Hitze etwa 5 Minuten rösten; dabei immer wieder umrühren. Kardamomkapseln mit einem spitzen Messer öffnen, die Samen herausnehmen und mit den Safranfäden im Mörser zerstoßen. Sonnenblumen- und Kürbiskerne sowie Zimt, Kardamom und Safran zu den Flocken geben. Öl und Apfeldicksaft über die Flockenmischung geben und gut umrühren.
2) Die Flocken von der Flamme nehmen, wenn sie goldbraun und knusprig sind. Mit gepopptem Amarant und Rosinen in einer großen Schüssel mischen und abkühlen lassen.

Vata-Typ: Ihnen werden Dinkel- und Weizenvollkornflocken an Stelle von Hirseflocken gut tun. Dazu können Sie nach Belieben noch etwas mehr Süßungsmittel und auch 100 g geröstete und gemahlene Haselnüsse mischen. Granola immer nur gut eingeweicht in heißer Milch (vegan: warme Mandelmilch oder gewürzter Reisdrink) servieren, da es für Ihren Typ sonst zu trocken ist.

Pitta-Typ: Ersetzen Sie die Hirseflocken durch Dinkel- oder Weizenvollkornflocken. Auf Wunsch mehr Apfeldicksaft sowie kühlende Kokosflocken hinzufügen. Granola in warmer Milch (vegan: Mandelmilch, Soja- oder Reisdrink) oder in leicht gesüßter und verdünnter Buttermilch servieren.

Servieren Sie Granola mit etwas verdünnter Buttermilch, warmer Fruchtsauce (siehe Seite 246) oder streuen Sie es einfach über Ihren Frühstücks-Obstsalat. Granola ist in einer großen Dose aufbewahrt mehrere Wochen haltbar.

Dalia *(Weizen- oder Dinkelschrotbrei)*

Wirkt Kapha-erhöhend

Das Power-Getreide. Was in Südindien der Reis, ist in Nordindien der Weizen. In vielen leckeren Zubereitungen kommt er dort täglich auf den Esstisch.
Vollkornweizen enthält Provitamin A, Vitamine des B-Komplexes, Vitamin C und E, Niacin sowie zahlreiche Mineralstoffe. Außerdem finden sich in ihm Spurenelemente, Hormone, Enzyme, aromatische Öle und hochwertiges Eiweiß. Weizen und auch Dalia beschreibt der Ayurveda als stärkend, aufbauend und *Kapha*-vermehrend: Ideal also, um *Vata* und *Pitta* zu besänftigen. Weizenkeimlinge sind hilfreich bei Wachstumsstörungen, Nervenschwäche, Magen- und Herzbeschwerden, Hautunreinheiten, Kreislaufstörungen und schneller Ermüdung.
Dinkel weist nicht nur die positiven stärkenden Eigenschaften von Weizen auf, sondern ist sogar noch energetisierender und leichter bekömmlich als sein Abkömmling.
Dalia ist ein beliebter ayurvedischer Frühstücksbrei für die kalte Herbst- und Winterzeit. Man empfiehlt ihn speziell Menschen in der Rekonvaleszenz, da er Kraft gibt, die Körperabwehr stärkt und die *Dhatus* (siehe Seite 32) aufbaut. In Indien reicht man Dalia aus Weizenschrot sowohl süß wie in diesem Rezept als auch pikant.
Das Besondere an diesem Gericht ist die Vorbehandlung des Weizens oder Dinkels. Er soll 24 Stunden keimen und wird dann gespült und auf einem Tuch an der Sonne oder auf der Heizung getrocknet. Anschließend wird das Getreide grob geschrotet und in einem Schraubglas luftdicht aufbewahrt. Jetzt kann das Weizen- oder Dinkelschrot für das Dalia-Frühstück verwendet werden. Eilige können aber auch Bulgur verwenden.
Dalia ist optimal für *Vata*- und *Pitta*-Naturen, im Winter und in Maßen dürfen auch *Kapha*-Konstitutionen zugreifen.

Pro Person

3 – 4 EL (etwa 50 g) Schrot aus gekeimtem Weizen oder Dinkel (siehe nebenstehenden Text) oder Bulgur
½ – 1 TL Ghee (vegan: Sonnenblumenöl)
200 ml Wasser
150 ml Milch (vegan: Sojadrink, Reisdrink oder Mandelmilch)
3 Kardamomkapseln
1 – 2 EL Rosinen (nach Belieben)
25 g (1 großer EL) Jaggery bzw. Gur, Vollrohrzucker oder Honig (je nach Dosha-Typ)
1 EL Mandelblättchen oder Chironji

So wird's gemacht:

1) Dinkel oder Weizen vorbehandeln (keimen, trocknen und schroten) wie in der Einleitung beschrieben. Wenn Sie einen kleinen Vorrat in einem Schraubglas anlegen wollen, keimen Sie am besten gleich 250 – 500 g Weizen oder Dinkel.
2) Ghee in einem Topf schmelzen und Dinkel- bzw. Weizenschrot oder Bulgur einige Minuten unter Rühren darin goldbraun anrösten. Mit dem Wasser aufgießen und zugedeckt 8 – 10 Minuten kochen.
3) Nun die Milch (bzw. Sojadrink, Reisdrink oder Mandelmilch) dazugießen und Hitze reduzieren. Kardamomkapseln aufschlitzen, Samen in einem Mörser zerstoßen und zusammen mit den gewaschenen Rosinen in den Brei geben. 4 – 5 weitere Minuten auf kleiner Flamme köcheln lassen und Süßungsmittel dazugeben (falls Sie Honig – für *Kapha* – verwenden, diesen erst vor dem Servieren in den handwarmen Brei geben). Brei für einige Minuten auf ausgeschalteter Herdplatte quellen lassen.
4) Mit Mandelblättchen oder trocken gerösteten Chironjis bestreuen und warm servieren.

Dinkelflockenbrei

Wirkt ausgleichend auf alle drei Doshas

Der Lebenskünstler. Im Gegensatz zu den meisten hochgezüchteten Getreidesorten ist Dinkel, der Urweizen, genetisch intakt. Dazu ist er auch recht stand- und wetterfest, denn er wächst selbst auf kargen Böden in 1500 Meter Höhe, wo Weizen nicht mehr gedeihen kann.
Unserer Gesundheit hat Dinkel viel zu bieten: Er enthält so gut wie alle Nährstoffe, die der Mensch braucht, in einem harmonisch ausgewogenen Verhältnis. Dazu gehören in idealer Zusammensetzung Vitamine (insbesondere Vitamine der B-Gruppe), sehr viel Eiweiß mit allen essentiellen Aminosäuren, organische Mineralien (Eisen, Magnesium), Spurenelemente, Kohlenhydrate, ungesättigte Fettsäuren und zahlreiche Ballaststoffe.
Dinkel vermehrt *Kapha* und ganz sanft *Pitta* und hilft bei Magen-Darm-Störungen, Blähungen, Stoffwechselerkrankungen und Allergien. Er stärkt das Bindegewebe und die Haare, hilft bei Erkrankungen der Atemwege, wärmt, stabilisiert den Kreislauf und normalisiert den Blutdruck. Und nicht zuletzt sorgt Dinkel mit seinem L-Tryptophan für gute Laune.
Unser Dinkelflockenbrei ist für alle drei *Doshas* ein leicht bekömmliches Frühstück.

Dinkelflockenbrei schmeckt pur oder auch mit 1 – 2 EL Joghurt oder Buttermilch. Je nach Jahreszeit und Konstitution können Sie auch noch eine frische süße Frucht, z. B. eine Birne, zugeben.

Pro Person

1 – 3 Safranfäden
1 – 2 EL warmes Wasser
2 Datteln oder/und
1 – 2 EL Rosinen
4 – 5 EL Dinkelvollkornflocken
300 – 400 ml Wasser
1 – 2 Kardamomkapseln
¼ – ½ TL Bourbonvanille
¼ TL Zimt
1 – 2 EL Ahornsirup, Jaggery bzw. Gur, Vollrohrzucker oder Honig (je nach Dosha-Typ)

So wird's gemacht:

1) Safran etwa 10 Minuten im warmen Wasser einweichen. Datteln waschen, entkernen und klein schneiden. Datteln und/oder Rosinen und Dinkelflocken in einem kleinen Topf mit Wasser 8 – 10 Minuten köcheln lassen, bis sie weich sind.
2) Kardamomkapseln mit einem Messer aufschlitzen und die Samen im Mörser zerstoßen. Zum Schluss mit Vanille, Zimt, Kardamom, eingeweichtem Safran oder Gewürzen nach Wahl würzen, z. B. mit ¼ TL gemahlenem Fenchel, und Süßungsmittel nach Wunsch dazugeben (falls Sie Honig verwenden, den Brei erst einige Minuten abkühlen lassen!).

Vata- und Pitta-Typ: Geben Sie noch 1 – 2 EL geschmolzenes Ghee über den Brei.

Vata-Typ: Trinken Sie zum Dinkelflockenbrei ein Glas heiße Gewürzmilch (siehe Seite 254) (vegan: warme Mandelmilch), und runden Sie das Frühstück mit einer Banane ab.

Kapha-Typ: Vor allem in der Herbst- und Winterzeit ist Dinkelflockenbrei für Sie geeignet. Süßen Sie am besten (falls notwendig) mit Honig oder mit Apfeldicksaft.

Gemüsegerichte

Spargel in Aspik

Wirkt ausgleichend auf alle drei Doshas

Für Gourmets. Agar-Agar ist ein wertvolles Gelier- und Verdickungsmittel. Es wird aus Rot- oder Braunalgen gewonnen und ist eine pflanzliche und gesunde Alternative zu Gelatine. Neben drei bis vier Prozent verschiedenen Mineralstoffen hat Agar-Agar auch das cholesterinsenkende und darmfreundliche Pektin zu bieten.
Süß, zusammenziehend, bitter, kühl, leicht und feucht, besänftigt Spargel erhöhtes *Pitta*. Mit seiner Bekömmlichkeit stabilisiert er *Vata* und stimuliert *Kapha*. Dazu kommen dann noch Provitamin A, Vitamine der B-Gruppe und Vitamin C, Eisen, Kalium, Phosphor, Calcium und Jod. Spargel wirkt mild tonisierend und beruhigend auf Herz und Nerven. Er steigert die Zelltätigkeit der Nieren, hilft, im Körper angesammelte Giftstoffe über den Urin wieder auszuscheiden, und regt die Verdauung an.
Spargel in Aspik ist nicht nur einfach zuzubereiten, er sieht auch sehr attraktiv aus und passt zu Vielem: sei es zu kalten Büfetts, bei Partys oder als Vorspeise zu Vollkorntoastbrot. Zusammen mit Salat und Fladenbrot gereicht, ergibt er eine vollständige Mahlzeit, bei der alle drei *Dosha*-Typen zugreifen können.

Für 4 Personen

300 g weißer Spargel (Nettogewicht)
300 g grüner Spargel
100 g frische grüne Erbsen (Nettogewicht)
150 g Karotten oder Rote Bete
600 ml (Gemüsekoch-)Wasser
2 TL Agar-Agar-Pulver
1 gehäufter TL frisch geriebener Ingwer
½ TL Kurkuma
¼ TL Asafoetida
½ TL frisch gemahlener schwarzer Pfeffer
¾ TL Stein- oder Meersalz
3 EL Mandelblättchen

So wird's gemacht:

1) Gemüse waschen. Erbsen aus den Schoten lösen, Rote Bete und Spargel schälen (bei grünem Spargel nur das unterste Drittel) und Spargel in 3 – 4 cm lange Stücke schneiden. Karotten oder Rote Bete in feine, 3 cm lange Streifen schneiden.
2) Gemüse in einem Topf mit etwa 750 ml Wasser 12 – 15 Minuten weich kochen. Anschließend in einem Sieb abtropfen lassen, Gemüsewasser auffangen und 600 ml abmessen (das restliche Wasser kann für Suppen weiterverwendet werden).
3) 500 ml Gemüsewasser im Topf zum Kochen bringen. Agar-Agar mit 100 ml des übrigen kalten Gemüsewassers verrühren und dazugeben. Nun Ingwer, Kurkuma, Asafoetida, Pfeffer und Salz hinzufügen. Etwa 2 Minuten kochen lassen, dann Gemüse dazugeben und zum Abkühlen auf die Seite stellen.

4) Eine Kastenform oder eine andere Form nach Wunsch mit kaltem Wasser ausspülen und mit 2 EL Mandelblättchen bestreuen. Die Gemüsemasse mit einer Schöpfkelle in die Form geben und mit den restlichen Mandelblättchen bestreuen. Die Form kalt stellen, bis die Masse fest geworden ist (etwa 2 Stunden).

Vata- und Kapha-Typ: Ihnen empfehlen wir etwas Sahnemeerrettich als Beilage (siehe Seite 221).

Lassen Sie den Spargel in Aspik vor dem Servieren am besten auf Zimmertemperatur erwärmen. Eiskalt aus dem Kühlschrank würde er die schwächere Verdauungskraft von *Vata*- und *Kapha*-Menschen überfordern

Grüner Spargel mit Ingwer

Wirkt ausgleichend auf alle drei Doshas

Ob weiß oder grün, Spargel ist eine der edelsten Delikatessen aus dem Garten der Natur. Und er ist eines der wenigen Gemüse, das gut für alle drei *Doshas* ist: Süß, zusammenziehend, bitter, kühl, leicht und feucht, besänftigt er erhöhtes *Pitta*. Mit seiner Bekömmlichkeit stabilisiert er *Vata* und stimuliert *Kapha*. Und das ist noch lange nicht alles: Provitamin A, Vitamine der B-Gruppe und Vitamin C, Eisen, Kalium, Phosphor, Calcium und Jod machen Spargel zu einer idealen Speise für den Gaumen und die Gesundheit. Spargel wirkt mild tonisierend, nierenanregend, beruhigend für Herz und Nerven und anregend auf die Verdauung. Und die in ihm enthaltene Aminosäure Asparagin löst sogar Harnsäurekristalle aus Nieren und Muskulatur. Dieses Gericht ist allen drei *Dosha*-Typen zu empfehlen.

Für 2 – 4 Personen

1 kg grüner Spargel
1 EL Ghee (vegan: Sonnenblumenöl)
2 TL frisch geriebener Ingwer
1 TL gemahlener Kreuzkümmel
1 TL gemahlener Koriander
½ TL Kurkuma
150 – 200 ml Wasser
¾ TL Stein- oder Meersalz

So wird's gemacht:

1) Grünen Spargel waschen, holzige Enden abschneiden und, falls nötig, die unteren Drittel schälen.
2) Ghee oder Öl in einer Pfanne oder einem flachen Topf schmelzen, den geriebenen Ingwer und die Gewürze (mit Ausnahme von Salz) 5 Sekunden darin rösten. Spargel dazugeben und etwa 3 Minuten darin wenden. Dann Wasser dazugießen und mit einem gut schließenden Deckel abgedeckt 12 – 15 Minuten auf kleiner Flamme gar kochen.
3) Nach dem Kochen Salz hinzufügen und servieren.

Grüner Spargel mit Ingwer schmeckt köstlich zu Basmatireis und Mung Dal.

Artischocken mit Saure-Sahne-Dip

Wirkt Pitta- und Kapha-erhöhend

Feinschmecker inkognito. Wer Artischockenpflanzen zum ersten Mal sieht, kann sich kaum vorstellen, dass diese übermannshohe Distelart ein hochgeschätztes Gemüse liefert – und zwar eines, das sich bis zum Ende des 18. Jahrhunderts nur der reiche Adel leisten konnte. Was so gut schmeckt, ist das Edelste an dieser wunderbaren Pflanze: die Knospen- oder Blütenblätter und der Blütenboden. Auch in puncto Gesundheit haben Artischocken viel zu bieten: besonders viel Vitamin E, Vitamine der B-Gruppe sowie mehrere heilsame Flavone. Statt Stärke enthalten Artischocken eine große Menge des Kohlenhydrats Inulin, welches die Leber- und Gallentätigkeit anregt und die Blutfettwerte senkt. Nach dem Ayurveda wirken Artischocken kühl, leicht, feucht, süß und zusammenziehend. Bei mit Lorbeerblättern gekochten Artischocken können getrost alle drei *Doshas* zugreifen.
Der Saure-Sahne-Dip mit Gewürzen ist ideal für *Vata,* da er *Pitta* und *Kapha* vermehrt. Doch *Pitta-* und *Kapha*-Typen brauchen nicht auf Artischocken zu verzichten (siehe *Dosha*-Tipp).

So werden Artischocken gegessen:
Blätter abzupfen und deren untere, fleischige Enden in den Dip tauchen, um sie dann genussvoll durch die Zähne zu ziehen. Den Artischockenboden, der mit ungenießbarem »Heu« bedeckt ist, legt man frei und isst ihn als kulinarischen Höhepunkt zum Schluss.

Für 2 – 4 Personen

1 Artischocke pro Person
Stein- oder Meersalz
eine halbe Zitrone zum Einreiben
Wasser zum Kochen der Artischocken
1 Lorbeerblatt

Für den Saure-Sahne Dip:
2 TL gemahlene schwarze Senfsamen
200 g saure Sahne
1 – 2 TL Zitronensaft
¾ TL Stein- oder Meersalz
1 TL frisch gemahlener schwarzer Pfeffer
1 Prise Asafoetida
1 TL Honig
eventuell 1 – 2 EL Wasser

So wird's gemacht:

1) Artischocken waschen und kurz in Salzwasser legen, damit eventuell darin sitzende Insekten herauskriechen. Härtere Blattspitzen mit der Schere abschneiden und die Schnittflächen mit Zitrone einreiben, damit sie nicht braun werden.
2) Artischocken in Salzwasser mit dem Lorbeerblatt 30 – 40 Minuten (im Schnellkochtopf etwa 12 Minuten) gar kochen, bis sich die Blätter leicht lösen lassen. Blätter auseinanderdrücken und das »Heu« entfernen.
3) Gemahlene Senfsamen mit den restlichen Zutaten für den Dip verrühren. Falls der Dip zu dick ist, noch etwas Wasser unterrühren.

Pitta- und Kapha-Typ: Ersetzen Sie den Dip durch ein Schälchen Olivenöl, und träufeln Sie etwas Zitronensaft über die mit Olivenöl benetzten Artischocken.

Süßsaures Gemüse

Wirkt Pitta- und Kapha-erhöhend

Der Hit. Wenn Sie mal was ganz Besonderes für Ihre Gäste oder für Ihre Familie kochen wollen, empfehlen wir Ihnen dieses exotische Gericht, das übrigens auch eines unserer Lieblingsgerichte ist. Selbst wer kein Fan der süßsauren Geschmacksrichtung ist, wird von diesem Gericht begeistert sein. Wer Zeit sparen will, kann den Panir schon am Vorabend zubereiten.
Ananas haben nicht nur einen sehr hohen Wassergehalt, sondern auch viele Mineralstoffe. Daneben findet sich in Ananas das Ferment Bromelin, das Nahrungseiweiß aufspaltet und dadurch die Eiweißverdauung in Schwung bringt. Nach dem Ayurveda vermehrt die süßsaure Ananas *Kapha* und *Pitta.* Reife, süße Ananas jedoch steigert das *Kapha-Dosha.* Ananas stillt den Durst, regt den Appetit an und spendet Energie. Sie fördert die Verdauung und wirkt schweiß- und harntreibend. Auch bei Unruhe und Herzbeschwerden greift der Ayurveda gerne auf Ananas zurück.
Ähnlich gehaltvoll ist auch Tamarinde, das Fruchtfleisch der unreifen Schote des Tamarindenbaumes. Tamarinde enthält nicht nur viele Vitamine (insbesondere Vitamin C), sondern auch Pektin, zahlreiche Fruchtsäuren sowie weitere Schutz- und Heilsubstanzen. Nach dem Ayurveda vermehrt Tamarinde *Kapha* und *Pitta.* Sie regt den Appetit an, löscht den Durst, aktiviert die Leberfunktion, fördert die Verdauung und stärkt das Herz. Desweiteren wirkt Tamarinde harntreibend, reinigt die Blase und hilft bei vergrößerter Milz. Tamarindenextrakt oder getrocknete Tamarinde bekommen Sie im indischen Lebensmittelgeschäft oder beim Gewürzversand (Adressen siehe Seite 281).
Dieses Gericht wirkt nach dem Ayurveda *Kapha-* und *Pitta*-vermehrend, ideal also für *Vata*-Menschen.

Für 4 – 5 Personen

Für den Panir (Frischkäse):
2 – 3 l Milch
Saft von einer bis zwei Zitronen
(vegan: 200 g Tofu statt Panir)

Für das Gemüse:
50 g Tamarinde oder 1 TL Tamarindenextrakt
1 frische, reife Ananas
3 – 4 Karotten (300 g)
250 g Süßkartoffeln oder 3 – 4 Kartoffeln
3 – 4 Zucchini (500 g)
1 kleine grüne Chili
1 – 2 EL Ghee (vegan: Sonnenblumenöl)
2 TL Kreuzkümmelsamen
2 EL frisch geriebener Ingwer
½ TL Kurkuma
550 ml Molke (von der Panirherstellung) (vegan: 300 ml Gemüsebrühe)
3 – 4 EL Jaggery bzw. Gur oder Vollrohrzucker
1 TL Mangopulver (Amchoor)
2 TL gemahlener Koriander
etwa 100 g Ghee zum Frittieren (vegan: Sonnenblumenöl)
1 EL Tomatenmark, dreifach konzentriert (kann entfallen)
1 TL frisch gemahlener schwarzer Pfeffer
2 TL Stein- oder Meersalz

So wird's gemacht:

1) Panir herstellen (am besten am Vorabend; genaue Anleitung siehe Seite 226). Etwa 550 ml Molke aufheben. (Vegan: Tofu in Würfel schneiden.)
2) Falls Sie getrocknete Tamarinde verwenden, diese gemäß Tipp im Anhang (siehe Warenkunde, Seite 279) zubereiten. Ananas waschen und den Stiel entfernen. Ananas der Länge nach in vier Teile schneiden, jeweils den Mittelstrunk (dieser ist essbar und sogar sehr nahrhaft) und die Schale entfernen. Ananas in kleine Würfel schneiden.

3) Gemüse waschen. Karotten in feine Stifte, geschälte Kartoffeln und Zucchini in feine Streifen schneiden. Chili waschen, entkernen und fein schneiden.
4) Ghee (oder Sonnenblumenöl) in einem großen Topf erhitzen, Kreuzkümmelsamen darin goldbraun rösten und wenige Sekunden später Ingwer, Chili und Kurkuma dazugeben. Mit 300 ml der Molke (oder Gemüsebrühe) ablöschen und Jaggery bzw. Gur oder Vollrohrzucker, Tamarinde, Ananas, Karotten, Kartoffeln (vegan: auch Tofu), Mangopulver und Koriander hinzufügen. Das Ganze für etwa 15 Minuten leicht bedeckt kochen und etwas eindicken lassen, bis das Gemüse halb gar ist.
5) Jetzt die Zucchini hinzufügen und weitere 10 – 15 Minuten zugedeckt kochen. In der Zwischenzeit etwa 100 g Ghee in einer Karhai (tiefe doppelgriffige indische Pfanne), einem Wok oder einem flachen Topf erhitzen. Den Panir aus dem Käsetuch herausnehmen, in Würfel schneiden und nacheinander zartbraun in heißem Ghee frittieren. Die fertigen Käsewürfel abtropfen lassen und in etwa 250 ml warmer Molke einweichen, damit sie sich saftig weich vollsaugen.
6) Wenn das Gemüse gar ist, Tomatenmark, Pfeffer, Salz und die abgetropften Käsewürfel vorsichtig darunterheben.

Wer möchte, kann den Panir oder Tofu auch unfrittiert in Stücke brechen und dazugeben. Servieren Sie dazu Basmatireis mit Kurkuma (siehe Seite 141) und Jagannatha-Kokos-Dal (siehe Seite 130). Falls Sie keine Tamarinde bekommen, tun es auch etwas Zitronensaft und Vollrohrzucker. Guten Appetit!

Blumenkohl-Brokkoli-Curry

Wirkt sanft Kapha-erhöhend

Alte Bekannte. Wer glaubt, Brokkoli sei bei uns ein neues Gemüse, irrt gewaltig, denn schon die Römer bauten hierzulande den grünen Bruder des Blumenkohls an. Brokkoli ist mit seinem Carotingehalt gut für Augen, Haut und Nerven. Durch seinen hohen Gehalt an Vitamin C wird die Abwehrkraft gestärkt, und die in ihm enthaltenen Indole und Flavone wirken krebshemmend.
Auch die Stiele können Sie – leicht geschält – mitessen. Sie enthalten reichlich Chlorophyll und abwehrstärkendes Selen. Und wer Milch als Calciumquelle nicht so gut verträgt, kann seinen Calciumbedarf auch mit Brokkoli und Fenchel decken.
Blumenkohl ist der zarteste und bekömmlichste Kohl unter den Kohlsorten – vorausgesetzt, er ist nicht gespritzt und überdüngt. Er reinigt den Körper und hilft bei Asthma, Nieren- und Blasenleiden.
Laut Ayurveda verstärken Blumenkohl und Brokkoli *Vata,* genau wie alle anderen Kohlsorten. Kartoffeln wirken *Vata-* und auch *Kapha-*vermehrend. Seine Zubereitung jedoch macht dieses Curry für *Vata-* und *Pitta-*Menschen verträglich, und etwas abgewandelt (siehe *Dosha-*Tipp) kann es auch *Kapha-*Typen empfohlen werden.

Für 4 – 6 Personen

1 Blumenkohl (1 kg)
1 Brokkoli (500 g)
4 Kartoffeln (300 g)
200 g Süßrahmbutter
1 EL klein geschnittener oder frisch geriebener Ingwer
½ TL Asafoetida
2 – 2½ EL Madras Curry (siehe Seite 260)
eventuell etwas Wasser
1 TL Stein- oder Meersalz

So wird's gemacht:

1) Blumenkohl und Brokkoli waschen und in kleine Röschen schneiden. Brokkolistiel schälen und klein schneiden. Kartoffeln waschen, schälen und in Würfel schneiden.
2) Die Hälfte der Butter im Topf schmelzen und Ingwer darin einige Sekunden anrösten. Asafoetida, Currypulver und Kartoffeln hinzufügen und einige Minuten anbraten, dann Blumenkohl und Brokkoli dazugeben. Nun die restliche Butter darüber geben und mit Deckel auf kleiner Flamme 15 – 20 Minuten (je nach Größe der Kohlröschen) gar köcheln lassen. Zwischendurch immer wieder mit einem Holzlöffel vorsichtig umrühren, damit nichts anbrennt. Eventuell etwas Wasser dazugeben (vor allem, wenn Sie Butter einsparen wollen).
3) Zum Schluss noch Salz unterheben und servieren.

Kapha-Typ: Nehmen Sie nur 50 – 60 g Butter. Ersetzen Sie den frischen Ingwer durch 1½ TL Ingwerpulver und verwenden Sie nur ½ – ¾ TL Steinsalz.

Brokkoli italienisch

Wirkt ausgleichend auf alle drei Doshas

Schon die alten Römer wussten, was gut schmeckt, und bauten auch in unseren Landen Brokkoli an – in alten Kochbüchern findet man ihn allerdings meist unter dem Namen Spargelkohl.

Auch Kalonji oder Schwarzkümmel *(Nigella sativa)* schätzten die Römer so sehr, dass man diesen sogar als Römischen Kümmel bezeichnete. Mit ihren unzähligen Namen haben die kleinen schwarzen tropfenähnlichen Samen schon für so manche Verwirrung gesorgt: In indischen Geschäften findet man sie als Kalonji oder Kalinji; auf den Packungen werden sie fälschlicherweise mit »Schwarze Zwiebelsamen« bezeichnet, obwohl sie als Hahnenfußgewächse gar nichts mit Zwiebeln zu tun haben. In orientalischen Geschäften wiederum erhält man sie unter dem Namen *Siyah Daneh* oder »Schwarze Samen«.

Wie auch immer man Schwarzkümmel nennt, gesund ist er allemal; in seinem Ursprungsland Indien und später auch in Ägypten schätzte man ihn schon lange als Heilmittel. Ätherische Öle, über fünfzig Prozent mehrfach ungesättigte Fettsäuren, Provitamin A, Vitamin C und E, Vitamine des B-Komplexes, Enzyme, Gerbstoffe und Bitterstoffe sind einige seiner gesunden Inhaltsstoffe.

Kalonji hilft bei Magen-Darm-Beschwerden, Blähungen, Keuchhusten, Asthma und Erkältungskrankheiten und baut die geschwächte Abwehr wieder auf. Das sogenannte Nigellon lindert Bronchialspasmen, und andere Stoffe wie Thymochinon wirken galletreibend. Auch bei Schlafstörungen, Zahnschmerzen, Nierensteinen, Hauterkrankungen, Gelenkschmerzen greift man gerne auf Kalonji zurück. Nach dem Ayurveda vermehrt Schwarzkümmel sanft das *Pitta-Dosha.*

Dieses Gericht kann allen drei *Doshas* empfohlen werden.

Für 4 Personen

750 g Brokkoli
2 – 3 EL Olivenöl
1½ TL Schwarzkümmelsamen (Kalonjisamen)
¼ TL Asafoetida
½ TL Kurkuma
1 TL gemahlener Koriander
1 – 2 TL frisch geriebener Ingwer
1 TL Stein- oder Meersalz
½ TL frisch gemahlener schwarzer Pfeffer
3 EL frisch gehacktes Basilikum
eventuell 1 – 2 EL Gemüsekochwasser

So wird's gemacht:

1) Brokkoli waschen und die Röschen teilen, den Stiel schälen und in kleine Stückchen schneiden.
2) Brokkoli in 250 ml Wasser 12 – 15 Minuten dünsten, bis er gar ist (6 – 8 Minuten im Schnellkochtopf). Das Kochwasser abgießen und für Suppen und Ähnliches verwenden.
3) Olivenöl in einem Topf oder einer Pfanne erhitzen. Kalonjisamen darin für einige Sekunden rösten, dann Asafoetida, Kurkuma, Koriander und Ingwer dazugeben. Nun den gedünsteten Brokkoli dazugeben und vorsichtig darin wenden. Mit Salz und Pfeffer würzen und mit Basilikum bestreuen. Eventuell noch 1 – 2 EL von dem Gemüsekochwasser über das Gemüse geben. Heiß servieren.

Koriander entwickelt ein noch besseres Aroma, wenn Sie die ganzen Samen trocken rösten und im Mörser zu Pulver mahlen.
Schwarzkümmel (Kalonji) schmeckt lecker in Gemüsegerichten, Dals und Pakorateig oder als Brotgewürz über das traditionelle nordindische Fladenbrot Naan oder über orientalische Fladenbrote gestreut. In Bengalen sind Kalonjisamen Bestandteil der Gewürzmischung Panch Puran (siehe Seite 262).

Spinat mit Vollkorngrieß

Wirkt Kapha-erhöhend

Die verborgene Delikatesse. Spinat muss frisch sein und richtig zubereitet werden. Dann schmeckt er nicht nur köstlich, sondern ist zudem noch sehr gesund. Da sind nicht nur seine zehn Vitamine und dreizehn Mineralstoffe, die u. a. die Blutbildung und das Immunsystem unterstützen, sondern auch noch hochwertiges Eiweiß und die hormonähnliche Substanz Sekretin, die die Sekretbildung von Magen, Galle und Bauchspeicheldrüse fördert. Die in ihm enthaltenen Bitterstoffe regen nicht nur die Verdauung an, sondern wirken auch als Tonikum für Herz, Leber und Nerven.
Nach dem Ayurveda wirkt Spinat kühlend, nährend und besänftigend. Darüber hinaus besitzt er auch leichte und trockene Eigenschaften. Gekocht erhöht Spinat sanft das *Vata-* wie auch das *Kapha-Dosha.*
Grieß, Butter und Sahne vermehren das *Kapha-Dosha.* Das erklärt, weshalb dieses Gericht *Kapha*-vermehrend wirkt: optimal für *Pitta-* und *Vata-*Menschen.

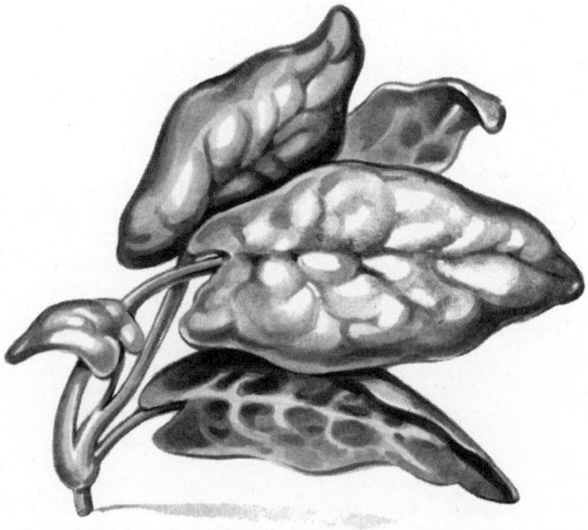

Für 4 Personen

1 kg frischer Spinat
125 g Süßrahmbutter
30 g Vollkorngrieß
½ TL Asafoetida
¾ TL frisch geriebene Muskatnuss
2 EL Sahne
½ TL Stein- oder Meersalz

So wird's gemacht:

1) Spinat verlesen, waschen, von groben Stielen befreien und in feine Streifen schneiden.
2) Butter in einem Topf bei mittlerer Hitze schmelzen und Grieß darin anrösten. Asafoetida und Muskat hinzufügen. Nach 3 – 4 Minuten Spinat dazugeben und alles gut umrühren. Auf kleiner Flamme mit geschlossenem Deckel weitere 5 – 10 Minuten gar köcheln.
3) Dann Sahne und Salz hinzufügen und servieren.

Pitta-Typ: Sollte Ihr *Pitta* zu stark sein, ersetzen Sie die Butter besser durch 2 – 3 EL Ghee sowie Asafoetida und Muskat durch 1 TL gemahlenen Koriander und ½ TL gemahlene Fenchelsamen.

Kapha-Typ: Verwenden Sie an Stelle der Butter lieber 2 EL Ghee. Auch die Sahne lassen Sie besser weg und geben dafür beim Kochen 1 – 2 EL Wasser dazu. Am Ende kommen nach Geschmack noch etwas Zitronensaft und Pfeffer dazu.

Mangoldgemüse mit roter Paprika

Wirkt Pitta- und sanft Vata-erhöhend

Der Spargel des kleinen Mannes – so nennt man den Mangold im Volksmund. Kein Wunder, hat er doch mit dem Spargel den Inhaltsstoff Asparagin gemeinsam. Daneben enthält Mangold aber auch noch Saponine und die Aminosäure Betain, die wichtig für die Fettverdauung ist. All seine Wirkstoffe machen Mangold zu einem Linderungsmittel bei Husten und Lungenkrankheiten; daneben regt er auch Leber und Nieren an.
Nach dem Ayurveda vertragen ihn alle drei *Doshas* gut, in größeren Mengen wirkt er allerdings leicht *Vata*-erhöhend.
Paprika müssen sich ebenfalls nicht verstecken: Der Scharfstoff Capsaicin, Bioflavone und ätherische Öle erhöhen die Ausschüttung der Verdauungssekrete, dichten die Gefäße ab und fördern die Durchblutung von Herz, Magen und Haut. Der hohe Gehalt an Vitamin C und Provitamin A schützt vor Infektionen und vor Krebs. Nach dem Ayurveda wirken Paprika süß, leicht, ölig und warm, verstärken also in erster Linie das *Pitta-Dosha*. Das macht sie ideal für *Kapha*-Typen. Doch auch die meisten *Vata*-Menschen vertragen Paprika gut, vorausgesetzt, ihm wurde nach dem Blanchieren die etwas schwer verdauliche Haut abgezogen.
Dieses Gemüsegericht ist ideal für *Kapha*-Typen, mit gewissen Ergänzungen können jedoch auch *Vata*-und *Pitta*-Naturen zugreifen (siehe *Dosha*-Tipp).

Achten Sie darauf, dass die Bockshornkleesamen nicht anbrennen, sonst schmecken sie bitter.

Für 4 Personen

1 große rote Paprika (250 g)
1,2 kg frischer Mangold
etwas Wasser
¼ TL Asafoetida
¾ TL Ingwerpulver
¼ TL Kurkuma
¼ TL Paprikapulver
1 TL Kreuzkümmelsamen
½ TL Bockshornkleesamen (Methi)
¾ TL frisch gemahlener schwarzer Pfeffer
1 Prise frisch geriebene Muskatnuss
½ TL Stein- oder Meersalz

So wird's gemacht:

1) Paprika waschen und in kochendem Wasser etwa 10 Minuten blanchieren, bis sie weich und die Haut blasig ist. Mangold waschen und in feine Streifen schneiden.
2) Mangold mit etwas Wasser, Asafoetida, Ingwerpulver, Kurkuma und Paprikapulver dünsten. Kreuzkümmel und Bockshornkleesamen in einer Pfanne ohne Fett einige Sekunden trocken rösten und zum Mangold geben. Nun Paprika enthäuten, entkernen, in feine Streifen schneiden und ebenfalls dazugeben.
3) Nach dem Kochen mit Pfeffer, Muskat und etwas Salz würzen.

Vata-Typ: Statt Ingwerpulver 1 – 2 TL frisch geriebenen Ingwer verwenden. Gewürze und Mangold in 1 – 2 EL Ghee (vegan: Olivenöl) anrösten und mit etwas Wasser fertig köcheln lassen. Zum Abschluss noch 2 EL süße oder saure Sahne (vegan: Sojasahne) unterrühren.

Pitta-Typ: Statt Ingwerpulver, Asafoetida und Bockshornkleesamen 1 TL Korianderpulver, 1 TL Kreuzkümmelsamen und 1 TL frisch geriebenen Ingwer verwenden. Ähnlich wie der *Kapha*-Typ sollten Sie nur sparsam salzen. Falls gewünscht, können Sie noch 1 – 2 EL Sahne (vegan: Sojadrink oder Sojasahne) dazugeben.

Wildkräutergemüse mit Tapioka

Wirkt ausgleichend auf alle drei Doshas

Herbst in Vrindavana, der fünftausend Jahre alten heiligen Stadt in Indien, ist die Zeit, in der viele Blattgemüse und Küchenkräuter geerntet werden. Dazu gehört auch Bathua, ein grünes Blattgemüse, das unserer Gartenmelde ähnelt. Weiße Melde oder Weißer Gänsefuß, wie die Gartenmelde auch noch heißt, war im Altertum auch bei uns sehr geschätzt. Heute ist sie leider mehr oder weniger in Vergessenheit geraten.
Wie das indische Bathua ist auch die Gartenmelde ein wertvoller Blutreiniger und Stoffwechselanreger. Leicht und schwach wärmend, kann diese wichtige Wildgemüsepflanze praktisch von allen drei *Doshas* verwendet werden. Außerdem hilft Gartenmelde bei Leber-, Lungen-, Blasen- und Nierenbeschwerden.
Es lohnt sich also durchaus, im Frühling aus dem Garten oder beim Waldspaziergang einige Wildpflanzen und -kräuter mitzubringen, z. B. Gartenmelde, Brennnessel oder Giersch.
Tapioka sind Stärkekügelchen, die aus der Knolle der Maniokpflanze gewonnen werden. Sie besitzen nicht nur einen hohen Kohlenhydratanteil, sondern auch viele Mineralstoffe, Provitamin A, Vitamine des B-Komplexes und Vitamin C. Nach dem Ayurveda erhöht Tapioka sanft *Kapha* und sanft *Vata.*
Mild und leicht verdaulich wie es ist, hat dieses einfache und schnell zubereitete Gemüsegericht allen drei *Doshas* etwas zu bieten. Zucchini vermehren das *Kapha-,* Karotten sanft das *Pitta-Dosha;* Tapioka und Kartoffeln schließlich erhöhen *Kapha* und *Vata. Vata*-Naturen finden noch eine spezielle Variation im *Dosha*-Tipp.

Für 4 Personen

50 g Tapioka
200 g Kartoffeln oder Süßkartoffeln
200 g Karotten
600 g Zucchini
1 – 2 Hand voll Wildkräuter
(z. B. Brennessel, Gartenmelde, Giersch)
oder 3 EL gehackte frische Küchenkräuter
(z. B. Basilikum, Koriander, Petersilie)
1 TL Koriandersamen
1 – 2 EL Olivenöl
1 TL Kreuzkümmelsamen
2 TL frisch geriebener Ingwer
einige EL Wasser zum Ablöschen
¼ – ½ TL frisch geriebene Muskatnuss
1 – 2 TL Zitronensaft
1½ TL Stein- oder Meersalz
½ TL frisch gemahlener grüner
oder schwarzer Pfeffer
50 – 100 ml Wasser (je nach Bedarf)

So wird's gemacht:

1) Tapioka in einem feinen Sieb kurz unter fließendem Wasser spülen und etwa 10 Minuten in Wasser einweichen. Gemüse waschen, schälen und klein schneiden. Wildkräuter oder Kräuter waschen, abtropfen lassen und mit einem Wiegemesser hacken.

2) Koriander in einem Topf ohne Fett rösten und anschließend in einem Mörser zerstoßen. Olivenöl in einem Topf erhitzen, Kreuzkümmel darin goldbraun rösten, und Ingwer, Kartoffeln und Karotten für einige Minuten unter Rühren anbraten. Anschließend Zucchiniwürfel dazugeben und mit einigen Esslöffeln Wasser ablöschen. Nach etwa 5 weiteren Minuten die gehackten Wildkräuter dazugeben (Küchenkräuter jedoch erst am Ende der Kochzeit) und zugedeckt auf mittlerer Flamme weich kochen (je nach Größe der Gemüsestücke 15 – 20 Minuten).

3) Dann die abgetropfte Tapioka sowie Muskat, Zitronensaft, Salz und Pfeffer (und Küchenkräuter) dazugeben und alles noch etwa 5 Minuten köcheln lassen. Fügen Sie je nach Bedarf 50 – 100 ml Wasser hinzu.

Vata-Typ: Sie können die Kartoffeln auch durch Süßkartoffeln ersetzen.

Gartenmelde, auch Weiße Melde oder Weißer Gänsefuß genannt, ist häufig auf Äckern, an Zäunen, Wegen, Dorfstraßen und auf Brachland zu finden. Sie schmeckt spinatartig mild, ist geruchlos oder riecht schwach würzig. Pflücken Sie die bis dreißig Zentimeter hohen jungen Pflanzen ab Mitte des Frühlings bis zum ersten Frost (im Frühling die ganze junge Pflanze, später nur die jungen Blätter).

Löwenzahngemüse mit Karottenstiften

Wirkt Pitta- und sanft Vata-erhöhend

Gegen alles ist ein Kraut gewachsen. Nach dem Ayurveda gibt es eigentlich keine Pflanze, die keine Heilwirkungen besitzt. So auch der Löwenzahn.
Mit seinen Bitterstoffen gilt Löwenzahn als Leberreiniger. Er stimuliert Galle, Bauchspeicheldrüse, Milz und Nieren. Außerdem ist er eine gute Quelle für Carotin und glänzt zudem mit viel Calcium, Magnesium, Phosphor, Eisen und Vitamin C. Selbst sein Milchsaft ist gesund: In ihm sind Inulin und Cholin, die beide einen cholesterinsenkenden und gefäßstärkenden Effekt haben, enthalten.
Der zarte Zucht-Löwenzahn ist nicht ganz so bitter wie die Frühlingsblätter seiner wild wachsenden Verwandten.
Nach dem Ayurveda vermehrt Löwenzahn sanft das *Vata-Dosha,* Karotten dagegen erhöhen sanft das *Pitta-Dosha.* Unser Rezept eignet sich deswegen besonders gut für *Kapha*-Typen.
Wird ein Schuss Sahne (siehe auch *Dosha*-Tipp) hinzugefügt, können aber auch *Pitta-* und *Vata-*Menschen zugreifen.

Zucht-Löwenzahn erhalten Sie beispielsweise in türkischen Lebensmittelgeschäften.

Für 3 – 4 Personen

550 g Zucht-Löwenzahn
2 mittelgroße Karotten (200 g)
½ TL Anis oder Ajwan (Selleriesamen)
etwas Wasser
¼ TL Asafoetida
½ TL Ingwerpulver
¼ TL Kurkuma
½ TL frisch gemahlener schwarzer Pfeffer
1 Prise frisch geriebene Muskatnuss
½ TL Stein- oder Meersalz

So wird's gemacht:

1) Löwenzahn waschen und in feine Streifen schneiden. Karotten waschen und in feine Stiftchen schneiden. Anis oder Ajwan in einer Pfanne (ohne Fett) trocken rösten.
2) Das Gemüse in einem Topf mit etwas Wasser und mit Anis oder Ajwan, Asafoetida, Ingwerpulver und Kurkuma dünsten. Nach dem Kochen mit schwarzem Pfeffer, etwas Muskat und wenig Salz würzen.

Pitta-Typ: Ersetzen Sie Anis oder Ajwan durch Kreuzkümmel und 1 TL gemahlenen Koriander und das Ingwerpulver durch 1 TL frischen Ingwer. Auf Asafoetida sollten Sie am besten ganz verzichten.
Obwohl rohe Karotten *Pitta* verstärken, können *Pitta*-Menschen bei gekochten Karotten zugreifen. Dominiert *Pitta* allerdings zu stark, so können die Karotten auch durch klein geschnittene Kartoffeln oder Kürbis ersetzt werden; oder Sie bestreuen das Gemüse mit 2 – 3 EL kühlenden, gehackten frischen Korianderblättern oder Dill.

Vata-Typ: Ingwerpulver durch 1 – 2 TL frisch geriebenen Ingwer ersetzen. Nach dem Kochen dem Gemüse noch 1 – 2 EL geschmolzenes Ghee, Sahne (vegan: Sojadrink) oder etwas Panir (Frischkäse, siehe Seite 226) hinzufügen.

Gebratene Zucchini alla Toscana

Wirkt Kapha-erhöhend

Sonne, Strand, Zucchini. Wenn wir an die Toskana denken, kommen uns immer diese drei Dinge in den Sinn. Schon viele Jahre besuchen wir dort jeden Sommer liebe Bekannte und probieren immer wieder die vielen einfachen und leckeren Zucchinigerichte der toskanischen Küche.

Zucchini schmecken nicht nur gut, sondern sind auch pflegeleicht und fast das ganze Jahr zu bekommen. Auch der Gesundheit haben sie einiges zu bieten: Mit ihren zahlreichen Mineralien und Vitaminen stärken sie unser Immunsystem, und mit ihren Bitterstoffen regen sie die Darmtätigkeit an. Nach dem Ayurveda vermehren sie das *Kapha-Dosha.*

Dieses Zucchinigericht ist ideal für *Vata-* und *Pitta-*Typen, vor allem, wenn die Zucchini in Ghee gebraten sind.

Sie können statt der getrockneten natürlich auch frische Kräuter verwenden.
Vata- und *Pitta-*Menschen können dieses Gericht auch einmal mit gepresstem Panir (Frischkäse, siehe Seite 226) verfeinert probieren (vegan: Tofu). Einfach die Käsestückchen in den letzten Minuten dazugeben und anschließend würzen. Fertig!

Für 4 Personen

4 – 5 Zucchini (900 g – 1 kg)
3 EL Ghee oder Olivenöl
½ TL Asafoetida (kann entfallen)
1 Prise Cayennepfeffer oder Paprikapulver
¼ TL frisch gemahlener schwarzer Pfeffer
¼ TL Kurkuma (kann entfallen)
1 TL getrocknetes Basilikum
1 TL getrockneter Thymian
½ TL getrockneter Majoran
½ – ¾ TL Stein- oder Meersalz
(Menge abhängig vom Konstitutionstyp)

So wird's gemacht:

1) Zucchini waschen und in dicke Scheiben oder Streifen schneiden.
2) In einer Pfanne 1 – 2 EL Ghee oder Olivenöl erhitzen, so viele Zucchinistücke wie möglich hineinlegen und anbraten. Nach einigen Minuten umdrehen, würzen und auf einem Teller warm stellen. Die restlichen Zucchini in dem übrigen Ghee oder Öl anbraten und anschließend würzen.

Pitta-Typ: Reduzieren Sie das Ghee (oder Olivenöl) auf 1 EL. Statt Asafoetida und Cayennepfeffer nehmen Sie besser Korianderpulver und nur eine Prise schwarzen Pfeffer. Salz nur sparsam verwenden.

Variation:

Abwechslung muss sein. Probieren Sie dieses Rezept auch einmal mit dünnen Kürbis-, Fenchel- oder Auberginenscheiben – es lohnt sich!

Flaschenkürbis mit Panir und Erbsen

Wirkt Kapha-erhöhend

Flaschenkürbis, Louki, Bottle Gourd, Zucchetti. Der Flaschenkürbis besitzt unzählige Namen – ein Zeichen seiner großen Popularität rund um den Erdball, sei es in Indien, dem mittleren Osten, Afrika oder Mexiko. Hierzulande ist er leider noch selten.
Sollten Sie keinen Flaschenkürbis bekommen, tun es auch Zucchini. Halten Sie aber ruhig mal in indischen oder türkischen Gemüsegeschäften nach dem hellgrünen Gemüse Ausschau (es sieht aus wie ein großer, hellgrüner Zucchino). Von seinen Inhaltsstoffen ragen insbesondere das Schutzvitamin Betacarotin sowie sein Gehalt an Kalium, Calcium und Phosphor heraus.
Geerntet wird der Flaschenkürbis, wenn er noch klein (15 – 20 cm) ist. Dann ist er knackig fest, kernlos und so zart, dass man ihn nicht schälen muss.
Bei älteren Flaschenkürbissen (30 – 35 cm) müssen die etwas festere Schale und je nach Größe auch die Kerne entfernt werden. Geschmacklich sind sie aber ebenso reizvoll wie kleine Zucchini. Nach dem Ayurveda ist Flaschenkürbis leicht, kühl und bekömmlich. Er erhöht das *Kapha-Dosha* und auch sanft *Vata*.
Dieses Gemüsegericht ist optimal für *Pitta-* und *Vata*-Menschen. Mit leichten Abwandlungen (siehe *Dosha*-Tipp) kann es auch von *Kapha*-Typen genossen werden.

Für 4 Personen

Für den Panir (Frischkäse):
1,5 l Milch
Saft einer Zitrone
(vegan: 200 g Tofu statt Panir)

Für das Gemüse:
200 g frische Erbsen (500 g Bruttogewicht)
300 g Süßkartoffeln
100 g Karotten
400 g Flaschenkürbis
(falls nicht erhältlich: Zucchini)
1 EL Ghee (vegan: Sonnenblumenöl)
1 TL Kreuzkümmelsamen
½ TL Asafoetida
½ TL Kurkuma
2 TL frisch geriebener Ingwer
125 – 200 ml Wasser oder Molke
(von der Panirherstellung)
1 TL Anissamen
1 TL Koriandersamen
50 – 100 g Joghurt (vegan: Sojajoghurt)
2 – 3 EL Kichererbsenmehl
1 Prise frisch geriebene Muskatnuss
½ – ¾ TL frisch gemahlener schwarzer Pfeffer
1 TL Stein- oder Meersalz

So wird's gemacht:

1) Panir herstellen und pressen (am besten schon am Vorabend; genaue Anleitung siehe Seite 226).
(Vegan: Tofu in Würfel schneiden.)
2) Frische Erbsen schälen, waschen und 4 – 5 Minuten dünsten. Süßkartoffeln waschen, schälen und in kleine Würfel schneiden. Karotten waschen und in feine Stifte schneiden. Flaschenkürbis waschen, schälen und in kleine Würfel schneiden (Zucchini müssen nicht geschält werden).

3) Ghee oder Sonnenblumenöl in einem großen Topf erhitzen. Kreuzkümmel darin goldbraun rösten, und sofort Asafoetida, Kurkuma und Ingwer hinzufügen. Nun die Kartoffeln und Karottenstifte dazugeben und gut umrühren, damit nichts anbrennt. Nach wenigen Minuten den Flaschenkürbis, die frischen Erbsen (und die Tofuwürfel) hinzugeben. Je nach Bedarf mit etwas Wasser oder Molke ablöschen und zugedeckt gar kochen.
4) Anis und Koriander in einem kleinen Topf trocken rösten, dabei etwas umrühren, damit die Samen gleichmäßig anbräunen. Dann in einem Mörser zerstoßen und unter das Gemüse heben. Zwischendurch das Gemüse immer wieder umrühren.
5) Panir aus dem Käsetuch nehmen und in Würfel schneiden. Joghurt oder Sojajoghurt mit Kichererbsenmehl, Muskat, schwarzem Pfeffer und Salz verrühren, alles unter das Gemüse heben und unter vorsichtigem Umrühren noch einmal aufkochen lassen.

Kapha-Typ: Sie sollten den Panir entweder ganz weglassen oder durch Tofu ersetzen. Dem Gemüse geben Sie neben den anderen Gewürzen noch eine klein geschnittene grüne Chili (entkernt) oder ¼ TL Cayennepfeffer zu.
Den frischen Ingwer ersetzen Sie besser durch Ingwerpulver (1 TL) und die Süßkartoffel durch normale Kartoffeln.

Pitta-Typ: Bei zu starkem *Pitta* das Asafoetida weglassen und die Joghurtmenge reduzieren oder stattdessen etwas Sahne (vegan: Sojasahne) verwenden.

Zucchini mit Panir oder Tofu

Wirkt Kapha-erhöhend

Alles frisch. Wer wirklich sichergehen will, dass er mit seinem Käse nicht doch tierisches Lab (aus dem Magen geschlachteter Kälber) zu sich nimmt, dem empfehlen wir selbst gemachten Frischkäse. Panir ist der Name eines Frischkäses, der schon seit Jahrtausenden in Indien ohne tierisches Lab hergestellt wird. In der Küche schätzt man ihn wegen seines angenehmen Geschmacks und seiner Vielseitigkeit.
Der Ayurveda ist voll des Lobes für Panir. Denn Panir ist nicht nur reich an Eiweiß, sondern enthält zudem viele Mineralstoffe und Vitamine. Nicht zuletzt ist er von allen Käsesorten der bekömmlichste Käse. Panir oder Tofu vermehrt nach dem Ayurveda das *Kapha-Dosha* ebenso wie Zucchini, die in diesem Rezept verwendet werden.
Wenn Sie erst einmal mit der Herstellung von Panir vertraut sind, ist es ein Gericht, das sich einfach und schnell zubereiten lässt. Ein ideales Gericht für *Vata-* und *Pitta-*Naturen.

Servieren Sie dazu Basmatireis mit Kurkuma (siehe Seite 141) und Salat.

Für 3 – 4 Personen

Für den Panir (Frischkäse):
3 l Milch
Saft von 1½ – 2 Zitronen
(vegan: 250 g Tofu statt Panir)

Für das Gemüse:
600 g Zucchini
2 EL Ghee oder Olivenöl
1 TL Kreuzkümmelsamen
1 TL Madras Curry (siehe Seite 260)
2 EL frisch geriebener Ingwer
¾ TL frisch gemahlener schwarzer Pfeffer
¾ TL Stein- oder Meersalz
4 EL frisch gehacktes Basilikum
3 EL Molke (von der Panirherstellung) oder Joghurt (vegan: Wasser oder Sojajoghurt)

So wird's gemacht

1) Panir aus Milch und Zitronensaft herstellen (Anleitung siehe Seite 226).
   3 EL der Molke abschöpfen und bereithalten (den Rest können Sie anderweitig für Suppen, Brotteig oder Getränke verwenden).
   Panir im Käsetuch nur kurz abtropfen lassen und dann noch feucht in große Stücke zerbrechen. (Vegan: Tofu in Würfel schneiden.)
2) In der Zwischenzeit Zucchini waschen und in dünne Streifen schneiden.
3) Einen Topf oder eine Pfanne mit Ghee oder Olivenöl erhitzen und Kreuzkümmelsamen darin goldbraun rösten. Dann Curry, Ingwer und Zucchini 5 Minuten darin braten. Panirstückchen oder Tofu dazugeben, ebenso Pfeffer, Salz, frisch gehacktes Basilikum und Joghurt oder Molke (bzw. Wasser oder Sojajoghurt). Das Gemüsegericht sollte eine saftig weiche Konsistenz haben – auf Wunsch noch etwas Molke dazugeben.
   Heiß servieren.

Pitta-Typ: Falls Ihr *Pitta* zu stark ist, ersetzen Sie den Curry einfach durch Kurkuma.

Kürbis mit Bockshornkleesamen

Wirkt Kapha- und sanft Pitta-erhöhend

Küchenrezepte sind etwas ganz Persönliches. Nicht jede Köchin und jeder Koch gibt sie so einfach preis. Umso mehr freuten wir uns, als uns Saroj aus der Priesterfamilie des berühmten Radha-Ramana-Tempels in Vrindavana ihr ganz persönliches Kürbisrezept verriet – einfach, schnell, schmackhaft und gesund.
Im Ayurveda schätzt man Bockshornkleesamen (Methi) schon seit vielen Jahrtausenden als Heilmittel. Bei uns ist er immer noch relativ unbekannt, obwohl er schon unter Karl dem Großen in unsere Breitengrade gelangte. Pfarrer Kneipp ist es zu verdanken, dass Bockshornklee so richtig Einlass in die heimische Küche und Naturmedizin fand. Und das aus gutem Grund: Bockshornklee hat nicht nur knapp dreißig Prozent Eiweiß, viel Eisen und Phosphor, sondern auch zahlreiche Vitamine des B-Komplexes und Carotin. Bockshornkleesamen vermehren *Vata* und sehr mild auch *Pitta*.
Sie wirken leicht erwärmend, mild abführend, appetitanregend, verdauungsfördernd und schmerzstillend. Weiterhin helfen sie bei Magersucht, allgemeiner Entkräftung, Husten, Hämorrhoiden, Arteriosklerose und verhindern das frühzeitige Ergrauen der Haare. Nicht zuletzt stimulieren Bockshornkleesamen das Nervensystem und reinigen Leber, Nieren und Schleimhäute.
Dieses Kürbisgericht ist ideal für *Vata*-Typen und in moderaten Mengen auch für *Pitta* (siehe auch *Dosha*-Tipp).

Für 4 Personen

1,3 kg Kürbis
1 EL Ghee (vegan: Olivenöl)
¾ TL Bockshornkleesamen (Methi)
½ TL Kurkuma
½ TL Cayennepfeffer
eventuell 2 – 3 EL Wasser
1 EL Gur oder Vollrohrzucker
¼ TL frisch gemahlener schwarzer Pfeffer
1 TL Stein- oder Meersalz

So wird's gemacht:

1) Kürbis schälen, waschen, von Kernen befreien und in Würfel schneiden.
2) Ghee oder Olivenöl in einem Topf schmelzen und Bockshornkleesamen 2 – 4 Sekunden darin rösten (nicht zu lange, da sie sonst bitter werden). Nun Kürbiswürfel, Kurkuma und Cayennepfeffer dazugeben und unter Rühren etwa 5 Minuten anbraten. Um das Anbrennen zu verhindern, eventuell 2 – 3 EL Wasser dazugeben. Anschließend den Kürbis zugedeckt auf mittlerer Flamme etwa 10 Minuten köcheln lassen, bis er gar ist.
3) Gur oder Vollrohrzucker, Pfeffer und Salz dazugeben.

Pitta-Typ: Lassen Sie den Cayennepfeffer weg.

Servieren Sie dazu Gewürzreis (siehe Seite 142) und Chicorée mit Orangensauce (siehe Seite 84).

Kürbisgratin in Orangensaft

Wirkt ohne Orangenscheiben Kapha-erhöhend,
mit Orangenscheiben Kapha- und Pitta-erhöhend

Großmutters Liebling. Der Kürbis ist hierzulande etwas in Vergessenheit geraten. Dabei gibt es so viele verschiedene Arten von Kürbis in allen Farben und Formen, die man auch noch in Hunderten von leckeren Variationen zubereiten kann.

Kürbis enthält sehr viel Betacarotin, dazu B-Vitamine, Magnesium, Calcium, Eisen, Phosphor und Kieselsäure und hat ein ausgesprochen günstiges Natrium-Kalium-Verhältnis. All diese Inhaltsstoffe machen ihn zu einer milden Diätspeise, die unterstützend bei der Behandlung von Bluthochdruck und Herz- und Nierenleiden verwendet werden kann. Auch bei Verstopfung sowie bei Übersäuerung greift man gerne auf Kürbisgerichte zurück. Nach dem Ayurveda erhöht Kürbis sanft *Kapha*. Tofu dagegen vermehrt das *Kapha*- und auch sanft das *Vata-Dosha*.

Kürbisgratin ist somit ein hervorragendes Gemüsegericht für *Vata*- und *Pitta*-Konstitutionen. Und wer Kürbis lieber süßsauer mag, kommt ebenfalls auf seine Kosten, indem er einfach die dünnen Scheiben einer süßen und saftigen Orange zwischen die Kürbisscheiben legt. Diese Abwandlung ist dann vor allem *Vata*-Naturen zu empfehlen. Bei diesem Rezept haben wir gleich beide Zubereitungsarten angegeben, so ist für alle etwas dabei!

Für 4 Personen

300 g Tofu
1 kg Kürbis
Ghee oder Öl zum Einfetten
3 – 4 TL frisch geriebener Ingwer
eventuell 1 Orange
Saft einer halben bis ganzen Orange
½ TL Stein- oder Meersalz
½ TL Zitronenpfeffer
oder frisch gemahlener schwarzer Pfeffer
eventuell 1 EL Vollrohrzucker
20 g Butter (vegan: 2 EL Sonnenblumenöl)

Für die Tofu-Marinade:
3 EL Sesam- oder Sonnenblumenöl
Saft einer halben Orange
½ TL Zitronenpfeffer
oder frisch gemahlener schwarzer Pfeffer
½ TL Stein- oder Meersalz
¼ TL Cayennepfeffer
1 Prise Zimt
1 EL Sesam

So wird's gemacht:

1) Tofu in dünne Scheiben schneiden und in Öl, dem Saft der halben Orange und den Gewürzen für die Marinade marinieren. Wenn möglich 1 Stunde ziehen lassen. Kürbis schälen, entkernen, waschen und in sehr dünne Scheiben schneiden.
2) Zwei Kasserolen oder Auflaufformen (jeweils mit Deckel) mit reichlich Ghee oder Öl einfetten. Backofen auf 225 °C (Ober- und Unterhitze) oder 200 °C (Umluft) vorheizen. In eine Kasserole oder Auflaufform abwechselnd die Hälfte der Kürbisscheiben und alle Tofuscheiben dachziegelartig hineinlegen. Mit der Hälfte des geriebenen Ingwers bestreuen und die Marinade des eingelegten Tofus darübergießen.

3) In die andere eingefettete Kasserole oder Auflaufform die restlichen Kürbisscheiben hineinlegen (und, falls gewünscht, dazwischen dünne Scheiben einer geschälten kleinen Orange schichten). Mit dem restlichen Ingwer bestreuen und den Saft einer Orange darübergießen (falls Sie Orangenscheiben zwischen die Kürbisstücke legen, reicht der Saft einer halben Orange aus). Mit Salz, Pfeffer und eventuell Vollrohrzucker bestreuen und Butterflocken (oder Öl) darübergeben.

4) Kasserolen oder Auflaufformen mit Deckel oder Alufolie abdecken und beide Formen im Backofen bei 200 °C (Ober- und Unterhitze) oder 180 °C (Umluft) 45 – 60 Minuten backen, bis der Kürbis weich ist.

Statt Tofuscheiben macht sich auch gepresster Panir (Frischkäse) aus 2 – 2,5 l Milch gut (Anleitung siehe Seite 226).

Fenchel-Quinoa-Auflauf

Wirkt sanft Kapha-erhöhend

»Mutter Korn«, so nannten die Azteken und Inkas die weißlich gelben Quinoa-Körnchen. Dabei ist Quinoa eigentlich gar kein Getreide, sondern ein Gänsefußgewächs. Das ändert aber nichts an seinen wertvollen Inhaltsstoffen: etwa sechszehn Prozent Proteine mit hohem Lysingehalt, dazu ein hoher Anteil an ungesättigten Fettsäuren, Ballaststoffen und Mineralien (Kalium, Calcium, Eisen, Magnesium). Außerdem finden sich in ihm B-Vitamine, Vitamin C und E sowie Carotin. Quinoa enthält kein Gluten, weshalb es interessant für Menschen mit Klebereiweiß-Unverträglichkeit ist. Da es auch sehr fettarm ist, eignet es sich gut als Diät- und Rekonvaleszentenkost. Quinoa wirkt antiseptisch und stärkt die Abwehrkraft. Ein weiterer Pluspunkt: Es ist zäh und widerstandsfähig und gedeiht noch in Hochlagen, z. B. in den Anden, bis weit über viertausend Meter Höhe – und das ohne Kunstdünger und Pestizide. Nach dem Ayurveda verstärkt Quinoa *Agni* und kann in Maßen allen drei *Dosha*-Typen empfohlen werden.
Süßkartoffeln glänzen mit einem hohen Gehalt an Provitamin A und Vitamin C, daneben enthalten sie Vitamine des B-Komplexes, Kohlenhydrate, Proteine sowie etliche Mineralstoffe wie Phosphor, Eisen und Calcium. Nach dem Ayurveda sind Süßkartoffeln süß, warm, schwer und stärkend. Sie erhöhen das *Kapha-Dosha* und auch ganz sanft *Vata*. Sie regen die Verdauung an, vertreiben Darmparasiten und lindern Hämorrhoiden. In der Ayurveda-Küche sind sie ein willkommenes Gemüse für all jene, die Kartoffeln nicht vertragen.
Zusammen mit Fenchel ist dieses Gericht optimal für alle drei *Doshas*. Bei starker *Kapha*-Dominanz beachten Sie bitte den *Dosha*-Tipp.

Für 4 – 5 Personen

Für den Panir (Frischkäse):
1 l Milch
Saft einer halben Zitrone

Für den Auflauf:
100 g Quinoa
300 ml Wasser
1 große Süßkartoffel (400 g)
2 große Fenchelknollen (950 g)
300 g Kürbis (kann entfallen)
1 TL Fenchelsamen
1 TL Koriandersamen
1 TL Kreuzkümmelsamen
etwas Ghee zum Einfetten
1 TL frisch geriebener Ingwer
½ TL Kurkuma
¼ TL Zimt
1 TL getrockneter Thymian
1 TL getrockneter Majoran
1 Prise frisch geriebene Muskatnuss
¾ TL frisch gemahlener schwarzer Pfeffer
1 TL Stein- oder Meersalz
3 EL Molke (von der Panirherstellung) oder (Gemüsekoch-)Wasser
2 – 3 EL Sahne

So wird's gemacht:

1) Quinoa in einem feinen Sieb unter fließendem Wasser spülen. Mit dem Wasser 10 – 15 Minuten kochen und quellen lassen.
2) Weichen Panir herstellen (siehe Seite 226) und 5 – 10 Minuten im Käsetuch abhängen lassen.
3) Gemüse waschen. Fenchel in dünne Scheiben schneiden. Süßkartoffel und Kürbis schälen und in Scheiben schneiden. Gemüse in einem Topf mit etwas Wasser 8 – 10 Minuten halb gar kochen.

4) Backofen auf 220 °C (Ober- und Unterhitze) oder 200 °C (Umluft) vorheizen. Fenchel-, Koriander- und Kreuzkümmelsamen trocken rösten und in einem Mörser zerstoßen. Eine Kasserole oder eine Auflaufform (mit Deckel) mit Ghee einfetten und das Gemüse dachziegelartig hineinlegen.
5) Panir aus dem Käsetuch herausnehmen und mit Quinoa, allen Gewürzen, Salz, Molke oder (Gemüsekoch-)Wasser und Sahne vermischen. Die Quinoa-Mischung sollte eine feuchte Konsistenz haben, sodass der Auflauf während des Backens nicht austrocknet. Quinoa auf dem Gemüse verteilen und für 35 Minuten bei 200 °C (Ober- und Unterhitze) oder 180 °C (Umluft) mit einem Deckel oder mit Alufolie abgedeckt goldbraun backen.

Kapha-Typ: Ersetzen Sie die Süßkartoffel durch Kartoffeln. Verwenden Sie statt Panir 3 EL Buchweizenmehl und 100 ml Buttermilch, die Sie miteinander verrühren und unter die Quinoamasse heben. Dazu kommt noch eine gehackte kleine grüne Chili (entkernt) oder ½ TL Cayennepfeffer.

Falls der Auflauf durch das Backen etwas zu trocken geworden ist, noch mit etwas Gemüsekochwasser begießen oder mit Buttermilch oder einer Sauce Ihrer Wahl servieren.

Fenchel-Zucchini-Pfanne mit Tofu

Wirkt Kapha-erhöhend

Fenchel ist ein Powergemüse: Er besitzt fast doppelt so viel Vitamin C wie Orangen, reichlich Vitamine der B-Gruppe, Kalium, Calcium, Phosphor und sehr viel Eisen. Auch sein Reichtum an ätherischen Ölen schlägt fast alle Gemüserekorde. Fenchel regt die Durchblutung des Verdauungstrakts und der Atmungsorgane an und hilft bei Erkältungen und Husten. Er stimuliert die Leber- und Nierentätigkeit und beruhigt einen nervösen Magen. Im Winter kann Gemüsefenchel roh als Salat verwendet werden – die Alternative zu Treibhaussalaten. Nach dem Ayurveda besitzt Fenchel eine leicht *Kapha*-erhöhende Wirkung, gedünstet und gewürzt tut er jedoch allen drei *Dosha*-Typen gut.

Die Zeiten, in denen Zucchini als Exoten galten, sind längst vorbei. Inzwischen wachsen sie auch in hiesigen Gärten. Sie schmecken nämlich nicht nur gut, sondern sind auch pflegeleicht und fast das ganze Jahr zu haben. Mit ihren zahlreichen Mineralien und Vitaminen stärken Zucchini unser Immunsystem, und mit ihren Bitterstoffen regen sie die Darmtätigkeit an. Nach dem Ayurveda vermehren sie die *Kapha*-Komponente.

Diese Gemüsepfanne ist ideal für *Vata*- und *Pitta*-Menschen.

Diese schnelle Gemüsepfanne passt gut zu Reisgerichten und Salat.

Für 4 Personen

2 Zucchini (500 g)
3 Fenchelknollen (550 g)
250 g (geräucherter) Tofu
1 EL Ghee oder Olivenöl
1½ TL Kreuzkümmelsamen
½ TL Asafoetida
½ TL Kurkuma
½ TL Paprikapulver
1 EL frisch geriebener Ingwer
3 EL Sojasauce
1 EL Tahin (Sesampaste)
½ TL frisch gemahlener schwarzer Pfeffer
¾ – 1 TL Stein- oder Meersalz

So wird's gemacht:

1) Zucchini und Fenchel waschen. Fenchel in kleine Würfel, Zucchini in dünne Streifen schneiden. Tofu in kleine Würfel schneiden.
2) In einer großen Bratpfanne oder einem Wok Ghee oder Olivenöl erhitzen. Kreuzkümmel für einige Sekunden darin rösten. Dann Asafoetida, Kurkuma, Paprika, Ingwer und die Tofuwürfel dazugeben und so lange rösten, bis der Tofu leicht gebräunt ist. Nun die Fenchelwürfelchen hinzufügen und anrösten. Nach 3 – 4 Minuten auch die Zucchinistreifen dazugeben. Alles gut umrühren, damit nichts anbrennt. Anschließend die Sojasauce dazugeben und alles zugedeckt köcheln lassen, bis der Fenchel gar ist.
3) Mit Tahin, Pfeffer und Salz würzen und servieren.

Pitta-Typ: Wenn Ihr *Pitta* zu stark ist, lassen Sie Asafoetida, Paprikapulver und die Sojasauce weg. Würzen Sie mit 1 TL gemahlenem Koriander und frischem oder getrocknetem Basilikum.

Fenchel in Orangen-Kokos-Sauce

Wirkt ausgleichend auf alle drei Doshas

Schon legendär ist der hohe Vitamin-C-Gehalt von Orangen, doch enthalten sie ebenfalls reichlich Carotin, Kalium, Magnesium, Calcium, Eisen, Phosphor und das rare Selen. Flavone, ätherische Öle, Bitter- und Gerbstoffe machen sie leicht verdaulich, appetitanregend und ideal für die Rekonvaleszenz. Darüber hinaus bringen Orangen die Abwehr auf Vordermann, reinigen das Blut, helfen bei Magen- und Darmbeschwerden, stärken die Leber und helfen bei Depressionen. Nach dem Ayurveda sind sie feucht und süß, d. h., sie vermehren *Kapha.* Saure Orangen dagegen verstärken zusätzlich noch das *Pitta-Dosha.*

Kokosnüsse sind reich an Vitamin E und Niacin. Sie wirken kühlend, leicht harntreibend und helfen bei Sodbrennen, Gastritis und sogar bei Magengeschwüren. Kokosnusspaste, erhältlich als *»Pure Creamed Coconut«* im asiatischen Lebensmittelgeschäft, Naturkostladen oder Gewürzversand, vermehrt *Kapha.*

Bei diesem milden Gericht können alle drei *Dosha*-Typen zugreifen.

> Noch aromatischer schmeckt das Fenchelgemüse, wenn Sie es in selbst gemachter Gemüsebrühe (siehe Seite 108) kochen.

Für 4 Personen

4 Fenchelknollen (etwa 1 kg)
300 – 400 ml Wasser oder Gemüsebrühe
2 TL frisch geriebener Ingwer
¼ TL Asafoetida
½ TL gemahlener Koriander
1 – 2 Lorbeerblätter
1 EL getrocknete Bockshornkleeblätter (Kasoori Methi)

Für die Sauce:
Saft einer Orange (60 ml)
2 EL Wildpfeilwurzelmehl oder Kartoffelstärke
2 – 3 EL Kokosnusscreme (Pure Creamed Coconut) oder 2 EL fein gemahlene Kokosflocken
½ TL Kurkuma
½ TL frisch gemahlener weißer Pfeffer
1 TL Stein- oder Meersalz

So wird's gemacht:

1) Fenchelknollen waschen, holzige Stiele und Böden wegschneiden. Fenchel in dicke Scheiben schneiden und mit Wasser oder Gemüsebrühe in einem Topf 10 – 15 Minuten garen. Ingwer, Asafoetida, Koriander, Lorbeer- und Bockshornkleeblätter dazugeben. Kochwasser auffangen.
2) Orange auspressen. Wildpfeilwurzelmehl oder Kartoffelstärke in ein kleines Gefäß geben und das abgeschüttete Fenchelkochwasser langsam hineinrühren. Kokosnusscreme oder fein gemahlene Kokosflocken, Orangensaft und Gewürze dazugeben.
3) Orangen-Kokos-Sauce in den Topf mit den Fenchelscheiben gießen und noch einmal kurz aufköcheln lassen. Salz hinzufügen.

Vata- und Pitta-Typ: Wenn Sie möchten, können Sie diese Sauce noch mit 1 – 2 EL Sahne (vegan: Sojasahne) anreichern.

Chicorée in Orangensauce

Wirkt sanft Pitta- und sanft Kapha-erhöhend

Das ideale Wintergemüse. Eher zufällig entdeckte ein belgischer Bauer in der zweiten Hälfte des 19. Jahrhunderts, dass der zweite Austrieb der Chicoréewurzel im Winter ein äußerst wohlschmeckendes Gemüse ist. Chicorée ist zudem auch sehr gesund; er ist ein richtiger Fitmacher, der den Körper für die kalte Jahreszeit rüstet. Chicorée enthält nicht nur viele Mineralien wie Kalium, Calcium, Magnesium, Phosphor und Eisen, sondern ist auch reich an Provitamin A und den Vitaminen B_1, B_2 und C. Sein Bitterstoff Intybin unterstützt die Arbeit von Leber, Galle und Darm, stimuliert Magen, Milz, Bauchspeicheldrüse und Blutgefäße und löst Verschleimungen. Die heutigen, weniger bitteren Züchtungen erhöhen nach dem Ayurveda sanft *Vata*. Den meisten oft nur als Salat bekannt, schmeckt Chicorée jedoch auch sehr lecker in überbackener, gekochter oder gedämpfter Form. Und, was heutzutage auch eine Rolle spielt: Er ist nicht nur einfach, sondern auch sehr schnell zuzubereiten.
Die exotische Orangensauce verleiht diesem Gericht einen Hauch von Fernost.
Dieses Gericht ist hervorragend für *Vata*-Menschen, und – wenn sie mit der Orangensauce maßvoll umgehen – auch für *Kapha-* und *Pitta*-Typen geeignet.

Servieren Sie dazu Gewürzreis (siehe Seite 142).

Für 2 – 3 Personen
(für 4 Personen 1 kg Chicorée nehmen)

500 g Chicorée
2 EL Olivenöl oder Sonnenblumenöl
1 – 2 TL frisch geriebener Ingwer
½ – ¾ TL Madras Curry (siehe Seite 260)
½ TL Stein- oder Meersalz

Für die Orangensauce:
Saft und Fruchtfleisch von 3 süßen Orangen (etwa 350 ml Saft)
1 gehäufter EL Reismehl
1 – 2 TL Ghee (vegan: Sonnenblumenöl)
1 TL Garam Masala (siehe Seite 261)
¼ TL Kurkuma
¼ TL Ingwerpulver
1 Prise Zimt
1 Prise frisch geriebene Muskatnuss
1 EL Gur oder Vollrohrzucker
½ TL Stein- oder Meersalz

So wird's gemacht:
1) Chicorée waschen, Strünke entfernen und den Chicorée der Länge nach halbieren.
2) Olivenöl in der Pfanne erhitzen, Ingwer und Curry 3 – 4 Sekunden darin anbraten und Chicoreéhälften dazugeben. Für etwa 3 Minuten braten, dann mit Deckel abdecken und weitere 4 – 5 Minuten auf kleinster Flamme köcheln lassen.
3) In der Zwischenzeit Orangen auspressen. Den Saft und das Fruchtfleisch mit Reismehl verrühren. Ghee oder Sonnenblumenöl in einem kleinen Topf schmelzen. Garam Masala, Kurkuma und Ingwerpulver darin 3 – 4 Sekunden anrösten. Mit Orangensaft aufgießen und Zimt, Muskat, Gur oder Vollrohrzucker und Salz dazugeben. Noch einmal kurz aufkochen lassen. Fertig ist die Orangensauce.
4) Den Chicorée zum Abschluss mit Salz bestreuen und mit der heißen Orangensauce servieren.

Mungsprossen mit Tofu

Wirkt Kapha- und sanft Pitta-erhöhend

In der Mungbohne ruht alles Leben wie im Winterschlaf; bekommt sie ihre vier Elixiere, nämlich Wasser, Sauerstoff, Wärme und Licht, dann wird es schlagartig Frühling in der winzigen Wunderkapsel. Während des Keimvorgangs steigt sowohl der Vitamingehalt als auch der Anteil an Mineralien stark an. Daneben liefert uns die Mungsprosse wertvolles Eiweiß, schon aufgespalten in die Aminosäuren – und zwar vollständig in der Zusammensetzung, wie unser Körper sie braucht. Nicht zu vergessen natürlich auch der großzügige Anteil Lecithin, welches unsere kleinen grauen Zellen rege werden lässt. Dieses einfache und schnelle Rezept ist ideal für Menschen mit *Vata*-Dominanz und in Maßen auch für *Pitta*-Typen.

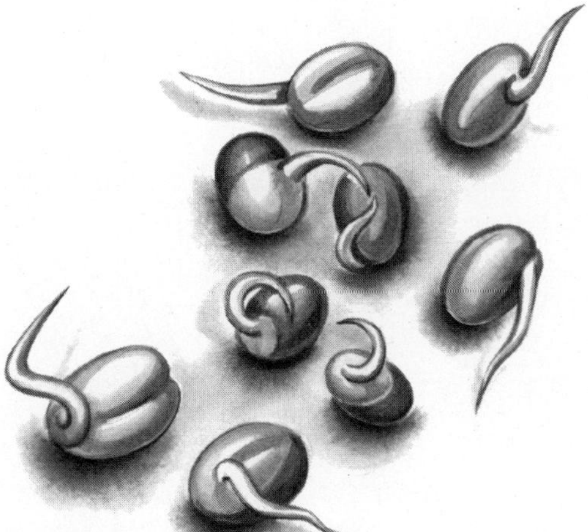

Für 4 Personen

250 g Mungsprossen
(siehe auch Warenkunde, Seite 277)
2 – 3 Zucchini (500 g)
250 g geräucherter Tofu
2 EL Ghee (vegan: Olivenöl)
2 EL frisch gehackter Ingwer
½ TL Asafoetida
¼ TL Cayennepfeffer
1 TL Tamarindenextrakt
(falls nicht vorhanden: ½ TL Mangopulver (Amchoor) oder 1 – 2 EL Zitronensaft)
3 EL Sojasauce
2 TL Tahin (Sesampaste)
1 TL Vollrohrzucker
½ TL Stein- oder Meersalz

So wird's gemacht:

1) Selbst gekeimte Mungsprossen oder gekaufte (meist als Sojasprossen angebotene) Sprossen in einem Sieb unter fließendem Wasser spülen und abtropfen lassen. Zucchini waschen und in feine, 4 cm lange Streifen schneiden. Tofu in Würfel schneiden.
2) Ghee oder Olivenöl in einer Pfanne erhitzen. Ingwer, Asafoetida, Cayennepfeffer und Tofu für einige Minuten goldbraun anbraten. Dann Zucchinistreifen und nach 5 Minuten die Sprossen dazugeben. Mit Tamarindenextrakt oder Mangopulver (falls Zitronensaft verwendet wird, diesen erst zum Schluss dazugeben), Sojasauce und den restlichen Zutaten (außer Salz) würzen und zugedeckt 5 Minuten auf kleiner Flamme köcheln lassen.
3) Zum Abschluss das Salz und eventuell Zitronensaft hinzufügen und mit Basmatireis mit Kurkuma (siehe Seite 141) servieren.

Grünkohl-Pfannengemüse

Wirkt sanft Kapha-erhöhend

Der kühle Nordländer. Bis heute wird Grünkohl in Norddeutschland mehr geschätzt als in Deutschlands Süden. Sobald der erste Frost übers Land gegangen ist, wird an Nord- und Ostsee zum Grünkohlessen gebeten, denn der Frost schließt das Zellgewebe des Kohls auf und macht es weich, die Stärke verwandelt sich in Zucker, und der Kohlgeschmack wird dadurch deutlich milder.
Grünkohl liefert reichlich Vitamin C, außerdem Betacarotin, mehrere B-Vitamine und zahlreiche Mineralien. Das viele Kalium hilft dabei, Wasseransammlungen aus dem Körper auszuschwemmen, und kräftigt Niere, Blase und Herz. Weiterhin fördert Grünkohl die Verdauung und reinigt die Haut von innen. Besonders gut ist Grünkohl für die Augen. Nicht zuletzt zählt er zu den wichtigsten Krebsschutzgemüsen. Nach dem Ayurveda verstärkt Grünkohl das *Vata-Dosha* – eine Wirkung, die durch die Gewürze, die Sahne und das Ghee wieder ausgeglichen wird. Dieses Pfannengemüse kann allen drei *Dosha*-Typen empfohlen werden, *Kapha*-Naturen sollten allerdings einige kleine Änderungen beachten (siehe *Dosha*-Tipp).

Für 4 Personen

1 kg Grünkohl
3 – 4 EL Ghee (vegan: Sonnenblumenöl)
½ TL Fenchelsamen
2 TL Kreuzkümmelsamen
¾ TL Asafoetida
1½ TL gemahlener Koriander
¾ TL Kurkuma
3 – 4 TL frisch geriebener oder klein geschnittener Ingwer
1 TL Stein- oder Meersalz
3 EL Sahne oder Crème fraîche (vegan: Sojadrink)

So wird's gemacht:

1) Grünkohl gründlich waschen, die groben Stiele entfernen oder sehr klein schneiden. Grünkohl in feine Streifen schneiden.
2) Grünkohl in einem großen Topf mit etwas Wasser zugedeckt 5 – 8 Minuten weich kochen. Kochwasser auffangen.
3) Ghee (oder Sonnenblumenöl) in einer großen Pfanne erhitzen, Fenchel und Kreuzkümmel darin rösten, bis sie eine leichte Tönung angenommen haben. Asafoetida, gemahlenen Koriander, Kurkuma und frischen Ingwer dazugeben. Mit einem Holzlöffel gut umrühren, gekochten Grünkohl dazugeben und wenige Minuten bei starker Hitze anbraten. Dann das restliche Grünkohl-Kochwasser dazugießen (etwa eine halbe Tasse), und Grünkohl zugedeckt auf kleiner Flamme köcheln lassen.
4) Nach etwa 5 Minuten Salz und Sahne (oder Sojadrink) dazugeben, noch einmal aufkochen lassen und servieren.

Kapha-Typ: Verwenden Sie nur 1 – 2 TL Sonnenblumenöl zum Anrösten der Gewürze. Die Sahne ersetzen sie am besten durch 1 – 2 EL Zitronensaft und ½ TL schwarzen Pfeffer.

Okra mit Kokosnuss

Wirkt ausgleichend auf alle drei Doshas

Der essbare Hibiskus. Okras sind die Früchte eines Hibiskusgewächses und werden schon vier bis sechs Tage nach der Blüte geerntet. In Indien, wo sie Bhindi heißen, schätzt man sie als leckeren Bestandteil vieler Gemüsegerichte. Für Gourmets sind Okras ebenso interessant wie für gesundheitsbewusste Menschen, denn sie besitzen krebshemmende Wirkstoffe. Daneben enthalten sie Betacarotin, reichlich Vitamine der B-Gruppe und Vitamin C sowie Kalium. Absolut Spitze ist aber ihr Calciumgehalt, der den der meisten Gemüse- oder Obstarten bei weitem übersteigt.

Nach dem Ayurveda wirken Okras kühl und besänftigend. Sie sind harntreibend, fiebersenkend und helfen bei Blasenentzündungen, Husten, Heiserkeit und Magen- und Darmentzündungen. Außerdem sind sie ein gutes Stärkungsmittel. Okras verstärken sanft *Kapha* und *Vata;* gekocht können sie jedoch allen drei *Doshas* empfohlen werden.

In Scheiben geschnittene Okras sehen wie schöne grüne Sterne aus. Wer Abwechslung mag, kann Okras – wie im nächsten Rezept – auch frittieren.

Dieses Gericht können alle drei *Doshas* genießen.

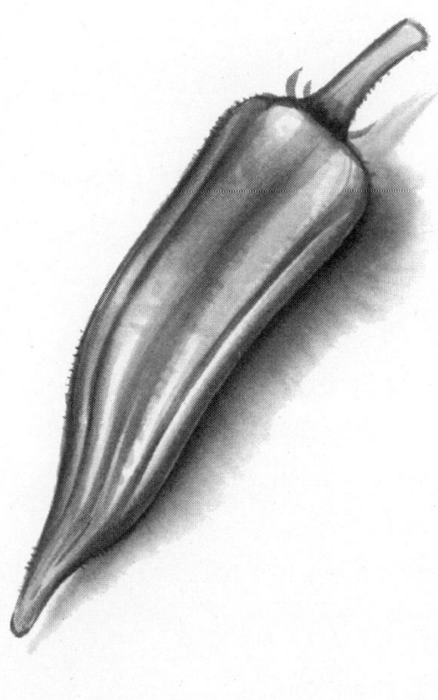

Für 2 – 4 Personen

250 g Okra
300 ml Wasser
1 TL Ghee (vegan: Sonnenblumenöl)
¼ TL Asafoetida (kann entfallen)
¼ TL Kurkuma
1 TL gemahlener Koriander
2 EL Kokosflocken
½ TL frisch gemahlener schwarzer Pfeffer
½ TL Stein- oder Meersalz
einige Tropfen Zitronensaft

So wird's gemacht:

1) Okras waschen, Stielansätze entfernen und die Früchte in 2 cm dicke Scheiben schneiden. In einem kleinen Topf mit Wasser 8 – 10 Minuten köcheln und abtropfen lassen (das Kochwasser können Sie als Suppengrundlage verwenden oder auf den Komposthaufen geben, da es sehr vitaminreich ist).
2) In einem Topf Ghee oder Sonnenblumenöl erhitzen. Asafoetida, Kurkuma, Koriander und Okra darin für 1 – 2 Minuten anbraten. Dann Kokosflocken, Pfeffer und Salz dazugeben und mit etwas Zitronensaft beträufeln.

Okra in Tomatensauce

Wirkt Pitta- und Kapha-erhöhend

Exotisch, köstlich, gesund. So könnte man Okra, ein grünes Gemüse eines Hibiskusgewächses, kurz und prägnant beschreiben.
Wer die gesunden Inhaltsstoffe der Okra näher kennt, kann gut verstehen, weshalb dieses Gemüse in der Ayurveda-Küche einen wichtigen Platz einnimmt. Okra enthält Betacarotin, reichlich Vitamine des B-Komplexes und Vitamin C sowie Kalium. Ihr Calciumgehalt ist kaum zu übertreffen.
Nach dem Ayurveda wirken Okras kühl und besänftigend. Sie sind harntreibend, fiebersenkend und helfen bei Blasenentzündungen, Husten, Heiserkeit und Magen- und Darmentzündungen. Daneben sind sie ein gutes Stärkungsmittel und gelten als Anti-Krebs-Gemüse. Okras verstärken sanft *Kapha* und *Vata,* gekocht sind sie für alle drei *Doshas* gut. Frittiert und in gewürzter Tomatensauce – wie hier – sind sie ideal für *Vata*-Typen. Und bei Okra ohne Tomatensauce können auch Menschen mit *Pitta*-Dominanz zugreifen.

Reichen Sie Okra am besten zu Basmatireis mit etwas Zitronensaft beträufelt. Eilige Zeitgenossen finden ein Grundrezept für schnelle Tomatensauce (aus Tomatenmark) auf Seite 212.

Für 2 – 4 Personen

300 – 500 g italienische Tomatensauce nach Grundrezept (siehe Seite 210)
1 gehäufter TL gemahlener Kreuzkümmel
1 ½ TL gemahlener Koriander
½ TL Kurkuma
1 EL frisch geriebener Ingwer
500 g Okra
einige EL Ghee (vegan: Sonnenblumenöl) zum Frittieren oder Braten
½ TL frisch gemahlener schwarzer Pfeffer
1 TL Stein- oder Meersalz

So wird's gemacht:

1) Tomatensauce nach Grundrezept herstellen, eventuell schon am Vorabend.
2) Tomatensauce in einen Topf geben und köcheln lassen. Nun gemahlenen Kreuzkümmel, Koriander, Kurkuma und Ingwer zur Tomatensauce hinzufügen und auf mittlerer Flamme köcheln lassen, bis alles etwas eindickt.
3) In der Zwischenzeit Okras unter fließendem Wasser waschen, mit einem Tuch trockenreiben und die Stielansätze entfernen. Okras in 1,5 – 2 cm dicke Scheiben schneiden und nach und nach in einer Pfanne oder einem Topf mit Ghee (oder Sonnenblumenöl) bei mittlerer Hitze halb gar anbraten oder frittieren. Anschließend in einem Sieb abtropfen lassen.
4) Frittierte Okras in die Tomatensauce geben und für wenige Minuten weiterköcheln lassen. Abschließend pfeffern und salzen.

Pitta-Typ: Verzichten Sie lieber auf die Tomatensauce. Rösten Sie stattdessen die Gewürze und den frischen Ingwer in 1 – 2 EL Ghee (vegan: Sonnenblumenöl), und braten Sie die geschnittenen Okra darin an.

Knusprige Karela-Chips

Wirkt ausgleichend auf alle drei Doshas

Klein, aber oho. Langsam, aber sicher wächst der Fanclub der kleinen knusprigen und leicht scharfen Karelaringe auch bei uns. Denn Karelas – auch unter dem Namen Bittergurke oder -melone bekannt – regen nicht nur den Appetit an, sondern sind auch für unsere Gesundheit Medizin pur.
Bitterstoffe heißt hier das Zauberwort für unsere Küchenapotheke. Von alters her ist Bitter ein Begriff für Heilkraft. Denn Bitterstoffe regen die Drüsen an, bringen den Fluss der Sekrete in Schwung, regenerieren die Darmschleimhaut, heilen Entzündungen und stärken das Immunsystem. Daneben können sie die Blutgefäße von Fetten reinigen und die Herztätigkeit verbessern. Karelas regen den Appetit an, fördern die Verdauung und reinigen das Blut. Sie wirken nicht nur entwässernd, sondern helfen auch bei Übergewicht und lösen Krämpfe. Eine Menge von zwei Esslöffeln kann jedem Konstitutionstyp empfohlen werden; mehr davon wirkt *Vata*-erhöhend.
Diese Vorspeise oder Beilage kann in kleinen Mengen allen drei *Dosha*-Typen empfohlen werden, *Pitta*-Menschen sollten dabei allerdings auf den Cayennepfeffer verzichten.

Für 4 Personen als Beilage

2 – 4 Karelas
etwas Ghee (vegan: Sonnenblumenöl) zum Frittieren oder Braten
etwa ¼ TL Kurkuma
etwa 1 Prise Cayennepfeffer
etwa ¼ TL Stein- oder Meersalz

So wird's gemacht:

1) Karelas waschen, der Länge nach aufschneiden und mit einem Melonenlöffel oder einem Messer die Kerne entfernen. Karelas in dünne Ringe schneiden.
2) In einer Pfanne mit etwas Ghee (oder Sonnenblumenöl) knusprig braten und mit den Gewürzen nach Belieben vermengen.

Servieren Sie zu den Karelaringen noch ein Gemüsegericht sowie Basmatireis und z. B. Kokosdal (siehe Seite 130).

Gefüllte Karelas in Tomatensauce

Wirkt ausgleichend auf alle drei Doshas

Bitter ist besser, pflegen viele Ayurveda-Therapeuten zu sagen. Nach dem Ayurveda ist die heutige Ernährung meist zu süß, zu salzig, zu schwer und zu fett. Die bittere Geschmacksrichtung ist auf dem Speiseplan der meisten Europäer und Nordamerikaner mehr oder weniger verlorengegangen.

Dabei haben Karelas – auch Bittergurken oder Bittermelonen genannt – der Gesundheit vieles zu bieten. Sie regen den Appetit an, fördern die Verdauung, reinigen das Blut, entwässern, helfen bei Übergewicht und lösen Krämpfe. In kleinen Mengen sind Karelas gut für alle drei *Dosha*-Typen, im Übermaß vermehren sie allerdings stark *Vata*.

Durch die besondere Art der Zubereitung in diesem Rezept wird das Bittere der Karela auf ein angenehmes Maß reduziert. Bei gefüllter Bittermelone dürfen alle drei *Doshas* zugreifen. Denken Sie nur daran, dass die Karelas und auch die Tomatensauce in diesem Rezept etwas Vorbereitungszeit brauchen.

Fragen Sie einmal in indischen, asiatischen oder türkischen Geschäften nach Karelas, sonst werden Sie vielleicht nie wissen, was Ihnen entgeht.

Für 4 – 8 Personen (je nach Vorliebe) – für Neulinge 1½, für Fans 3 Stück

12 Karelas (400 – 500 g)
1½ TL Stein- oder Meersalz zum Einlegen
½ TL Stein- oder Meersalz zum Kochen

Für die Tomatensauce:
750 g italienische Tomatensauce (siehe Seite 210)
1 EL Ghee (vegan: Sonnenblumenöl)
2 TL frisch geriebener Ingwer
1 TL gemahlener Kreuzkümmel
2 TL Garam Masala (siehe Seite 261)
½ TL Kurkuma
½ TL frisch gemahlener schwarzer Pfeffer
1 TL Stein- oder Meersalz
1 EL Gur bzw. Jaggery oder Vollrohrzucker
3 – 4 EL frisch gehackte Korianderblätter

Für die Füllung:
1 l Milch (für den Panir)
Saft einer Zitrone (für den Panir)
(vegan: 150 g weicher Tofu statt Panir)
1 TL gemahlener Koriander
¼ TL Kurkuma
1 EL Ghee (vegan: Sonnenblumenöl)
Ghee oder Sonnenblumenöl zum Frittieren

So wird's gemacht:

1) Italienische Tomatensauce nach Grundrezept herstellen. Währenddessen Karelas rechtzeitig vorbereiten: Waschen, die grüne Schale mit einem scharfen Messer oder einem Sparschäler abschälen und die kleinen Schalenstückchen auf einem Tuch in der Sonne oder auf der Heizung trocknen (siehe Geheimtipp).

2) Geschälte Karelas der Länge nach aufschlitzen und mit einem Melonenlöffel oder einem Messer entkernen. Die Karelas unter fließendem Wasser gut waschen und in einem Topf mit etwa 2 l Wasser und dem Salz mindestens 30 Minuten (besser 1 Stunde) einlegen und anschließend unter fließendem Wasser abspülen.
3) In der Zwischenzeit den weichen Panir zubereiten (genaue Anleitung siehe Seite 226) (oder den Tofu pürieren).
4) Karelas in einem Topf mit 1,5 l Wasser und dem Salz 10 Minuten halb gar kochen.
5) Für die Tomatensauce Ghee oder Sonnenblumenöl in einem Topf schmelzen, Ingwer, Kreuzkümmel, Garam Masala, Kurkuma und Pfeffer dazugeben und gleich darauf mit der fertigen italienischen Tomatensauce aufgießen. Alles köcheln lassen, bis es etwas eingedickt ist. Zum Schluss Salz, Gur bzw. Jaggery oder Vollrohrzucker dazugeben.
6) In der Zwischenzeit die Karelas aus dem Kochwasser nehmen, abwaschen und trockentupfen.
7) Korianderpulver, Kurkuma und 1 EL kleine Karelaschalenstückchen in einer Pfanne mit etwas Ghee (oder Sonnenblumenöl) anrösten. Übrige Schalenstückchen können Sie weiterverwenden (siehe Geheimtipp). Etwas später den Panir (oder Tofu) hinzugeben, umrühren und nach wenigen Minuten von der Flamme nehmen.
8) Die Karelas mit jeweils 2 TL dieser Käse- (oder Tofu-)Masse füllen, die Schnittstellen zusammendrücken, sodass keine Füllung herausschaut, und mit Bindfaden oder Nähgarn fünf- bis sechsmal umwickeln.
9) Ghee (oder Sonnenblumenöl) in einer Karhai (einer tiefen indischen Pfanne), einem Topf oder einem Wok erhitzen und Karelas darin frittieren, bis sie goldbraun sind. Fertige Karelas mit einem Schaumlöffel abtropfen lassen, herausnehmen und auf ein Küchenpapier legen, damit das überschüssige Fett aufgesogen wird. Bindfaden vorsichtig abwickeln, und Karelas in der heißen Tomatensauce einige Minuten ziehen lassen.
Mit frisch gehackten Korianderblättern bestreuen und zu Basmatireis und/oder Chapatis (siehe Seite 170) servieren.

Pitta-Typ: Die Tomatensauce verstärkt *Pitta,* obwohl der frische Koriander und das -pulver etwas Kühle bringen. Ist Ihr *Pitta* zu stark, empfehlen wir Ihnen, ganz auf diese Sauce zu verzichten und stattdessen einige Tropfen Zitronensaft über die Karelas zu träufeln.

Geheimtipp: Um der Karela ihren bitteren Geschmack etwas zu nehmen, schälen erfahrene Köche die Frucht mit einem Sparschäler und trocknen ihre Schalen an der Sonne oder auf der Heizung. Getrocknete Karelaschalen in etwas Ghee frittiert und über Dals, Suppen oder einfach über Nudeln oder Reis gestreut, sind nämlich ebenfalls eine köstliche Verfeinerung. In einem Schraubglas aufbewahrt, können Sie die vollständig getrockneten Stückchen sehr lange lagern, ähnlich wie Trockengemüse.

Karotten-Erbsen-Gemüse mit Panir

Wirkt ausgleichend auf alle drei Doshas

»Grüne Perle« nannte man die Erbse in der Antike. Nicht ohne Grund, denn Erbsen enthalten u. a. das wertvolle Vitamin B_1, Carotin und die Vitamine C und E – alles Vitamine, die eine Schutzfunktion für unseren Zellstoffwechsel besitzen. Außerdem enthalten sie besonders viel Kalium, Magnesium und Lecithin.
Nach dem Ayurveda sind frische Erbsen sehr stärkend, genau das Richtige für *Kapha-* und *Pitta*-Menschen, bei übermäßigem Genuss verstärken sie allerdings *Vata*.
Karotten stecken ebenfalls voller gesunder Überraschungen. Sie glänzen mit viel Betacarotin (gut für Augen, Haut, Immunsystem und als Schutz gegen Krebs), wertvollen B-Vitaminen, Vitamin C, E und K und dazu mit ätherischen Ölen und Mineralien. Karotten reinigen das Blut und stärken die Nieren. Nach dem Ayurveda vermehren rohe Karotten das *Pitta-Dosha,* bei gekochten Karotten können jedoch auch *Pitta*-Typen in Maßen zugreifen.
Zusammen mit dem *Kapha*-erhöhenden Panir sind mit diesem Gericht alle drei *Doshas* gut bedient.

Für 4 Personen

Für den Panir (Frischkäse):
1,5 l Milch
Saft einer Zitrone

Für das Gemüse:
200 g frische zarte Erbsen (Bruttogewicht 500 g)
500 g Karotten
1½ EL Ghee
1 TL Kreuzkümmelsamen
2 TL frisch geriebener Ingwer
¼ TL Asafoetida (kann entfallen)
½ – 1 TL gemahlener Koriander
½ TL Kurkuma
eventuell 1 TL Wasser
2 EL Zitronensaft
½ TL Vollrohrzucker
¼ – ½ TL frisch gemahlener weißer Pfeffer
1 TL Stein- oder Meersalz
gehackte Korianderblätter oder Petersilie (nach Belieben)

So wird's gemacht:

1) Panir zubereiten (am besten schon am Vorabend; genaue Anleitung siehe Seite 226). Molke auffangen und anderweitig weiterverwenden. Käsetuch verknoten, aufhängen und den Käse abtropfen lassen, bis der Panir schnittfest ist. Wenn es schnell gehen muss, wird der Panir einfach im Käsetuch ins Sieb gelegt und mit einem Gewicht 15 – 20 Minuten gepresst.
2) Erbsen schälen und waschen. Karotten waschen und raspeln.

3) Ghee in einem Topf schmelzen. Kreuzkümmel darin goldbraun rösten, dann Ingwer, Asafoetida, Koriander und Kurkuma hinzufügen und für einige Sekunden rühren. Nun die geraspelten Karotten und die Erbsen dazugeben, eventuell auch noch wenig Wasser. Das Gemüse bei mittlerer Hitze zugedeckt etwa 10 Minuten köcheln lassen. Zwischendurch umrühren, damit nichts anbrennt.

4) In der Zwischenzeit den Panir in Würfel schneiden und mit Zitronensaft, Vollrohrzucker, Pfeffer und Salz unter das gar gekochte Gemüse heben. Mit frisch gehackten Koriander- oder Petersilienblättern bestreuen.

Falls Sie eher größere und festere statt kleine und zarte Erbsen haben, dann dünsten Sie sie lieber für etwa 5 Minuten in etwas Salzwasser. Dadurch verringert sich die Kochzeit des Gerichtes um etwa die Hälfte.

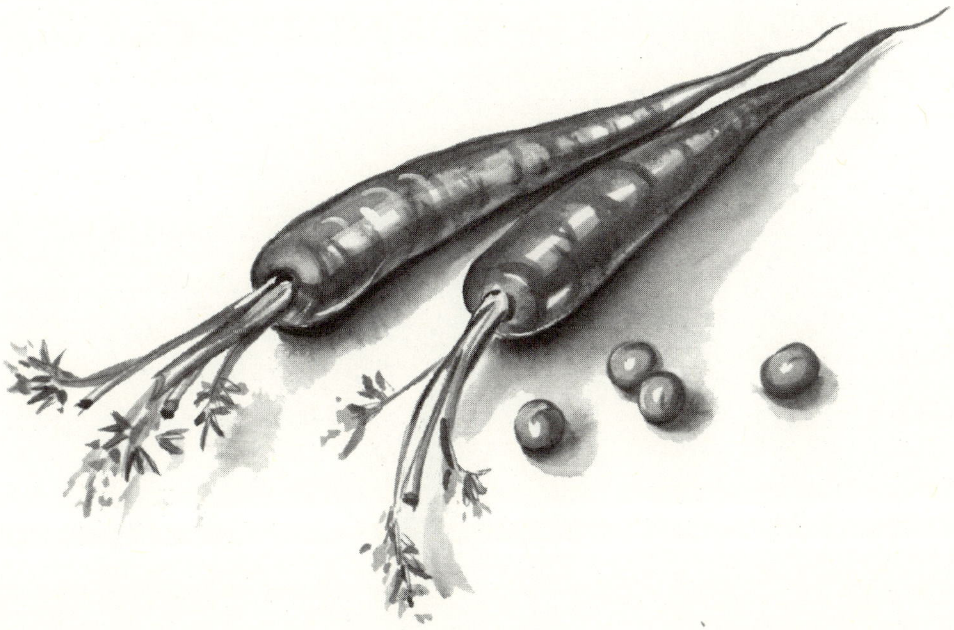

Karotten in Amarant-Sahne-Sauce

Wirkt sanft Pitta-erhöhend

Amarant, das einstige »Müsli der Inkas«, wird allmählich auch in der europäischen Küche entdeckt. Dabei sind die kleinen Körnchen eigentlich gar kein Getreide, sondern Abkömmlinge aus der Fuchsschwanzfamilie.
Gesund ist Amarant allemal: Besonders viele herz- und gefäßfreundliche ungesättigte Fettsäuren und reichlich Vitamin C sprechen für sich. Durch seinen hohen Anteil an Lysin, einem lebenswichtigen Eiweißbaustein, aktiviert er den Stoffwechsel und mobilisiert die Abwehrkräfte. Amarant reinigt das Blut und wirkt leicht harntreibend. Er verzögert das Altern, stärkt das Gedächtnis und die Nervenkraft. Nach dem Ayurveda kann Amarant allen drei *Doshas* empfohlen werden. Obwohl er sanft erwärmend wirkt, bringt er *Pitta* nicht aus dem Gleichgewicht.
Auch Karotten haben in puncto Gesundheit einiges zu bieten: reichlich Provitamin A (gut für Augen und Haut), wertvolle B-Vitamine, Vitamine C, E und K und daneben noch ätherische Öle und Mineralien. Die in ihnen enthaltenen Betacarotine stärken das Immunsystem und schützen vor Krebs. Sie reinigen das Blut und stärken die Nieren. Nach dem Ayurveda vermehren rohe Karotten das *Pitta*-Element, gekocht können sie in kleineren Mengen aber auch von *Pitta*-Menschen gegessen werden.
Alles in allem ist dieses Gericht gut bekömmlich für Menschen mit *Kapha*- und *Vata*-Dominanz, in Maßen auch für *Pitta*.

Für 4 Personen

1 kg Karotten
250 ml Wasser
3 EL Sonnenblumenöl oder Ghee
4 EL fein gemahlener Amarant
½ TL gemahlener Koriander
¼ TL Kurkuma
¼ TL Cayennepfeffer
250 ml heißes Wasser
5 EL Sahne (vegan: Sojasahne)
¼ TL frisch geriebene Muskatnuss
¼ TL frisch gemahlener weißer Pfeffer
1 TL Stein- oder Meersalz

So wird's gemacht:

1) Karotten gründlich waschen, bürsten und in dünne Scheiben schneiden. Anschließend in einem Topf mit dem Wasser zugedeckt 10 – 15 Minuten gar kochen. Das Gemüsekochwasser abgießen und aufbewahren.
2) In einem zweiten Topf Sonnenblumenöl oder Ghee erhitzen und das Amarantmehl goldbraun rösten. Die Gewürze ebenfalls für einige Sekunden anrösten, aber nicht anbrennen lassen. Mit dem Gemüsekochwasser vorsichtig ablöschen (Vorsicht, es spritzt!) und umrühren. Nun noch das restliche heiße Wasser dazugießen und so lange köcheln lassen, bis die Sauce etwas eingedickt ist. Dabei immer wieder rühren.
3) Zum Abschluss Sahne (oder Sojasahne), Muskat, Pfeffer, Salz und Karotten hinzufügen und heiß servieren.

Kapha-Typ: Verwenden Sie besser nur 1 – 2 EL Sahne oder vegane Sojasahne.

Pitta-Typ: Lassen Sie den Cayennepfeffer weg.

Steckrüben-Kürbis-Püree

Wirkt Kapha- und sanft Pitta-erhöhend

Altbekannt und neu entdeckt. Regional kennt man die Steckrübe unter sehr unterschiedlichen Namen. So nennt man sie auch Kohlrübe, Wrunke, Schmalzrübe, Bodenkohlrabi oder Erdrübe. Wie auch immer sie heißen mag, in der Küche kennt man die Steckrübe schon lange, sie ist eine der ältesten essbaren Feldfrüchte Europas. Nachdem sie einige Zeit fast in Vergessenheit geraten war, lernt man heute ihren pikanten Geschmack wieder zu schätzen. Nach dem Ayurveda erhöhen Steckrüben das *Kapha-Dosha,* sind also ideal für *Pitta* und *Vata.* Ab und zu können sie jedoch auch von *Kapha*-Menschen verzehrt werden, wenn sie gedünstet und gut gewürzt sind.
Dieses Gericht vermehrt hauptsächlich *Kapha* und auch ein wenig *Pitta.* Es ist damit genau das Richtige für *Vata*-Konstitutionen. Wenn das Rezept abgewandelt wird, können jedoch auch *Pitta*-Typen zugreifen (siehe *Dosha*-Tipp).

Für 4 – 5 Personen

1 kg Steckrüben
400 g Kürbis
200 g Karotten
150 g saure Sahne (vegan: 100 g Sojajoghurt)
1 – 2 EL Ghee oder Olivenöl
½ TL frisch geriebene Muskatnuss
1 TL frisch gemahlener schwarzer Pfeffer
1½ TL Stein- oder Meersalz
1 – 2 EL frisch gehackte Korianderblätter oder Basilikum

So wird's gemacht:

1) Gemüse waschen, schälen und in gleich große Würfel oder Scheiben schneiden.
2) Gemüse in einem Kochtopf mit etwas Wasser 15 – 20 Minuten weich kochen (im Schnellkochtopf 8 – 10 Minuten). Die Steckrüben sollen noch etwas Biss haben, sonst schmecken sie fade.
3) Die Hälfte des Gemüses mit dem Pürierstab oder dem Mixer pürieren. Püriertes und nicht püriertes Gemüse mischen. Saure Sahne (oder Sojajoghurt), Ghee oder Olivenöl und Gewürze dazugeben und mit den gehackten Korianderblättern oder Basilikum bestreuen.

Pitta-Typ: Ersetzen Sie die saure Sahne durch 4 – 5 EL Sahne.

Gebackene Pastinaken in Dill-Meerrettich-Sauce

Wirkt Pitta- und sanft Kapha-erhöhend

Prädikat: besonders wertvoll. Pastinaken, einst ein Lieblingsgemüse der Deutschen, waren seit dem Kartoffelboom im 18. Jahrhundert fast ganz in Vergessenheit geraten. Erst in den letzten Jahren sind sie wieder aufgetaucht – in Feinschmecker-Restaurants und in Bioläden. Wertvolle Kohlenhydrate, darunter reichlich herzschützendes Pektin, viel Kalium, Calcium, Magnesium und Phosphor und nicht zuletzt jede Menge Ballaststoffe sind ihre gesunden Inhaltsstoffe. Ihr ätherisches Öl lindert Magen- und Darmbeschwerden, regt die Verdauungstätigkeit an, erleichtert die Atmung und stimuliert das Nervensystem. Nach dem Ayurveda erhöhen Pastinaken sanft *Kapha* und haben einen beruhigenden Effekt auf *Vata* und *Pitta.*

Meerrettich ist nicht nur ein kraftvolles Küchengewürz, sondern ebenfalls reine Medizin. Sein Vitamin-C-Gehalt ist doppelt so hoch wie der von Zitrusfrüchten, daneben finden sich in ihm auch Vitamine des B-Komplexes und reichlich Kalium und Calcium. Sein wichtigster Wirkstoff ist ein Glykosid, das mit Hilfe von Enzymen Senföle bildet. Diese scharfen Senföle durchbluten und desinfizieren in hohem Maße. Beim Zubereiten in der Küche mögen die Tränen fließen; wer aber tüchtig Meerrettich einatmet, wird so den hartnäckigsten Schnupfen oder Husten los. Nach dem Ayurveda erhöht Meerrettich *Pitta* und auch sanft *Vata.* In Form dieser Dill-Meerrettich-Sauce allerdings wirkt er *Pitta-* und *Kapha-*erhöhend.

Alles in allem genau das richtige Gericht für *Vata-* und in Maßen auch für *Kapha.* Wenn die Sauce leicht abgewandelt wird, können auch *Pitta-*Typen zugreifen (siehe *Dosha-*Tipp).

Für 4 Personen

2 – 3 Pastinaken (750 g)
etwas Butter oder Ghee zum Einfetten
1 TL Stein- oder Meersalz
¾ – 1 TL frisch gemahlener schwarzer Pfeffer
½ TL Zimt
¼ TL frisch geriebene Muskatnuss
1 EL Butter oder Ghee
3 EL Sahne

Für die Dill-Meerrettich-Sauce:

1 – 2 EL Butter oder Ghee
3 EL Kartoffel- oder Maisstärke
5 – 6 EL Sahne
500 ml Wasser
½ – 1 TL frisch gemahlener schwarzer Pfeffer
½ TL frisch geriebene Muskatnuss
1 TL Stein- oder Meersalz
3 – 4 EL frisch gehackter Dill
oder 1 – 2 EL getrockneter Dill
3 EL Sahnemeerrettich (siehe Seite 221)

So wird's gemacht:

1) Backofen auf 200 °C (Ober- und Unterhitze) oder 180 °C (Umluft) vorheizen. Pastinaken waschen, mit einem Messer abschaben und in dünne Scheiben schneiden.
2) Eine große Kasserole oder eine Auflaufform mit Deckel mit Butter oder Ghee einfetten, Pastinakenscheiben dachziegelartig in die Form legen. Mit Salz und Gewürzen bestreuen, mit Butterflöckchen oder Ghee belegen und mit Sahne begießen. Nun die Form mit dem Deckel schließen und 25 – 30 Minuten backen. (Falls Sie keinen passenden Deckel besitzen, nehmen Sie Alufolie, damit die Pastinaken beim Backen nicht austrocknen.)

3) In der Zwischenzeit die Dill-Meerrettich-Sauce zubereiten: Butter oder Ghee schmelzen und die Kartoffelstärke darin wenige Minuten goldbraun anrösten. Dann mit Sahne und Wasser unter ständigem Rühren aufgießen und aufkochen lassen, sodass die Sauce eindickt. Mit den Gewürzen, Salz und Dill für die Sauce würzen.
4) Den Sahnemeerrettich erst kurz vor dem Servieren unter die Sauce geben, damit sich die ätherischen Öle nicht durch das Kochen verflüchtigen.

Pitta-Typ: Lassen Sie den Sahnemeerrettich weg, und servieren Sie zu den Pastinaken nur die Dillsauce.

Pastinaken mit Dill-Meerrettich-Sauce als Beilage zu Gemüsegerichten servieren oder als Hauptmahlzeit mit frischen Salaten.
Pastinaken bekommen Sie, vor allem im Winter, auf Wochenmärkten und in Naturkostläden.

Frühlingsbohnen

Wirkt sanft Vata-erhöhend

Haute Cuisine für alle. Grüne Gemüsebohnen schmecken lecker, sind dekorativ und haben es in sich: viel Chlorophyll, wertvolle komplexe Kohlenhydrate, Eisen, Kalium, Calcium, Magnesium und Phosphor. Neben Niacin, Pantothensäure und Vitamin C finden sich auch Bioflavone und Glukokinine, Stoffe mit insulinähnlicher Wirkung.
Grüne Bohnen regen den Appetit an und fördern die Wundheilung. Ihre pektinähnlichen Stoffe senken den Cholesterinspiegel und helfen bei Durchfall. Außerdem sind Bohnen stark harntreibend und deshalb hilfreich bei Nierensteinen und Blasenleiden. Nach dem Ayurveda verstärken Bohnen das *Vata-Dosha,* weshalb sie bei Menschen mit schwachem Verdauungsfeuer manchmal zu Blähungen führen können.
Gewürze, Kräuter und Öl oder Ghee kurbeln in diesem Rezept die Verdauung an und besänftigen die *Vata*-Wirkung von grünen Bohnen. Ein schnelles und einfaches Rezept also nicht nur für *Kapha*- und *Pitta*-Naturen, sondern in Maßen auch für *Vata*-Menschen.

Für 4 Personen

600 g frische grüne Stangenbohnen
eventuell 1 Prise Natron
2 – 3 EL Olivenöl (oder 1 – 2 EL Ghee)
½ TL schwarze Senfsamen
¼ TL Asafoetida
½ TL gemahlener Kreuzkümmel
1 gehackter Zweig frischer Rosmarin
2 EL frischer Thymian
½ TL Stein- oder Meersalz
einige Ringelblumen- oder Kapuzinerkresseblüten (falls vorhanden)

So wird's gemacht:

1) Die Enden der Bohnen jeweils abknipsen, die Bohnen waschen und jeweils in der Mitte quer durchschneiden. In einem Topf mit Wasser und eventuell einer Prise Natron 15 – 20 Minuten weich kochen.
2) Olivenöl oder Ghee erhitzen, die Senfsamen darin rösten und anschließend Asafoetida, Kreuzkümmel und die Bohnen dazugeben. Kräuter und Salz unterheben und mit den Blütenblättern der Ringelblume oder mit den Blüten der Kapuzinerkresse bestreuen und servieren.

Pitta-Typ: Falls Ihr *Pitta* zu stark ist, lassen Sie Asafoetida weg, und ersetzen Sie die Senfsamen durch ½ TL gemahlene Fenchelsamen.

Rote Bete in Sahnesauce

Wirkt sanft Kapha-erhöhend

Die Wunderheilerin. Rote Bete, oder rote Rübe, hat etliche gesunde Inhaltsstoffe zu bieten: Neben einem hohen Gehalt an Kohlenhydraten finden sich in ihr viel Kalium, Magnesium, Natrium und Calcium sowie Eisen und Kupfer zur Blutbildung. Rote Bete enthält Bioflavone, die die Zellatmung verbessern und Betanidin, welches zusammen mit Rutin die Kapillarwände festigt. Zwar hat Rote Bete nur wenig Eiweiß zu bieten, dafür aber die besonders wertvollen Aminosäuren Asparagin, Glutamin und auch Betain, das das Immunsystem stärkt. Nicht zu vergessen sind natürlich Provitamin A, Vitamin C und Vitamine aus dem B-Komplex sowie Folsäure und Pantothensäure.
Nach dem Ayurveda ist Rote Bete ideal für *Vata-* und *Kapha*-Menschen. In kleineren Mengen, z. B. als Saft, lindert sie sogar *Pitta*-bedingte Leberbeschwerden, größere Mengen rohe Rote Bete allerdings vermehren das *Pitta-Dosha*. Rote Bete hilft bei Verstopfung, Hämorrhoiden und Gebärmutterbeschwerden und besitzt bewährte aufbauende und stärkende Eigenschaften. Am wertvollsten ist sie zur Erntezeit im Herbst und Winter, wenn das jahreszeitliche *Vata* und später *Kapha* überhandnehmen.
Die *Pitta*-verstärkenden Eigenschaften der Roten Bete werden in diesem Gericht durch das Kochen und mit kühlendem Koriander und/oder Dill abgemildert. Die *Kapha*-erhöhende Sahnesauce besänftigt ebenfalls das *Pitta-Dosha*. Ein ideales Gericht für *Vata-* und *Pitta*-Typen, und etwas abgewandelt (siehe *Dosha*-Tipp) brauchen sich auch *Kapha*-Menschen nicht zurückzuhalten.

Für 4 Personen

1 kg Rote Bete (etwa 5 Stück)

Für die Sahnesauce:
2 EL Ghee (vegan: Sonnenblumenöl)
3 EL Wildpfeilwurzelmehl oder Maisstärke
200 ml kaltes Wasser
1 TL frisch geriebener Ingwer
200 ml Gemüsekochwasser
200 ml Sahne (vegan: Sojasahne)
1 TL gemahlener Koriander
1 Prise Zimt
¾ TL frisch gemahlener schwarzer Pfeffer
¾ – 1 TL Stein- oder Meersalz
2 – 3 EL frisch gehackter Dill und/oder Korianderblätter

So wird's gemacht:

1) Rote Bete waschen, schälen und in kleine Stückchen oder dünne Streifen schneiden. In einem Schnellkochtopf mit Wasser 15 – 20 Minuten dünsten (25 – 30 Minuten in einem normalen geschlossenen Topf).
2) In der Zwischenzeit die Sauce herstellen: Ghee oder Sonnenblumenöl in einem Topf erhitzen. Wildpfeilwurzelmehl oder Maisstärke darin anrösten und nach einigen Minuten mit kaltem Wasser, Ingwer und Gemüsekochwasser aufgießen.
3) Gedünstete und abgetropfte Rote Bete, Sahne, Gewürze und Salz in die Sauce geben und noch einmal kurz aufkochen lassen. Vor dem Servieren mit frisch gehacktem Dill oder Korianderblättern bestreuen.

Kapha-Typ: Falls gewünscht, fügen Sie noch ½ TL Garam Masala (siehe Seite 260) hinzu. Ihnen wird es gut tun, wenn Sie die Hälfte der Sahne durch Wasser ersetzen.

Geröstete Aubergine mit Kichererbsen

Wirkt sanft Kapha- und sanft Vata-erhöhend

Der Clou der Zubereitung. Auberginen gehören – wie auch Tomaten, Paprika, Chili und Kartoffeln – zu den Nachtschattengewächsen. Nach dem Ayurveda wirken Auberginen süß, leicht und scharf. Mit ihrem scharfen Nachverdauungseffekt *(Vipak)* aktivieren sie üblicherweise das *Pitta-Dosha,* doch in Öl oder Ghee gebraten, erhitzen sie kaum. Gegrillte und geschälte Auberginen können *Vata*-Menschen auf ihren Speisezettel bringen, wenn sie wie in diesem Rezept noch in etwas Ghee sowie *Agni*-anregenden Gewürzen angebraten werden. *Kapha*-Konstitutionen sollten Auberginen ebenfalls grillen, schälen und, wenn überhaupt, in ganz wenig Olivenöl mit erwärmenden Gewürzen anrösten. Und *Pitta*-Typen schließlich vertragen Auberginen am besten, wenn sie gekocht oder mit etwas Ghee gegrillt und geschält sind. Kichererbsen verstärken nach dem Ayurveda das *Vata-Dosha.* In Wasser eingeweicht und mit erwärmenden Gewürzen gekocht, werden ihre *Vata*-vermehrenden Eigenschaften in hohem Maße abgemildert.

Alles in allem ist dies ein Gericht für *Pitta*-Typen, bei dem in Maßen jedoch auch *Vata*- und *Kapha*-Konstitutionen zugreifen können. Das Besondere an diesem Rezept ist die spezielle Zubereitung der Auberginen. Auf sie ist das leicht rauchige und kräftige Aroma zurückzuführen. Dazu noch Vollkornbasmatireis mit Zitronenscheiben und/oder Korianderchapatis serviert – guten Appetit!

Für 3 – 4 Personen

100 g Kichererbsen
½ TL Asafoetida
600 g Auberginen
1 – 2 TL Ghee (vegan: Sonnenblumenöl)
1 TL Kreuzkümmelsamen
1 TL gemahlener Koriander
¾ TL Kurkuma
1 EL frisch geriebener Ingwer
eventuell einige EL Wasser
1 – 2 EL Zitronensaft
½ TL frisch gemahlener schwarzer Pfeffer
1 TL Stein- oder Meersalz
2 EL frisch gehackte Korianderblätter
oder Basilikum
(oder 1 EL getrocknetes Basilikum)

So wird's gemacht:

1) Kichererbsen am Vorabend in der doppelten Menge Wasser einweichen.
2) Wasser abgießen. Kichererbsen zusammen mit der Hälfte des Asafoetida in einen mittelgroßen Topf mit so viel Wasser geben, dass sie von einer 7,5 cm hohen Schicht bedeckt sind. Etwa 1 Stunde kochen, bis die Kichererbsen gar sind und sich zwischen zwei Fingern zerdrücken lassen (im Schnellkochtopf dauert es 30 – 40 Minuten).
3) Auberginen waschen und trocknen. Entweder über einer Gasflamme rösten, bis sie von allen Seiten schwarz sind (dafür die Auberginen auf ein Gitter legen und nach einigen Minuten mit einer Küchenzange wenden), oder im Backofen bei 220 °C (Ober- und Unterhitze) oder 200 °C (Umluft) 20 – 25 Minuten backen oder grillen. Wenn sie etwas abgekühlt sind, die Häute mit einem Messer entfernen und die Auberginen in kleine Würfel schneiden.

4) Ghee (oder Sonnenblumenöl) in einem Topf schmelzen, Kreuzkümmel goldbraun anrösten, dann das restliche Asafoetida, Koriander, Kurkuma und Ingwer dazugeben und einige Sekunden rösten. Nun die Auberginenwürfel wenige Minuten darin anbraten, die abgetropften Kichererbsen dazugeben und eventuell mit wenig Wasser zugedeckt 5 Minuten köcheln lassen.

5) Zum Schluss Zitronensaft, Pfeffer, Salz und frische Kräuter dazugeben.

Halten Sie beim Einkauf Ausschau nach kleinen runden Auberginen (meist in türkischen oder indischen Gemüseläden), sie enthalten mehr *Prana* (Lebensenergie) als ihre großen, wasserhaltigeren und auch etwas *Kapha*-vermehrenden Schwestern.

Pfannengemüse aus Bockshornklee

Wirkt sanft Vata- und sanft Pitta-erhöhend

»Griechisches Heu« nannte man den Bockshornklee im Altertum, waren es doch griechische Händler, die die getrockneten Blätter des Bockshornklees aus dem fernen Indien mitbrachten. Der Name verdeutlicht, wie wenig man damals in Mitteleuropa über die unzähligen Inhaltsstoffe und Heilwirkungen von Bockshornklee wusste. Seine gesunden Inhaltsstoffe sind Öle, Bitterstoffe, Eiweiß, Aromastoffe und Provitamin A, vor allem aber Phosphor und Cholin, das den Stoffwechsel positiv beeinflusst, der Leberverfettung entgegenwirkt und Arteriosklerose verhindern hilft.

In der Ayurveda-Küche empfiehlt man die leckeren Bockshornkleeblätter wegen ihrer *Pitta*- und leicht *Vata*-vermehrenden Eigenschaften vor allem Menschen mit *Kapha*-Konstitution und in der kalten Jahreszeit. Noch heute werden in Nordindien Bockshornkleeblätter in der Sonne getrocknet und in Senföl oder Ghee angebraten zu Kartoffeln, Kohl, Bohnen oder Dal gereicht. Auch bei uns kann man die getrockneten Bockshornkleeblätter (Kasoori Methi) in indischen Lebensmittelgeschäften oder beim Gewürzversand (siehe Adressen Seite 281) bekommen. Dieses schnelle und einfache Gerichte wirkt mild *Vata*- und *Pitta*-erhöhend; es ist also genau das Richtige für *Kapha*- und in Maßen auch für *Vata*- und *Pitta*-Konstitutionen.

Für 2 – 3 Personen (als Beilage)

50 g getrocknete Bockshornkleeblätter (Kasoori Methi)
4 EL Sonnenblumenöl oder 3 EL Ghee
1 TL Kreuzkümmelsamen
1 TL gemahlener Koriander
2 TL frisch geriebener Ingwer
eventuell 1 EL Wasser
½ TL Stein- oder Meersalz
¼ TL frisch gemahlener schwarzer Pfeffer
1 EL Zitronensaft

So wird's gemacht:

1) Getrocknete Bockshornkleeblätter in einer Schüssel mit kaltem Wasser etwa 30 Minuten einweichen (es wird sich eventuell etwas Sand auf dem Boden der Schüssel absetzen). Die Blätter mit einem großen Löffel in ein feines Sieb geben und unter fließendem Wasser waschen.
2) Bockshornkleeblätter in einen Topf geben und zusammen mit 500 – 750 ml Wasser zugedeckt 5 – 8 Minuten kochen. Anschließend die Blätter in einem feinen Sieb abtropfen lassen. Noch ein wenig ausdrücken, damit möglichst viel Wasser abtropft.

3) Sonnenblumenöl oder Ghee in einer Pfanne erhitzen und den Kreuzkümmel goldbraun rösten. Nach wenigen Sekunden Koriander, Ingwer und Bockshornkleeblätter dazugeben. Alles gut umrühren und 5 – 10 Minuten mit Deckel köcheln lassen, eventuell noch wenig Wasser hinzufügen.
4) Zum Schluss mit Salz, Pfeffer und Zitronensaft abrunden.

Einfache Variation:

Ebenfalls sehr lecker schmeckt folgendes Rezept von unserer Freundin Arati. Sie verwendet für dieses Gericht gar keine Gewürze: Die Blätter einfach nur in reichlich Ghee oder Öl braten und anschließend etwas Salz dazugeben – fertig. Probieren Sie es doch einmal selbst!

Bockshornkleesamen (Methi) können Sie sehr leicht im Garten oder auf der Fensterbank aussäen oder keimen lassen.
Nach 3 – 5 Tagen (in der Keimbox) sind die kleinen Keimlinge mit dem nussartigen Aroma groß genug, um auf Salate, Suppen oder auf's Butterbrot gestreut zu werden. Nach 18 – 24 Tagen, wenn die Pflanzen etwa 15 cm hoch sind, können Sie die hellgrünen Bockshornkleeblätter mit den zarten Stielen ernten und frisch als Gemüse oder an der Sonne getrocknet als Gewürz verwenden.

Panir in Sahnesauce mit Korianderblättern

Wirkt Kapha-erhöhend

Mal so richtig schlemmen. Nach diesem Motto kochte unser guter Freund Haravapu, und seine Vorliebe für üppige Speisen ließ sich auch kaum verbergen. Hier ist eines seiner Lieblingsrezepte, bei dem der Panir förmlich auf der Zunge zergeht.

Panir (Frischkäse) ist der Käse der Wahl in der ayurvedischen Küche. Für die Gesundheit hat Panir einiges zu bieten, denn er enthält noch die meisten der unzähligen gesundheitsfördernden Inhaltsstoffe aus seiner Ausgangssubstanz Milch. Am besten gelingt Panir mit naturbelassener Rohmilch oder Vorzugsmilch direkt vom Bauern oder aus dem Naturkostladen und Reformhaus. So wird der bekömmlichste Käse überhaupt schon seit Jahrtausenden in Indien hergestellt. Dieses Gericht ist besonders für *Pitta-* und *Vata-*Menschen geeignet, da es das *Kapha-Dosha* vermehrt.

Für 4 Personen

Für den Panir (Frischkäse):

3 l Milch
Saft von 2 Zitronen

Für die Sahnesauce:

250 g Süßrahmbutter
¾ TL Cayennepfeffer oder Paprikapulver
¾ TL Kurkuma
1 EL frisch geriebener Ingwer
200 g Sahne
4 EL frisch gehackte Korianderblätter oder Petersilie
1 TL Stein- oder Meersalz
½ TL frisch gemahlener schwarzer Pfeffer

So wird's gemacht:

1) Je nach Wunsch fest gepressten oder weichen Panir herstellen (am besten schon am Vorabend; genaue Anleitung siehe Seite 226).
2) Gepressten Panir in Würfel schneiden oder weichen Panir in Stückchen brechen.
3) Butter in einem Topf schmelzen, Cayennepfeffer, Kurkuma und Ingwer darin für einige Sekunden anrösten und Panir dazugeben. Mit Sahne auffüllen und mit Korianderblättern bestreuen. Für einige Minuten auf kleiner Flamme köcheln lassen.
4) Zum Abschluss noch Salz und Pfeffer hinzufügen und heiß servieren.

Bei besonderen Anlässen machen sich gefüllte Weinblätter (siehe Seite 153) und Feldsalat mit Senfsauce (siehe Seite 197) bestens dazu – damit ziehen Sie selbst verwöhnte Feinschmecker in den Bann.

Guavencurry

Wirkt Pitta- und Kapha-erhöhend

Verführerisch. In Indien werden die süßsauren Guaven heiß geliebt. In jedem Dorf und in jeder Stadt kann man sie – sorgfältig auf einem Handkarren aufgestapelt – von einem der vielen Fruchthändler kaufen. Besonders gern serviert man die frischen Früchte in Stücke geschnitten mit etwas Zitronensaft oder Chat Masala (siehe Seite 263).

Guaven sind nicht nur wohlschmeckende Durstlöscher, sie enthalten auch zehnmal so viel Vitamin C wie Orangen. Süß, säuerlich und kühl, wie sie sind, vermehren sie nach dem Ayurveda das *Kapha-* und auch ein wenig das *Pitta-Dosha.* Guaven erfrischen und regen die Verdauung an – bei übermäßigem Genuss aber auch zu viel. Am besten schmecken Guaven, wenn man sie innerhalb von 24 Stunden nach dem Pflücken isst. Bleibt nur ein Problem für uns im Westen: Woher bekommen wir frische Guaven? Fragen Sie doch einmal bei einem indischen oder einem lateinamerikanischen Lebensmittelgeschäft nach frischen Guaven. Wenn die Früchte schon überreif sind, sehen sie gelblich grün aus und fühlen sich sehr weich an. Solche Früchte wählen Sie lieber nicht. Die Kerne in den Früchten sollten sie vor dem Verzehr entfernen.

Das Guavencurry vermehrt *Kapha* und *Pitta,* ist also am besten für *Vata*-Menschen geeignet.

Für 2 – 4 Personen (als Beilage)

5 – 6 Guaven (600 g)
1 EL Ghee (vegan: Sonnenblumenöl)
½ TL Kurkuma
1 TL gemahlener Koriander
¼ TL Cayennepfeffer
eventuell 1 EL Wasser
½ TL frisch gemahlener schwarzer Pfeffer
¼ TL Mangopulver (Amchoor) oder 2 TL Zitronensaft
1 TL Stein- oder Meersalz
1 – 2 EL Gur oder Vollrohrzucker
1 Prise Black Salt (Kala Namak)
1 Prise Zimt

So wird's gemacht:

1) Guaven waschen, schälen, entkernen und klein schneiden.
2) Ghee (oder Sonnenblumenöl) in einem Topf schmelzen und Kurkuma, Koriander und Cayennepfeffer für einige Sekunden darin anrösten. Sofort die Guavenstückchen hineingeben, gut umrühren, eventuell noch wenig Wasser dazugeben und auf mittlerer Flamme 5 Minuten zugedeckt köcheln lassen, bis die Stückchen gar sind.
3) Pfeffer, Mangopulver oder Zitronensaft, Salz, Gur oder Vollrohrzucker, Black Salt und Zimt unter das fertige Curry rühren. Warm servieren.

Guavencurry schmeckt am besten warm zu Reis- und Gemüsegerichten und/oder Fladenbroten (z. B. Paratha, siehe Seite 174).

Grünes Papayacurry

Wirkt ausgleichend auf alle drei Doshas

Gewusst wie! Wirklich reife Papayas bekommt man bei uns selten. Warum also nicht aus der Not eine Tugend machen und auf ein traditionell indisches Rezept zurückgreifen, für das man gerade die grüne, unreife Papaya braucht?
Die Inhaltsstoffe der Papaya sind u. a. Provitamin A, Vitamin C, Calcium, Kalium, Phosphor und Eisen. Viele ihrer Heilwirkungen sind auf antibakterielle Bestandteile zurückzuführen. Selbst ihre Kerne enthalten neben Senfölen noch ein wichtiges Enzym, das Papain. Nach dem Ayurveda wirken reife Papayas *Kapha*- und *Pitta*-erhöhend. Ayurveda-Therapeuten setzen sie bei vielen Beschwerden ein, u. a. bei Verdauungsschwäche, Magenschleimhautentzündung, chronischem Durchfall, Hämorrhoiden, Menstruationsbeschwerden und Darmparasiten. Papayas stärken Leber, Herz und Milz. Grüne, unreife Papayas dagegen vermehren *Vata*.
In unserem Rezept sorgt Mangopulver oder Tamarindenextrakt mit seiner säuerlichen Wirkung (*Pitta*- und *Kapha*-erhöhend) dafür, dass die *Vata*-Wirkung der grünen Papayas weitgehend ausgeglichen wird. Bei diesem Papayacurry können also alle drei *Doshas* gelegentlich zugreifen.

Für 2 – 4 Personen (als Beilage)

1 grüne, unreife Papaya (600 g)
¼ TL Cayennepfeffer oder 1 kleine grüne Chili
1 EL Ghee (vegan: Sonnenblumenöl)
½ TL Kreuzkümmelsamen
1 TL Garam Masala (siehe Seite 261)
½ TL Kurkuma
2 TL frisch geriebener Ingwer
3 – 4 EL Wasser (nach Bedarf auch mehr)
1 – 2 TL Gur bzw. Jaggery oder Ahornsirup
1 TL Stein- oder Meersalz
½ – ¾ TL Tamarindenextrakt
oder ½ TL Mangopulver (Amchoor)
oder Saft einer halben kleinen Zitrone

So wird's gemacht:

1) Papaya waschen, halbieren und die Kerne mit einem Löffel herausschaben. Die Frucht schälen, vierteln und in kleine Würfel schneiden. Chili waschen, entkernen und fein hacken.
2) Ghee (oder Sonnenblumenöl) in einem Topf erhitzen. Kreuzkümmel darin goldbraun anrösten, dann Garam Masala, Kurkuma, Ingwer und gleich anschließend die Papayawürfel dazugeben und alles gut umrühren. Nach einigen Minuten Wasser und Süßungsmittel hinzufügen und zugedeckt köcheln lassen, bis die Papayastückchen weich sind.
3) Zum Abschluss Salz und Tamarindenextrakt, Mangopulver oder Zitronensaft hinzufügen.

Vata- und Pitta-Typ: Falls gewünscht, können Sie etwas mehr Gur oder Ahornsirup verwenden.

Suppen und Dals

Soll es ein leichtes Abendessen sein oder eine schnelle Mittagsmahlzeit? Soll es herzhaft schmecken, exotisch scharf oder würzig mild? Suppen und Dals machen sich immer gut.

Suppen sind heiß, leicht zu verdauen und somit auch für Menschen mit schwacher Verdauungskraft *(Agni)* hervorragend geeignet. Genau das Richtige also für *Vata*-Typen, die ohnehin viel Flüssigkeit brauchen. Aber auch in Zeiten, in denen *Vata* erhöht ist, wie im Herbst und Winter, in den Wechseljahren, im Alter, in der Rekonvaleszenz oder in Zeiten großer Veränderungen, sind Suppen eine köstliche Möglichkeit, den Organismus wieder zu stärken und zu aktivieren. Das soll nun aber nicht heißen, dass *Pitta*- und *Kapha*-Menschen Suppen meiden sollten. Ganz im Gegenteil, Suppen sind für alle gut.

Ayurveda-Suppen kommen dabei ganz ohne Brühwürfel aus. Einfach nur etwas Ghee und einige Gewürze, und schon haben Sie eine aromatische Grundlage für jede Gemüsesuppe (siehe auch Grundrezept Gemüsebrühe auf Seite 108).

Dal – so heißen in Indien getrocknete und gespaltene Bohnen, Linsen und Erbsen oder auch die typischen suppenartigen Gerichte, die aus ihnen zubereitet werden. Zusammen mit Getreide gehören Hülsenfrüchte auf der ganzen Welt zu den Grundnahrungsmitteln. Der Ayurveda schätzt ihre reinigende und zugleich aufbauende Wirkung. Zu Recht, denn Hülsenfrüchte enthalten sehr viel Eiweiß (zwanzig Prozent und mehr), nur zwischen ein und zwei Prozent Fett (Ausnahme: Sojabohnen) und zwischen fünfzig und sechzig Prozent Kohlenhydrate. Beachtlich ist auch ihr Gehalt an lebenswichtigen B-Vitaminen und vor allem an Betacarotin (Provitamin A). Auch Eisen, Kalium, Phosphor und Magnesium sowie etliche Spurenelemente, die wichtige Schutzfunktionen für den Organismus besitzen, sind in Hülsenfrüchten reichlich vorhanden. Serviert man Dal gemeinsam mit Reis, so hat die Eiweißzusammensetzung eine hohe biologische Wertigkeit von nahezu 100.

Blättern Sie ruhig einmal durch die verschiedenen Dalrezepte, und sehen Sie selbst, welcher Dal Ihnen am besten schmeckt. Schließlich sind Dals ideal für alle *Dosha*-Typen!

Servieren Sie zu Ihrem Dal Reis, ein Gemüsegericht und hefefreie Fladenbrote (ab Seite 170). So ist für jeden *Dosha*-Typ etwas dabei. Guten Appetit!

Grundrezept Gemüsebrühe

Wirkt sanft Pitta-erhöhend
ohne scharfe Gewürze ausgleichend für alle drei Doshas

Die Kinder des Paradieses. Gemüse sind neben Früchten und Getreiden die Herzstücke der *Sattva*-Küche des Ayurveda. Sie können nicht nur mit unzähligen Vitaminen, Mineralstoffen, Spurenelementen, Eiweißen, Fetten und Kohlenhydraten aufwarten, sondern auch mit den sogenannten sekundären Pflanzenstoffen.
Sekundäre Pflanzenstoffe werden von den Pflanzen gebildet, um sich selbst zu schützen, z. B. vor gefährlichen UV-Strahlen der Sonne, vor Schädlingen und Krankheiten aller Art. Das kommt natürlich auch denen zugute, die diese Pflanzen essen. Beim Menschen wirken diese Bioaktivstoffe wie natürliche Arzneimittel: Sie pflegen die Zellen, schützen vor Krankheitserregern und Krebserkrankungen und stärken die körpereigene Abwehr.
Wenig bekannt ist außerdem, dass Pflanzennahrung auch Hormone enthält – oder diese in unserem Stoffwechsel bildet. Gesundheit und gute Laune kann man also buchstäblich essen. Aromastoffe und ätherische Öle fördern den Appetit, aktivieren unsere Verdauung, bringen unseren Stoffwechsel in Schwung, wirken entgiftend und abwehrstärkend, und, und, und ...
Diese Gemüsebrühe wirkt nach dem Ayurveda sanft *Pitta*-verstärkend, optimal also für *Kapha*- und *Vata*-Konstitutionen. Ohne die scharfen Gewürze müssen sich sogar *Pitta*-Menschen nicht zurückhalten (siehe *Dosha*-Tipp).

Für 4 – 6 Personen

1 Fenchelknolle (mit Stielen und Kraut)
2 Karotten (etwa 200 g)
1 – 2 Kartoffeln (100 – 200 g)
1 Selleriestange oder ein Viertel Sellerieknolle
2,5 l Wasser
2 – 3 EL Olivenöl
½ TL Asafoetida
1 TL gemahlener Koriander
¾ TL frisch gemahlener schwarzer Pfeffer
½ TL gemahlener Kreuzkümmel
1 TL Kurkuma
2 EL Bockshornkleeblätter (Kasoori Methi)
1 – 2 Lorbeerblätter
1 Zweig frischer Rosmarin
1 EL frische Salbeiblätter oder Petersilie
1 EL Hefeextrakt (kann entfallen)
½ – 1 TL Stein- oder Meersalz

So wird's gemacht:

1) Gemüse putzen, waschen, klein schneiden und mit den restlichen Zutaten mindestens 30 Minuten kochen lassen. Je länger die Gemüsebrühe kocht, desto besser wird der Geschmack.
2) Vor dem Servieren Lorbeerblätter und Rosmarinzweig entfernen.

Pitta-Typ: Verwenden Sie nur die Hälfte der *Pitta*-verstärkenden Gewürze wie Pfeffer, Asafoetida und Lorbeerblatt. Salzen Sie sparsam, und verwenden Sie an Stelle von Petersilie viele frische Korianderblätter, dann können auch Sie diese leckere Gemüsebrühe genießen. Besonders geeignet sind für Sie Gemüse wie Fenchel, Kartoffeln, Süßkartoffeln, Pastinaken, Sellerie, Erbsen, Bohnen, Zucchini und Kürbis.

Gewürze, Kräuter und Gemüse können Sie je nach *Dosha*-Typ, Jahreszeit oder eigenem Wunsch variieren.
Diese Gemüsebrühe ist eine hervorragende Grundlage für Suppen und Saucen, z. B. zu Buchweizenrisotto (siehe Seite 166). Sie können auch Gemüse, wie Fenchelknollen, in Gemüsebrühe statt in Wasser garen (siehe auch Fenchel in Orangen-Kokos-Sauce, Seite 83). Wenn Sie das Gemüse pürieren und in Streifen geschnittene Pfannkuchen, Papadams oder getoastete Vollkorntoast-Würfel dazugeben, haben Sie im Handumdrehen ein leichtes Abendessen oder eine leckere Vorspeise.

Spargelfond

Wirkt ausgleichend auf alle drei Doshas

Nur keine Verschwendung! Die Spargelzeit verspricht allen Feinschmeckern höchste Gaumenfreuden. Kein Wunder, dass diese Delikatesse in vielen Variationen auf den Tisch kommt. Selbst aus den Spargelschalen, den Spargelabschnitten und aus Bruchspargel lässt sich noch Spargelfond, eine edle Gemüsebrühe, zaubern. Spargelfond ist nicht nur eine delikate Grundlage für Suppen und Saucen, sondern auch die ideale Flüssigkeit zum Garen von Spargel.
Viele der gesunden Inhaltsstoffe des Spargels finden sich in seinem Kochwasser. Am interessantesten ist neben Glykosiden, Flavonen und Saponinen das Asparagin, eine Aminosäure, die die Nieren anregt und Giftstoffe aus dem Körper schwemmt. Daneben hilft Spargel nicht nur bei Herzbeschwerden, Nervenentzündungen und Lähmungen, sondern auch ganz allgemein in der Rekonvaleszenzphase. Spargelfond können Sie auch gut bei einer Entschlackungs- und Reinigungskur trinken, dann sollte er allerdings gar kein oder nur eine Prise Salz enthalten.
Also, denken Sie daran, wenn Sie das nächste Mal Spargel schälen: Trocknen Sie die Spargelschalen, frieren Sie sie ein, oder kochen Sie wie hier gleich einen Spargelfond aus ihnen.
Nach dem Ayurveda ist Spargelfond hervorragend für alle drei *Dosha*-Typen.

Für 3 – 4 Personen

500 g – 1 kg Spargelschalen oder -abschnitte oder geschälter Bruchspargel
750 ml – 1,5 l Wasser
1 – 1½ EL Ghee (oder Olivenöl)
¼ – ¾ TL frisch gemahlener weißer Pfeffer
Stein- oder Meersalz nach Wunsch
etwas frisch geriebene Muskatnuss

So wird's gemacht

1) Gewaschene Spargelschalen und andere Spargelteile im Wasser 25 – 30 Minuten bei milder Hitze kochen. Den dabei aufwallenden Schaum immer wieder abschöpfen.
2) Die Spargelbrühe durch ein Sieb gießen, und die Schalen und Spargelabschnitte in den Kompost werfen. Den Bruchspargel können Sie entweder noch pur essen oder püriert als Suppengrundlage verwenden.
3) Ghee (oder Olivenöl), Pfeffer, Salz und Muskat in den Spargelfond geben und anschließend weiterverarbeiten oder als Suppe oder »Entschlackungs-Getränk« servieren.

Variation: Klare Pfannkuchen-Suppe

Fügen Sie dem fertigen Spargelfond 1 – 2 in dünne Streifen geschnittene Pfannkuchen sowie etwas getrockneten Kerbel oder frische Kräuter nach Wahl hinzu. Einmal kurz aufkochen lassen – fertig!

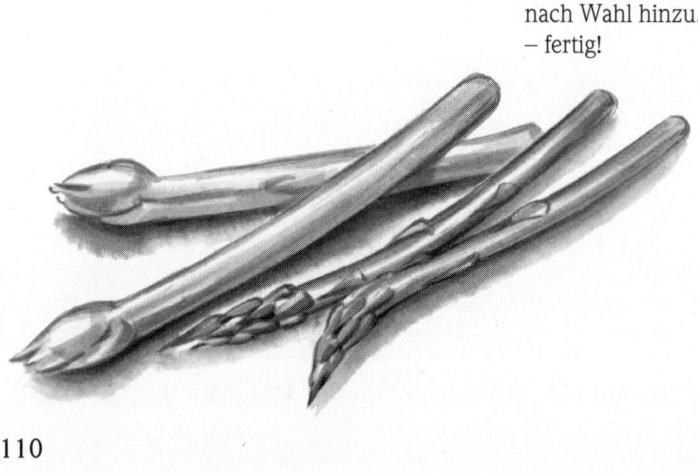

Spargelcremesuppe

Wirkt ausgleichend auf alle drei Doshas

Gesundheit für Leckermäuler. Spargel ist eines der wenigen Gemüse, bei dem alle drei *Doshas* nach Herzenslust zugreifen können. Süß, zusammenziehend, bitter, kühl, leicht und feucht, besänftigt er erhöhtes *Pitta*. Mit seiner leichten Verdaulichkeit stabilisiert er *Vata* und stimuliert *Kapha*. Spargel besitzt neben Glykosiden, Flavonen und Saponinen auch die Aminosäure Asparagin, die die Nieren anregt und Giftstoffe aus dem Körper schwemmt. Spargel wirkt mild tonisierend und beruhigend auf Herz und Nerven. Er regt den Appetit an, steigert die Zelltätigkeit der Nieren und hilft, im Körper angesammelte Flüssigkeit und Giftstoffe über den Urin wieder auszuscheiden. In der Rekonvaleszenzphase und auch bei Blasen- und Nierensteinen ist er hilfreich.
Diese Suppe ist für alle drei *Doshas* genau das Richtige. Probieren Sie sie nur einmal selbst!

Mit frisch gehackten Korianderblättern oder frischen Kräutern nach Wahl garnieren.

Für 2 – 4 Personen

500 g Spargel
1 l Wasser
¼ TL Kurkuma
1 EL Ghee (vegan: Sonnenblumenöl)
3 EL Maisgrieß oder Dinkelvollkorngrieß
½ TL gemahlener Koriander
¼ TL frisch geriebene Muskatnuss
½ TL frisch gemahlener weißer Pfeffer
1 TL Stein- oder Meersalz
3 EL Sahne (kann entfallen)

So wird's gemacht:

1) Spargel schälen, holzige Enden abschneiden, Spargel waschen und in etwa 4 cm lange Stückchen schneiden (Spargelschalen und -abschnitte können Sie für Spargelfond verwenden, siehe Seite 110). Spargelstückchen in einem Topf mit 500 ml Wasser und Kurkuma für 8 – 10 Minuten zugedeckt kochen, bis sie weich sind (mit einer Gabel testen).
2) In einem zweiten Topf Ghee (oder Sonnenblumenöl) schmelzen und den Grieß für 1 – 2 Minuten darin anrösten. Dann mit 500 ml Spargelwasser ablöschen, Koriander, Muskat und Pfeffer hinzufügen und aufkochen lassen, damit die Suppe etwas eindickt.
3) Nun die Spargelköpfchen herausnehmen und zur Seite legen. Den übrigen Spargel und die restlichen 500 ml Wasser mit einem Pürierstab oder in einem Mixer pürieren und zur Grießsuppe gießen. Salz, Spargelköpfchen und eventuell die Sahne dazugeben und nach erneutem Aufkochen sofort servieren.

Kürbiscremesuppe

Wirkt Kapha-erhöhend

Cremig, köstlich, Kürbis – da ist sie, unsere Lieblingssuppe.
Kürbis enthält extrem viel Betacarotin, außerdem B-Vitamine, Magnesium, Calcium, Eisen, Phosphor und Kieselsäure; zudem hat er ein ausgesprochen günstiges Natrium-Kalium-Verhältnis. Nach dem Ayurveda wirkt Kürbis süß und stärkend – also sanft *Kapha*-erhöhend. Kürbis ist ein hervorragender Blutreiniger; er hilft bei Herz- und Nierenleiden sowie bei Blähungen und wirkt stärkend und fiebersenkend.
Unsere Suppe ist ideal für gestresste *Vata*- und *Pitta*-Typen. Wenn es *Vata*-Menschen nach Bedarf und Geschmack noch etwas feuriger mögen, können sie noch etwas Cayennepfeffer oder frischen Ingwer hinzufügen.

Kürbiscremesuppe macht sich gut als Vorspeise oder als leichte Hauptmahlzeit mit Fladenbrot (z. B. Chapati, siehe Seite 170).

Für 6 – 8 Personen

300 g Kartoffeln oder Süßkartoffeln
1,5 kg Kürbis
1,25 l Wasser
1 gehäufter TL gemahlener Koriander
½ TL Kurkuma
2 Lorbeerblätter
100 g Sahne (vegan: Sojasahne)
½ – ¾ TL frisch geriebene Muskatnuss
¾ – 1 TL frisch gemahlener schwarzer oder weißer Pfeffer
1½ – 2 TL Stein- oder Meersalz
2 TL getrockneter Thymian (oder 1 – 2 EL frischer Thymian)
eventuell 1 – 2 EL Ghee oder Olivenöl

So wird's gemacht:

1) Kartoffeln und Kürbis schälen, Kerne aus dem Kürbis entfernen, das Gemüse waschen und in kleine Würfel schneiden.
2) In einem großen Topf Kürbis und Kartoffeln mit Wasser, Koriander, Kurkuma und Lorbeerblättern 30 – 40 Minuten kochen, bis das Gemüse gar ist. Dann Lorbeerblätter entfernen und Gemüse in einem Mixer oder mit dem Pürierstab pürieren.
3) Sahne (oder Sojasahne), Muskat, Pfeffer, Salz, Thymian und eventuell Ghee oder Olivenöl darunterrühren, noch einmal kurz aufkochen lassen. Heiß servieren.

Variation: Kürbiscremesuppe mit Aprikosen

Probieren Sie diese Suppe auch einmal mit 40 g (6 Stück) getrockneten und in feine Streifen geschnittenen Aprikosen, die Sie 5 Minuten vor Ende der Kochzeit hinzufügen.

Blumenkohlcremesuppe

Wirkt Kapha- und sanft Vata-erhöhend

Wenn's einfach und schnell gehen soll, dann ist diese Cremesuppe genau das Richtige. Von allen Kohlarten ist der Blumenkohl die zarteste und bekömmlichste. Dazu kommen Vitamin C, B-Vitamine und neben etlichen Mineralien auch die oft raren Spurenelemente Zink, Kupfer, Jod und Fluor. Nach dem Ayurveda verstärkt Blumenkohl das *Vata*-Element. Er ist ein guter Blutreiniger und hilft bei Asthma-, Nieren- und Blasenleiden.
Sahne ist die Crème de la Crème der Milch. Ähnlich wie ihr Ausgangsprodukt glänzt auch Sahne mit mehreren hundert Inhaltsstoffen: Das Fett der Sahne ist leicht verdaulich, und Milchzucker (Laktose) hilft bei Verdauungsstörungen, bei der Calciumaufnahme und beim Aufbau bestimmter Gehirnsubstanzen. Beachten Sie nur eines: Sahne sollte möglichst aus Biomilch und weder homogenisiert noch ultrahocherhitzt sein, damit sie der Gesundheit wirklich von Nutzen sein kann. Nach dem Ayurveda vermehrt Sahne *Kapha* und besänftigt *Pitta* und *Vata*.
Dieses Gericht ist genau das Richtige für *Pitta*- und in Maßen auch für *Vata*-Menschen. Und leicht abgewandelt (siehe *Dosha*-Tipp) können selbst *Kapha*-Typen zugreifen.

Für 4 Personen

1 großer Blumenkohl
1 l Wasser oder Gemüsebrühe (siehe Seite 108)
2 Lorbeerblätter
½ TL Kurkuma
100 g Sahne (vegan: Reisdrink)
1 TL frisch gemahlener weißer Pfeffer
¼ – ½ TL frisch geriebene Muskatnuss
1 TL Stein- oder Meersalz
2 TL getrockneter Thymian

So wird's gemacht:

1) Blumenkohl waschen und in kleine Röschen schneiden. In einem (Schnellkoch-)Topf mit Wasser, Lorbeerblättern und Kurkuma zugedeckt so lange kochen, bis die Röschen gar sind.
2) Lorbeerblätter entfernen und Suppe mit dem Mixer oder Pürierstab cremig pürieren. Nun Sahne (oder Reisdrink), Pfeffer, Muskat, Salz und Thymian hinzufügen, noch einmal kurz aufkochen lassen und heiß servieren.

Kapha-Typ: Nehmen Sie nur 2 EL Sahne (vegan: 2 EL Sojadrink).

Avocadocremesuppe

Wirkt stark Kapha- und sanft Pitta-erhöhend

Die Butter vom Baum. In der Küche sind Avocados wahre Allroundkünstler. Ihr voller Geschmack kommt allerdings erst dann zur Geltung, wenn sie ganz reif und butterweich sind. Avocados strotzen nur so von Nähr- und Schutzstoffen. Sie enthalten bis zu dreißig Prozent Fett, das zu einem großen Teil aus den herz- und gefäßfreundlichen doppelt ungesättigten Fettsäuren besteht – ohne jede Spur von Cholesterin. Ihr Vitamin-B-Gehalt ist unter den Früchten der höchste. Daneben glänzen sie mit allen lebenswichtigen Aminosäuren sowie mit Provitamin A, Vitamin C und E, Kalium, Calcium, Eisen und Phosphor. Reife Avocados vermehren *Kapha*. Sie helfen bei der Wundheilung, bei Magen- und Darmgeschwüren und bei Koliken. Daneben warten sie mit Bitterstoffen und weiteren Inhaltsstoffen auf, die bei Stress, Nervosität und Schlaflosigkeit hervorragend sind.
Sahne verstärkt ebenfalls das *Kapha-Dosha*. Insgesamt wirkt die Suppe daher in erster Linie *Kapha-* und auch sanft *Pitta*-verstärkend. Diese Suppe ist ein Gericht, das optimal für *Vata-* und leicht abgewandelt (siehe *Dosha*-Tipp) auch für *Pitta*-Naturen geeignet ist.

Für 4 Personen

1 EL Ghee (vegan: Sonnenblumenöl)
3 EL Weizen- oder Dinkelvollkorngrieß
750 ml kaltes Wasser,
Molke (von der Panirherstellung)
oder Gemüsebrühe (siehe Seite 108)
¼ TL Kurkuma
½ TL frisch gemahlener schwarzer Pfeffer
¼ TL Cayennepfeffer
2 weiche Avocados
100 g Sahne (vegan: Sojasahne)
3 – 4 EL fein gehackte frische Kräuter
nach Wahl
(z. B. Majoran, Koriander, Basilikum)
¼ TL frisch geriebene Muskatnuss
1 TL Stein- oder Meersalz

So wird's gemacht:

1) Ghee (oder Sonnenblumenöl) in einem Topf erhitzen. Grieß unter ständigem Rühren goldbraun anrösten und mit kaltem Wasser, Molke oder Gemüsebrühe vorsichtig ablöschen (Vorsicht, es spritzt!). Kurkuma, schwarzen Pfeffer und Cayennepfeffer hinzugeben.
2) Avocados halbieren und das Fruchtfleisch mit dem Löffel entnehmen. Mit der Sahne (oder Sojasahne) zu einer Creme pürieren oder mit der Gabel zerdrücken.
3) Wenn die Suppe aufgekocht und eingedickt ist, Avocadocreme, frische Kräuter, Muskat und Salz dazugeben und sofort servieren (nicht mehr aufkochen, da die Suppe sonst bitter werden könnte).

Pitta-Typ: Lassen Sie den Cayennepfeffer weg.

Rote-Bete-Cremesuppe mit Sahnehaube

Wirkt sanft Kapha-erhöhend

Wurzelkraft, die es in sich hat. Rote Beten, oder rote Rüben, wie sie auch noch heißen, enthalten reichlich Kohlenhydrate. Sie besitzen zwar nur wenig Eiweiß, darunter aber die besonders wertvollen Aminosäuren Asparagin, Glutamin und das immunstärkende Betain. Weiter finden sich in ihnen viel Kalium, Magnesium, Natrium und Calcium sowie Eisen, Kupfer, Provitamin A, Vitamine der B-Gruppe, Vitamin C und Folsäure sowie Pantothensäure. Die in Roter Bete enthaltenen Bioflavone verbessern die Zellatmung, das Betanidin festigt zusammen mit Rutin die Kapillarwände, und Cholin verhindert Arteriosklerose.
Nach dem Ayurveda ist Rote Bete mit ihren leicht erwärmenden, süßen und befeuchtenden Eigenschaften ideal für *Vata-* und *Kapha-*Menschen. In kleineren Mengen, z. B. als Saft, lindert sie sogar *Pitta-*bedingte Leberbeschwerden, roh und in größeren Mengen allerdings vermehrt sie das *Pitta-Dosha.* Rote Bete hilft bei Verstopfung, Hämorrhoiden und Gebärmutterbeschwerden und besitzt bewährte aufbauende und stärkende Eigenschaften. Gerade in der Erntezeit hilft sie dem Menschen am meisten: nämlich im Herbst und Winter, wenn in der Natur *Vata* und später *Kapha* überhandnehmen. Rote-Bete-Cremesuppe ist ein hervorragendes Gericht für *Vata-* und *Pitta-*Menschen. In abgewandelter Form und gerade in der kalten Jahreszeit können auch *Kapha-*Typen dieses Gericht genießen (siehe *Dosha-*Tipp).

Für 4 Personen

etwa 900 g Rote Bete (etwa 5 Stück)
1 kleine Kartoffel (etwa 100 g)
1 l Wasser
1 EL Olivenöl
2 Lorbeerblätter
1 TL frisch geriebener Ingwer
1 TL Garam Masala (siehe Seite 261)
¼ TL frisch geriebene Muskatnuss
1 TL Stein- oder Meersalz
½ TL frisch gemahlener schwarzer Pfeffer
2 EL Sahne
200 ml Sahne für die Sahnehaube

So wird's gemacht:

1) Rote Bete und Kartoffeln waschen, schälen und in kleine Würfel schneiden.
2) In einem Topf mit 500 ml Wasser, Olivenöl, Lorbeerblättern, Ingwer und Garam Masala 35 – 40 Minuten (im Schnellkochtopf 15 – 20 Minuten) gar kochen. Anschließend die Lorbeerblätter entfernen und die Suppe in einem Mixer oder mit dem Pürierstab pürieren. Nun das restliche Wasser, Muskat, Salz und Pfeffer dazugeben und alles noch einmal aufkochen lassen.
3) Sahne in die Suppe geben. Die Sahne für die Sahnehaube steifschlagen.
4) Suppe auf vier Teller verteilen, mit jeweils einem Klecks Schlagsahne dekorieren und sofort servieren.

Kapha-Typ: Lassen Sie die Sahnehaube weg, und garnieren Sie die Suppe mit frisch gehackter Petersilie.

Sindhi-Karhi (*Afghanische Gemüsesuppe*)

Wirkt Kapha- und sanft Vata-erhöhend

Darf's auch etwas mehr sein? Karhi (sprich: *Kar-hi)* sind in ganz Indien verbreitete Saucen oder Suppen, meist auf der Basis von Kichererbsenmehl und Joghurt oder Buttermilch. Karhi oder Dal (Linsensuppen) gehören zu jedem Mittagessen in Indien. Während man die Karhi-Sauce in den westlichen und südlichen Regionen Indiens mehr dünnflüssig und suppenähnlich kennt, bevorzugt man im Norden des Subkontinents und auch in Afghanistan mehr die eingedickte Variante – entweder mit oder ohne Gemüse. Die Besonderheit dieses Rezepts von unserer Freundin Arati aus Afghanistan ist, dass kein Joghurt verwendet wird – höchst interessant also für *Pitta-* und auch *Kapha-*Typen.

Nach dem Ayurveda verstärkt Blumenkohl das *Vata*-Element. Er ist ein guter Blutreiniger und hilft bei Asthma-, Nieren- und Blasenleiden. Süßkartoffeln sind nach dem Ayurveda süß, kühl, trocknend und stärkend, erhöhen also das *Kapha-* und sanft das *Vata-Dosha.* Süßkartoffeln regen die Verdauung an, vertreiben Darmparasiten und helfen bei Hämorrhoiden. In der Ayurveda-Küche sind sie all jenen willkommen, die Kartoffeln nicht vertragen. Dazu kommen noch die *Kapha*-vermehrenden Okras.

Ein ideales Gericht für *Pitta-* und in Maßen auch für *Vata*-Typen.

Für 4 Personen

400 g Blumenkohl
200 g Zucchini
150 – 200 g Süßkartoffeln (ersatzweise Kartoffeln)
1 TL Koriandersamen
2 EL Ghee oder Sonnenblumenöl
50 g gesiebtes Kichererbsenmehl (4 EL)
1 gehäufter EL frisch geriebener Ingwer
2½ TL Garam Masala (siehe Seite 261)
1 TL Kurkuma
600 – 750 ml Wasser
100 g Okra
4 EL frisch gehackte Petersilie oder Korianderblätter
½ TL frisch gemahlener schwarzer Pfeffer
1 TL Stein- oder Meersalz
2 EL Zitronensaft

So wird's gemacht:

1) Gemüse waschen. Blumenkohl in kleine Röschen teilen, Zucchini in Scheiben schneiden, Süßkartoffeln schälen und würfeln. Koriandersamen (ohne Fett) rösten und im Mörser zu Pulver zerstoßen.
2) In einem großen Edelstahltopf (mit dickem Boden) 1 EL Ghee schmelzen oder Öl erhitzen. Kichererbsenmehl hineinsieben und für einige Minuten bei schwacher Hitze rösten, bis es einen nussartigen Geruch verströmt. Dann Ingwer, Garam Masala, Kurkuma, Koriander und das Gemüse hinzufügen und etwas anrösten. Unter ständigem Rühren (damit nichts anbrennt) nach und nach auch das Wasser hinzugeben. Die Menge richtet sich danach, ob Sie eine etwas dünne (suppenartige) oder etwas dickflüssigere (eintopfartige) Konsistenz bevorzugen. Den Karhi auf mittlerer Hitze etwa 15 Minuten köcheln lassen, bis der Blumenkohl gar ist.

3) In der Zwischenzeit Okras einzeln unter fließendem Wasser waschen und anschließend mit einem Tuch abtrocknen. Die Stielansätze entfernen und die Okras in 2 cm dicke Scheiben schneiden. In einem Topf mit 1 EL Ghee oder Sonnenblumenöl goldbraun anbraten.
4) Zum Abschluss Okras, frische Kräuter, Pfeffer, Salz und Zitronensaft in die Suppe geben. Heiß servieren.

Variation:

An Stelle von Blumenkohl sind Bohnen oder frische Erbsen und eine kleine Aubergine (über der Flamme schwarz geröstet und anschließend geschält und gewürfelt) eine köstliche Alternative.

Karhi wird traditionell zu Reis, Fladenbrot (z. B. Parathas, siehe Seite 174) und/oder einem Gemüsegericht serviert. Ein köstliches und leichtes Mittag- oder Abendessen.

Pakoras in Karhi-Sauce

Wirkt Kapha- und sanft Pitta-erhöhend

Streng geheim. Viele Rezepte aus der indischen Küche werden seit Generationen in der Familie gehütet und nur der eigenen Tochter oder dem eigenen Sohn anvertraut. So kommt es, dass z. B. die Karhi-Rezepte je nach Unionsstaat, Landstrich und Familie variieren. In den westlichen Regionen Indiens wird Karhi meist dünnflüssig, suppenähnlich und mit leicht süßlichem Geschmack angeboten. Im Norden Indiens und auch darüber hinaus, wie in Afghanistan, ist es eine eher dickliche Sauce (Sindhi-Karhi, siehe Seite 116). Auch die Ingredienzien können stark variieren. Einmal präsentiert sich Karhi nur pur in seiner Kichererbsenmehl-Joghurt- oder Buttermilch-Grundlage, ein anderes Mal finden Sie in ihm Gemüse, Mungsprossen, gekochte Kichererbsen, Papadamstreifen oder auch frittierte Kichererbsen-Pakoras wie hier.
Dieses Rezept stammt aus der altehrwürdigen Priesterfamilie des berühmten Radha-Ramana-Tempels in Vrindavana.
Pakoras sind in Ghee frittierte Teigbällchen oder -tropfen aus Kichererbsenmehl. Einige Köche frittieren die Pakoras, weichen sie anschließend in Wasser ein, bis sie sich wie kleine Schwämme vollsaugen, um sie dann trockenzupressen und als leichte Bällchen in die Sauce zu geben.
In diesem Rezept hingegen werden die Pakoras frisch frittiert und vor dem Servieren in die Sauce gegeben; so bleiben sie schön knusprig.
Dieses Gericht ist genau richtig für *Vata*-Menschen und in Maßen auch für *Pitta*-Naturen.

Für 3 – 4 Personen

Für die Pakoras (Teigtropfen):
120 g Kichererbsenmehl
etwa 150 ml Wasser
125 g Ghee zum Frittieren

Für die Karhi-Sauce:
50 g Kichererbsenmehl (5 EL)
300 g Joghurt
700 ml Wasser (oder mehr nach Belieben)
1 EL Ghee
1 TL Kreuzkümmelsamen
1½ TL Kurkuma
1 TL frisch geriebener Ingwer
50 – 100 g Gartenmelde oder Bathua (falls erhältlich)
1 TL Stein- oder Meersalz
4 EL frisch gehackte Korianderblätter

So wird's gemacht:

1) Das Kichererbsenmehl für die Pakoras in eine kleine Schüssel sieben, Wasser nach und nach dazugießen und zu einem Teig verrühren. Der Teig sollte nicht zu flüssig sein.
2) Ghee zum Frittieren in einem kleinen Topf oder einem Wok erhitzen, den Teig mit einem Tee- oder Esslöffel in das heiße Ghee geben und goldbraun frittieren. Die Teigbällchen blähen sich sofort zu großen Kugeln auf. Diese gleich umdrehen, von der anderen Seite bräunen und anschließend in einem Sieb abtropfen lassen.
3) Kichererbsenmehl für die Karhi-Sauce in eine Schüssel sieben und mit Joghurt und Wasser zu einer dünnflüssigen Masse verrühren. Ghee in einem zweiten Topf schmelzen und Kreuzkümmel darin goldbraun rösten. Anschließend Kurkuma, Kichererbsen-Joghurt-Masse und Ingwer dazugeben und auf mittlerer Hitze für etwa 15 Minuten köcheln lassen, bis die Masse etwas eindickt. Dabei immer wieder umrühren, damit nichts anbrennt.

4) Falls Sie Gartenmelde oder Bathua bekommen können, diese waschen, klein schneiden und zusammen mit der Karhi-Sauce 5 – 8 Minuten kochen, bis die Melde weich ist. (Nach Saroj, von der wir dieses Rezept haben, ist die Sauce fertig, wenn etwa hundert Bläschen hochblubbern. Viel Spaß beim Zählen ...)
5) Zum Abschluss noch Salz, Pakoras und frisch gehackte Korianderblätter unter die Sauce heben und servieren.

Pitta-Typ: Falls Ihr *Pitta* zu stark ist, können Sie an Stelle der Pakoras auch in dünne Streifen geschnittene Papadams (auch Papads genannt) verwenden. Kurz vor dem Servieren die dünnen Streifen in die Karhi-Sauce geben und aufkochen lassen. Papadams gibt es in verschiedenen Geschmacksrichtungen. Für Sie sind neutrale Papadams oder Papadams mit Kreuzkümmel ideal. Chili-Papadams sollten Sie den *Kapha*-Typen überlassen. Zum Schneiden eignet sich eine Küchenschere hervorragend.

Servieren Sie diese Sauce zu Reis- und Gemüsegerichten.

Amarantsuppe

Wirkt ausgleichend auf alle drei Doshas

Zauberpflanzen der Indianer. Als die Spanier nach Südamerika kamen, staunten sie nicht schlecht über die unglaubliche Gesundheit der Inkas und Azteken. Heute hat man deren Geheimnis enthüllt – es lag an der Ernährung mit so gesunden Nahrungsmitteln wie Amarant. Die kleinen Körnchen enthalten nämlich besonders viele herz- und gefäßfreundliche ungesättigte Fettsäuren und reichlich Vitamin C für die Abwehrkraft. Durch ihren hohen Anteil an Lysin, einem lebenswichtigen Eiweißbaustein, aktivieren sie den Stoffwechsel und mobilisieren die Abwehrkräfte. Amarant reinigt das Blut und wirkt leicht harntreibend. Er verzögert den Alterungsprozess und stärkt das Gedächtnis und die Nervenkraft. Nach dem Ayurveda wirkt Amarant leicht erwärmend, ohne jedoch *Pitta* zu stören. In moderaten Mengen kann Amarant deshalb allen drei *Dosha*-Typen empfohlen werden.

Karotten stecken ebenfalls voller gesunder Überraschungen. Sie strotzen nur so von Betacarotin (gut für Augen, Haut, Immunsystem und als Schutz gegen Krebs), wertvollen B-Vitaminen, Vitamin C, E und K; ferner besitzen sie ätherische Öle und Mineralien. Sie reinigen das Blut und stärken die Nieren. Nach dem Ayurveda vermehren gekochte Karotten sanft das *Pitta-Dosha*.

Diese Suppe ist optimal für alle drei Konstitutionstypen.

Für 4 – 5 Personen

300 g Karotten
250 g Fenchel
200 g Kartoffeln
50 g Amarant
1,5 l Wasser
oder Gemüsebrühe (siehe Seite 108)
2 – 3 TL frisch geriebener Ingwer
1 TL Kurkuma
2 TL Garam Masala (siehe Seite 261)
½ TL frisch gemahlener schwarzer Pfeffer
1½ TL Stein- oder Meersalz
5 EL Buttermilch
(vegan: Sojajoghurt – kann auch entfallen)
eventuell 1 – 2 EL Zitronensaft
6 EL frisch gehackte Korianderblätter

So wird's gemacht:

1) Gemüse waschen, Kartoffeln schälen und alles in kleine Würfel schneiden. Amarant in einem feinen Sieb unter fließendem Wasser spülen.
2) Das Gemüse mit Wasser oder Gemüsebrühe, Ingwer, Kurkuma und Amarant 30 – 40 Minuten weich kochen. Anschließend die Hälfte der Suppe mit einem Pürierstab oder im Mixer pürieren. Pürierten Teil mit dem nicht pürierten Teil mischen.
3) Garam Masala, Pfeffer, Salz, Buttermilch (oder Sojajoghurt) und eventuell Zitronensaft hinzufügen. Zum Abschluss noch mit gehackten Korianderblättern bestreuen und servieren.

Servieren Sie dazu Fladenbrot, z. B. Chapatis (siehe Seite 170).

Karhi mit Papadams, leicht scharf

Wirkt Pitta- und sanft Kapha-erhöhend

Unser Lieblings-Karhi. Gewürze sind mehr als nur Appetitanreger und Gaumenschmeichler: Sie sind Verdauungshelfer, Fit- und Muntermacher, schützen vor Krankheitserregern und machen gute Laune.
Ebenso wie Koriander regt auch Kreuzkümmel *Agni*, die Verdauungskraft, an, ohne das *Pitta-Dosha* zu stören. Auf diese Weise wirkt er auf alle drei Konstitutionstypen harmonisierend. Kreuzkümmel reguliert die Darmflora und stärkt Augen, Herz, Leber, Nieren und Gebärmutter. Außerdem wirkt er entgiftend, blutreinigend, entwässernd, schmerzstillend und fiebersenkend. Auch bei Hämorrhoiden, Hautausschlag, Blähungen, Nieren- und Blasensteinen setzt man ihn gern ein.
Koriandersamen enthalten ätherische Öle, Tannin, essentielle Fettsäuren und Vitamin C. Ayurveda-Therapeuten empfehlen sie bei Übelkeit, Asthma, Husten, Rheuma und allgemeiner Schwäche. Außerdem stärkt Koriander das Herz und die Verdauungskraft. Nach dem Ayurveda wirkt auch er ausgleichend auf alle drei *Doshas*. Dieses Gericht ist genau das Richtige für *Vata-* und in Maßen auch für *Kapha*-Naturen.

Karhi mit Papadams verlangt förmlich danach, mit Reis und einem Gemüsegericht serviert zu werden.

Für 3 – 4 Personen

50 g Kichererbsenmehl (5 EL)
300 g Joghurt (vegan: Sojajoghurt)
700 ml Wasser (nach Belieben auch mehr)
1 EL Ghee (vegan: Sonnenblumenöl)
1 TL schwarze Senfsamen
½ TL Kreuzkümmelsamen
1½ TL frisch geriebener Ingwer
1 TL gehackte grüne oder rote Chili (entkernt)
eine halbe Zimtstange
5 – 6 Neem- oder Curryblätter
1 TL gemahlener Koriander
1 TL Kurkuma
2 Papadams
12 ganze grüne Pfefferkörner oder ½ TL frisch gemahlener schwarzer Pfeffer
¾ TL Stein- oder Meersalz

So wird's gemacht:

1) Kichererbsenmehl für die Karhi-Sauce in eine Schüssel sieben und mit Joghurt (oder Sojajoghurt) und Wasser zu einem dünnflüssigen Teig verrühren.
2) Ghee (oder Sonnenblumenöl) in einem Topf schmelzen und Senfkörner (im abgedeckten Topf) rösten, bis sie zu springen beginnen. Dann den Topf so lange von der Flamme ziehen, bis die Senfkörner sich beruhigt haben. Nun die Kreuzkümmelsamen hinzufügen, kurze Zeit später Ingwer, Chili, Zimtstange, Neem- oder Curryblätter und noch etwas später Koriander und Kurkuma dazugeben und rösten. Mit der Joghurtsauce ablöschen und das Ganze auf mittlerer Flamme 15 – 20 Minuten köcheln lassen. Dabei immer wieder gut umrühren.
3) Gegen Ende der Kochzeit die (mit einer Küchenschere) in Streifen geschnittenen Papadams, Pfefferkörner und Salz hinzufügen und noch einige Minuten köcheln lassen. Zimtstange vor dem Servieren entfernen.

Gemüsesuppe mit Buchweizen

Wirkt ausgleichend auf alle drei Doshas

Der Weizen, der ein Knöterichgewächs ist. Buchweizen ist ein Pseudogetreide, das ursprünglich in den Höhenlagen des Himalaya angebaut wurde. Fast wäre er bei uns in Vergessenheit geraten, denn Kunstdünger mag er überhaupt nicht – zum Glück, muss man da sagen.

Buchweizen hat unserer Gesundheit viel zu bieten, neben Vitaminen der B-Gruppe und Mineralstoffen insbesondere beträchtliche Mengen der lebenswichtigen Eiweißbausteine Tryptophan und Lysin (die in den meisten Getreidesorten kaum vorkommen) und viele ungesättigte Fettsäuren. Da er dem Körper Wärme spendet, ist Buchweizen in der kalten und feuchten Jahreszeit und für *Kapha*-Typen ideal.

Die Pastinake durchlebte ein ähnliches Schicksal wie der Buchweizen. Einst ein Lieblingsgemüse der Deutschen, wurde sie durch die Kartoffel fast völlig verdrängt. Doch neuerdings ist sie in Feinschmeckerrestaurants und in Bioläden wieder aufgetaucht.

Ihr ätherisches Öl lindert Magen- und Darmbeschwerden, regt die Verdauungstätigkeit an, erleichtert die Atmung und stimuliert das Nervensystem. Pastinaken besitzen wertvolle Kohlenhydrate, darunter reichlich herzschützendes Pektin, viel Kalium, Calcium, Magnesium und Phosphor und nicht zuletzt zahlreiche Ballaststoffe. Nach dem Ayurveda erhöhen Pastinaken sanft *Kapha* und haben einen beruhigenden Effekt auf *Vata* und *Pitta*.

Dieses Gericht ist genau das Richtige für alle drei *Dosha*-Typen.

Für 4 Personen

50 g gerösteter Buchweizen
200 g Brokkoli
100 g Pastinake
100 g Rote Bete
1 TL Kreuzkümmelsamen
1 TL Koriandersamen
1,5 l Wasser
2 EL Olivenöl
2 Lorbeerblätter
½ TL Kurkuma
2 – 3 TL frisch geriebener Ingwer
½ TL frisch geriebene Muskatnuss
½ – ¾ TL frisch gemahlener schwarzer Pfeffer
1 gehäufter TL Stein- oder Meersalz
2 EL Sahne (kann entfallen)
1 EL Tomatenmark, dreifach konzentriert (kann entfallen)
2 – 3 EL frisch gehacktes Basilikum

So wird's gemacht:

1) Ganze Buchweizenkörner in einem feinen Sieb unter fließendem Wasser spülen und abtropfen lassen. Gemüse waschen und putzen, Brokkoli in kleine Röschen teilen und das restliche Gemüse in Würfelchen schneiden.
2) In einem Topf Buchweizen (ohne Fett) für einige Minuten auf kleiner Flamme anrösten, bis er ein nussartiges Aroma verströmt. In einer kleinen Schüssel aufbewahren. Kreuzkümmel- und Koriandersamen im selben Topf ohne Fett rösten. Dann die Samen in einem Mörser zu feinem Pulver zerstoßen.
3) Im selben Topf Gemüse, gerösteten Buchweizen, Wasser, Öl, Lorbeerblätter und Kurkuma zugedeckt zum Kochen bringen und auf mittlerer Flamme 15 – 20 Minuten weiterköcheln lassen, bis das Gemüse und der Buchweizen gar sind.

4) Nun noch Ingwer, Kreuzkümmel- und Korianderpulver, Muskat, Pfeffer, Salz, eventuell auch Sahne und Tomatenmark hinzugeben. Alles noch einmal aufkochen lassen. Die Lorbeerblätter entfernen und die Hälfte der Suppe mit einem Pürierstab oder im Mixer pürieren. Pürierten Teil mit dem nicht pürierten Teil mischen.
5) Vor dem Servieren mit frisch gehacktem Basilikum bestreuen.

Kapha-Typ: Bei zu starkem *Kapha* lassen Sie die Sahne weg. Ersetzen Sie den frischen Ingwer durch ½ TL Ingwerpulver, und fügen Sie ¼ TL gemahlene Bockshornkleesamen und eine gehackte kleine, grüne Chili (entkernt) hinzu, die Sie mit den Gewürzen anrösten.

Pitta-Typ: Wenn Ihr *Pitta* zu intensiv ist, reduzieren Sie den Ingwer auf 1 TL, und ersetzen Sie die Lorbeerblätter durch 4 Curry- oder Neemblätter. Das Tomatenmark eventuell weglassen.

Mungsprossen in Buttermilchsauce

Wirkt ausgleichend auf alle drei Doshas

Buttermilch für jeden Tag. In der Ayurveda-Diätetik wird Buttermilch aus Kuhmilch gerne als regelmäßiger Bestandteil der Ernährung empfohlen. Buttermilch regt den Appetit an, stärkt und ist gut fürs Herz. Bei Magenbeschwerden kann man sie ohne Bedenken trinken. Und Buttermilch mit einer Prise Muskatnuss verbessert die Nährstoffaufnahme, besonders im Dünndarm, und stoppt Durchfall. Bei *Vata*-Menschen wirkt (selbst gemachte) Buttermilch (siehe Seite 229) besänftigend und erdend. *Pitta*-Typen kann sie empfohlen werden, wenn sie leicht gesüßt ist. Und wenn es nicht gerade jeden Tag ist, können auch *Kapha*-Konstitutionen Buttermilch – mit Wasser verdünnt und mit Ingwer, schwarzem Pfeffer oder Honig gewürzt – genießen.
Auch Mungsprossen strotzen nur so von Nährstoffen. Während des Keimvorgangs steigt sowohl der Vitamingehalt (B-Vitamine, Vitamine C und E und Carotinoide) als auch der Anteil an Mineralien (Kalium, Calcium, Magnesium, Phosphor, Eisen und Zink) immens. Daneben liefert uns die Mungsprosse wertvolles Eiweiß, schon aufgespalten in die Aminosäuren – und zwar vollständig in der Zusammensetzung, wie unser Körper sie braucht. Nicht vergessen sollten wir den großen Anteil an Lecithin, das unsere kleinen grauen Zellen rege werden lässt. Ein Gericht, das allen drei *Dosha*-Typen empfohlen werden kann.

Mungsprossensuppe heiß zu Basmatireis, Fladenbrot oder Papadams servieren.

Für 3 – 4 Personen

300 g Mungsprossen
1 TL Kreuzkümmelsamen
1 TL Koriandersamen
2 gehäufte EL Kichererbsenmehl
500 ml Buttermilch
300 ml Wasser
1 – 2 EL Ghee
½ TL Asafoetida
1 TL Kurkuma
1 EL frisch geriebener Ingwer
5 Curry- oder Neemblätter (falls vorhanden)
1 TL Stein- oder Meersalz
1 EL Vollrohrzucker oder Jaggery bzw. Gur
3 EL frisch gehackte Korianderblätter (falls vorhanden)

So wird's gemacht:

1) Mungbohnen 4 – 5 Tage keimen lassen (Anleitung siehe Warenkunde, Seite 277) oder gekaufte Mungsprossen *(Sojasprossen)* verwenden.
2) Kreuzkümmel- und Koriandersamen in einer Pfanne ohne Fett goldbraun rösten und in einem Mörser zu feinem Pulver mahlen. Nun das Kichererbsenmehl in die Pfanne sieben und ohne Fett rösten, bis es einen nussartigen Geruch verströmt und leicht goldgelb ist. Kichererbsenmehl und die Gewürze in einer kleinen Schüssel mit Buttermilch und Wasser verrühren.
3) Die gekeimten Mungsprossen noch einmal unter fließendem Wasser spülen, dann abtropfen lassen. Ghee in einem Topf schmelzen und Asafoetida, Kurkuma sowie Mungsprossen darin 5 Minuten anrösten. Dann die Buttermilchmasse, den Ingwer und die Curryblätter hinzufügen und etwa 15 Minuten auf mittlerer Flamme köcheln lassen.
4) Mit Salz und Vollrohrzucker abrunden und, falls vorhanden, mit frisch gehackten Korianderblättern bestreuen.

Gelber Mung Dal mit Spinat

Wirkt ausgleichend auf alle drei Doshas

»Königin der Hülsenfrüchte«: Nicht ohne Grund räumt der Ayurveda der Mungbohne eine derart hohe Stellung in der menschlichen Ernährung ein. Gelber Mung Dal ist die geschälte und halbierte Version der grünen Mungbohne. Er ähnelt angeschlagenen gelben Erbsen, weswegen man ihn auch als »gelben Dal« kennt. Gelber und grüner halbierter Mung Dal sind die beliebtesten Dalsorten Nordindiens; zudem liefern sie auch Nährstoffe in Hülle und Fülle – beispielsweise wertvolles Eiweiß und Fett, aber auch Provitamin A, Vitamine des B-Komplexes, Vitamin E und nicht zuletzt die Mineralstoffe Eisen, Phosphor, Kalium, Magnesium und Calcium. Nach dem Ayurveda vermehrt Mung Dal *Vata,* mit erwärmenden Gewürzen gekocht, ist er jedoch gut für alle drei *Doshas.* Er wird bei allen Beschwerden empfohlen, die auf ein Übermaß an *Pitta* und *Kapha* zurückzuführen sind, wie Erkältungskrankheiten, Husten und Magen- und Darmbeschwerden.
Auch Spinat hat unserer Gesundheit einiges zu bieten: zehn Vitamine und dreizehn Mineralstoffe, die u. a. die Blutbildung und das Immunsystem unterstützen. Die in ihm enthaltenen Bitterstoffe fördern nicht nur die Verdauung, sondern wirken auch als Tonikum für Herz, Leber und Nerven. Nach dem Ayurveda wird Spinat in kleinen Mengen von allen drei *Dosha*-Typen vertragen, in größeren Mengen vermehrt er *Vata* und *Pitta.*
Dieses Gericht ist optimal für alle Konstitutionen geeignet.

Die Gewürze entfalten ihr Aroma am besten, wenn Sie sie vor dem Servieren noch 1 – 2 Minuten in der Dalsuppe ziehen lassen.

Für 4 Personen

150 g gelber Mung Dal
1,5 l Wasser
¾ TL Kurkuma
2 TL gemahlener Koriander
2 TL frisch geriebener Ingwer
250 g frischer Spinat
1 EL Ghee (vegan: Maiskeimöl)
1 TL Kreuzkümmelsamen
¼ TL Cayennepfeffer
2 EL Zitronensaft
1 TL Stein- oder Meersalz

So wird's gemacht:

1) Dal verlesen, waschen und einweichen (mindestens einige Stunden).
2) In einem abgedeckten Topf Dal mit Wasser, Kurkuma, Koriander und Ingwer aufkochen. Hin und wieder umrühren. Dann auf mittlerer Flamme 40 Minuten – 1 Stunde (25 – 30 Minuten im Schnellkochtopf) weiterköcheln lassen, bis der Dal weich ist (im Schnellkochtopf wird weniger Wasser benötigt; restliches heißes Wasser später hinzufügen).
3) Den Spinat verlesen, waschen, abtropfen lassen, grobe Stiele entfernen und die Blätter fein hacken. Mit einem Schneebesen (oder mit einem Pürierstab) den Dal umrühren, bis er eine cremige Konsistenz hat. Nun den Spinat hinzufügen und weitere 5 Minuten köcheln lassen.
4) Ghee (oder Maiskeimöl) in einem Töpfchen erhitzen, Kreuzkümmel darin goldbraun rösten, dann den Cayennepfeffer dazugeben und 1 – 2 Sekunden darin rösten. Die Gewürze anschließend in den Dal geben (das Töpfchen mit etwas Dal ausschwenken, damit nichts von dem Ghee und den Gewürzen verloren geht.) Zum Abschluss Zitronensaft und Salz dazugeben.

Tridosha Mung Dal (*Grüner Mung Dal*)

Wirkt ausgleichend auf alle drei Doshas

Die Kraft der kleinen Bohne. Gespaltene Mungbohnen stehen in der indischen Küche und auch im Ayurveda hoch im Kurs. Der Grund: Sie sind leichter und bekömmlicher als alle anderen Arten von Bohnen und Hülsenfrüchten. Ob man nun die gelbe (geschälte) oder die grüne Sorte wählt, der Ayurveda schätzt die aufbauenden und reinigenden Eigenschaften von Mung Dal insbesondere in Khichari (siehe ab Seite 131) oder Dal (ab Seite 125). Doch das ist noch lange nicht alles; Mung Dal ist ideal, um eine Ansammlung von Stoffwechselprodukten *(Ama)* zu reduzieren, hilft bei Krankheiten des Verdauungstrakts, in der Rekonvaleszenzphase oder während einer Reinigungs- oder Regenerationskur.

Leckere Mung-Dal-Gerichte wirken auf den Organismus stärkend und leicht kühlend, was *Vata*- und *Kapha*-Typen durch erwärmende Gewürze wie Ingwer, Pfeffer, Kreuzkümmel und Asafoetida ausgleichen können. Für *Pitta* sind Hülsenfrüchte ideal. Auch mit den oben genannten Gewürzen (in angemessener Menge) und einer guten Portion *Pitta*-reduzierendem Korianderpulver oder frischen Korianderblättern kann *Pitta* diese Gerichte genießen. Wie Sie sehen, sind Mung-Dal-Gerichte mit einigen Gewürzen schnell auf Ihr individuelles *Dosha* abgestimmt. Und damit auch wirklich keine Langeweile aufkommt, können Sie Dal mit den verschiedensten Gemüsesorten variieren.

Gespaltene Mungbohnen (grünen Dal) bekommen Sie in indischen oder asiatischen Lebensmittelgeschäften oder beim indischen Gewürzversand. Ganze grüne Mungbohnen sind zwar leichter erhältlich, aber nicht so leicht bekömmlich, es sei denn, Sie lassen sie 3 – 4 Tage keimen (1 – 2 mal täglich spülen). Danach können Sie die Schalen leicht entfernen und haben so auch »gespaltene« Mungbohnen.

Für 4 Personen

250 g gespaltener grüner Mung Dal
¼ TL Asafoetida
1 TL Kurkuma
1,5 l Wasser
1 großer gelber oder grüner Zucchino (etwa 250 g)
2 mittelgroße Karotten (etwa 150 g)
1 – 2 EL frisch geriebener Ingwer
1 TL gemahlener Koriander (siehe Kasten folgende Seite)
1 EL Ghee (vegan: Sonnenblumenöl)
1½ TL Kreuzkümmelsamen
½ TL frisch gemahlener schwarzer Pfeffer
½ – 1 TL Stein- oder Meersalz
1 TL Zitronensaft

So wird's gemacht:

1) Dal verlesen und so oft waschen, bis das Wasser klar ist. Anschließend, wenn möglich, für einige Stunden einweichen.
2) Dal mit Asafoetida, Kurkuma und Wasser 25 – 30 Minuten (etwa 15 Minuten im Schnellkochtopf) weich kochen (verwenden Sie im Schnellkochtopf nur etwa 750 ml Wasser, da das Wasser sonst aus dem Ventil herausläuft).
3) Zucchino und Karotten waschen und in kleine Stifte schneiden. Nun das klein geschnittene Gemüse, Ingwer und gemahlenen Koriander zu dem Dal geben (falls Sie den Schnellkochtopf benutzen, nochmals 750 ml Wasser hinzugeben. Auch wer eine flüssigere Konsistenz vorzieht, jetzt ebenfalls etwas heißes Wasser dazugeben). Das Ganze 10 – 12 Minuten kochen, bis das Gemüse weich ist.

4) In einer kleinen Pfanne Ghee oder Öl erhitzen, Kreuzkümmel goldbraun rösten und mit Pfeffer und Salz in den Dal rühren. Noch einmal kurz aufkochen lassen, damit sich die Gewürze entfalten können. Falls gewünscht, mit einigen Tropfen Zitronensaft beträufeln und heiß servieren.

Pitta-Typ: Verwenden Sie nur 1 – 2 TL frischen Ingwer.

Variation für alle drei Doshas:

Zu den anderen Gewürzen machen sich auch 1 Msp Zimt, 2 zerstoßene Kardamomkapseln und ½ TL geröstete und zerstoßene Fenchelsamen gut.

Mung Dal schmeckt lecker zu Basmatireis oder Fladenbrot.
Wird Mung Dal zu Basmatireis serviert, so erhöht sich die biologische Wertigkeit des gesamten Eiweißes auf nahezu 100. Noch ein Gemüsegericht dazu gereicht, und Sie haben eine gesunde und rundum zufriedenstellende Mahlzeit.
Übrigens: Koriander schmeckt noch aromatischer, wenn Sie die Samen trocken rösten und in einem Mörser zu Pulver zerstoßen.

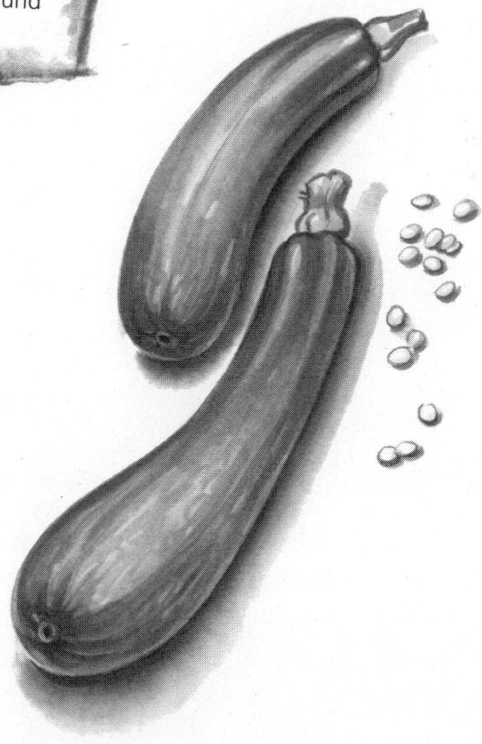

Südindische Dalsuppe *(Rasam)*

Wirkt Pitta- und sanft Kapha-erhöhend

Der rassige Pikante aus dem Süden. In keiner traditionellen südindischen Mahlzeit darf Rasam, die pikante Tur-Dal-Suppe, fehlen. Zwar gibt es Köche, die bei Rasam mit getrockneten roten Chilis und Cayennepfeffer wenig sparsam umgehen, doch wir bevorzugen diese weniger scharfe Rasam-Version.

Der gelbliche Tur Dal (englisch: Toor Dal) hat einen hohen Eisengehalt, viel Kalium, Magnesium, Calcium, Kupfer und Phosphor sowie Provitamin A, Vitamine B_1, B_6 und E und natürlich auch viel wertvolles Eiweiß und Kohlenhydrate. Nach dem Ayurveda erhöht Tur Dal das *Pitta-Dosha.* Mit seinen heißen, leichten und trockenen Eigenschaften ist Tur Dal genau das Richtige für *Kapha-* und *Vata-*Typen.

Erhältlich ist Tur Dal in indischen Lebensmittelgeschäften meist in geölter Form. Die Ölschicht dient als natürliches Konservierungsmittel und kann mit heißem Wasser abgewaschen werden.

Tamarinde, oder besser die Früchte des Tamarindenbaums, sind appetitanregend, fördern die Verdauung und stärken das Herz. Mit ihrer sauren Geschmacksrichtung ist Tamarinde ideal für zu Trockenheit neigende *Vata-*Typen.

Diese Suppe ist genau das Richtige für *Vata-*Typen, abgeändert und in Maßen auch für *Kapha-*Konstitutionen (siehe *Dosha-*Tipp).

Für 4 Personen

250 g Tur Dal (englisch: Toor Dal)
1,5 l Wasser
2½ EL frisch geriebener Ingwer
1 – 2 EL Tomatenmark
1 EL Jaggery bzw. Gur
1 – 1½ EL Rasam-Pulver (siehe Seite 264)
1 TL Tamarindenextrakt oder
50 g getrocknete Tamarindenschoten
(siehe Warenkunde Seite 279)
1 TL Ghee (vegan: Sesamöl)
1 TL Kreuzkümmelsamen
6 Curryblätter (möglichst frisch)
¼ TL Asafoetida
½ TL Kurkuma
1 TL Stein- oder Meersalz
1 TL frisch gehackte Korianderblätter

So wird's gemacht:

1) Tur Dal verlesen und in einer Schüssel mit heißem Wasser so lange waschen, bis die Ölschicht entfernt ist. Anschließend, wenn möglich, für einige Stunden einweichen.
2) Dal in einem Topf mit Wasser etwa 50 Minuten (30 – 35 Minuten im Schnellkochtopf) kochen, bis er fast zerfallen ist (im Schnellkochtopf nehmen Sie anfangs nur 1 l Wasser und gießen den Rest des heißen Wassers später nach).

3) Nun geriebenen Ingwer, Tomatenmark, Jaggery bzw. Gur, Rasam-Pulver und Tamarindenextrakt hinzugeben.
4) In einem kleinen Topf Ghee (oder Sesamöl) erhitzen, die Kreuzkümmelsamen und nach kurzer Zeit auch Curryblätter, Asafoetida und Kurkuma dazugeben. Gewürzmischung in den Dal gießen und kurz aufkochen lassen.
5) Salz und Korianderblätter hinzufügen und die Gewürze 2 – 3 Minuten ziehen lassen. Warm servieren.

Kapha-Typ: Lassen Sie die Tamarinde und eventuell das Tomatenmark weg und verwenden Sie dafür 2 EL Zitronensaft, den Sie zum Schluss hinzufügen.

Traditionell isst man zu Rasam Iddlis (Dampfkrapfen, siehe Seite 190). Frische Curryblätter bekommen Sie in indischen Lebensmittelgeschäften. Blätter, die Sie nicht frisch verwenden, können Sie trocknen. So haben Sie immer einen Vorrat an Curryblättern zu Hause.

Süßer Jagannatha-Kokosdal

Wirkt ausgleichend auf alle drei Doshas

Der Lieblingsdal von Jagannatha. Als die Briten zum ersten Mal das riesige Wagenfest in Jagannatha-Puri, der Hauptstadt Orissas, sahen, waren sie sehr beeindruckt. Seit vielen Jahrtausenden kommen dort jeden Sommer Millionen von Menschen zusammen, um zu Ehren von Jagannatha, dem lächelnden Gott, der in Sanskrit auch Krishna heißt, ein großes Festival auszurichten.
Im antiken Jagannatha-Tempel wird dieses Chana-Dal-Gericht bis auf den heutigen Tag nach einem altüberlieferten vedischen Rezept zubereitet und nach der Weihung an Tausende von Pilgern verteilt. Einer unserer Gäste, der zum ersten Mal diese Suppe kostete, bemerkte einmal, dass er nun verstehe, warum Jagannatha immer lächle.
Chana Dal ist die halbierte Version von Kala Chana, kleinen indischen Kichererbsen. Sein köstlicher Geschmack, sein hoher Nährwert und seine leichte Bekömmlichkeit machen ihn zu einer der beliebtesten Dalsorten Indiens. Nach dem Ayurveda erhöht Chana Dal das *Vata-Dosha* und wird daher *Pitta-* und *Kapha*-Menschen empfohlen. Bei diesem Rezept können aber alle drei Konstitutionstypen zugreifen.

Servieren Sie Jagannatha-Dal zu Reis und süßsaurem Gemüse (siehe Seite 64). Iddlis (siehe Seite 190) schmecken ebenfalls lecker dazu.

Für 4 Personen

250 g Chana Dal
1,5 – 1,8 l Wasser
2 Lorbeerblätter
½ TL Kurkuma
½ TL Asafoetida
2 EL Ghee (vegan: Sonnenblumenöl)
1 TL Kreuzkümmelsamen
½ TL gemahlener Koriander
1 – 2 TL frisch geriebener Ingwer
3 EL Kokosflocken
2 EL Jaggery bzw. Gur (oder Vollrohrzucker)
2 EL Zitronensaft
1½ TL Stein- oder Meersalz

So wird's gemacht:

1) Chana Dal verlesen und in einer Schüssel waschen, bis das Wasser klar ist. Über Nacht oder einige Stunden in Wasser einweichen (dann ist er besser verträglich).
2) Chana Dal abtropfen lassen und in einem Topf mit Wasser, Lorbeerblättern, Kurkuma und Asafoetida zum Kochen bringen. Dabei mit dem Deckel nur teilweise bedecken und den beim Kochen entstehenden Schaum hin und wieder abschöpfen. 35 – 45 Minuten kochen (25 Minuten im Schnellkochtopf), bis der Dal fast zerfallen ist (verwenden Sie weniger Wasser, wenn Sie den Dal im Schnellkochtopf kochen, und gießen Sie das restliche heiße Wasser später dazu).
3) Ghee (oder Sonnenblumenöl) in einem kleinen Topf oder in einer Pfanne erhitzen und Kreuzkümmel darin goldbraun rösten. Koriander, Ingwer und Kokosflocken dazugeben und ebenfalls leicht golden rösten. Diese Gewürzmischung nun vorsichtig über den Dal gießen (Vorsicht, es spritzt!).
4) Jaggery bzw. Gur dazugeben und alles gut umrühren. Lorbeerblätter entfernen, Zitronensaft und Salz hinzugeben. Falls gewünscht, Jagannatha-Dal mit einem Pürierstab pürieren.

Eintöpfe und Khicharis

Ohne Khichari (sprich: *Ki-dscha-rie)*, das leckerleichte Dal-Eintopfgericht, wäre der Ayurveda wie ein Wagen ohne Räder. Wenn es um leichte Bekömmlichkeit, rasche Nährstoffaufnahme und um die Reinigung von Stoffwechselgiften geht, steht Kichari an erster Stelle. Bei der Pancha-Karma-Kur beispielsweise, einer ayurvedischen Reinigungstherapie, ist Khichari die Diätspeise der Wahl, ebenso wie in der Rekonvaleszenzphase, bei Magen- und Darmbeschwerden oder auch einfach nur als leichte und schnell zuzubereitende Mahlzeit.
Die beiden Hauptzutaten sind Basmatireis und Mung Dal – hervorragend für jeden Konstitutionstyp.

Neben den vielen Würzmöglichkeiten ist es wohl der Menge und Vielfalt an Inhaltsstoffen zu verdanken, dass Khichari aus der Alltagsküche Indiens nicht wegzudenken ist. Jeder hat bei Khichari allerdings seine ganz persönlichen Favoriten, denn je nach den verwendeten Gewürzen, Kräutern und Gemüsesorten sind die verschiedenen Khichari-Variationen so vielfältig wie die indischen Unionsstaaten. Wenn Sie mit der Zeit Ihr eigenes Lieblings-Khichari-Rezept »entwickelt« haben, werden Sie darauf in Ihrer Küche nicht mehr verzichten wollen.

Spargel-Khichari

Wirkt ausgleichend auf alle drei Doshas

»Eine Schmeichelei für den Gaumen« – so nannte der Römer Cato den Spargel schon vor langer Zeit. Rund ums Mittelmeer gab es schon damals Zuchtspargel, zu uns kam er allerdings erst im Mittelalter. Spargel hat sehr wenig Kalorien, dafür aber viele Ballast- und Mineralstoffe. Spargel wirkt mild tonisierend und beruhigend auf Herz und Nerven. Er steigert die Tätigkeit der Nierenzellen und hilft dadurch, die im Körper angesammelten Giftstoffe über den Urin wieder auszuscheiden; daneben regt er die Verdauung an. Nach dem Ayurveda wirkt Spargel süß, zusammenziehend, bitter, kühl, leicht und feucht und gleicht alle drei *Doshas* aus.

Basmatireis und Mung Dal sind ideal für jeden Konstitutionstyp. Provitamin A, Vitamin E und Vitamine des B-Komplexes, alle essentiellen Aminosäuren, Kohlenhydrate, Fette, zahlreiche Mineralstoffe und Spurenelemente – für jeden ist etwas dabei. Ein Gericht, bei dem alle drei *Dosha*-Typen zugreifen können.

Interessant schmeckt Khichari auch mit einigen Tropfen Zitronensaft oder einem Schuss Buttermilch serviert. Reichen Sie dazu entweder frisches Ayurveda-Fladenbrot (z. B. Chapatis, siehe Seite 170) und/oder einen auf Ihr *Dosha* abgestimmten Salat.

Für 4 Personen

100 g gelber oder grüner Mung Dal
150 g Basmatireis
2 Lorbeerblätter
(oder 5 frische Curryblätter)
1 TL Kurkuma
1½ – 2 l Wasser
300 g weißer oder grüner Spargel
400 g Karotten oder Rote Bete
1½ TL Kreuzkümmelsamen
1½ TL Koriandersamen
½ TL Bockshornkleesamen (Methi)
1½ EL frisch geriebener Ingwer
1½ TL Stein- oder Meersalz
1 TL frisch gemahlener schwarzer Pfeffer
3 – 4 EL frisch gehackte Korianderblätter oder Basilikum

So wird's gemacht:

1) Dal verlesen. Zusammen mit dem Basmatireis in einer Schüssel waschen und so lange spülen, bis das Wasser klar wird. Falls es die Zeit erlaubt, Reis und Dal für 1 – 2 Stunden in Wasser einweichen.
2) Reis, Dal, Lorbeerblätter (oder Curryblätter) und Kurkuma zusammen mit 1 l Wasser in einem großen Topf oder einem Schnellkochtopf zum Kochen bringen und dann etwa 15 Minuten (im Schnellkochtopf 8 – 10 Minuten) bei mittlerer bis kleiner Hitze köcheln lassen.
3) In der Zwischenzeit Spargel waschen, schälen und in kleine Stücke schneiden (Spargelschalen und -abschnitte können Sie für Spargelfond (siehe Seite 110) weiterverwenden). Karotten oder geschälte Rote Bete waschen und in dünne Streifen schneiden.

4) Die Kreuzkümmel- und Koriandersamen in einem kleinen Topf ohne Fett zart goldbraun rösten. Die Bockshornkleesamen (Methi) erst gegen Ende dazugeben, da sie bitter schmecken, wenn sie zu stark geröstet werden. Die gerösteten Gewürze in einem Mörser oder einer Gewürzmühle zu feinem Pulver mahlen.
5) Nach etwa 15 Minuten das klein geschnittene Gemüse, den Ingwer sowie die gerösteten und gemahlenen Gewürze zu dem Reis-Dal-Gemisch geben und weitere 20 – 30 Minuten köcheln lassen, bis Dal und Gemüse weich sind (wer es gerne flüssiger mag, kann noch 500 ml – 1 l heißes Wasser hinzufügen).
6) Abschließend mit Salz und Pfeffer abrunden, die Lorbeerblätter entfernen und mit frisch gehackten Koriander- oder Basilikumblättern bestreuen.

Pitta-Typ: Das Kichari großzügig mit frischen Korianderblättern bestreuen und mit 1 – 2 EL geschmolzenem Ghee (vegan: Olivenöl) beträufeln.

Vata-Typ: Großzügig mit 2 EL geschmolzenem Ghee oder Olivenöl beträufeln.

Vata- und Kapha-Typ: Zur Abwechslung können Sie zu den anderen Gewürzen entweder noch Garam Masala (siehe Seite 261) oder auch Anis, Zimt, Nelken und zerstoßene Kardamomsamen geben.

Servieren Sie zu Kichari auch einmal Karhi mit Papadam (siehe Seite 121).

Weitere Vorschläge für Kicharis:

In erster Linie unterscheidet man zwischen dem bekömmlichen »Gili Khichari« (mild gewürzt und von feucht-flüssiger Konsistenz) wie Spargel-Kichari und dem reichhaltigeren »Sukha Khichari« (von dickflüssiger Konsistenz), das meist mit Gemüse, Nüssen und Trockenfrüchten (siehe unten) zubereitet wird.

Khichari mit Cashewnüssen und Rosinen

Wirkt ausgleichend auf alle drei Doshas

Fügen Sie dem fertigen Khichari 40 g trocken oder in Ghee geröstete Cashewnüsse, 40 g Rosinen und – falls gewünscht – auch 2 EL Kokosflocken hinzu.

Spinat-Khichari mit Panir

Wirkt sanft Kapha-erhöhend

Khichari mit 500 g frischem Spinat ist einfach ein Gedicht und gehört zu unseren persönlichen Favoriten. In Indien verwenden wir dafür auch Bathua (hierzulande ersatzweise Gartenmelde oder Brennnessel) und an besonderen Tagen 150 g in kleine Würfel geschnittenen Panir (Frischkäse) aus 1 l Milch, den wir eventuell vorher noch leicht braun frittieren.

Khichari mit frischen Erbsen und Blumenkohl

Wirkt sanft Vata-erhöhend

Rösten Sie 1½ TL Kreuzkümmelsamen, ½ TL Asafoetida, 1 gehackte kleine grüne Chili (entkernt) und die Röschen von einem kleinen Blumenkohl etwa 5 Minuten in 2 – 3 EL Ghee, bis der Blumenkohl goldbraun ist. Dann Blumenkohl herausnehmen. Den gewaschenen und abgetropften gelben Mung Dal, Basmatireis, Wasser und 1 TL Kurkuma hinzufügen und etwa 40 Minuten auf kleiner Flamme köcheln lassen. 15 Minuten vor Ende der Kochzeit 100 g frische Erbsen und Blumenkohl dazugeben (tiefgefrorene Erbsen geben Sie erst 5 – 8 Minuten vor Ende der Kochzeit dazu). Mit 1 TL Stein- oder Meersalz abrunden.

Vollkornbasmati-Khichari

Wirkt ausgleichend auf alle drei Doshas

Goldrichtig liegt man mit grünem Mung Dal und Basmatireis. Im Ayurveda sind beide von großer Bedeutung – und das aus gutem Grund, denn Mungbohnen besitzen mindestens zweiundzwanzig Prozent Eiweiß, nur ein bis zwei Prozent Fett und bis zu siebenundfünfzig Prozent Kohlenhydrate. Beachtlich ist auch ihr Gehalt an den lebenswichtigen B-Vitaminen und vor allem an Betacarotin (Provitamin A), daneben besitzen sie reichlich Eisen, Kalium, Phosphor und Magnesium sowie etliche Spurenelemente, die wichtige Schutzfunktionen für den Organismus haben.
Gespaltener grüner Mung Dal ist leichter bekömmlich als die ganzen Bohnen. Wer jedoch keinen gespaltenen Mung Dal bekommt, kann die ganzen Bohnen einfach drei Tage keimen lassen und anschließend von ihren grünen Schalen befreien. Gekocht wirkt Mung Dal nach dem Ayurveda auf alle drei *Doshas* ausgleichend.
Was der Mung Dal unter den Hülsenfrüchten ist, das ist der Basmatireis unter den Getreiden. Sein Geschmack und seine zahlreichen Heilwirkungen brachten ihm die Bezeichnung »der König der Reissorten« ein.
Khichari ist die ideale Kombination von Dal und Reis: Sie wirkt ausgleichend auf alle drei *Dosha*-Typen, unterstützt die Ausscheidung von Stoffwechseltoxinen und ist zudem auch leicht verdaulich. Serviert man Dal gemeinsam mit Reis, so beträgt die biologische Wertigkeit des Eiweißes nahezu 100.

Für 4 Personen

50 g Mungsprossen
150 g Vollkornbasmatireis
1 – 1,5 l Wasser
¼ TL Asafoetida
1 TL Kurkuma
650 g gemischtes Gemüse (z. B. Kürbis oder Zucchini, Brokkoli, Karotten)
1 EL frisch geriebener Ingwer
1 TL gehackte grüne Chili (entkernt)
4 EL gehackte Wildkräuter (z. B. Brennnessel, Giersch, Gartenmelde oder Spinat)
1 EL Kürbiskerne
1 EL Sonnenblumenkerne
1 EL Ghee oder Olivenöl
1 TL schwarze Senfsamen
1 TL Kreuzkümmelsamen
1 TL Garam Masala (siehe Seite 261)
½ TL frisch gemahlener schwarzer Pfeffer
1 TL Stein- oder Meersalz

So wird's gemacht:

1) Grüne Mungbohnen waschen und drei Tage keimen lassen (genaue Anleitung siehe Seite 277). Vollkornbasmatireis wenn möglich schon am Vorabend waschen und einweichen.
2) Die grünen Schalen der Mungbohnen lassen sich ganz einfach entfernen: Mungsprossen in eine Schüssel mit Wasser geben und mit der Hand umrühren. Dabei treiben die Schalen an die Oberfläche. Dann vorsichtig abgießen und Vorgang so lange wiederholen, bis alle Sprossen von den Schalen befreit sind.
3) Mungsprossen und abgetropften Reis in einem Topf mit Wasser, Asafoetida und Kurkuma für 20 Minuten kochen (12 – 15 Minuten im Schnellkochtopf).

4) In der Zwischenzeit Gemüse waschen und putzen. Kürbis oder Zucchini in kleine Würfel, Brokkoli in Röschen und Karotten in Stifte schneiden. Nun das Gemüse, Ingwer, Chili, die gewaschenen und gehackten Wildkräuter, Kürbis- und Sonnenblumenkerne dazugeben und weitere 25 – 30 Minuten kochen.
5) Ghee oder Olivenöl in einem kleinen Topf erhitzen. Senfsamen (abgedeckt) darin rösten, bis die Samen zu springen beginnen; nun den Topf so lange vom Feuer nehmen, bis sich die Samen beruhigt haben. Dann die Kreuzkümmelsamen dazugeben und für einige Sekunden goldbraun rösten. Die gerösteten Gewürze in das Khichari geben (damit kein Ghee verschwendet wird, können Sie den Topf mit etwas Khichari ausschwenken). Garam Masala, Pfeffer und Salz dazugeben. Gewürze für einige Minuten quellen lassen, damit sich ihr Aroma voll entfaltet, und anschließend servieren.

Vata-Typ: Geben Sie vor dem Servieren etwas geschmolzenes Ghee oder Olivenöl über das Khichari.

Pitta-Typ: Verwenden Sie zusätzlich 1 TL Korianderpulver und frische Korianderblätter. Beträufeln Sie das Kichari mit etwas geschmolzenem Ghee (vegan: Olivenöl). Obwohl das Khichari sehr mild gewürzt ist, können Sie bei zu starkem *Pitta* Senfsamen, Chili und Asafoetida reduzieren oder ganz weglassen.

Dieses Khichari schmeckt köstlich zu frischem Salat und Fladenbrot oder Papadams (siehe Seite 183).
Grüne Mungbohnen sind leichter erhältlich (in jedem Naturkostladen oder Reformhaus) als gespaltener grüner Mung Dal (im indischen Lebensmittelgeschäft oder beim Gewürzversand). Doch wenn es um leichte Bekömmlichkeit geht, hat letzterer den Vorrang (es sei denn, Sie keimen den grünen Dal und entfernen die Schalen, wie im Rezept angegeben).

Süßkartoffel-Tapioka-Khichari

Wirkt Kapha- und sanft Vata-erhöhend

Ekadashi, so nennt man in Indien den jeweils elften Tag nach Neumond und nach Vollmond. An diesen Tagen nehmen alle Verehrer Vishnus oder Krishnas weder Getreide noch Hülsenfrüchte zu sich. So ergab es sich, dass wir an einem dieser Tage in der heiligen Stadt Vrindavana das erste Mal dieses köstliche Khichari aßen.
Süßkartoffeln sind – anders als der Name vermuten lässt – weder mit Kartoffeln noch mit anderen Nachtschattengewächsen verwandt, sie gehören zur Familie der Winden. Sie glänzen mit einem hohen Gehalt an Provitamin A und Vitamin C, daneben besitzen sie Vitamine des B-Komplexes, Kohlenhydrate, Proteine und etliche Mineralstoffe wie Phosphor, Eisen und Calcium. Nach dem Ayurveda sind Süßkartoffeln süß, schwer und stärkend. Sie erhöhen das *Kapha*- und auch sanft das *Vata-Dosha.* Sie regen die Verdauung an, vertreiben Darmparasiten und lindern Hämorrhoiden. In der Ayurveda-Küche sind sie ein willkommenes Gemüse für all jene, die Kartoffeln nicht vertragen.
Die weißen Tapiokakügelchen werden aus der Maniokwurzel hergestellt. Sie sind stärkehaltig und besitzen viele wertvolle Vitamine und Mineralstoffe. Nach dem Ayurveda erhöht Tapioka sanft das *Kapha*- und sanft das *Vata-Dosha.*
Dieses Gericht ist genau das Richtige für *Pitta*- und in Maßen auch für *Vata*-Typen. Mit kleinen Abänderungen können gelegentlich auch *Kapha*-Konstitutionen zugreifen (siehe *Dosha*-Tipp).

Für 4 Personen

50 – 60 g Tapioka
etwas Wasser
1 EL Zitronensaft
4 – 5 Süßkartoffeln (850 g)
1 kleine grüne Chili
oder ½ TL Cayennepfeffer
4 EL Olivenöl
1 TL Kreuzkümmelsamen
1½ TL gemahlener Koriander
3 TL frisch gehackter Ingwer
¾ TL frisch gemahlener schwarzer Pfeffer
½ TL frisch geriebenene Muskatnuss
1 TL Stein- oder Meersalz
1 EL Zitronensaft
2 – 3 EL frisch gehackte Korianderblätter
oder Petersilie

So wird's gemacht:

1) Tapioka in einem feinen Sieb unter fließendem Wasser spülen und in einer kleinen Schüssel mit etwas Wasser und Zitronensaft 15 – 20 Minuten oder bis zur Weiterverwertung einweichen.
2) Süßkartoffeln mit Schale etwa 10 Minuten halb gar kochen.
3) Chili waschen, entkernen und fein hacken. Süßkartoffeln schälen und in Würfel schneiden. Tapioka abtropfen lassen.
4) Olivenöl in einer Anti-Haft-Pfanne erhitzen, Kreuzkümmel und einige Sekunden später Koriander, Chili und Ingwer dazugeben. Die Süßkartoffeln darin anbraten und mit Pfeffer, Muskat und Salz würzen. Zum Abschluss noch Tapioka, Zitronensaft und gehackte Korianderblätter oder Petersilie dazugeben.

Kapha-Typ: Verwenden Sie statt Süßkartoffeln normale Kartoffeln. Erhöhen Sie die Menge an schwarzem Pfeffer auf 1 TL, und geben Sie auch etwas mehr Chili dazu. Das Olivenöl reduzieren Sie auf 1 EL.

Wenn Sie zu lange umrühren oder das Gericht noch einmal aufwärmen, kann es sein, dass der Tapioka eindickt. Dem Geschmack tut dies jedoch keinen Abbruch.
Besonders lecker schmecken zu diesem Khichari saftige Gemüsegerichte sowie eine Dill-Meerrettich-Sauce (siehe Seite 96).
Falls Sie keine Süßkartoffeln bekommen, können Sie auch Kartoffeln verwenden. Und probieren Sie auch einmal die etwas größeren Tapiokakügelchen, die es in indischen Lebensmittelgeschäften gibt.

Quinoa-Khichari

Wirkt ausgleichend auf alle drei Doshas

Einmal ganz anders. Khicharis (sprich: *Ki-dscharies)* gehören zu den wichtigsten Zubereitungen der Ayurveda-Küche. Je flüssiger ihre Konsistenz ist, desto bekömmlicher sind sie.
Hier präsentiert sich Khichari einmal mit Quinoa statt mit Reis. Auch mit Quinoa ist Kichari nicht nur schnell zubereitet, sondern auch gesund. Denn Quinoa-Khichari ist allen drei *Doshas* zu empfehlen, vor allem aber *Kapha*-Typen, die eine Alternative zu *Kapha*-vermehrenden Getreidesorten suchen. Interessant sind auch die Inhaltsstoffe von Quinoa: etwa sechszehn Prozent Proteine, darunter besonders viel Lysin, dazu kommen ein hoher Anteil an ungesättigten Fettsäuren, Ballaststoffe und Mineralien. Und schließlich finden wir auch B-Vitamine, Vitamin C und E sowie Carotin in dem kleinen Gänsefußgewächs. Für Menschen mit Gluten-Unverträglichkeit ist Quinoa ebenso ideal wie für Rekonvaleszenten. Darüber hinaus wirkt Quinoa antiseptisch und stärkt die Abwehrkraft. Nach dem Ayurveda verstärkt Quinoa *Agni* und kann in Maßen allen drei *Dosha*-Typen empfohlen werden.
Wie alle Gerichte, die in einem Topf gekocht werden, sind auch Khicharis gerade für *Vata*-Menschen mit ihrer schwächeren Verdauungskraft optimal. Schon während des Kochens haben sich alle Zutaten »miteinander vertraut gemacht« und sind somit leichter zu verdauen. Auch *Pitta*-Typen kann dieses Khichari ans Herz gelegt werden, denn kühlender Mung Dal, ausgleichende Koriandersamen und -blätter sowie Dill sind genau das Richtige, um die sanft *Pitta*-verstärkenden Eigenschaften von Quinoa zu besänftigen.

Für 3 – 4 Personen

100 g gelber Mung Dal
1,25 – 1,5 l Wasser oder Gemüsebrühe
¼ TL Asafoetida
150 g Quinoa
250 g Zucchini
150 g Kürbis, Rote Bete oder Pastinaken
250 g grüne Bohnen
1 EL frisch geriebener Ingwer
½ TL Kurkuma
1 TL Koriandersamen
1 TL Fenchelsamen
1 TL Kreuzkümmelsamen
1 – 2 TL Ghee oder Olivenöl
½ TL frisch gemahlener schwarzer Pfeffer
1 TL Stein- oder Meersalz
3 – 4 EL frisch gehackter Dill und/oder Korianderblätter

So wird's gemacht:

1) Dal verlesen, waschen und wenn möglich 1 – 2 Stunden in Wasser einweichen.
2) Dal in einem Topf mit dem Wasser oder der Gemüsebrühe und Asafoetida zugedeckt 15 – 20 Minuten kochen (10 – 12 Minuten im Schnellkochtopf; in diesem brauchen Sie vorerst nur die halbe Wassermenge).
3) In der Zwischenzeit Quinoa in einem feinen Sieb unter fließendem Wasser spülen und abtropfen lassen. Das Gemüse waschen, putzen und klein schneiden.
4) Nun das Gemüse, Quinoa, Ingwer und Kurkuma zum Dal geben (für den Schnellkochtopf jetzt außerdem die restliche Menge heißes Wasser hinzufügen). Das Khichari 15 – 20 Minuten auf mittlerer Flamme köcheln lassen, bis das Gemüse gar ist. Zwischendurch einmal umrühren und, falls nötig, noch etwas Wasser hinzufügen.

5) Koriander-, Fenchel- und Kreuzkümmelsamen in einer Pfanne trocken rösten und fein mahlen. Ghee oder Olivenöl, Pfeffer, Salz und die übrigen Gewürze unter den Eintopf heben und einige Minuten auf der abgeschalteten Platte oder auf kleiner Gasflamme ziehen lassen.
6) Mit frisch gehackten Kräutern bestreuen und servieren.

Vata-Typ: Träufeln Sie über das Khichari bis zu 2 EL geschmolzenes Ghee (vegan: Olivenöl). Je flüssiger die Konsistenz des Khicharis, desto leichter verdaulich ist es.

Pitta-Typ: Träufeln Sie zum Schluss 1 – 2 EL Ghee (vegan: Olivenöl) über das Gericht. Bei zu starkem *Pitta* erhöhen Sie einfach die Menge von Koriandersamen und -blättern.

Kapha-Typ: Verwenden Sie möglichst wenig Salz (am besten Black Salt), dafür aber reichlich Ingwer und schwarzen Pfeffer.

Quinoa-Khichari mit Salat und etwas Buttermilch (siehe Seite 229) oder Kürbis-Raita (siehe Seite 199) ist ein köstlich komplettes Mittagessen; »pur« ist es ein ideales leichtes Abendessen. Mit einigen Rosinen, gerösteten Kürbis- oder Sonnenblumenkernen lässt sich dieses Gericht noch weiter verfeinern. Generell können Sie das Gemüse je nach Wunsch, Saison, Konstitutionstyp und Jahreszeit variieren und damit immer wieder neue Khichari-Variationen kreieren. Lassen Sie Ihrer Kreativität und Ihrer Intuition für das, was Ihnen am besten bekommt, freien Lauf.

Variation: Khichari mit Buchweizen

Wirkt ausgleichend auf alle drei Doshas

Auch mit Buchweizen schmeckt dieses Rezept köstlich. Buchweizen-Khichari ist allen drei Konstitutionstypen zu empfehlen, insbesondere aber *Kapha*-Naturen.
Ersetzen Sie den Quinoa durch 150 g ganzen Buchweizen. Buchweizen waschen, abtropfen lassen und in einer Pfanne 5 – 8 Minuten trocken rösten. Anschließend wie im Rezept beschrieben an Stelle von Quinoa weiterverarbeiten. Eventuell brauchen Sie 250 ml mehr Wasser.

Reis-, Getreide- und Kartoffelgerichte

Reisgerichte sind ein wichtiger Bestandteil in ayurvedischen Menüs, nicht nur wegen ihrer zahlreichen Nährstoffe, sondern auch wegen ihres delikaten Geschmacks. Aus den vielen Reis-Kochmethoden haben wir in unseren Rezepten zwei ausgewählt. Bei der einfachen Methode wird der gewaschene und abgetropfte Reis vor dem Kochen in etwas Ghee oder Öl und eventuell auch mit den Gewürzen sautiert. Anschließend wird er in so viel Wasser gekocht, dass der fertige Reis das ganze Wasser absorbiert hat (Mengenverhältnis von Reis und Wasser: 1:2).

Die zweite Methode stammt aus Afghanistan. Dort beherrschen die afghanischen Hindus die hohe Kunst des Reiskochens so perfekt, dass jedes einzelne Reiskorn locker, luftig und leicht von der Gabel fällt. Das Geheimnis besteht darin, den Reis in sprudelnd kochendem Salzwasser halb gar zu kochen und dann in einem zweiten Topf zu einem Reisberg mit einem Belüftungskanal in der Mitte zu formen, damit der Dampf während des Kochens frei aufsteigt und jedes einzelne Reiskorn erreicht. Der aufsteigende Dampf wird von einem sauberen Geschirrtuch aufgesaugt, das um die Innenseite des Deckels gewickelt wurde. Genauere Anleitungen finden Sie in den jeweiligen Rezepten (Karamelreis, Safranreis mit Käsebällchen und Gemüse-Pulao).

Noch ein kurzer Tipp zum Reiskochen: Falls möglich, weichen Sie den gewaschenen Reis 15 – 30 Minuten in Wasser ein. Dies lässt die Reiskörner vor dem Kochen noch etwas »entspannen« und intensiviert den Geschmack. Das mineralstoffhaltige Einweichwasser können Sie gleich zum Kochen verwenden. Nehmen Sie während des Reiskochens den gut schließenden Deckel nicht mehr ab und rühren Sie auch nicht um, damit die kleinen »Lüftungskanälchen« im Reis nicht zerstört werden.

Basmatireis mit Kurkuma

Wirkt ausgleichend auf alle drei Doshas

Der Königreis. Basmatireis wird in der Ayurveda-Küche wegen seiner guten Kocheigenschaften und aufgrund seines ausgeprägten Aromas und Duftes sehr geschätzt. Nicht umsonst nennt man ihn auch Duftreis. Auch seine Heilwirkungen sind überragend. Neben allen essentiellen Aminosäuren enthält Basmatireis viele Mineralstoffe, dazu Spurenelemente und Kohlenhydrate. Auch mit Vitaminen des B-Komplexes, Niacin und Pantothensäure geizt er nicht. Basmatireis ist eine der wenigen Getreidesorten, die auf alle drei *Doshas* ausgleichend wirkt. Da er leichter als alle anderen Getreide ist, kann er selbst von *Kapha*-Menschen in Maßen gegessen werden. Kühl, leicht und süß besänftigt er *Pitta,* und seine süßen und feuchten Eigenschaften gleichen *Vata* aus. Reis stärkt Haare, Zähne, Nägel, Muskeln und Knochen. Er lindert Magen- und Darmbeschwerden, schützt vor Hautkrankheiten und versorgt das Gehirn mit Energie. Seine entwässernden Eigenschaften und der geringe Fettanteil machen ihn ideal für Menschen mit Nierenkrankheiten, hohem Blutdruck oder Übergewicht.

Für 3 Personen

200 g Basmatireis
400 ml Wasser
2 TL Ghee (vegan: Sonnenblumenöl)
½ TL Kurkuma
½ – 1 TL Stein- oder Meersalz
einige Tropfen Zitronensaft

So wird's gemacht:

1) Reis waschen (falls möglich für 15 – 30 Minuten in Wasser einweichen; Einweichwasser zum Kochen weiterverwenden) und abtropfen lassen.
2) In einem Topf Ghee (oder Sonnenblumenöl) erhitzen, Kurkuma und den abgetropften Reis für einige Sekunden anrösten. Mit dem Wasser aufgießen, Salz hinzufügen und bei großer Hitze aufkochen lassen. Dann sofort auf kleine Flamme zurückschalten und etwa 15 Minuten köcheln lassen. Anschließend auf der ausgeschalteten Platte noch 1 – 2 Minuten quellen lassen. Der Basmatireis ist fertig, wenn sich ein Reiskorn beim Zusammendrücken zwischen zwei Fingern weich anfühlt.
3) Noch einige Tropfen Zitronensaft darüberträufeln und heiß servieren.

Gewürzreis

Wirkt ausgleichend auf alle drei Doshas

Wer klug würzt, bereichert nicht nur den Speisezettel, sondern tut vor allem auch der Gesundheit und sogar der Psyche etwas Gutes. Denn jedes Gewürz hat seine ganz spezifische Wirkung auf die Organe.
Koriandersamen enthalten ätherische Öle, Tannin, essentielle Fettsäuren und Vitamin C. Sie sind etwas Besonderes im Ayurveda, da sie alle drei *Doshas* ausgleichen. Koriandersamen stärken Körper und Herz, vermehren die Verdauungskraft *Agni* und kühlen ein erhöhtes *Pitta*. Außerdem wirken sie verdauungsfördernd und harntreibend. Ayurveda-Therapeuten empfehlen sie bei Appetitlosigkeit, Erbrechen, Blähungen, Asthma, Husten, Rheuma, allgemeiner Schwäche und Fieber.
Ebenso wie Koriander regt auch Kreuzkümmel *Agni* an, ohne die *Pitta*-Komponente zu stören. Auf diese Weise wirkt er auf alle drei *Doshas* ausgleichend. Kreuzkümmel reguliert die Darmflora und stärkt Augen, Herz, Leber, Nieren und Gebärmutter. Er fördert die Verdauung, reinigt das Blut, stillt Schmerzen und wirkt harntreibend. Auch bei Hämorrhoiden, Hautausschlag, Blähungen und Nieren- und Blasensteinen setzt man ihn gern ein.
Mit Basmatireis als Grundlage kann dieser Gewürzreis nach Herzenslust von allen drei *Dosha*-Typen genossen werden.

Gewürzreis passt gut zu allen Arten von Gemüsegerichten.

Für 4 Personen

250 g Basmatireis
500 – 550 ml Wasser
1 – 2 TL Ghee (vegan: Sonnenblumenöl)
1 TL Kreuzkümmelsamen
½ TL gemahlener Koriander
¼ TL Kurkuma
1 Prise Zimt
1 TL Stein- oder Meersalz
einige Tropfen Zitronensaft (nach Belieben)

So wird's gemacht:

1) Reis gründlich waschen, 15 Minuten einweichen und anschließend abtropfen lassen (das Einweichwasser zum Kochen weiterverwenden).
2) Ghee (oder Sonnenblumenöl) in einem Topf erhitzen. Die Kreuzkümmelsamen und nach 30 Sekunden auch Koriander, Kurkuma, Zimt und den Reis einige Minuten darin rösten, bis der Reis glasig wirkt.
3) Einweichwasser und Salz dazugeben, umrühren und den Deckel schließen. Den Reis aufkochen lassen, dann den Herd auf die kleinste Stufe stellen und den Reis etwa 15 Minuten köcheln lassen. Dabei den Deckel geschlossen halten, bis der Reis das Wasser restlos absorbiert hat.
4) Deckel abheben, den Dampf entweichen lassen und, falls gewünscht, einige Tropfen Zitronensaft darüberträufeln.

Kapha-Typ: Rösten Sie zusammen mit den Kreuzkümmelsamen auch ½ – 1 TL schwarze Senfsamen an. Auf Wunsch können Sie auch noch eine halbe gehackte kleine grüne Chili (entkernt) dazugeben.

Basmati-Wildreis

Wirkt sanft Kapha-erhöhend

Das Wunderkorn. Von allen Reissorten besitzt Basmatireis nicht nur die meisten Inhaltsstoffe, sondern auch die meisten Heilwirkungen – wenn er nicht poliert wurde und noch seinen vitamin- und mineralstoffreichen Keimling und das Silberhäutchen besitzt. Unpoliert glänzt Reis mit vielen Mineralstoffen sowie Vitaminen des B-Komplexes, Vitamin E und Niacin. Außerdem hat er viele Kohlenhydrate und Spurenelemente zu bieten.
Vollkornbasmatireis stärkt Haare, Zähne, Muskeln und Knochen. Außerdem schützt er vor Hautkrankheiten und versorgt das Gehirn mit Energie. Seine entwässernden Eigenschaften und sein geringer Fettgehalt machen ihn zu einem hochgeschätzten Diätetikum: ideal für Menschen mit Nierenkrankheiten, hohem Blutdruck und Übergewicht. Auch für Menschen mit Gluten-Unverträglichkeit ist Reis geeignet. Für Säuglinge und Magen-Darm-Kranke sind seine Schleimstoffe wohltuend.
Nach dem Ayurveda besitzt Vollkornbasmatireis sanft *Kapha*-erhöhende Eigenschaften.
Wildreis ist eine Wasserpflanze und wird im nordamerikanischen Seengebiet vom Kanu aus geerntet. Von allen Reissorten besitzt er den vergleichsweise höchsten Nährwert, nach dem Ayurveda wirkt er sanft *Kapha*- und *Pitta*-erhöhend.
Ein optimales Gericht für *Vata* und *Pitta*-Typen. In Maßen können auch *Kapha*-Konstitutionen zugreifen.

Für 4 Personen

150 g Vollkornbasmatireis
100 g Wildreis
625 – 650 ml Wasser
¾ TL gemahlener Koriander
½ TL Kurkuma
2 Nelken
1 TL Stein- oder Meersalz
2 – 3 EL geröstete halbierte Cashewnüsse
1 EL frisches Basilikum
1 EL frischer Majoran
eventuell etwas Ghee oder Butter
eventuell etwas Zitronensaft

So wird's gemacht:

1) Basmati- und Wildreis waschen und, wenn möglich, 1 – 2 Stunden einweichen.
2) Reis abtropfen lassen und in einem Topf mit (Einweich-)Wasser, Koriander, Kurkuma, Nelken und Salz zugedeckt zum Kochen bringen. Nach dem Aufkochen auf mittlere bis kleine Stufe zurückschalten und 35 – 40 Minuten kochen, bis der Reis gar ist (zu diesem Zeitpunkt sollte alles Wasser im Topf absorbiert und ein zwischen zwei Fingern zusammengedrücktes Reiskorn weich sein).
3) Nelken entfernen. Zum Abschluss geröstete Cashewnüsse, frisch gehackte Kräuter und, falls gewünscht, noch etwas Ghee oder Butter und Zitronensaft mit einer Gabel unterheben.

Spinatreis mit Karotten und Rosinen

Wirkt sanft Pitta- und sanft Kapha-erhöhend

Mit diesem Spinatreis überzeugen Sie selbst Skeptiker. Denn richtig zubereitet schmeckt Spinat nicht nur köstlich, sondern ist auch noch gesund. Da sind nicht nur zehn Vitamine und dreizehn Mineralstoffe, die u. a. die Blutbildung und das Immunsystem unterstützen, sondern auch noch hochwertiges Eiweiß und die hormonähnliche Substanz Sekretin, die die Sekretbildung in Magen, Galle und Bauchspeicheldrüse fördert. Die im Spinat enthaltenen Bitterstoffe regen nicht nur die Verdauung an, sondern wirken auch als Tonikum für Herz, Leber und Nieren. Nach dem Ayurveda wirkt gekochter Spinat sanft *Vata*- und sanft *Kapha*-erhöhend. Die ursprünglich aus dem Norden des vedischen (altindischen) Großreichs stammenden Karotten sind gut für die Augen, reinigen das Blut und stärken die Nieren. Der Ayurveda empfiehlt sie vor allem *Kapha*- und *Vata*-Konstitutionen. Dieses Gericht ist genau das Richtige für *Vata*-Konstitutionen, in etwas abgewandelter Form eignet es sich aber auch für *Kapha* und *Pitta* (siehe *Dosha*-Tipp).

Für 4 Personen

200 g Basmatireis
200 g frischer Spinat
2 TL Ghee (vegan: Sonnenblumenöl)
1 TL frisch geriebener Ingwer
1 TL Kurkuma
½ TL gemahlener Koriander
400 ml Wasser
1 – 1½ TL Stein- oder Meersalz
200 g Karotten
50 g Rosinen
50 – 100 g Ghee (vegan: Sonnenblumenöl) zum Frittieren
Saft einer Zitrone

So wird's gemacht:

1) Reis waschen, wenn möglich 15 Minuten in Wasser einweichen, anschließend abtropfen lassen. Spinat waschen, von den groben Stielen befreien und fein hacken.
2) In einem Topf Ghee (oder Sonnenblumenöl) erhitzen und Ingwer, Kurkuma, Koriander und Reis 2 Minuten darin anrösten. Mit dem Wasser ablöschen, Salz hinzufügen, Spinat auf den Reis geben und zugedeckt bei großer Hitze aufkochen lassen. Dann auf kleiner Stufe 12 – 15 Minuten köcheln lassen und anschließend auf der abgeschalteten Platte quellen lassen.

3) In der Zwischenzeit Karotten waschen und in feine Stifte schneiden. Karottenstifte und Rosinen nacheinander in einem kleinen Topf mit Ghee (oder Sonnenblumenöl) frittieren und in einem Sieb abtropfen lassen.
4) Zitronensaft zusammen mit Karotten und Rosinen mit Hilfe einer Gabel unter den Reis heben und den Reis servieren.

Kapha-Typ: Auch Sie können dieses Gericht genießen, wenn Sie die Karottenstifte und Rosinen mit dem Reis zusammen kochen, statt sie zu frittieren.

Pitta-Typ: Am Besten kochen Sie die Karottenstifte und Rosinen mit dem Reis und fügen noch ½ weiteren TL Korianderpulver hinzu.

Wildkräuter-Variante:

An Stelle von Spinat können Sie auch die jungen Spitzen von Brennnesseln, Giersch oder Gartenmelde verwenden.

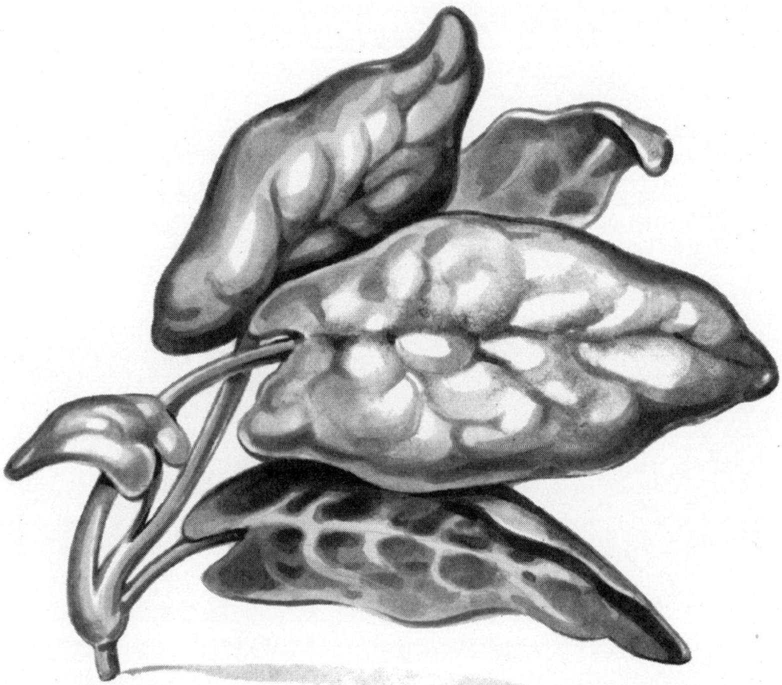

Vollkornreis mit Kräutern

Wirkt sanft Kapha-erhöhend

Ros Maris – »Tau des Meeres« – so besingen die Menschen am Mittelmeer seit alten Zeiten den duftenden Rosmarin. Aus gutem Grund, denn Kräuter gehören zu den wertvollsten Gaben, die die Erde für uns bereithält, und dies sogar in verschwenderischer Fülle. Kräuter können Schwache wieder stark, Erschöpfte wieder frisch, Traurige wieder heiter und Kranke wieder gesund machen.

Rosmarin bildet da keine Ausnahme. Sein Hauptwirkstoff ist ein ätherisches Öl; ferner enthält er Bitter- und Gerbstoffe und die krebshemmenden Flavonoide. Rosmarin wirkt appetitanregend, verdauungsfördernd und antiseptisch, er regt den Gallenfluss an und entwässert. Estragon regt den Appetit an, stärkt den Magen und hebt die Stimmung. Während Estragon nach dem Ayurveda *Vata*-vermehrend wirkt, verstärkt Rosmarin daneben auch etwas das *Pitta-Dosha*.

Die *Kapha*-verstärkende Wirkung von Vollkornreis wird in unserem Rezept durch die Gewürze und Kräuter etwas abgemildert. Ein empfehlenswertes Gericht für *Vata-* und für *Pitta*-Menschen und in Maßen auch für *Kapha*-Konstitutionen.

Für 4 Personen

250 g Vollkornbasmatireis
625 – 650 ml Wasser
1 TL frisch geriebener Ingwer
1 – 2 Nelken
½ TL Kurkuma
1 TL Stein- oder Meersalz
1 EL Kräuter der Provence
½ TL getrockneter Estragon
½ TL getrockneter Rosmarin
(oder 1 Zweiglein frischer Rosmarin)
eventuell etwas Ghee oder Butter
eventuell etwas Zitronensaft

So wird's gemacht:

1) Vollkornreis waschen und, wenn möglich, 15 – 30 Minuten einweichen.
2) Reis abtropfen lassen. Wasser in einem Topf mit Reis, Ingwer, Nelken, Kurkuma, Salz und Kräutern zugedeckt zum Kochen bringen. Nach dem Aufkochen auf mittlere bis kleine Flamme zurückschalten und 25 – 30 Minuten kochen, bis der Reis gar ist (zu diesem Zeitpunkt sollte das ganze Wasser im Topf absorbiert und ein zwischen zwei Fingern zusammengedrücktes Reiskorn weich sein).
3) Nelken herausnehmen und, falls gewünscht, noch etwas Ghee oder Butter und Zitronensaft mit einer Gabel unterheben.

Wenn Sie möchten, können Sie den abgetropften Reis auch mit Gewürzen und Ingwer in 1 – 2 TL Ghee (oder Olivenöl) glasig anrösten und anschließend mit Wasser und den Kräutern gar kochen. Und vergessen Sie nicht, *frische* Kräuter schmecken natürlich am aromatischsten.

Karamellreis

Wirkt sanft Kapha-erhöhend

Gewusst wie. Reis zu kochen, mag auf den ersten Blick einfach erscheinen; doch einen luftig lockeren und trotzdem körnigen Reis zu erhalten, ist schon fast eine Kunst. Probieren Sie es doch einmal mit der Methode unserer Freundin Arati aus Afghanistan. Sie werden sehen: Nicht umsonst kennt man Afghanistan als das Land der Pulaos, der Reisgerichte.

Basmatireis – oder Duftreis, wie er wegen seines ausgeprägten Aromas und Duftes auch genannt wird – hat allerdings nicht nur unserem Gaumen etwas zu bieten, sondern auch unserer Gesundheit. Neben allen essentiellen Aminosäuren enthält Basmatireis viele Mineralstoffe, dazu Spurenelemente und Kohlenhydrate. Auch mit Vitaminen des B-Komplexes, Niacin und Pantothensäure geizt er nicht. Basmatireis ist eine der wenigen Getreidesorten, die auf alle drei *Doshas* ausgleichend wirkt. Da er leichter als alle anderen Getreide ist, kann er selbst von *Kapha*-Naturen in kleinen Mengen gegessen werden. Reis stärkt Haare, Zähne, Nägel, Muskeln und Knochen. Er lindert Magen- und Darmbeschwerden, schützt vor Hautkrankheiten und versorgt das Gehirn mit Energie. Seine entwässernden Eigenschaften und der geringe Fettanteil machen ihn ideal für Menschen mit Nierenkrankheiten, hohem Blutdruck und Übergewicht.

Der Roh-Rohrzucker verleiht diesem Gericht einen sanft *Kapha*-erhöhenden Effekt, genau das Richtige also für *Vata*- und *Pitta*-Menschen. In Maßen können jedoch auch *Kapha*-Konstitutionen zugreifen.

Für 3 – 4 Personen

250 g Basmatireis
1,5 – 2 l Wasser
1 TL Stein- oder Meersalz
½ TL Kurkuma
1 TL Garam Masala (siehe Seite 261)
1 EL Ghee (vegan: Olivenöl)
1 EL Roh-Rohrzucker
etwa 100 ml Wasser

So wird's gemacht:

1) Reis waschen und, wenn möglich, 15 Minuten einweichen.
2) In einem großen Topf das Wasser und ½ TL Salz zum Kochen bringen und den Basmatireis 5 – 6 Minuten darin kochen.
   Der Reis sollte nur halb gar sein. Dann das Wasser abgießen und den Reis mit kaltem Wasser spülen und abtropfen lassen.
3) Den Reis in einen trockenen Topf füllen und zu einem Reisberg formen. Mit einem Kochlöffelstiel in der Mitte des Berges ein Loch bis zum Topfboden bohren. ½ TL Salz, Kurkuma und Garam Masala auf den Reisberg streuen.
4) Ghee (oder Olivenöl) in einer Pfanne erhitzen. Den Zucker darin schmelzen, bis er sich aufgelöst hat, und sofort über den Reisberg gießen. Zum Schluss etwas Wasser über den Reisberg gießen (die Wassermenge ist davon abhängig, wie weich der Reis vorher gekocht wurde; wurde er versehntlich zu weich gekocht, wird weniger Wasser benötigt). Nun den Topf mit einem gut schließenden Deckel, der in ein sauberes Tuch gewickelt wurde, abdecken.
5) Den Reis erneut auf mittlerer Flamme köcheln lassen. Sobald es nach wenigen Minuten im Topf knistert, den Gasherd auf kleinste Flamme stellen oder die Elektroplatte sofort ausstellen und den Topf noch 5 – 7 Minuten auf der abgeschalteten Platte stehen, aber nicht anbrennen lassen.

Safranreis mit Käsebällchen

Wirkt Kapha-erhöhend

Der König der Gewürze. Safran wird aus der Blütennarbe des Safrankrokus gewonnen. Jede Krokusblüte enthält nur drei bis vier Safranfäden, die einzeln mit der Hand gepflückt werden. Verständlich, dass Safran nicht gerade billig ist. Doch sein Geschmack und erst recht seine Heilwirkungen sind seinen Preis allemal wert. Ähnlich wie Basmatireis harmonisiert auch Safran alle drei *Doshas*. Er regt die Verdauungskraft *(Agni)* an und eignet sich besonders gut bei kaltem Klima. Ayurveda-Therapeuten schätzen seinen antiseptischen, leicht abführenden und harntreibenden Einfluss. Safran stillt Schmerzen, löst Krämpfe, vernichtet Darmparasiten, hilft bei Kopfschmerzen und stärkt Leber und Milz. Ebenso setzt man ihn gern bei Keuchhusten und Blähungen ein. Safran ist bei körperlicher und auch bei psychischer Überanstrengung sowie bei Schlafstörungen hilfreich. Als *Sattva*-Gewürz fördert er Hingabe und Mitgefühl. Daneben belebt Safran die Blutbildung, den Kreislauf und die weiblichen Unterleibsorgane. Dieses Gericht ist goldrichtig für *Vata*- und *Pitta*-Typen.

Zusammen mit einer Suppe oder einem Salat ist dieser Safranreis bereits eine köstlich komplette Mahlzeit.

Für 5 – 6 Personen

Für den Panir (Frischkäse):
2 l Milch
Saft einer Zitrone
(etwa 500 ml Molke aufheben)
100 g Ghee zum Frittieren

Für den Reis:
1 TL Safranfäden
oder ½ TL gemahlener Safran
1 EL Rosenwasser
350 g Basmatireis
2 l Wasser
½ TL Stein- oder Meersalz
50 g Rosinen
4 – 5 Kardamomkapseln
2 EL Ghee zum Karamellisieren
2 TL Roh-Rohrzucker
1 TL Stein- oder Meersalz
200 – 250 ml Wasser
50 g geröstete Cashewnüsse
oder Mandelstifte

So wird's gemacht:

1) Safranfäden in Rosenwasser einweichen. Reis waschen und nach Möglichkeit 15 – 30 Minuten einweichen.
2) Gepressten Panir aus Milch und Zitronensaft herstellen (eventuell schon am Vorabend; genaue Anleitung siehe Seite 226) und Molke aufheben. Panir in Würfel schneiden oder weich kneten und zu Bällchen formen. Käsebällchen in einem Topf mit Ghee goldbraun frittieren und anschließend in einer Schüssel mit der warmen Molke einweichen.

3) Währenddessen den Reis abtropfen lassen und einen großen Topf mit dem Wasser und Salz zum Kochen bringen. Den Reis in das sprudelnde Wasser geben und 5 – 6 Minuten nur halb gar kochen (die Reiskörner sollten noch eine feste Konsistenz haben und nicht zu weich sein). Den Reis abgießen, in kaltem Wasser spülen und abtropfen lassen.
4) Den Reis in einen großen trockenen Topf füllen und mit einem Löffel einen Reisberg formen. Mit dem Löffelstiel in der Mitte des Berges ein Loch bis zum Topfboden bohren.
5) Rosinen waschen und abtropfen lassen. Kardamomkapseln aufschlitzen und Samen zu Pulver zerstoßen. Ghee in einem kleinen Topf schmelzen und den Roh-Rohrzucker darin karamellisieren. Wenn sich der Zucker aufgelöst hat, Kardamompulver, Safranfäden mit Rosenwasser, Salz und Wasser hinzufügen. Nun diese Flüssigkeit über dem Reisberg verteilen, ohne das Loch zuzuschütten. Anschließend auch die Rosinen und die Cashewnüsse oder Mandelstifte darüber verteilen.
6) Den Topf mit einem gut schließenden Deckel, der in ein sauberes Tuch gewickelt wurde, abdecken. Das Tuch soll den beim Kochen entstehenden Dampf, der sich an der Deckelunterseite sammelt, absorbieren, damit kein Wasser in den Reis zurücktropft.
7) Den Reis auf mittlerer Flamme vorsichtig köcheln lassen, bis die Reiskörner im Topf leise knisternde Geräusche von sich geben. Nun auf kleinste Gasflamme stellen oder Elektroplatte sofort ausstellen und noch 5 – 7 Minuten auf der (ausgeschalteten) Platte ruhen lassen. Auf dem Gasherd sollte die Flamme dabei nicht zu stark sein, damit der Reis nicht anbrennt.
8) Zum Abschluss die Käsebällchen unter den Reis heben und heiß servieren.

Gemüse-Pulao (*Gemüsereis*)

Wirkt ausgleichend auf alle drei Doshas

Die Perfektion des Reises. Die hohe Kunst der afghanischen Hindus, Reis zuzubereiten, ist berühmt, denn bei diesem Reis ist jedes einzelne Korn locker, luftig und leicht.
Probieren Sie es nur einmal selbst. Sie werden den Dreh schnell heraushaben, und dann werden Ihre Reisgerichte ebenso einzigartig sein wie die von unserer Freundin Arati. Der Trick ist, den Reis in sprudelnd heißem Wasser nur halb gar zu kochen. Die Kochzeit kann je nach Reissorte und Anbaugebiet geringfügig variieren; prüfen Sie die Festigkeit deshalb nach etwa vier Minuten, indem Sie ein Reiskorn zwischen zwei Fingern drücken.
Neben dem König der Reissorten, dem Basmatireis, darf natürlich auch Kurkuma (Gelbwurz) nicht fehlen. Kurkuma ist ein natürliches Antibiotikum, das die Verdauung stärkt und die Darmflora verbessert. Gleichzeitig verleiht es Energie und Wärme, aktiviert die Leberfunktion und wirkt stark blutreinigend, harntreibend und nervenstärkend. Außerdem regt Kurkuma den Appetit an, stillt Schmerzen und hilft bei Entzündungen und Hautausschlägen. Für die antiseptischen Eigenschaften sind neben Jod auch sechs Prozent ätherische Öle verantwortlich. Nach dem Ayurveda kann Kurkuma ebenso wie Basmatireis, gekochte Rosinen und in moderaten Mengen auch frische und zarte Erbsen allen drei Konstitutionstypen ans Herz gelegt werden.
Alles in allem also ein Gericht, bei dem alle drei *Dosha*-Typen zugreifen können.

Gemüsereis schmeckt hervorragend mit Karhi-Sauce (siehe Seiten 118, 121) und Salat.

Für 6 Personen

375 g Basmatireis
300 g Brokkoli
125 g frische Erbsen (Bruttogewicht 250 g)
250 g Kürbis oder Rote Bete
2 l Wasser
1 TL Stein- oder Meersalz
3 EL Rosinen
3 EL Mandelstifte oder -blättchen
1 EL Ghee (vegan: Sonnenblumenöl)
1½ TL gemahlener Kreuzkümmel
1 TL Kurkuma
1½ TL Garam Masala (siehe Seite 261)
200 – 250 ml Wasser
einige Tropfen Zitronensaft nach Belieben

So wird's gemacht:

1) Basmatireis waschen und, falls möglich, für 15 – 30 Minuten in Wasser einweichen. Vor dem Kochen Reis abtropfen lassen.
2) Gemüse waschen. Brokkoli in kleine Röschen schneiden. Erbsen schälen, Kürbis oder Rote Bete schälen und in dünne Stifte schneiden. Gemüse in einem Topf mit Wasser etwa 10 Minuten halb gar dünsten.
3) Einen großen Topf mit dem Wasser und ½ TL Salz zum Kochen bringen und Reis darin 4 – 5 Minuten halb gar kochen. Anschließend Wasser abgießen, Reis mit viel kaltem Wasser spülen und abtropfen lassen.
4) In dem großen Topf vorsichtig den Reis mit dem Gemüse mischen. Alles zu einem großen Berg formen und dabei zwischen Reisberg und Topfwand einen 1 cm breiten Rand lassen. Mit dem Kochlöffelstiel in der Mitte des Reisberges ein Loch bis zum Topfboden bohren. Die gewaschenen Rosinen und Mandelstifte über dem Reis verteilen.

5) Ghee (oder Sonnenblumenöl) in einer Pfanne schmelzen, Kreuzkümmel, Kurkuma und Garam Masala darin anrösten und sofort über den Reisberg gießen, ohne das Loch zuzuschütten. Zum Schluss Wasser mit ½ TL Salz in der Pfanne schwenken und anschließend auch über den Reisberg gießen (die Wassermenge ist davon abhängig, wie lange der Reis vorher gekocht wurde; wurde er versehentlich zu weich gekocht, wird weniger Wasser benötigt). Nun den Topf mit dem gut schließenden Deckel, der in ein sauberes Küchentuch gewickelt wurde, abdecken. Das Tuch soll den beim Kochen entstehenden Dampf, der sich an der Deckelunterseite sammelt, absorbieren, damit kein Wasser in den Reis zurücktropft.
6) Den Reistopf erneut auf die Flamme stellen. Sobald es nach wenigen Minuten im Topf knistert, den Gasherd auf kleinste Flamme stellen oder die Elektroplatte sofort ausstellen und den Topf noch einige Minuten auf der abgeschalteten Platte stehen lassen. Dies dauert insgesamt 5 – 7 Minuten. Darauf achten, dass der Reis nicht anbrennt.
7) Nun vorsichtig alles miteinander mischen. Je nach Wunsch noch einige Tropfen Zitronensaft über den Reis träufeln und warm servieren.

Variation:

Das Gemüse können Sie natürlich je nach Jahreszeit, *Dosha*-Typ und Geschmack auswählen. Probieren Sie den Pulao z. B. auch einmal mit gedünsteten grünen Bohnen, Blumenkohl, Fenchel oder mit in wenig Ghee (vegan: Sonnenblumenöl) gebratenen Auberginenwürfeln. Köstlich schmeckt er immer.

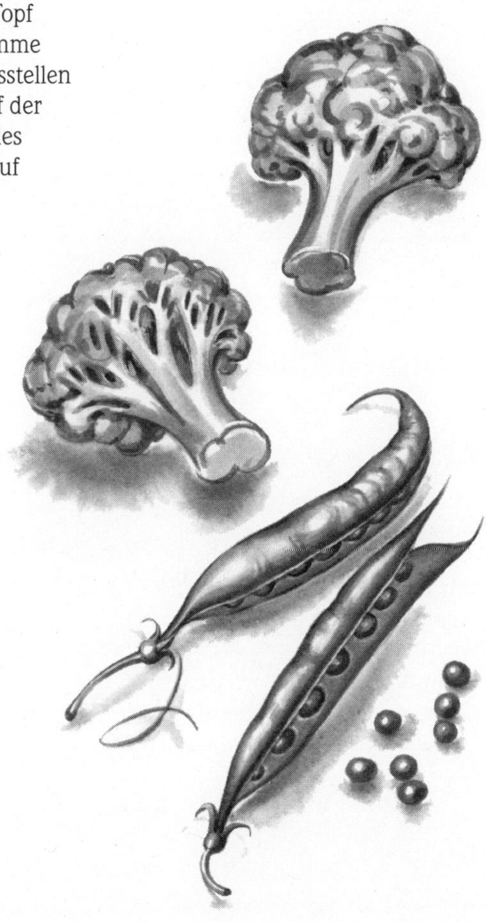

Reisflocken mit Zucchini und Mungsprossen

Wirkt ausgleichend auf alle drei Doshas

Winzige Wunder. In der Mungbohne ruht alles Leben wie im Winterschlaf. Bekommt sie aber ihre vier Elixiere, nämlich Wasser, Sauerstoff, Wärme und Licht, dann wird es schlagartig Frühling in der winzigen Wunderkapsel. Während des Keimvorgangs steigt sowohl der Vitamingehalt als auch der Anteil an Mineralien. Unter dem Einfluss der mobilisierten Enzyme nimmt der Eiweißgehalt zu, und das Eiweiß wird sogar schon in seine Bausteine, die Aminosäuren, umgewandelt – ein Prozess, der normalerweise erst im Körper bei der Verdauung erfolgt. Bereits nach vier Tagen Keimzeit hat sich bei Mungbohnen der Glukosegehalt (wichtig für Leistungsfähigkeit und Energie) um das Sechsfache erhöht! Kurz gekocht sind Mungsprossen allen drei *Dosha*-Typen zu empfehlen. Reisflocken sind – in allen möglichen Variationen – ein beliebtes und schnelles Gericht in Indien. Poha nennt man sie dort. Verwenden Sie für dieses Gericht Vollkornreisflocken (im Reformhaus oder im Naturkostladen erhältlich). Bei diesem Gericht können alle drei *Dosha*-Typen nach Herzenslust zugreifen.

Reichen Sie zu den Reisflocken Salat, Kürbis- oder Gurken-Raita (siehe ab Seite 199) oder Karhi-Sauce (siehe Seiten 118, 121). Menschen mit *Vata*- und *Pitta*-Dominanz können nach Belieben auch noch gebratene Tofu- oder Panirwürfel hinzufügen.

Für 4 Personen

200 g Vollkornreisflocken
250 g Mungsprossen
200 g Zucchini
250 g Rote Bete
2 EL Ghee oder Olivenöl
3 TL frisch geriebener Ingwer
3 – 4 TL Madras Curry (siehe Seite 260)
1 TL schwarze Senfsamen
4 EL Sojasauce
50 – 75 ml Wasser
1 TL Stein- oder Meersalz
Saft einer halben bis ganzen Zitrone
frisch gehackte Petersilie oder Korianderblätter

So wird's gemacht:

1) Reisflocken und Mungsprossen jeweils in einem feinen Sieb unter fließendem Wasser spülen und abtropfen lassen. Zucchini waschen und in feine dünne Stifte schneiden. Rote Bete waschen, schälen und fein raspeln.
2) Ghee oder Öl in einem Topf erhitzen. Ingwer, Madras Curry, Senfsamen, Zucchinistifte und Rote-Bete-Raspel 5 Minuten darin anrösten. Dann die Reisflocken und nach weiteren 2 – 3 Minuten Mungsprossen und Sojasauce hinzufügen. Alles mit einem Holzlöffel gut umrühren, damit nichts anbrennt. Wasser hinzufügen und auf kleiner Flamme weitere 5 – 8 Minuten abgedeckt köcheln lassen.
3) Salz unterheben, mit Zitronensaft beträufeln und mit frischen Kräutern bestreuen.

Gefüllte Weinblätter

Wirkt ausgleichend auf alle drei Doshas

Kleine Kunstwerke. Gefüllte Weinblätter kennt man in Griechenland und der Türkei schon lange als kulinarische Leckerbissen. Ob als leichte Vorspeise, erfrischender Snack oder fantasievolle Beilage, gefüllte Weinblätter sind immer eine kreative Bereicherung des Speiseplans – und obendrein eine gesunde. Neben verschiedenen Vitaminen und Mineralstoffen enthalten Weinblätter Kohlenhydrate, Gerbstoffe und Äpfel- und Bernsteinsäure. Nach dem Ayurveda sind in Salzlake eingelegte Weinblätter leicht sauer, trocken und scharf, d. h., sie erhöhen *Pitta* und *Vata*.
Preiselbeeren besitzen die gleiche säuerlich herbe Geschmacksrichtung. Neben Carotin, B-Vitaminen und Vitamin C haben sie insbesondere Magnesium, Eisen und ein günstiges Natrium-Kalium-Verhältnis zu bieten, wodurch die Entwässerung unterstützt wird. Ihre Pektine sind von cholesterinsenkender Wirkung. Nach dem Ayurveda verstärken auch Preiselbeeren das *Pitta*- und sanft das *Vata-Dosha* – eine Wirkung, die durch die *Kapha*-vermehrende Füllung aus Reis, Mandelblättchen und Olivenöl wieder etwas ausgeglichen wird. Bei diesem Gericht können also alle drei Konstitutionstypen zugreifen.
Gefüllte Weinblätter brauchen etwas Zeit. Sie können aber ohne Weiteres bereits einige Stunden vor dem Verzehr gefüllt und etwa 25 Minuten vor dem Servieren fertig gekocht werden. Besonders lecker schmecken gefüllte Weinblätter mit Panirwürfeln in Sahnesauce (siehe Seite 104) und Feldsalat (siehe Seite 197).

Getrocknete Preiselbeeren bekommen Sie in persischen oder türkischen Lebensmittelläden.
Wenn Sie frische ungespritzte Weinblätter bekommen können, blanchieren Sie diese einfach einige Minuten in kochendem Wasser – das macht sie weich zur Weiterverarbeitung.

Für 4 – 6 Personen

200 g Weinblätter in Salzlake (Abtropfgewicht)
300 g Vollkornbasmatireis
600 ml Wasser
¼ TL Kurkuma
2 EL Mandelblättchen
2 EL getrocknete Preiselbeeren oder Rosinen
1 TL Stein- oder Meersalz
¾ TL frisch gemahlener weißer Pfeffer
2 EL Olivenöl
300 ml Wasser (oder Molke von der Panirherstellung)
2 – 3 EL Olivenöl
Saft einer Orange oder von 2 Mandarinen

So wird's gemacht:

1) Weinblätter unter fließendem Wasser abspülen und 15 Minuten in klarem Wasser einweichen.
2) Vollkornbasmatireis waschen. Mit dem Wasser und Kurkuma 15 – 20 Minuten kochen. Dann Mandelblättchen, Preiselbeeren oder Rosinen, Salz, Pfeffer und Olivenöl unter den Reis heben. Den Reis von der Flamme nehmen.
3) Die Weinblätter abtropfen lassen. Je 1 – 2 TL der Reismischung in die Mitte eines Weinblattes (glatte Seite nach außen) geben, Blatt wie ein Kuvert von den Ecken her zusammenlegen und leicht aufrollen.
4) Topfboden mit Weinblättern auslegen und die gefüllten Blätterrollen daraufschichten. Mit Wasser oder Molke und Olivenöl übergießen und 20 Minuten zugedeckt kochen. Kurz vor Ende der Kochzeit den Saft der Orange oder der Mandarinen darüberträufeln. Warm servieren.

Upma (Vollkorngrieß mit Gemüse)

Wirkt Kapha-erhöhend

Die indische Polenta. Upma gibt es in Indien in so vielen Variationen, wie es Landstriche gibt. Schnell und einfach zubereitet, ist Upma dort überall ein beliebtes Hauptgericht. Wenn man es einem Europäer beschreiben wollte, dann könnte man sagen, dass Upma etwas an die italienische Polenta oder an nordafrikanischen Couscous erinnert – obwohl es eben auch wieder etwas Eigenes hat.
»König der Getreide«, so nennt der Ayurveda den Weizen. Vollkornweizen enthält nicht nur Provitamin A, Vitamine des B-Komplexes und Vitamin E, sondern auch eine Vielzahl an Mineralstoffen, Spurenelementen, Hormonen und Enzymen, außerdem aromatische Öle, hochwertiges Eiweiß und eine Reihe von anderen biologisch wertvollen Stoffen. Er wirkt stärkend, aufbauend und *Kapha*-vermehrend. Weizen hilft bei Hautausschlägen, Durchfall, Arthritis, rheumatischem Fieber und bestimmten Formen von Krebs.
Je nachdem, welche Gemüse Sie verwenden, können Sie diesem Rezept immer wieder eine andere Geschmacksnuance verleihen.
Dieses Upma-Rezept mit wenig Ghee und separat gedünstetem Gemüse ist ideal für *Pitta*- und *Vata*-Menschen.

Für 4 – 6 Personen

700 g gemischtes Gemüse nach Wahl
(z. B. 1 Viertel Brokkoli, 1 – 2 Rote Bete, 1 Zucchino, 1 Kartoffel, 1 Paprika)
1,2 l Wasser
3 EL Ghee (vegan: Sonnenblumenöl)
1 TL schwarze Senfkörner
2 TL Kreuzkümmelsamen
½ TL Bockshornkleesamen (Methi)
½ TL Asafoetida
½ TL Kurkuma
1 EL frisch geriebener Ingwer
225 g Weizen- oder Dinkelvollkorngrieß
½ TL frisch gemahlener schwarzer Pfeffer
1 TL Stein- oder Meersalz
2 EL Zitronensaft
eventuell etwas Ghee oder Olivenöl

So wird's gemacht:

1) Gemüse waschen, putzen und klein schneiden (Brokkoli in Röschen, Rote Bete und Zucchino in kleine Stifte, Kartoffel in Würfelchen). Rote-Bete-Stifte und Brokkoliröschen in einem Topf mit 700 ml Wasser halb gar kochen. Ganze Paprikaschote ebenfalls mitkochen, bis die Haut aufplatzt, dann schälen und klein schneiden.
2) 500 ml Wasser kochen und bereitstellen.
3) In einem (großen) Topf Ghee (oder Sonnenblumenöl) schmelzen, Senfkörner in einem Topf mit Deckel anrösten, bis sie zu springen beginnen, dann Topf von der Flamme nehmen und warten, bis sich die Senfkörner beruhigt haben. Nun Kreuzkümmel und Bockshornklee wenige Sekunden leicht goldbraun rösten. Sofort Asafoetida, Kurkuma, Ingwer, Kartoffel und Zucchini dazugeben und für einige Minuten anbraten, bis die Kartoffelstückchen etwas weich geworden sind. Dann den Vollkorngrieß dazugeben und mit einem Holzlöffel immer wieder umrühren, sobald der Grieß an einer Stelle goldbraun geworden ist.

4) Nach etwa 10 Minuten vorsichtig und schrittweise das Gemüsekochwasser und auch das heiße Wasser dazugießen (die Mischung brodelt und spritzt heftig, deshalb die Flamme kleiner drehen und gut umrühren!). Nun auch das gedünstete Gemüse darunterheben und alles auf kleiner Flamme etwa 5 Minuten köcheln lassen.

5) Zum Schluss Pfeffer, Salz und Zitronensaft (und auch etwas Ghee oder Olivenöl für *Vata*-Typen) dazugeben. Alles gut umrühren und sofort servieren.

Sie können Upma auch mit gerösteten und gehackten Kürbiskernen, Cashewnüssen, Sesam, Kokosraspeln oder frischen Kräutern bestreuen.
Besonders lecker schmeckt dieses Upma mit Salat und etwas Buttermilch (siehe Seite 229) oder Joghurt (siehe Seite 224). Sehr gut passen dazu auch frische Gurken- oder Kürbis-Raitas (siehe ab Seite 199).

Gnocchi

Wirkt Kapha-erhöhend

Kartoffelklößchen auf Italienisch. Pasta gehört für einen Italiener zum Essen wie das Meer zur Adriaküste. Es gibt wohl nur einen Grund, auf sie zu verzichten: wenn es Gnocchi, die leckeren kleinen Kartoffelklößchen, gibt.
Kartoffeln sind eine rundherum leckere und gesunde Sache. Mit einer kleinen Portion Kartoffeln können wir fast den gesamten Bedarf an essentiellen Aminosäuren decken. Daneben sind Kartoffeln reich an Mineralstoffen wie Magnesium, Eisen, Phosphor, Kupfer, Zink und Kobalt. Ebenfalls beachtlich ist ihr Gehalt an Vitamin C und Vitaminen der B-Gruppe, darunter die wertvolle Folsäure und Pantothensäure. Kartoffeln sind Schutz-, Schon- und Heilkost, krampflösend, verdauungsfördernd, säurebindend und entwässernd – allerdings nur, wenn man sie nicht mit zu viel Fett zubereitet (wie bei Pommes frites und Chips). Gekocht wirken Kartoffeln nach dem Ayurveda kühlend, trocken und leicht. Sie vermehren in erster Linie das *Kapha-Dosha,* aber auch etwas *Vata.*
Gnocchi wirken *Kapha*-erhöhend, sie sind also ideal für *Pitta*- und *Vata*-Typen.

Für 3 – 4 Personen

500 g mehlig kochende Kartoffeln
½ TL Stein- oder Meersalz
frisch geriebene Muskatnuss
1 EL Milch (vegan: Sojadrink)
200 g Dinkelvollkorngrieß
Reis- oder Weizenmehl (Type 1050) zum Wälzen
etwas Ghee oder Olivenöl zum Braten

So wird's gemacht:

1) Kartoffeln waschen, die Schalen mit einem Messer abschaben oder schälen und die Kartoffeln in kleine Würfel schneiden.
2) Kartoffelwürfel in einem Topf mit etwas Wasser weich kochen. Kartoffeln durch eine Kartoffelpresse oder durch ein Sieb drücken und mit Salz, Muskat, Milch (oder Sojadrink) und Grieß verkneten. Nun den Teig auf einer bemehlten Fläche 2 Minuten gut durchkneten.
3) Einen Topf mit Salzwasser zum Kochen bringen. In der Zwischenzeit die Gnocchi formen: Mit einem Teelöffel kleine Bällchen vom Teig abstechen, zur typischen ovalen Form drücken und mit dem Löffel eine Kerbe hineindrücken. Die Gnocchi auf eine bemehlte Fläche legen. Vorbereitend schon einmal eine große Pfanne mit etwas Ghee oder Olivenöl bereitstellen und rechtzeitig erwärmen.
4) Sobald das Wasser kocht, jeweils nur so viele Gnocchi hineingeben, dass diese frei schwimmen können. Die Gnocchi sinken zuerst auf den Boden, um dann allmählich zur Oberfläche aufzusteigen. Gnocchi jetzt noch 1 Minute sanft köcheln lassen, dann mit einer Schaumkelle herausholen, abtropfen lassen und in die heiße vorbereitete Pfanne geben.
5) Nach und nach die restlichen Gnocchi kochen und anschließend goldbraun anbraten.

Selbst gemachte Vollkornnudeln

Wirkt Kapha-erhöhend

Power-Pasta. Zehn Prozent der Welt-Weizenernte besteht aus Hartweizen. Aus ihm werden nicht nur Hartweizengrieß, sondern vor allem die vielen köstlichen (und meist italienischen) Nudeln und Teigwaren hergestellt. Allerdings haben sich bei der konventionellen Herstellung von Spaghetti, Tagliatelle und anderen Nudeln die meisten Vitamine längst in Luft aufgelöst. Selbst gemachte Vollkornnudeln dagegen enthalten zahlreiche Vitamine, Mineralstoffe und Spurenelemente. Weil das volle Weizenkorn eine reiche Quelle an B-Vitaminen ist, sollten Menschen gerade in der Wachstumsphase, aber auch bei Stress und im fortschreitenden Alter nicht darauf verzichten. Während den weißen Nudeln nicht einmal 0,5 Prozent Ballaststoffe geblieben sind, enthalten Vollkornnudeln rund zehn Prozent davon. Ein weiteres Plus: Vollkornnudeln werden viel langsamer als Weißmehlnudeln verdaut, d. h., unser Körper bekommt dadurch einen gleichmäßigen und länger andauernden Glukoseschub. Optimal also für Schulkinder, Kopfarbeiter, aber auch für Ausdauersportler.

Verwenden Sie für Ihre Nudeln allerdings nur Hartweizen, den Sie vielleicht in Ihrem Naturkostladen auch extra bestellen können, falls er nicht im Sortiment geführt wird. Wer keine eigene Getreidemühle besitzt, kann ihn dort auch fein mahlen lassen. Nudeln aus normalem Dinkel- oder Weizenmehl lösen sich beim Kochen nur in Wohlgefallen auf oder werden pampig.

Vollkornnudeln sind genau das Richtige für *Vata-* und *Pitta*-Typen. Für *Kapha*-Menschen haben wir ein besonderes und für diesen Typ ideales Rezept: Buchweizenlasagne (siehe Seite 164). Sie können aber auch einmal reine Buchweizen- oder Maisnudeln aus dem Naturkostladen probieren.

Für 4 – 6 Personen

400 g Hartweizen
1 TL Stein- oder Meersalz
3 EL Olivenöl (kann entfallen)
etwa 200 ml lauwarmes Wasser
etwas Mehl zum Ausrollen

So wird's gemacht:

1) Hartweizen zu feinem Mehl mahlen und aussieben (oder feinstgemahlenen italienischen Hartweizengrieß für Nudelteig kaufen, siehe Tipp). Hartweizenmehl, Salz und Olivenöl in eine Schüssel geben und nach und nach das Wasser unterkneten. Den Teig mit den Händen auf der Arbeitsplatte 5 Minuten kräftig durchkneten und walken, bis er geschmeidig ist. Abgedeckt in einer Schüssel etwa 1 Stunde ruhen lassen.

2a) **Ohne Nudelmaschine:** Teig noch einmal ganz kräftig kneten, in vier gleich große Teile teilen, in eine Schüssel legen und abdecken. Jedes Viertel des Nudelteigs nacheinander auf einer leicht bemehlten Fläche so dünn wie möglich ausrollen und in die gewünschte Form schneiden (siehe Schritt 3).

2b) **Mit Nudelmaschine:** Den Teig vierteln, in eine Schüssel legen und abdecken. Jedes Viertel zu pflaumengroßen Teigbällen formen. Die Rollen der Nudelmaschine auf die breiteste Position einstellen, ein Teigstück mit den Händen flachdrücken und durch die Maschine drehen. Das Teigstück dreimal falten (wie einen Briefbogen) und erneut durchdrehen. Diesen Vorgang vier- bis fünfmal wiederholen, bis der Teig glatt und seidig ist. Mit allen Teigstücken auf diese Weise verfahren. Das macht den Teig so elastisch, dass die Nudeln nicht reißen, wenn sie dünn ausgerollt werden. Die Teigstücke auf ein sauberes Küchentuch legen. Nun die Rollen der Nudelmaschine eine Stufe enger stellen und den Teig durchdrehen, jedoch ohne ihn zu falten. Bei jedem nächsten Durchgang die Rollen immer eine Stufe enger stellen (so lange wiederholen, bis die Nudeln die gewünschte Dicke haben; beachten Sie, dass dünne Nudeln eine sehr kurze Kochzeit von nur 1 – 2 Minuten haben können). Zu lange Teigstücke durchschneiden. Die Teigplatten mit der Handfläche abstützen, wenn sie aus der Maschine herauskommen, damit sie keine Falten werfen oder zusammenkleben.

3) Je nach Wunsch die dünnen Teigplatten durch die Schneiderolle der Nudelmaschine drehen oder mit einem Messer oder einem Teigrädchen in gleichmäßig breite Nudeln (Tagliatelle) schneiden. Gefüllte Nudeln in die gewünschte Form (z. B. Ravioli, Cannelloni, Maultaschen oder Tortellini) schneiden und mit der jeweiligen Füllung versehen. Die Teigplatten können auch für Lasagne verwendet werden.
4) Nudeln auf sauberen, leicht bemehlten Tüchern ausbreiten und für einige Stunden trocknen lassen (siehe Tipp). Bei Platzmangel die Nudeln auf Geschirrtüchern ausbreiten, die auf einem Wäscheständer liegen.

Kochzeit von Vollkornnudeln:
Am besten schmecken Nudeln »al dente«. Dazu werden sie in kochendem Salzwasser (pro 100 g Nudeln etwa 1 l Wasser) 2 – 8 Minuten gekocht, abhängig von Dicke und Größe der Nudeln. Prüfen Sie während des Kochens immer wieder, damit die Nudeln nicht verkochen (getrocknete Nudeln haben eine längere Kochzeit als frische oder nur für einige Stunden angetrocknete Nudeln). Anschließend in ein Sieb abgießen, abtropfen lassen und wieder in den warmen Topf zurückgeben. Noch etwas Butter unterheben und sofort servieren.

Gelbe, rote und grüne Nudeln

Sie können den Nudeln auch etwas Farbe verleihen, indem Sie folgende Zutaten hineinkneten (Zutaten jeweils für Teig aus 400 g Hartweizenmehl):

Gelbe Nudeln: 1 TL Kurkuma

Rote Nudeln: 3 – 4 EL Tomatenmark oder 4 EL (um die Hälfte eingekochten) Rote-Bete-Saft.

Grüne Nudeln: 3 – 4 EL gedünsteter, gut abgetropfter und pürierter Spinat.

Beachten Sie bitte, dass gefärbte Nudeln (mit Ausnahme der gelben) eine geringere Wassermenge für den Teig benötigen, da die färbenden Zutaten eine gewisse Menge an Feuchtigkeit besitzen.

Am besten schmecken selbst gemachte Nudeln, wenn sie vor dem Kochen vollständig getrocknet wurden. Dann haben sie die ideale Konsistenz und den »Biss« gekaufter Nudeln, ihr Geschmack ist allerdings unvergleichlich besser. Je nach Dicke und Form lassen wir sie (auf dem Wäscheständer) 6 – 24 Stunden an der Luft trocknen. Wer nicht so lange warten will, sollte die Nudeln wenigstens einige Stunden antrocknen. Vollständig getrocknete Nudeln können Sie in Cellophantüten aufbewahren. Sie halten sich mindestens 2 – 3 Wochen.
Probieren Sie auch einmal feinen italienischen Hartweizengrieß speziell für Nudeln (fragen Sie in italienischen Feinkostgeschäften danach). Denn Grieß ist nicht gleich Grieß; der Hartweizengrieß für Nudelteig ist so fein gemahlen, dass er schon fast staubartig ist.

Tipps für schnelle Nudelgerichte:

Servieren Sie Nudeln als Beilage oder zusammen mit einer Nudelsauce nach Belieben und abhängig vom Konstitutionstyp, z. B. Zucchini-Tomaten-Sauce (für *Vata*-Typen), grüne Buttermilchsauce (für alle drei Konstitutionstypen), weiße Sauce mit Basilikum oder eine andere Sauce (ab Seite 210).

Nudeln mit frischen Kräutern

Wirkt sanft Vata- und Kapha-erhöhend

Den gekochten Nudeln noch 3 – 4 EL gehackte frische Kräuter (z. B. Basilikum, Majoran, Rucola, Thymian, Estragon) und etwas Ghee oder Olivenöl zugeben.
Besonders beliebt sind Salbei-Butter-Nudeln.

Nudeln mit saurer Sahne

Wirkt Kapha-erhöhend

2 EL saure Sahne oder Crème fraîche pro Person sowie frisch gemahlenen schwarzen Pfeffer unter die gekochten Nudeln geben.

Nudeln mit Avocado

Wirkt Kapha-erhöhend

Den gekochten Nudeln eine weiche, geschälte und zerdrückte Avocado mit etwas Cayennepfeffer hinzufügen.

Nudeln mit Walnüssen

Wirkt Kapha-erhöhend

Gehackte Walnüsse, Pinienkerne oder Cashewnüsse schmecken besonders lecker zu in Olivenöl geschwenkten Nudeln. Wer sie noch mehr »erden« möchte, kann noch etwas frische Sahne hinzufügen.

Nudeln mit schwarzen Oliven

Wirkt Kapha-erhöhend

Eine Hand voll entsteinte und gehackte schwarze Oliven mit etwas frisch geriebenem Ingwer zu den Nudeln geben.

Nudeln mit Kichererbsen

Wirkt sanft Vata- und Kapha-erhöhend

Gekochte Kichererbsen, die mit etwas Olivenöl und Asafoetida den Nudeln hinzugefügt werden, sind in Italien sehr beliebt. Dafür reichen pro Person schon etwa 10 Kichererbsen aus, da sie so gehaltvoll und eiweißreich sind.

Quinoa nach Peking-Art

Wirkt ausgleichend auf alle drei Doshas

»Mutter Korn« nannten die Azteken und Inkas liebevoll den Quinoa, ein Gänsefußgewächs aus Südamerika mit getreideähnlichen Körnern. Und auch uns kommen heute seine wertvollen Inhaltsstoffe zugute: Etwa sechszehn Prozent Proteine, allen voran Lysin, dazu ein hoher Anteil an ungesättigten Fettsäuren, Ballaststoffen, Mineralien, B-Vitaminen, Vitamin C und E sowie Carotin. Quinoa enthält kein Gluten (Klebereiweiß), was es interessant für Menschen mit Klebereiweiß-Unverträglichkeit macht. Da es auch sehr fettarm ist, eignet es sich gut als Diät- und Rekonvaleszentenspeise. Quinoa wirkt antiseptisch und stärkt die Abwehrkraft. Und da es zäh und widerstandsfähig ist und noch in Hochlagen, z. B. in den Anden, bis auf weit über viertausend Meter gedeiht, wird es ohne den Einsatz von Kunstdüngern und Pestiziden angebaut.
Nach dem Ayurveda wirkt Quinoa sanft erwärmend, ohne jedoch das *Pitta-Dosha* zu stören. Dies ist ein Gericht, bei dem alle drei *Dosha*-Typen nach Herzenslust zugreifen können.

Für 3 – 4 Personen

150 g Quinoa
500 ml Wasser
250 g Zucchini
150 g gelbe Paprika
250 g Mungsprossen
1 Bund frische Korianderblätter
4 EL Olivenöl
2 TL frisch geriebener Ingwer
½ TL Asafoetida
1½ TL Madras Curry (siehe Seite 260)
3 EL Sojasauce
3 EL Joghurt oder Buttermilch (vegan: Reisdrink)
½ – 1 TL Stein- oder Meersalz
¾ TL frisch gemahlener schwarzer Pfeffer
1 TL Zitronensaft

So wird's gemacht:

1) Quinoa in einem feinen Sieb unter fließendem Wasser spülen und in einem Topf mit Wasser etwa 15 Minuten weich kochen. Anschließend in ein Sieb geben und nochmals mit warmem Wasser spülen.
2) Zucchini und Paprika waschen und in feine Streifen schneiden. Mungsprossen unter fließendem Wasser spülen und abtropfen lassen. Korianderblätter waschen und fein hacken.

3) Olivenöl in einer großen Pfanne erhitzen. Paprika und Zucchini zusammen mit Ingwer, Asafoetida und Curry etwa 5 Minuten anrösten. Dann Mungsprossen und Sojasauce dazugeben und zugedeckt weitere 5 Minuten köcheln lassen. Nun Quinoa, die gehackten Korianderblätter, Joghurt oder Buttermilch (oder Reisdrink), Salz und Pfeffer dazugeben und alles noch einmal aufkochen lassen.
4) Zitronensaft dazugeben und heiß servieren.

Pitta-Typ: Falls Ihr *Pitta* zu stark ist, können Sie Sojasauce und Joghurt weglassen oder stattdessen Sahne oder Reisdrink verwenden.

Vata-Typ: Manche *Vata*-Naturelle können die Schale der Paprika nur schwer verdauen. In diesem Fall die Paprika vorher in Wasser kochen und die Haut abziehen.

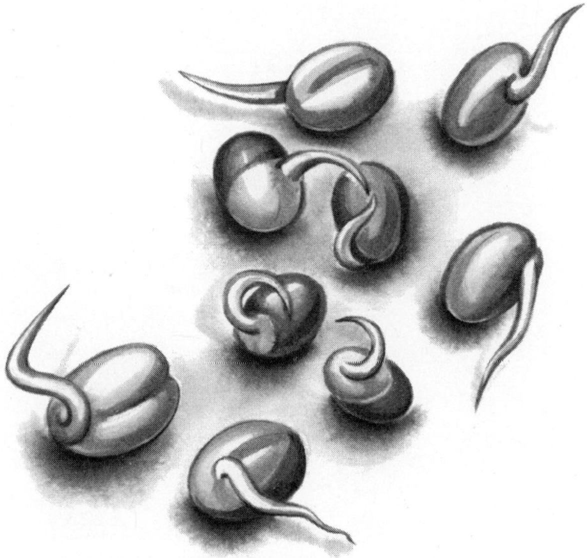

Hirse mit Karotten

Wirkt Pitta- und sanft Vata-erhöhend

Goldene Körner, die es in sich haben. In Bezug auf viele Mineralien und Spurenelemente ist die bekömmliche Hirse Spitzenklasse (z. B. Eisen, Phosphor, Kieselsäure und Magnesium). Daneben enthält sie reichlich Lecithin, den wichtigen Eiweißbaustein Lysin sowie Vitamine der B-Gruppe. Ihre Fettsäuren sind zu achtzig Prozent ungesättigt, wobei die »herzfreundliche« Linolsäure überwiegt. Nach dem Ayurveda wirkt Hirse erwärmend, leicht und trocken und verstärkt somit *Pitta* und sanft *Vata.* Sie hilft bei chronischer Müdigkeit, bei Asthma, Schwindel, Ohrensausen und Konzentrationsschwäche. Hirse ist somit ein ideales Getreide für Menschen mit *Kapha*-Dominanz – vor allem in Kombination mit den sanft *Pitta*-erhöhenden Karotten.
Da Hirse regelmäßig auf dem Speiseplan von *Kapha*-Menschen stehen sollte, können diese dieses Rezept immer wieder variieren: sei es mit verschiedenen Gewürzen wie Ingwerpulver, schwarzem Pfeffer, Cayennepfeffer, Curry, schwarzen Senfkörnern, Kreuzkümmel oder Garam Masala (siehe Seite 261), kombiniert oder einzeln. Oder aber Sie geben zum Schluss frische Petersilie, Basilikum oder Majoran dazu. Auch beim Gemüse haben *Kapha*-Menschen eine große Auswahl, z. B. Kohlrabi, Brokkoli, Fenchel, Paprika, Rettich oder Spargel.
Ein ideales Gericht für *Kapha*- und in Maßen auch für *Vata*-Typen.

Hirse mit Karotten ist eine ausgezeichnete Beilage zu Gemüsegerichten.

Für 4 Personen

200 g Hirse
2 Karotten (etwa 200 g)
¼ TL Kurkuma
½ – 1 TL Steinsalz oder Black Salt
650 ml Wasser
1 – 2 TL Sonnenblumenöl
eventuell etwas Zitronensaft

So wird's gemacht:

1) Hirse waschen und – falls möglich – 15 Minuten in Wasser einweichen.
2) Karotten waschen und raspeln. Hirse noch einmal unter fließendem Wasser spülen und abtropfen lassen.
3) In einem Topf Hirse, Karottenraspel, Kurkuma und Salz mit dem Wasser zum Kochen bringen und auf mittlerer Hitze für etwa 20 Minuten zugedeckt köcheln lassen. Dann weitere 15 Minuten auf der ausgestellten Herdplatte ausquellen lassen, ohne dabei den Deckel abzuheben.
4) Anschließend Sonnenblumenöl mit einer Gabel unterheben. Eventuell etwas Zitronensaft darüberträufeln.

Vata-Typ: Verwenden Sie großzügig Olivenöl, Butter oder Ghee.

Variation: Hirse mit Rosinen und Nüssen

Wirkt Pitta- und sanft Vata-erhöhend

Probieren Sie an Stelle der Karotten auch einmal 50 g Rosinen und 50 g gehackte und trocken geröstete Cashewnüsse. Die Rosinen kochen Sie am besten zusammen mit der Hirse, die Nüsse heben Sie anschließend unter.

Polenta

Wirkt Pitta- und sanft Vata-erhöhend

»Der Mais ist gekommen.« Frei nach diesem Motto haben Feinschmecker die italienische Polenta wiederentdeckt. Mais enthält bis zu fünfundsechzig Prozent verwertbare Kohlenhydrate, viele Ballaststoffe, Vitamine des B-Komplexes und besonders viel Carotin. Nur einige wesentliche Aminosäuren und das Vitamin Niacin fehlen der gelben Rispenpflanze – Mängel, denen die Indianer begegneten, indem sie Mais immer zusammen mit den niacinreichen Bohnen verzehrten, wodurch auch das Eiweiß in idealer Weise ergänzt wird. Da Maismehl kein Gluten enthält, ist es eine interessante Abwechslung auf dem Speisezettel von Menschen mit Klebereiweiß-Unverträglichkeit. Nach dem Ayurveda besitzt Mais leichte, trockene und wärmende Eigenschaften, ist also ideal für *Kapha*-Menschen. Besonders günstig ist Mais für all diejenigen, die abnehmen möchten, und für Zuckerkranke, da er eine lange Verdauungszeit hat, sehr satt macht und seine Kohlenhydrate nur langsam ins Blut übergehen. Außerdem reinigt Mais Niere und Blase und hilft bei vielen *Kapha*-Beschwerden wie Erkältungen.
Ist Maismehl wie hier gekocht und »befeuchtet«, so ist es ideal für *Kapha*-Menschen, kann in Maßen allerdings auch von *Vata*-Konstitutionen gegessen werden.

Für 4 Personen

1,5 l Wasser
250 g Maisgrieß
1 EL Sonnenblumenöl oder Maiskeimöl
1 – 1½ TL Stein- oder Meersalz

So wird's gemacht:

1) Wasser in einen hohen Topf füllen, Maisgrieß dazugeben und mit dem Öl zu einer homogenen Masse rühren. Polenta aufkochen lassen, immer wieder umrühren und auf kleiner Flamme 15 – 20 Minuten köcheln lassen.
2) Salz dazugeben und die Polenta auf der ausgeschalteten Platte weitere 10 – 15 Minuten quellen lassen. Die Polenta dickt dann noch etwas nach.

Vata-Typ: Bei Ihnen darf's am besten Olivenöl oder Ghee sein – und das recht großzügig.

Buchweizenlasagne

Wirkt Pitta- und sanft Vata-erhöhend

Pasta für *Kapha.* All die leckeren Pastagerichte sind *Kapha*-Naturen eigentlich überhaupt nicht zu empfehlen, da sie deren bereits vorherrschendes *Kapha-Dosha* noch mehr verstärken. Doch es gibt eine hervorragende Alternative: Buchweizen. Seinen Namen erhielt das Pseudogetreide, weil die kleinen, braunen, dreikantigen Früchte an Bucheckern erinnern. Seine Ayurveda-Wirkung allerdings ist anders als die der »richtigen« Getreide: Buchweizen verstärkt *Pitta* und *Vata* – ideal also für Menschen mit *Kapha*-Dominanz und in der kalten feuchten Jahreszeit. Kein Wunder, dass Buchweizen in Russland und China ein wichtiges Nahrungsmittel ist.
Unserer Gesundheit hat Buchweizen einiges zu bieten: neben Vitamin E und Vitaminen der B-Gruppe auch zahlreiche Mineralstoffe wie Calcium, Eisen, Kalium, Magnesium und Kieselsäure. Die biologische Wertigkeit des Buchweizeneiweißes übertrifft die aller Getreidesorten: Die Körner sind zwei- bis dreimal reicher an den lebenswichtigen Eiweißbausteinen Lysin und Tryptophan. Außerdem liefern sie eine Menge an herzfreundlichen ungesättigten Fettsäuren.
Diese Lasagne ist ideal für *Kapha*-Konstitutionen; in Maßen ist sie auch für *Vata*-Menschen (siehe *Dosha*-Tipp) geeignet.

Für 4 Personen

Für den Teig:
3 EL feine Kokosflocken
250 ml Wasser
200 g Buchweizenmehl
250 ml Mineralwasser
½ TL Stein- oder Meersalz
¼ TL Natron (kann entfallen)
Sonnenblumenöl zum Braten

Für die Brokkoli-Buttermilch-(oder Sojajoghurt-)Füllung:
500 g Brokkoli
125 ml (Brokkolikoch-)Wasser
3 TL Ghee oder Sonnenblumenöl
3 EL gesiebtes Kichererbsenmehl
¼ TL Asafoetida
½ TL Kurkuma
250 ml Buttermilch (vegan: Sojajoghurt)
½ TL frisch gemahlener schwarzer Pfeffer
¼ TL frisch geriebene Muskatnuss
½ TL Stein- oder Meersalz
3 – 4 EL frisch gehacktes Basilikum

Für die Mungsprossen-Tomaten-Füllung:
500 ml schnelle oder italienische Tomatensauce (siehe Seiten 212 und 210)
250 g Mungsprossen
1 EL Olivenöl
1 TL schwarze Senfkörner
2 TL Madras Curry (siehe Seite 260)
¼ TL Cayennepfeffer
1 EL frisch geriebener Ingwer
¾ TL frisch gemahlener schwarzer Pfeffer
½ TL Stein- oder Meersalz

Außerdem:
Fett für die Form
150 g saure Sahne oder weicher pürierter Tofu
1 – 2 EL Kräuter der Provence

So wird's gemacht:

1) Schnelle oder italienische Tomatensauce nach Grundrezept herstellen.
2) Kokosmilch für den Teig herstellen: Die feinen oder fein gemahlenen Kokosflocken in einem kleinen Topf mit dem Wasser wenige Minuten auf etwa 200 ml einkochen lassen. Kokosmilch abkühlen lassen. Buchweizenmehl in eine Schüssel geben und mit den übrigen Zutaten für den Teig (außer dem Öl zum Braten) einen dünnflüssigen Pfannkuchenteig anrühren. Teig etwas ruhen lassen.
3) Brokkoli waschen und in kleine Röschen teilen, den Strunk schälen und klein schneiden. Brokkoli mit etwas Wasser 10 – 12 Minuten dünsten.
4) In der Zwischenzeit Mungsprossen in einem Sieb unter fließendem Wasser waschen und abtropfen lassen.
5) Olivenöl in einem Topf erhitzen, Senfkörner darin (mit Deckel) rösten, bis sie zu springen beginnen. Topf von der Flamme nehmen und warten, bis sich die Senfkörner beruhigt haben, anschließend Curry, Cayennepfeffer und Ingwer hinzufügen. Nach wenigen Sekunden auch die Mungsprossen darin braten und nach 3 – 4 Minuten mit Tomatensauce aufgießen. Das Ganze 5 – 7 Minuten köcheln lassen, bis die Mungsprossen weich sind und die Tomatensauce etwas eingedickt ist. Pfeffer und Salz hinzufügen.
6) Den Pfannkuchenteig noch einmal umrühren (er sollte sehr dünnflüssig sein) und mit wenig Sonnenblumenöl vier bis fünf Pfannkuchen in einer großen Anti-Haft-Pfanne ausbacken.
7) Ghee oder Sonnenblumenöl für die Brokkolifüllung in einem Topf erhitzen, gesiebtes Kichererbsenmehl darin goldbraun rösten, Asafoetida und Kurkuma dazugeben und vorsichtig erst mit (Brokkolikoch-)Wasser und dann mit Buttermilch (oder Sojajoghurt) aufgießen. Unter gelegentlichem Rühren die Sauce etwas köcheln und eindicken lassen. Pfeffer, Muskat, Salz und frisch gehacktes Basilikum dazugeben.
8) Backofen auf 200 °C (Ober- und Unterhitze) oder 180 °C (Umluft) vorheizen. Eine runde Keramik-Tarte- oder Auflaufform einfetten und einen Pfannkuchen hineinlegen. Mit Mungsprossen-Tomaten-Füllung belegen. Den zweiten Pfannkuchen darauflegen, mit der Hälfte des Brokkolis belegen und mit etwas Buttermilchsauce begießen. Lasagne weiter aufschichten und mit einer Schicht aus Mungsprossen-Tomaten-Füllung abschließen. Nun noch Kleckse von saurer Sahne oder püriertem Tofu mit einem Esslöffel über den Mungsprossen verteilen und mit Kräutern der Provence bestreuen.
9) Lasagne bei 200 °C (Ober- und Unterhitze) oder 180 °C (Umluft) 25 – 30 Minuten backen und warm servieren.

Vata-Typ: Sie können gelegentlich zugreifen, wenn Sie die fertige Lasagne einfach mit etwas Olivenöl beträufeln und dazu eine Suppe oder Sauce servieren.

Kapha-Typ: Wenn Ihr *Kapha* zu stark ist, können Sie die saure Sahne oder den pürierten Tofu auch weglassen.

Buchweizenrisotto

Wirkt sanft Pitta- und sanft Vata-erhöhend

Incognito. Risotto, das klassische italienische Reisgericht, präsentiert sich hier in einer ganz neuen Variante – nämlich mit Buchweizen. Buchweizen besitzt beträchtliche Mengen der lebenswichtigen Eiweißbausteine Tryptophan und Lysin (die in den meisten Getreidesorten kaum vorkommen), und siebzig Prozent des Fettes besteht aus ungesättigten Fettsäuren. Daneben enthält Buchweizen auch Vitamine der B-Gruppe, Niacin, Kalium, Eisen, Phosphor, Magnesium, Kieselsäure und Lecithin. Buchweizen ist nicht nur bekömmlich, sondern auch ideal für Menschen mit Klebereiweiß-Unverträglichkeit, da er völlig frei von Gluten ist. Auch in der kalten Jahreszeit ist Buchweizen von großer Bedeutung, da er dem Körper Wärme spendet. Darüber hinaus ist er eine wertvolle Gehirn- und Nervennahrung und verbessert die Lernfähigkeit. Nach dem Ayurveda vermehrt Buchweizen durch seine erwärmenden, leichten und trockenen Eigenschaften *Pitta* und *Vata,* weshalb ihn *Kapha*-Typen am besten vertragen.
Dieses Gericht ist genau das Richtige für Menschen mit *Kapha*-Dominanz und bietet eine köstliche Alternative zu Reis- oder Weizengerichten. Aber auch *Vata*- und *Pitta*-Menschen können Buchweizen gelegentlich auf ihren Speisezettel setzen (siehe *Dosha*-Tipp).

Servieren Sie Buchweizenrisotto wie Reis zu Gemüsegerichten.

Für 4 – 5 Personen

300 g Buchweizen
600 ml Wasser
1 EL Maiskeimöl oder Ghee
1 TL frisch geriebener Ingwer
1 TL gemahlener Kreuzkümmel
½ TL gemahlener Koriander
½ TL Kurkuma
½ – 1 TL Stein- oder Meersalz
eventuell 2 – 3 EL frisch gehackte Korianderblätter zum Bestreuen

So wird's gemacht:

1) Buchweizen in einem feinen Sieb unter fließendem Wasser spülen. Wasser in einem Topf oder im Wasserkocher zum Kochen bringen.
2) In einem Topf Maiskeimöl oder Ghee erhitzen, Ingwer, Kreuzkümmel, Koriander und Kurkuma dazugeben und zusammen mit dem Buchweizen für wenige Minuten anbraten. Mit heißem Wasser aufgießen (Achtung Spritzgefahr!) und 15 – 20 Minuten bei mittlerer bis kleiner Hitze köcheln lassen.
3) Salz dazugeben und auf der abgeschalteten Platte weitere 10 Minuten quellen lassen.
4) Auf Wunsch das Buchweizenrisotto mit frisch gehackten Korianderblättern bestreuen.

Pitta-Typ: Bestreuen Sie das Risotto mit kühlenden frischen Korianderblättern und je 1 EL Kokosflocken und Ghee.

Vata-Typ: Olivenöl statt Maiskeimöl wird Ihnen gut tun; Sie dürfen auch ruhig noch etwas geschmolzenes Ghee (oder Olivenöl) über das fertige Risotto träufeln.

Schweizer Rösti

Wirkt sanft Kapha-erhöhend

Röööschti, mit dieser besonderen Betonung bezeichnet man die köstlich knusprig goldenen Kartoffelküchlein in der Schweiz. Und daran wollen wir uns auch halten, schließlich stammt dieses Rezept von dort.
Die Ursprünge der Kartoffel allerdings liegen ganz woanders, nämlich in Südamerika. Und so hat es schon seine Zeit gedauert, bis sie auch in unseren Breitengraden zu einem Grundnahrungsmittel wurde.
Mit Inhaltsstoffen geizen Kartoffeln nicht: Essentielle Aminosäuren, Vitamin C, B-Vitamine, Magnesium, Eisen, Fluor, Phosphor, Kupfer, Zink und Kobalt. Kartoffeln wirken krampflösend, entwässernd, verdauungsfördernd, säurebindend und machen überhaupt nicht dick – wenn man sie im »natürlichen« Zustand isst (im Gegensatz zu fettigen Pommes frites oder Chips). Nach dem Ayurveda verstärken Kartoffeln *Kapha* und sanft *Vata*.
Wie Kartoffeln auf ein *Dosha* wirken, hängt von ihrer Zubereitung ab. Während gekochte Kartoffeln förderlich für *Kapha*-Menschen sind, eignen sie sich frittiert überhaupt nicht für sie. In Ghee angebraten und mit Joghurt oder saurer Sahne serviert, sind sie für *Vata*-Typen geeignet. *Pitta*-Typen, die genau in der Mitte liegen, vertragen gekochte ebenso wie gebratene oder gebackene Kartoffeln – sie sollten nur nicht zu viel Öl enthalten.
Wenn Sie eine beschichtete Anti-Haft-Pfanne verwenden, kommen Sie bei Rösti mit einer minimalen Ghee-Menge (½ TL) aus. So zubereitet, können die sanft *Kapha*-verstärkenden Rösti nicht nur von *Vata*-, sondern auch von *Pitta*- und *Kapha*-Menschen – mit einigen Abänderungen (siehe *Dosha*-Tipp) – genossen werden.

Für 4 Personen

1 kg Kartoffeln
¼ TL frisch gemahlener schwarzer Pfeffer
¾ – 1 TL Stein- oder Meersalz
Ghee oder Sonnenblumenöl zum Anbraten

So wird's gemacht:

1) Kartoffeln waschen, 500 g Pellkartoffeln kochen und zusammen mit den restlichen rohen Kartoffeln schälen und grob raffeln. Mit Pfeffer und Salz mischen.
2) Ghee oder Öl in einer beschichteten Pfanne erhitzen, Kartoffelmasse hineingeben und fest auf den Pfannenboden drücken. Einige Minuten anbraten, bis sie goldbraun ist.
3) Wenn der Kartoffelpfannkuchen von unten gar ist, mit Hilfe eines flachen Deckels oder Tellers wenden und wieder in die Pfanne zurückgleiten lassen. Rösti fertig garen, bis auch die andere Seite gebräunt und knusprig ist.

Kapha-Typ: In Maßen können auch Sie bei Rösti zugreifen, wenn Sie etwas großzügiger mit dem Pfeffer umgehen und weniger Ghee oder Öl und Salz verwenden.

Am besten schmecken Rösti sofort heiß serviert.

Gefüllte Kartoffelnester

Wirkt Pitta- und Kapha-erhöhend

Für die Augen und den Gaumen. Gefüllte Kartoffelnester sind nicht nur hübsch anzusehen, sondern auch eine leckere Beilage zu Salat oder Gemüsegerichten.
Kartoffeln haben auch der Gesundheit einiges zu bieten: Essentielle Aminosäuren, Vitamin C und Vitamine des B-Komplexes, Magnesium, Eisen, Phosphor, Spurenelemente und das zahnschützende Fluor machen die Erdäpfel so wertvoll. Sie sind Schon- und Heilkost, wirken krampflösend, verdauungsfördernd, säurebindend und entwässernd. Nach dem Ayurveda wirken Kartoffeln kühlend und etwas trocken. Sie vermehren in erster Linie das *Kapha-Dosha,* aber auch etwas *Vata.*
Karotten enthalten viel Betacarotin (gut für Augen, Haut und Immunsystem und als Schutz vor Krebs), wertvolle B-Vitamine, Vitamine C, E und K sowie ätherische Öle und Mineralien. Nach dem Ayurveda vermehren Karotten das *Pitta*-Element, reinigen das Blut und stärken die Nieren.
Dies ist also ein ideales Gericht für *Vata*-Menschen. Wird das Gericht abgewandelt, können jedoch auch *Kapha*- und *Pitta*-Typen in Maßen zugreifen.

Für 2 – 4 Personen

Für den Panir (Frischkäse):
1 l Milch
Saft einer halben bis ganzen Zitrone
(oder 50 g saure Sahne statt Panir)

Außerdem:
500 g Kartoffeln
500 g Karotten oder Rote Bete
1 TL Stein- oder Meersalz
50 g Butter oder 3 – 4 EL Ghee
½ TL frisch geriebene Muskatnuss
etwas Butter oder Ghee zum Einfetten
50 g Butter für Butterflöckchen
frisch gehackte oder getrocknete Kräuter nach Wahl (z. B. Basilikum)

So wird's gemacht:

1) Falls Sie Panir verwenden wollen, diesen eventuell schon am Vorabend herstellen (genaue Anleitung siehe Seite 226).
2) Gemüse waschen. Kartoffeln mit Schale halb gar kochen. Karotten oder geschälte Rote Bete in dünne Stifte schneiden und in etwas Wasser dünsten.

3) Kartoffeln schälen und durch eine Kartoffelpresse drücken oder zu Brei stampfen. Die Kartoffelmasse mit Salz, Butter oder Ghee und Muskat vermischen.
4) Eine flache Auflaufform oder ein Backblech mit reichlich Butter oder Ghee einfetten. Nun die Kartoffelmasse noch einmal durch die Presse drücken und auf dem Blech zu fünf bis sechs Nestern formen (falls Sie keine Kartoffelpresse besitzen, formen Sie die kleinen Nester einfach mit der Hand). Die Nester mit Karotten- oder Rote-Bete-Stiften füllen und jeweils ein Butterflöckchen darauf geben.
5) Bei 200 °C (Ober- und Unterhitze) oder 180 °C (Umluft) 25 Minuten knusprig backen. Dann je nach Wunsch mit zerbröselten Panirstückchen oder einem großen Klecks saurer Sahne garnieren und mit frischen oder getrockneten Kräutern bestreuen. Weitere 5 – 8 Minuten goldbraun backen.

Pitta-Typ: Ihnen empfehlen wir den *Pitta*-besänftigenden Panir.

Kapha-Typ: An Stelle von Panir oder saurer Sahne streuen Sie am besten reichlich frische Kräuter auf die Kartoffelnester.

Brote und Snacks

Chapatis *(Indische Fladenbrote)*

Wirkt mit Weizen Kapha-erhöhend, mit Dinkel sanft Kapha-erhöhend

Wer den richtigen Dreh einmal raus hat, wird Chapatis nicht mehr missen wollen. Ebenso geht es Millionen Indern jeden Tag, für die Chapatis das tägliche Brot sind – und ein äußerst gesundes. Denn Chapatis sind frei von jeglichen Triebmitteln und werden zu jeder Mahlzeit frisch zubereitet. Ein weiteres Plus: Chapatis sind empfehlenswert für *Pitta*- und *Vata*-Menschen. Der *Vata*-Typ sollte die fertigen Chapatis noch mit Butter oder Ghee bestreichen. *Kapha*-Menschen gehen nicht leer aus, für sie gibt es Chapatis aus Roggenmehl (gelegentlich und in Maßen dürfen sie aber auch bei Chapatis aus Dinkelmehl zugreifen, denn im Gegensatz zum Weizen besitzt Dinkel zusätzliche energetisierende Eigenschaften).

Chapatis sind flexibel: Sie passen immer und zu allem, z. B. zu Gemüse- und Reisgerichten, aber auch zu Suppen oder Salaten. Am besten machen Sie den Chapati-Teig schon, bevor Sie mit den anderen Zubereitungen beginnen, dann hat er genügend Zeit zum Ruhen.

Weizen-Chapatis sind *Kapha*-vermehrend, genau das Richtige für *Vata*- und *Pitta*-Menschen. Bei Dinkel-Chapatis können alle drei Konstitutionstypen zugreifen, in Maßen auch *Kapha*-Naturen.

Für 12 Chapatis

Für den Teig:

250 g Dinkel- oder Weizenmehl (Type 1050) oder Atta-Mehl (Vollkorn-Chapatimehl)
1 TL Stein- oder Meersalz
150 ml lauwarmes Wasser
etwas Mehl zum Wenden
etwas Öl für die Hände
etwas Butter oder Ghee zum Bestreichen (vegan: Olivenöl)

So wird's gemacht:

1) Dinkel- oder Weizenmehl in eine Schüssel sieben und mit Salz und Wasser zu einem sehr weichen Teig kneten (je nach Mehlbeschaffenheit braucht der Teig unterschiedlich viel Wasser – beim Ruhen saugt er immer noch etwas Flüssigkeit auf; am besten ist es, wenn der Teig eher etwas zu weich ist und ein wenig klebt, dann wird später auch der Chapati weich und bläht sich leicht auf). Den Teig in der Schüssel kräftig durchkneten, bis er glatt und elastisch ist. Mit einem Deckel abdecken (damit er nicht austrocknet) und 30 Minuten ruhen lassen.
2) Kurz vor dem Servieren den Teig noch einmal kräftig durchkneten, zu einer Rolle formen und in zwölf gleich große Bällchen

teilen. Die Bällchen in etwas Mehl wenden und zu möglichst runden, dünnen Fladen von 10 – 12 cm Durchmesser ausrollen. Durch Einölen der Hände vermeiden Sie klebrige Teigfinger beim Formen und Ausrollen. Fladen beidseitig ausrollen, dabei so oft wie nötig in einem flachen Teller mit Mehl wenden. Am besten immer nur einen Fladen ausrollen, während der andere gerade in der Pfanne ist.

3) Eine Anti-Haft-Pfanne ohne Fett auf mittlere Hitze erwärmen. Das überschüssige Mehl des Fladens zwischen beiden Händen abklopfen, indem Sie den Fladen schnell von einer Handfläche zur anderen werfen. Dann in die vorgewärmte Pfanne legen. Wenn auf der Oberseite des Chapati kleine, weiße Bläschen entstehen und sich die Ränder nach oben wölben, mit einer Küchenzange oder einem Spatel umdrehen. Nun die andere Seite »trocknen« (rösten), bis sich an der Oberfläche ebenfalls Blasen bilden.

4a) Weitere Zubereitung **mit dem Gasherd:** (eine kleine Campinggaskartusche erfüllt den gleichen Zweck): Den Chapati mit der Zange aufnehmen und beide Seiten über eine offene Gasflamme halten, bis er sich wie ein Ballon aufbläht. Der Chapati sollte durch und durch gar (ohne feuchte Stellen) sein und kleine, braune Flecken haben.

4b) Weitere Zubereitung **mit dem Elektroherd:** Sehen Sie selbst, welche Methode Ihnen am meisten liegt:
1. Methode: Den Chapati einfach in der Pfanne liegen lassen und so oft wenden, bis beide Seiten gar sind. Dann vorsichtig ein Küchentuch auf seine Oberfläche pressen, dann bläht sich der Chapati auf.
2. Methode: Ein kleines, rundes Kuchengitter auf die heiße Herdplatte legen und den Chapati auf dem Gitter liegen lassen, bis er sich aufbläht. Darauf achten, dass der Chapati nicht durch das Gitter verletzt wird, sonst kann er sich nicht mehr aufblähen. Nicht anbrennen lassen!

5) Die weichen und aufgeblähten Chapatis mit etwas Butter oder Ghee (oder Olivenöl) bepinseln und sofort (noch heiß) servieren. Oder in ein Küchentuch einwickeln, um sie warm und weich zu halten.

Varianten:

Versuchen Sie doch auch einmal die Varianten auf der folgenden Seite!

Übung macht den Meister. Sollte sich der erste Chapati nicht gleich aufblähen, seien Sie nicht enttäuscht. Wir haben auch erst üben müssen, bis aus den »Schuhsohlen« weiche, luftige Fladen wurden. Machen Sie einfach weiter, Ihre geringe Mühe wird bald tausendfach belohnt werden. Atta-Mehl bekommen Sie in indischen Lebensmittelgeschäften.

Chapatis mit frischen Korianderblättern

(Dhania-Chapati)

Wirkt ausgleichend auf alle drei Doshas

Fügen Sie dem Chapati-Teig noch 3 EL frisch gehackte Korianderblätter (ohne Stiele) und – falls gewünscht – ½ TL gemahlenen Kreuzkümmel, gemahlenen Anis oder Kurkuma hinzu. Frische Korianderblätter (hindi: *Har Dhania)* sind bestens für alle drei *Doshas* geeignet; insbesondere *Pitta*-Naturen profitieren von ihren leicht kühlenden Eigenschaften.
Bei Koriander-Chapatis dürfen nicht nur *Pitta*-, sondern auch *Vata*-Menschen nach Herzenslust zugreifen. *Kapha*-Typen, die mit *Kapha*-erhöhendem Getreide (wie Weizen) sparsam umgehen sollten, verwenden lieber Dinkelmehl und *Agni*-anregende Gewürze nach Wahl (z. B. ¼ TL Cayennepfeffer oder schwarzer Pfeffer, Asafoetida oder gemahlener Kreuzkümmel).

Chapatis mit Joghurt

(Dahi-Chapatis)

Wirkt Kapha- und sanft Pitta-erhöhend

Verwenden Sie etwa 150 g zimmertemperierten Joghurt statt Wasser. Diese Chapatis werden weicher und haben einen »vollmundigen« Geschmack. Sie sind am besten für *Vata*-Typen und in Maßen auch für *Pitta*-Menschen geeignet.

Roggen-Chapatis

Wirkt Pitta- und sanft Vata-erhöhend

Chapatis aus Roggenmehl sind zwar kein klassisch indisches Gericht, aber sie sind ideal für Menschen mit *Kapha*-Dominanz. Roggen vermehrt nämlich *Pitta* und sanft *Vata*. Sein geringer Kleberanteil macht den Teig etwas schwieriger in der Handhabung, über der Flamme blähen sich Roggenchapatis jedoch genauso auf wie Weizen- oder Dinkel-Chapatis.

Für 8 Chapatis

200 g Roggenmehl (Type 997 oder 1150)
½ TL Stein- oder Meersalz
100 – 110 ml Wasser

Zubereitung wie Weizen- oder Dinkel-Chapatis.

Besan Rotis (Fladenbrote aus Kichererbsenmehl)

Dosha-Wirkung je nach Zubereitung

Die kleinen Riesen. Kichererbsen sind aus der indischen, der südamerikanischen und selbst aus der südeuropäischen Küche nicht wegzudenken. Und das hat seine guten Gründe: Kichererbsen sind leckere Energie- und Kraftpakete. Sie enthalten zwanzig Prozent Eiweiß und einen hohen Anteil an essentiellen Aminosäuren, beugen Arteriosklerose und Knochenentkalkung vor und stärken Herz, Gewebe und Knochen.
Nach dem Ayurveda sind Kichererbsen am besten für *Kapha*- und *Pitta*-Typen geeignet, da sie die *Vata*-Komponente verstärken. Mit Dinkel, Weizen oder Reis kombiniert, erhält man Eiweiß von sehr hoher biologischer Wertigkeit.
Dieses Fladenbrotrezept aus der Zeit Krishnas kennt man in Vrindavana, der heiligen Stadt in Nordindien, seit fünftausend Jahren. Besan Rotis lassen sich beliebig variieren, einmal als Chapati ausgerollt, ein anderes Mal als Puri frittiert oder auch als Paratha gefaltet und in der Pfanne gebraten.
Wenn Sie aus dem Teig Chapatis zubereiten, dürfen alle drei *Doshas* nach Herzenslust zugreifen. Als Paratha und Puri ist dieses Fladenbrot optimal für *Vata* und *Pitta*.

Wer nicht den ganzen Teig aufbraucht, kann ihn gut bedeckt bis zum nächsten Tag im Kühlschrank aufbewahren. Bei Bedarf einfach ausrollen, eventuell noch etwas Mehl unterkneten, und nach Belieben backen.

Für etwa 12 Fladenbrote

150 g Kichererbsenmehl
150 g Dinkelmehl (Type 1050)
oder Atta-Mehl (Vollkorn-Chapatimehl)
½ TL Stein- oder Meersalz
150 g Joghurt (zimmertemperiert)
eventuell 1 – 3 EL warmes Wasser
je nach Zubereitungsart
etwas Mehl zum Wenden,
Fett zum Bestreichen oder Frittieren

So wird's gemacht:

1) Mehl in eine Schüssel sieben, mit Salz mischen und mit Joghurt zu einem geschmeidigen Teig kneten. Eventuell noch wenig warmes Wasser oder etwas Mehl unterkneten, um einen seidig weichen Teig – elastisch wie ein Ohrläppchen – zu erhalten. Den Teig in der Schüssel mit einem Deckel oder einem feuchten Tuch abgedeckt etwa 30 Minuten ruhen lassen.
2) Den Teig nun wie Parathas (Blätterteigfladen, siehe Seite 174, ab Schritt 2) oder nach Wunsch auch wie Chapatis (Indische Fladenbrote, siehe Seite 170, ab Schritt 2) oder Puris (Frittierte Fladenbrote, siehe Seite 180, ab Schritt 2) weiterverarbeiten.

Variation: Gewürzfladenbrot aus Kichererbsenmehl

Dosha-Eignung je nach Zubereitung

Probieren Sie Besan Rotis auch einmal mit Gewürzen. Sie brauchen dazu nur noch ¼ TL Kurkuma, ¼ TL Cayennepfeffer, ½ TL gemahlene Kreuzkümmelsamen und eventuell 2 – 3 EL frisch gehackte Korianderblätter. Die Gewürze einfach mit unterkneten.

Parathas (Blätterteigfladen)

Wirkt Kapha-erhöhend

Der nächste Winter kommt bestimmt. Kein Problem mit Parathas, denn wenn die warmen Tage vorbei sind, sind die wärmenden Eigenschaften der schmackhaften Fladen besonders willkommen. In Nordindien reicht man sie gerne zum Frühstück mit etwas Dal (siehe ab Seite 125) oder zu heißer Milch und etwas Guavenmarmelade. Genauso lecker schmecken sie aber auch zu einem vollständigen Mittagessen mit Gemüsegerichten.
Das Geheimnis der Blätterteigfladen liegt darin, wie sie mit geschmolzener Butter oder Ghee bestrichen und gefaltet werden. Bei diesem Rezept durften wir Saroj, der Frau aus einer der Priesterfamilien des berühmten Radha-Ramana-Tempels in Vrindavana, über die Schultern schauen. Es war ein faszinierender Anblick, mit welcher Geschicklichkeit und Leichtigkeit sie diese Parathas zubereitet hat. Und alles im Handumdrehen, immer während ein Paratha in der Pfanne vor sich hin brutzelte, rollte und faltete sie bereits den nächsten.
Die Falttechniken, mit denen der Paratha seine blätterteigartigen Schichten bekommt, scheinen so zahlreich zu sein wie die indischen Unionsstaaten. Die einfache und schnelle Technik von Saroj erschien uns am leichtesten und erfolgversprechendsten – auch für Anfänger der indischen und ayurvedischen Küche.
Parathas vermehren *Kapha*, optimal also für *Vata-* und *Pitta*-Menschen.

Für etwa 10 Parathas

300 g Dinkel- oder Weizenmehl (Type 1050)
1 TL Stein- oder Meersalz
2 – 3 TL zerlassenes Ghee
(vegan: Sonnenblumenöl)
125 – 150 ml warmes Wasser
etwas Mehl zum Ausrollen
Ghee oder Sonnenblumenöl zum Bestreichen

So wird's gemacht:

1) Mehl in eine Schüssel sieben, mit Salz mischen und zerlassenes Ghee oder Sonnenblumenöl hineingeben. Nach und nach Wasser dazugießen (die Wassermenge kann etwas variieren) und alles zu einem geschmeidigen, glatten Teig kneten. Der Teig sollte sich seidig weich wie ein Ohrläppchen anfühlen. Den Teig in der Schüssel mit einem Deckel oder einem feuchten Tuch abgedeckt 30 Minuten ruhen lassen.
2) In der Zwischenzeit alle benötigten Utensilien zurechtlegen: eine flache Schüssel mit etwas Mehl zum Ausrollen, eine Anti-Haft-Pfanne, einen Teelöffel, ein Töpfchen mit etwas zerlassenem Ghee (oder Öl), einen Holzspatel und eine Schüssel mit Deckel zum Warmhalten der fertigen Parathas.
3) Den Teig noch einmal kräftig durchkneten, in zehn gleich große Bällchen formen und in die Teigschüssel legen.
4) Pfanne auf mittlerer Flamme vorwärmen. Währenddessen ein Teigbällchen flachdrücken, beidseitig in der Schüssel mit dem Mehl wenden und zu einem gleichmäßig runden und dünnen Fladen ausrollen. Dabei immer wieder wenden, damit er nicht an der Arbeitsfläche kleben bleibt. Den Fladen mit etwas zerlassenem Ghee (oder Sonnenblumenöl) bestreichen, und die Ränder zur Mitte hin so falten, dass wiederum ein kleiner, gefalteter, runder Fladen entsteht (die Ränder sollten etwas überlappen, damit das

Ghee beim Ausrollen nicht herauslaufen kann). Den Fladenball wieder etwas flachdrücken, erneut in etwas Mehl wenden (nur so viel Mehl verwenden, dass der Fladen beim Ausrollen nicht kleben bleibt) und zu einem flachen, runden Fladen ausrollen.

5) Fladen in die trockene, vorgeheizte Pfanne legen. Die Flamme so regulieren, dass die Fladen nicht anbrennen. Paratha mit Holzspatel umdrehen und so lange in der Pfanne backen, bis er auf beiden Seiten kleine goldbraune Flecken bekommen hat. Nun ½ TL zerlassenes Ghee (oder Öl) mit dem Löffelrücken auf der Oberfläche des Paratha im Uhrzeigersinn einmassieren, woraufhin sich der Paratha sogleich aufblähen sollte. Gleich umdrehen und auch die zweite Seite mit Ghee (oder Öl) bestreichen. Der Paratha bläht sich nun wie ein Ballon auf und ist fertig gebacken, wenn er mit goldbraunen Flecken übersät ist.
6) Parathas gleich heiß servieren oder in einer kleinen Schüssel mit Deckel warmhalten.

Einfache Falttechnikvariante:

Diese Falttechnik haben wir von unserer Freundin Arati gelernt. Sie ist ebenfalls ideal für Anfänger und »blättert« den Fladen in viele, viele Schichten:

1) Teigbällchen etwas flachdrücken und beidseitig in Mehl wenden. Zu einem gleichmäßig runden Fladen ausrollen und mit etwas zerlassenem Ghee (oder Öl) bestreichen.

2) Den Fladen mit den Fingern aufrollen und diese Rolle zu einer Schnecke aufrollen. Diese Teigschnecke erneut in etwas Mehl wenden. Die Ausroll- und Aufrollprozedur noch einmal wiederholen. Abschließend die zusammengerollte und mit Mehl bestäubte Teigschnecke ein letztes Mal ausrollen und in der heißen Pfanne – wie oben beschrieben – ausbacken.

Variante: Blätterteigfladen mit Korianderblättern (Dhania-Parathas)

Wirkt sanft Kapha-erhöhend

Fügen Sie dem Parathateig 3 – 4 EL frisch gehackte Korianderblätter hinzu, und bereiten Sie die Parathas zu, wie im Rezept beschrieben. Falls Sie keine frischen Korianderblätter bekommen, können Sie auch glatte Petersilie verwenden. Sie schmeckt natürlich etwas anders und besitzt auch eine andere Ayurveda-Wirkung: Sie erhöht sanft *Vata*.
Mit Korianderblättern ist dieses Gericht für *Vata*- und *Pitta*-Menschen genau das Richtige, doch dürfen auch *Kapha*-Typen in Maßen zugreifen.

Damit die Parathas ihren Geschmack noch besser entfalten, zerknautschen Sie die heißen Blätterteigfladen einmal kurz mit den Händen, sobald die Fladen kühl genug zum Anfassen sind. Anschließend servieren Sie sie dann ein- oder zweimal zusammengeklappt (als Halbmond oder Dreieck).

Kartoffel-Käse-Blätterteigfladen *(Alu-Panir-Parathas)*

Wirkt Kapha-erhöhend

Der versteckte Gourmet. In diesem Rezept ist die Füllung gleich im Teig enthalten, ein weiteres Gericht aus Vrindavana, der heiligen Stadt, in der vor fünftausend Jahren Krishna lebte.
Ein guter Panir (Frischkäse) gelingt am besten mit Rohmilch oder Vorzugsmilch direkt vom Bauern oder aus dem Naturkostladen oder Reformhaus. So und nicht anders wird der bekömmlichste Käse überhaupt schon seit Jahrtausenden in Indien hergestellt.
Dieses Gericht vermehrt das *Kapha-Dosha*; es ist also für *Pitta*- und *Vata*-Menschen empfehlenswert.

Für etwa 14 Blätterteigfladen

4 gekochte Kartoffeln (300 g)
300 g Dinkel- oder Weizenmehl (Type 1050)
1 TL Stein- oder Meersalz
100 – 120 ml warmes Wasser (oder warme Molke von der Panirherstellung)
etwas Mehl zum Wenden
6 – 7 EL Ghee oder Sonnenblumenöl zum Bestreichen und Braten

Für den Panir (Frischkäse):
500 ml Milch
Saft einer halben Zitrone

So wird's gemacht:
1) Pellkartoffeln kochen (möglichst schon am Vorabend oder so rechtzeitig, dass sie noch abkühlen können). Etwa 90 g weichen Panir herstellen (Anleitung siehe Seite 226).
2) Das Mehl in eine Schüssel geben und mit Salz mischen. Kartoffeln pellen und mit einer Gabel fein zerdrücken. Den etwas abgehangenen Panir und die zerdrückten Kartoffeln unter das Mehl kneten und nach und nach so viel warmes Wasser oder Molke hinzufügen, bis sich die Masse zu einem mittelfesten Teig kneten lässt. Den Teig mit einem Deckel zugedeckt mindestens 30 Minuten ruhen lassen.
3) Teig noch einmal kräftig auf der Arbeitsfläche, falls nötig mit etwas Mehl, durchkneten und etwa vierzehn Bällchen formen.

4) Eine Pfanne auf mittlerer Flamme vorwärmen. Währenddessen einen Teigball flachdrücken, beidseitig im Mehl wenden und zu einem gleichmäßig runden und dünnen Fladen ausrollen. Dabei immer wieder wenden, damit er nicht an der Arbeitsfläche kleben bleibt. Den Fladen mit etwas zerlassenem Ghee (oder Sonnenblumenöl) bestreichen und die Ränder zur Mitte hin falten, sodass wiederum ein kleiner, gefalteter, runder Fladen entsteht (die Ränder sollten etwas überlappen, damit das Ghee beim Ausrollen nicht herauslaufen kann). Den Fladenball wieder etwas flachdrücken, erneut in etwas Mehl wenden (nur so viel Mehl verwenden, dass der Fladen beim Ausrollen nicht kleben bleibt) und zu einem flachen, runden Fladen ausrollen.
5) Fladen in die trockene vorgewärmte Pfanne legen. Die Flamme so regulieren, dass die Fladen nicht anbrennen. Paratha mit Holzspatel umdrehen, bis er auf beiden Seiten kleine goldbraune Flecken hat. Nun ½ TL zerlassenes Ghee (oder Öl) mit dem Löffelrücken auf der Oberfläche des Paratha verstreichen und im Uhrzeigersinn einmassieren, woraufhin er sich sogleich aufblähen sollte. Gleich umdrehen und auch die zweite Seite mit Ghee (oder Öl) bestreichen. Der Paratha bläht sich nun wie ein Ballon auf und ist fertig gebacken, wenn er mit goldbraunen Flecken übersät ist.
6) Parathas gleich heiß servieren oder in einer kleinen Schüssel mit Deckel warmhalten.

Blätterteigfladenbrote mit Rettich *(Muli-Parathas)*

Wirkt Kapha- und sanft Pitta-erhöhend

Ob weiß, ob schwarz, ob rot – Rettich hat so einiges zu bieten. Ein mittelgroßer Rettich deckt den Tagesbedarf eines Erwachsenen an Vitamin C, liefert Carotin, einige B-Vitamine, reichlich Kalium, Natrium, Magnesium, Calcium, Phosphor, Eisen und Enzyme. Ganz besonders glänzt er aber mit seinen Senfölglukosiden und Bitterstoffen, die eine antibiotische Wirkung haben, galletreibend und schleimlösend sind. Seine ätherischen Öle regen die Verdauungsdrüsen an, reinigen und regenerieren die Schleimhäute, helfen bei Gallenstauungen und fördern den Stuhlgang. Nach dem Ayurveda wirkt Rettich *Pitta-* und auch sanft *Vata*-erhöhend.
Rettich-Parathas sind optimal für *Vata*-Menschen, in Maßen können jedoch auch *Pitta*-Menschen zugreifen.

Für 8 Stück

250 g Dinkel- oder Weizenmehl (Type 1050)
1 TL Stein- oder Meersalz
150 – 160 ml Wasser
100 g Rettich
1 TL frisch geriebener Ingwer
3 EL frisch gehackte Korianderblätter (ersatzweise frische glatte Petersilie)
etwas Mehl zum Ausrollen
4 – 5 EL etwas Ghee (vegan: Sonnenblumenöl) zum Bestreichen und Braten

So wird's gemacht:

1) Mehl in eine Schüssel sieben und Salz untermischen. Nach und nach das Wasser dazugießen (Wassermenge kann je nach Mehlsorte variieren) und alles zu einem geschmeidigen, glatten Teig kneten. Der Teig sollte sich seidig weich wie ein Ohrläppchen anfühlen. Teig in die Schüssel legen und mit einem Deckel abdecken.
2) Rettich waschen und raspeln. Rettich, Ingwer und gehackte Korianderblätter oder Petersilie unter den Teig kneten. Falls der Teig durch die Zugabe des Rettichs etwas zu klebrig geworden ist, noch etwas Mehl dazugeben. Den Teig abgedeckt mindestens 30 Minuten ruhen lassen.
3) In der Zwischenzeit alle benötigten Utensilien zurechtlegen: einen Teller mit etwas Mehl zum Ausrollen, ein Nudelholz, eine Anti-Haft-Pfanne, einen Teelöffel, ein Töpfchen mit etwas zerlassenem Ghee (oder Sonnenblumenöl), einen Holzspatel und eine Schüssel mit Deckel zum Warmhalten der fertigen Parathas.
4) Teig nochmal kräftig durchkneten, zu einer Rolle formen, diese in acht Bällchen teilen und mit einem feuchten Tuch abdecken.
5) Jeweils ein Teigbällchen flachdrücken, beidseitig in dem Teller mit dem Mehl wenden und zu einem gleichmäßig dünnen und run-

den Fladen ausrollen. Dabei immer wieder im Mehl wenden, damit er nicht an der Arbeitsfläche kleben bleibt – mit zu viel Mehl jedoch wird er spröde und hart. Den Fladen mit etwas zerlassenem Ghee (oder Sonnenblumenöl) bestreichen, zu einer Rolle aufrollen und diese nochmals zu einer Schnecke zusammenrollen. Die Teigschnecke erneut im Mehl wenden und ausrollen. Nun diesen dünnen Teigfladen noch einmal mit etwas Ghee (oder Sonnenblumenöl) bestreichen und wie zuvor beschrieben auf- und ausrollen.

6) Die Pfanne ohne Fett bei mittlerer Hitze erwärmen. Dann den dünn ausgerollten Fladen in die heiße Pfanne gleiten lassen. Die Flamme so regulieren, dass die Fladen nicht anbrennen. Während der eine Paratha langsam bräunt, bereits den nächsten Fladen wie beschrieben je zweimal ausrollen und mit Ghee (oder Sonnenblumenöl) bestreichen. Den ersten Paratha nach 1 – 2 Minuten mit einem Holzspatel umdrehen, nun ½ TL zerlassenes Ghee (oder Sonnenblumenöl) mit dem Löffelrücken auf der Oberfläche des Parathas im Uhrzeigersinn verstreichen, woraufhin sich der Paratha sogleich aufblähen sollte. Sofort umdrehen und auch die zweite Seite mit Ghee (oder Sonnenblumenöl) bestreichen. Der Paratha bläht sich nun fast wie ein Ballon auf und ist fertig gebacken, wenn er mit goldbraunen Flecken übersät ist.
7) Paratha gleich heiß servieren oder in einer kleinen Schüssel mit Deckel in der Nähe der Flamme warm halten.

Damit die Parathas ihren Geschmack noch besser entfalten, zerknautschen Sie den heißen Fladen, sobald Sie ihn anfassen können, einmal kurz mit den Händen. Anschließend servieren Sie ihn dann ein- oder zweimal gefaltet (als Halbmond oder Dreieck).

Variation: Rettich-Parathas mit Garam Masala

Probieren Sie diese Parathas auch einmal mit 1 TL Garam Masala (siehe Seite 261), das mit in den Teig geknetet wird.

Puris *(Frittierte Fladenbrote)*

Wirkt Kapha-erhöhend

Heiß geliebt und heiß gegessen! Vor allem bei festlichen Anlässen dürfen Puris in Indien niemals fehlen. Geübte Köchinnen und Köche beherrschen die Kunst, jeweils einen runden und gleichmäßig dicken Puri auszurollen, während der vorhergehende bereits im heißen Fett frittiert wird und sich zu einem Ballon aufbläht. Das A & O ist dabei die richtige Temperatur beim Frittieren: Das Fett darf nicht zu heiß sein (das ist der Fall, wenn es zu rauchen beginnt) und auch nicht zu kalt (der Puri darf nicht auf den Grund abtauchen und sich mit Fett vollsaugen).

Puris aus Weizenvollkornmehl haben aber nicht nur unserem Gaumen, sondern auch der Gesundheit viel zu bieten: einen hohen Anteil an Kohlenhydraten und Eiweiß, zwei Prozent Fett und etwa zwei Prozent wertvolle Mineralstoffe. Zudem ist Weizen reich an den für die Nerven wichtigen Vitaminen der B-Gruppe und dem Entgiftungs- und Verjüngungsvitamin E. Nach dem Ayurveda ist Weizen großartig für *Pitta*- und *Vata*-Menschen, da er *Kapha* vermehrt. Wenn er wirklich aus dem ganzen Korn vermahlen wurde, ist Weizen eine hervorragende Kopf- und Nervennahrung, eine Anti-Stress-Medizin und ein Darmanreger.

Puris vermehren die *Kapha*-Komponente, genau das Richtige also für *Vata*- und *Pitta*-Menschen.

Für 12 – 16 Puris (je nach Größe)

350 g Weizenvollkornmehl
oder Atta-Mehl (Vollkorn-Chapatimehl)
½ TL Stein- oder Meersalz
1 EL zerlassenes Ghee
(vegan: Sonnenblumenöl)
etwa 150 ml warmes Wasser
Ghee oder Sonnenblumenöl zum Frittieren
und zum Einfetten

So wird's gemacht:

1) Mehl in eine Schüssel sieben und mit Salz mischen. Zerlassenes Ghee (oder Sonnenblumenöl) dazugeben und mit den Fingerspitzen zu Teigkrümeln verreiben. Langsam das Wasser dazugießen (die Wassermenge kann je nach Mehlsorte variieren) und mit den Händen verkneten. Hände waschen, abtrocknen, mit etwas Ghee (oder Sonnenblumenöl) einfetten und den Teig nochmals durchkneten, bis er seidig glatt und elastisch ist. Den Teig in einer Schüssel zugedeckt 30 Minuten ruhen lassen.
2) Teig anschließend noch einmal durchkneten, zu einer Rolle und diese zu zwölf bis sechszehn Kugeln formen. Einige Tropfen Ghee (oder Öl) auf der Ausrollfläche verreiben. Teigkugeln mit einem eingefetteten Nudelholz zu dünnen ebenmäßigen Fladen ausrollen und immer wieder wenden, damit sie nicht auf der Fläche kleben bleiben (verwenden Sie kein Mehl, da es beim Frittieren verbrennen und das Ghee verfärben würde!). Die ausgerollten Fladen nebeneinander legen, sodass sie sich nicht berühren, und mit einem feuchten Tuch bedecken, um sie vor dem Austrocknen zu bewahren.
3) Einen mit Ghee (oder Öl) gefüllten Wok oder einen flachen Topf mit schwerem Boden auf starker Flamme erhitzen. Wenn das Ghee zu rauchen beginnt, die Flamme auf mittlere Hitze reduzieren (ein Test, ob das Fett heiß

ist: Einige Wassertröpfchen in das heiße Fett spritzen – wenn es zischt, kann's losgehen). Nun einen Puri vorsichtig in das heiße Ghee gleiten lassen. Vorsicht: Verbrennungsgefahr! Der Puri sinkt zuerst für einige Sekunden auf den Boden, um dann sogleich zischend zur Oberfläche aufzusteigen. Den Puri noch einmal sanft mit der Siebkelle untertauchen, bis er sich wie ein Ballon aufbläht. Den Puri drehen, damit auch die zweite Seite für einige Sekunden ausbacken kann, und dann herausnehmen. Puri zum Abtropfen aufrecht in ein Sieb stellen. Anschließend auf ein Papierküchentuch legen, damit überschüssiges Fett aufgesaugt wird.

4) Puris heiß servieren!

Puris schmecken zu jeder Mahlzeit! Ob pur zu heißer Milch, mit Apfelmus, Marmelade oder Honig oder zu Gemüsegerichten und Reis. Probieren Sie nur selbst!

Variationen:

Buchweizenpuris

Wirkt sanft Kapha- und sanft Pitta-erhöhend

Eine leckere Variante sind auch Puris mit Buchweizenmehl statt Vollkornweizenmehl.
Bei Buchweizenpuris können *Vata*- und in Maßen auch *Kapha*- und *Pitta*-Menschen zugreifen.

Puris aus dem Mehl der Wasserkastanie (Singhar Atta)

Wirkt Kapha- und sanft Vata-erhöhend

Nach dem Ayurveda besitzt die Wasserkastanie kühlende und zusammenziehende Eigenschaften. Aus diesem Grund sind Singhar-Atta-Puris vor allem für *Pitta*-Typen interessant, vorausgesetzt, sie sind in Ghee frittiert. Während Ghee nämlich *Pitta* besänftigt, hat Pflanzenöl den gegenteiligen Effekt.

Tortillas

Wirkt sanft Pitta-erhöhend

Späte Renaissance. Fast zweitausend verschiedene Maissorten sollen die Azteken, Mayas und Inkas gezüchtet haben. Und auch die Rezepte mit den gelben und blauen Kolben scheinen zahlreich gewesen zu sein. Während Mais diesseits des großen Teichs im Balkan und in den Mittelmeerländern zum Grundnahrungsmittel wurde, hat er in der deutschen Küche nie so recht Fuß fassen können. Erst neuerdings findet man den Mais z. B. als Polenta (Maisgrieß) in leckeren Variationen auch in unseren Küchen. Mais enthält bis zu fünfundsechzig Prozent verwertbare Kohlenhydrate, viele Ballaststoffe, Carotin, Vitamine des B-Komplexes und Vitamin C. Nur einige wesentliche Aminosäuren und das Vitamin Niacin fehlen der gelben Rispenpflanze – ein Manko, das die Indianer beseitigten, indem sie Mais immer zusammen mit Bohnen verzehrten. Dadurch ergänzen sich die einzelnen Aminosäuren ideal. Da Maismehl kein Gluten enthält, ist es eine interessante Abwechslung auf dem Speisezettel von Menschen mit Gluten-Unverträglichkeit.

Nach dem Ayurveda besitzt Mais leichte, trockene und wärmende Eigenschaften, ist also ideal für *Kapha*-Menschen. Besonders günstig ist Mais für all diejenigen, die abnehmen möchten, und für Zuckerkranke, da er sehr satt macht, seine Verdauung langsam vonstatten geht und seine Kohlenhydrate nur langsam ins Blut übergehen. Außerdem reinigt Mais Niere und Blase und hilft bei vielen *Kapha*-Beschwerden, wie bei Erkältungen.

Tortillas, die mexikanische Nationalspeise, wirken sanft *Pitta*-erhöhend – optimal für *Kapha*- und *Vata*-Typen, und in Maßen auch für *Pitta*.

Für etwa 16 Fladen

120 g Maisgrieß (Polenta)
450 ml Wasser
¾ TL Stein- oder Meersalz
1 EL Olivenöl
250 g Dinkelmehl (Type 1050)
etwas Mehl zum Wenden

So wird's gemacht:

1) Maisgrieß mit 200 ml kaltem Wasser in einer Schüssel verrühren. 250 ml Wasser und Salz in einem Topf zum Kochen bringen, den angerührten Maisbrei hineingeben und so lange über der Flamme rühren, bis er eindickt (dies dauert nur wenige Minuten). Topf von der Flamme nehmen.
2) Maisbrei in eine Schüssel geben und mit dem Öl vermischen. Sobald die Masse auf Handwärme abgekühlt ist, Dinkelmehl dazugeben und zu einem geschmeidigen Teig kneten. Teig zugedeckt 30 – 60 Minuten ruhen lassen.
3) Den Teig in etwa sechszehn Stücke teilen. Die Teigstücke zu Kugeln formen, flachdrücken, in Mehl wenden und zu dünnen, runden Fladen ausrollen.
4) Tortillas in einer schweren Pfanne ohne Fett bei mittlerer Hitze goldbraun backen und dabei von Zeit zu Zeit wenden. Fertige Tortillas in einem Tuch warmhalten oder sofort servieren.

Papadams *(Indische Riesencracker)*

Dosha-Eignung je nach Zubereitung

Das haben sich die Amerikaner abgeschaut. Denn eigentlich stammen die Cracker nicht aus der »Neuen Welt«, sondern aus Indien – nur kennt man sie dort in einer etwas größeren Variation: als Papadams (oder auch Papads genannt). Papadams sind hauchdünne Knäckechips aus Urad oder Mung Dal und Gewürzen. Sie werden nur mit etwas Asafoetida gewürzt oder aber mit Kreuzkümmel (Cumin) oder mit Chili angeboten.
Als ideale Appetitanreger sind Papadams aus der indischen Küche nicht wegzudenken. Sie bringen Abwechslung auf den Tisch und sorgen in Kombination mit etwas Reis und Gemüse für eine optimale Eiweißversorgung.
Papadams lassen sich buchstäblich im Handumdrehen machen, es lohnt sich, immer eine Packung im Haus zu haben. Für unangemeldete Gäste oder wenn es einfach schnell gehen soll, sind Papadams genau das Richtige: Eins, zwei, drei – und fertig sind die Riesencracker! Papadams bekommen Sie in indischen Lebensmittelläden oder beim indischen Gewürzversand.
Wenn die richtige Zubereitung gewählt wird, dürfen bei Papadams alle drei *Dosha*-Konstitutionen zugreifen: In Ghee oder Öl frittiert, sind sie *Kapha*- und sanft *Vata*-erhöhend, alle anderen Zubereitungsarten sind sanft *Vata*-erhöhend.
Welche Zubereitungsart ideal für welchen Typ ist, lesen Sie im Rezept.

1 – 3 Papadams pro Person (als Beilage)

Papadams (Stückzahl nach Wunsch)
je nach Zubereitungsart etwas Ghee oder Öl zum Frittieren

So wird's gemacht:
Sie können die Papadams auf vier verschiedene Arten zubereiten:

a) In heißem Ghee oder Öl einige Sekunden frittieren (in Maßen gut für *Vata*- und *Pitta*-Typen).
b) Im heißen Waffeleisen (ohne Fettzugabe) 1 – 2 Minuten knusprig backen (ideal für *Kapha*- und *Pitta*-Typen, in Maßen auch für *Vata)*.
c) In den heißen Toaster legen (große Papadams halbieren) und nach wenigen Sekunden herausholen (optimal für *Kapha*- und *Pitta*-Typen, in Maßen auch für *Vata)*.
d) Über der offenen Gasflamme (mit einer Küchenzange) wenden (ideal für *Kapha*- und *Pitta*-Typen, in Maßen auch für *Vata)*.
   Ist der Papadam nach einigen Sekunden goldbraun und knusprig, so ist er fertig.

Probieren Sie auch einmal Papadam-»Nudelsuppe«. Dazu schneiden Sie einfach einige Papadams in Streifen und geben sie 2 Minuten, bevor die Gemüsesuppe fertig ist, hinein.

Lotos-Popcorn

Wirkt sanft Vata-erhöhend

Die Blume, die das Herz öffnet. Wer Lotosblumen schon einmal gesehen hat, ist sicherlich fasziniert von der Schönheit und dem eigentümlichen Reiz, der von diesen großblättrigen Wasserpflanzen ausgeht. Der Sonne zugewandt und von dem Wasser, in dem sie wächst, unbeeinträchtigt, steht die Lotosblume in den altindischen Vedas u. a. als Symbol für die ewige spirituelle Seele, die ihren spirituellen Weg zum Schöpfer ebenso unbeeinträchtigt gehen sollte. Im Spätsommer, wenn die Lotosblumen allmählich verblühen, werden in den nordindischen Seen verschiedene Lotosköstlichkeiten geerntet: der Stängel, die Blätter und die Schote mit den weißen Lotossamen. Damit erfreut die Lotosblume auch Gaumen und Gesundheit. Lotossamen stärken das Herz und die Nerven. Sie helfen bei Allergien und Krämpfen, wirken sich positiv bei Stottern aus und erhöhen die Konzentrationsfähigkeit. Lotossamen öffnen das Herz-Chakra (eines der sieben Hauptenergiezentren), wirken auf die Psyche harmonisierend und unterstützen das Streben nach spiritueller Entfaltung. Nach dem Ayurveda gelten die Lotossamen als leicht *Kapha*-erhöhend und in ihrer gepoppten Form als sanft *Vata*-verstärkend.
Dieses Rezept erhielten wir von unseren guten Freunden Ramashraddha und Janaki. Wann immer wir bei ihnen sind, überrascht uns Ramashraddha mit neuen und leckeren Zubereitungen aus seiner südindischen Heimat. Unser erstes Lotos-Popcorn mussten wir schnell vor ihrem kleinen Sohn Madhumangala in Sicherheit bringen.
Ein optimales Gericht für *Pitta*- und *Kapha*-Konstitutionen, in Maßen auch für *Vata*.

Für 1 – 4 Personen (als Beilage oder Snack)

2 TL Ghee oder Sonnenblumenöl
50 g gepoppte Lotossamen
½ TL Stein- oder Meersalz
¼ TL frisch zerstoßener schwarzer Pfeffer
je 1 Prise Asafoetida und/oder Black Salt (Kala Namak) nach Belieben

So wird's gemacht:

1) Ghee oder Öl in einer großen Pfanne erhitzen und gepoppte Lotossamen darin für wenige Minuten goldbraun rösten. Mit Salz, Pfeffer und eventuell Asafötida und/oder Black Salt würzen. Fertig ist der Lotos-Snack.

Lotos-Popcorn passt zu jeder Mahlzeit oder einfach nur pur als Snack, Partygag oder im Büro. Gepoppte Lotossamen bekommen Sie im indischen Lebensmittelladen oder beim Gewürzversand.

Pfannkuchen-Grundrezept

Wirkt Kapha-erhöhend

Der Favorit. Ob süß oder pikant, bei Pfannkuchen werden nicht nur Kinder schwach. Diese Pfannkuchen ohne Eier gehen nicht nur kinderleicht und schnell von der Hand, sondern schmecken auch hervorragend. Und so ganz nebenbei sind Pfannkuchen ohne Eier auch viel gesünder. Kein Wunder, dass *Sattva*-Nahrung im Ayurveda so hoch im Kurs steht.
»König der Getreide« – so nennt der Ayurveda den Weizen – zu Recht, denn Weizen strotzt nur so von gesunden Inhaltsstoffen. Das volle Korn des Weizens verleiht physische Kraft, unterstützt die Körperabwehr und hilft bei Hautausschlägen und Durchfall. Daneben empfiehlt ihn der Ayurveda bei Arthritis und bestimmten Formen von Krebs. Nach dem Ayurveda wirkt Weizen *Kapha*-erhöhend. Pfannkuchen sind ein optimales Gericht für *Vata*- und *Pitta*-Typen. Menschen mit *Kapha*-Dominanz empfehlen wir Pfannkuchen aus Buchweizen- oder Kichererbsenmehl.

Für 4 Personen

200 g Weizen- oder Dinkelvollkornmehl
200 ml Milch (vegan: Sojadrink)
150 – 175 ml Mineralwasser
1 Prise Stein- oder Meersalz
¼ TL Kurkuma
eventuell 1 Msp Natron
eventuell wenig Mineralwasser
Ghee zum Ausbacken
(vegan: Sonnenblumenöl)

So wird's gemacht:

1) Mehl in eine Schüssel sieben und mit den restlichen Zutaten (außer Ghee zum Ausbacken) zu einem flüssigen Pfannkuchenteig verrühren. Den Teig 15 – 20 Minuten ruhen lassen. Falls der Teig in der Zwischenzeit etwas zu dickflüssig geworden ist, noch ein wenig Mineralwasser unterrühren.
2) In einer heißen Anti-Haft-Pfanne mit wenig Ghee (oder Sonnenblumenöl) dünne Pfannkuchen ausbacken und mit einer beliebigen süßen oder pikanten Füllung servieren.

Variationen für Pfannkuchen gibt es fast unzählige. Haben Sie schon einmal daran gedacht, Pfannkuchen mit Spinat und Panir (Frischkäse; siehe Seite 226) zu füllen oder den Teig mit frisch gehackten Kräutern, klein geschnittenem Gemüse und/oder Gewürzen zu verfeinern? Auch die Kombination von Dinkel mit gemahlener Hirse, Gerste, Hafer oder Amarant schmeckt lecker.

Buchweizenpfannkuchen mit Tapioka

Wirkt Vata- und Pitta-erhöhend

Stärke aus den Tropen. Tapioka sind weißliche Perlchen, die aus der gereinigten Stärke der tropischen Maniokwurzel gewonnen werden. Ihr hoher Gehalt an verwertbaren Kohlenhydraten bringt Muskeln, Gehirn und Stoffwechsel auf Trab. Weiter glänzen die Stärkekügelchen mit einem hohen Kaliumanteil, dazu kommen noch Natrium, Eisen und nicht zu vergessen Carotin, Vitamine des B-Komplexes und Vitamin C. Nach dem Ayurveda erhöht Tapioka sanft *Vata* und sanft *Kapha.* Er ist besonders gut für alle, die sich nach einer Krankheit wieder erholen wollen. Tapioka beruhigt die Verdauung, hemmt jedoch sanft *Agni.*

Auch Buchweizen hat in puncto Gesundheit einiges parat: beträchtliche Mengen an den lebenswichtigen Eiweißbausteinen Tryptophan und Lysin (die in den meisten Getreidesorten in geringeren Mengen vorkommen) und viele ungesättigte Fettsäuren. Daneben enthält Buchweizen auch Vitamine der B-Gruppe, Niacin, Kalium, Eisen, Phosphor, Magnesium, Kieselsäure und Lecithin. Nach dem Ayurveda vermehrt Buchweizen durch seine erwärmenden, leichten und trockenen Eigenschaften *Pitta* und *Vata.* In der kalten Jahreszeit spendet er dem Körper Wärme, darüber hinaus ist er eine wertvolle Gehirn- und Nervennahrung und verbessert die Konzentration.

Dieses Gericht ist genau das Richtige für Menschen mit *Kapha*-Dominanz. *Vata*- und *Pitta*-Typen können jedoch ebenfalls zugreifen, wenn sie dazu eine warme, leichte Gemüsesuppe wie Spargelcremesuppe (siehe Seite 111) servieren.

Für 9 – 10 kleine Pfannkuchen

50 g Tapioka
Saft einer halben Zitrone
200 g Buchweizenmehl
350 – 375 ml (Mineral-)Wasser
1 TL gemahlener Kreuzkümmel
1 TL gemahlener Koriander
¾ TL frisch gemahlener schwarzer Pfeffer
¾ TL Stein- oder Meersalz
eine halbe kleine grüne Chili (oder ¼ TL Cayennepfeffer)
70 – 100 g Gartenmelde oder andere Wildkräuter (z. B. Brennnessel, Giersch), ersatzweise 5 EL frisch gehackte Küchenkräuter
2 TL frisch geriebener Ingwer
Sonnenblumenöl oder Ghee zum Braten

So wird's gemacht:

1) Tapioka in einem feinen Sieb unter fließendem Wasser spülen und in eine kleine Schüssel geben. Den Zitronensaft und etwas Wasser zum Einweichen dazugeben. Etwa 15 Minuten einweichen.
2) Buchweizenmehl, Wasser, Kreuzkümmel, Koriander, Pfeffer und Salz in einer Schüssel zu einem Pfannkuchenteig verrühren. Chili waschen, entkernen und klein schneiden. Wildkräuter oder frische Küchenkräuter waschen, trockenschütteln und fein hacken. Nun die Kräuter, Chili, Ingwer und den eingeweichten Tapioka dazugeben. Den Teig etwa 15 Minuten ruhen lassen.
3) Eine große Pfanne mit etwas Sonnenblumenöl oder Ghee erhitzen und jeweils drei kleine Pfannkuchen nacheinander goldbraun und knusprig ausbacken. Heiß servieren.

Pitta-Typ: Lassen Sie die Chili weg.

Variation: Pfannkuchen aus dem Mehl der Wasserkastanie

(Singhar Atta)

Wirkt Kapha- und sanft Vata-erhöhend

Falls Sie im orientalischen (z. B. persischen) oder indischen Lebensmittelgeschäft oder Gewürzversand Singhar Atta (Mehl aus den sonnengetrockneten Früchten der Wasserkastanie) bekommen können, probieren Sie dieses Pfannkuchenrezept auch einmal damit an Stelle von Buchweizen. In Indien verwendet man dieses Mehl der unter Wasser wachsenden Früchte der Wasserpflanze *Trapan Bispinosa* gerne für flache Fladenbrote, Puris, Pakoras, Halava und süße Puddings – ganz besonders am elften Tag nach Neu- und nach Vollmond, an dem alle Vaishnavas (Verehrer Vishnus und Krishnas) weder Getreide noch Hülsenfrüchte zu sich nehmen.
Nach dem Ayurveda erhöht die Wasserkastanie *Kapha* und sanft *Vata.* Eine köstliche Abwechslung vor allem für *Pitta*-Typen, aber auch für Menschen mit Gluten-Unverträglichkeit.

Gefüllte Zucchiniblüten

Wirkt Kapha-erhöhend

Ouvertüre für Genießer. Vor nicht allzu langer Zeit galten Zucchini bei uns als ausgesprochen exotische Gewächse; heute dagegen findet man sie zur Sommerzeit in vielen deutschen Hausgärten. Neu dürfte hierzulande jedoch die Idee sein, auch die gelblichen Zucchiniblüten in der Küche zu verwenden – eine Zubereitungsart aus Italien. Früher jedoch war man sich solcher Blütenköstlichkeiten auch bei uns mehr bewusst. Noch in ganz normalen Kochbüchern aus dem 19. Jahrhundert finden sich Rezepte für die Blüten unterschiedlicher Pflanzen. Wenn Pflanzen schon mit so vielen gesunden Inhaltsstoffen aufwarten können, um wie viel mehr dann erst ihre Blüten!
Besondere Aufmerksamkeit haben in jüngerer Zeit die sekundären Pflanzenstoffe auf sich gezogen. Obwohl sie nur in geringen Mengen vorkommen, besitzen sie doch zahlreiche gesundheitsfördernde Eigenschaften. Unter anderem schützen diese Bioaktivstoffe vor Krankheitserregern und vor Krebs, bekämpfen gefährliche Zellgifte, die Sauerstoffradikale, und stärken unser körpereigenes Abwehrsystem. Selbst einer angespannten Psyche können sie noch Entspannung und gute Laune bringen.
Dieses Gericht erhöht *Kapha* und ist genau das Richtige für *Vata*- und *Pitta*-Menschen.

Für 4 Personen

20 – 25 Zucchiniblüten

Für den Panir (Frischkäse):
1,5 l Milch
Saft einer Zitrone

Für die Füllung
(siehe auch Variation folgende Seite):
1 EL Olivenöl
4 Ringelblumenblüten
1 Prise frisch geriebene Muskatnuss
3 EL frisch gehacktes Basilikum
¾ TL frisch gemahlener schwarzer Pfeffer
½ TL Stein- oder Meersalz

Für den Teig:
1 – 2 EL Sesam
150 g Kichererbsenmehl
½ TL Paprikapulver
½ TL Kurkuma
½ TL gemahlener Koriander
¼ TL Asafoetida
¾ TL Stein- oder Meersalz
etwa 200 ml Wasser
4 Ringelblumenblüten
Ghee oder Olivenöl zum Braten

So wird's gemacht:
1) Weichen Panir herstellen (genaue Anleitung siehe Seite 226).
2) Zucchiniblüten vorsichtig waschen, abtropfen lassen und trockenschütteln. Sesam in einer Pfanne ohne Fett goldbraun rösten.
3) Kichererbsenmehl in eine Schüssel sieben und mit den Gewürzen und Wasser zu einem pfannkuchenartigen Teig verrühren. Ringelblumen waschen, trockenschütteln, Blütenblätter von vier Blüten abzupfen und zusammen mit dem Sesam in den Teig rühren.

4) Panir für die Füllung in eine Schüssel geben. Mit Olivenöl, den abgezupften Blütenblättern der übrigen vier Ringelblumen und den restlichen Zutaten für die Füllung vermischen.
5) Pfanne mit Olivenöl oder Ghee erhitzen. Zucchiniblüten mit jeweils 1 – 2 TL Panir füllen. In den Teig tauchen, abtropfen lassen und goldbraun ausbacken. Zucchiniblüten-Pakoras auf einen Teller mit Küchenpapiertüchern legen, damit überschüssiges Fett aufgesogen wird, und warm servieren.

Variation: Füllung mit Tofu

Wirkt Kapha-erhöhend

Nehmen Sie statt Panir einfach 200 – 250 g weichen Tofu. Pürieren oder zerdrücken Sie ihn mit einer Gabel und braten Sie ihn goldbraun an. Würzen Sie ihn anschließend mit den restlichen Zutaten für die Füllung. Fügen Sie schließlich ½ TL frisch geriebenen Ingwer hinzu; das macht Tofu bekömmlich und gibt ihm den gewissen Pep.

In Italien kann man in der Erntezeit die zarten kleinen Zucchini entweder zusammen mit den Blüten oder auch nur die Blüten in Lebensmittelgeschäften kaufen. Hierzulande muss man für dieses Rezept meist entweder stolzer Besitzer eines Gartens sein oder aber freundliche Gartenbesitzer als Lieferanten haben.

Iddlis *(Dampfkrapfen)*

Wirkt Kapha- und sanft Pitta-erhöhend

»Ufo« zum Essen. In Südindien ist ein Snack ohne Iddli kein richtiger Snack. Zum Frühstück mit Kokos-Chutney, als »Pausenbrot« im Büro oder mit Gemüsesuppe zum Mittagessen – Iddlis werden rund um die Uhr in den verschiedensten Variationen gereicht. So richtig kennt man Iddlis erst, wenn man sie einmal selbst probiert hat, denn in unserer westlichen Küche haben wir dafür kein vergleichbares Gegenstück. Grundlage dieser pikanten »Dampfkrapfen« in Ufo-Form ist ein luftiger Teig aus Reis und Urad Dal, der in speziellen Iddli-Formen (in indischen Geschäften oder beim Gewürzversand erhältlich) oder einer Improvisation (siehe Rezept) gekocht wird.

Obwohl Urad Dal bei uns »schwarze Linse« heißt, sind die gespaltenen und geschälten Linsen eigentlich elfenbeinfarben. Die Linsen bestehen zu knapp einem Viertel aus Eiweiß und zu etwa sechsundfünfzig Prozent aus Kohlenhydraten; der Fettgehalt ist dagegen minimal. Neben einem besonders hohen Eisengehalt (gut für die roten Blutkörperchen) enthält Urad Dal auch viel Kalium, Magnesium, Calcium, Kupfer, Phosphor sowie Provitamin A, Vitamin B_1 und B_6 und Vitamin E. Sein reicher Vitamin-B-Gehalt hat einen positiven Einfluss auf Gehirn und Nerven und auf den gesamten Stoffwechsel; der Lecithingehalt nährt die Gehirnzellen. In kleinen Mengen ist Urad Dal in der Rekonvaleszenzphase empfehlenswert. Nach dem Ayurveda vermehrt er das *Kapha*- und sanft auch das *Pitta-Dosha*. Er ist also ideal für *Vata*-Menschen, wenn man ihm einige verdauungsfördernde Gewürze, z. B. Kreuzkümmel und Asafoetida, beigibt.

Iddlis wirken insgesamt *Kapha*- und sanft *Pitta*-vermehrend, sind also ideal für *Vata*- und in Maßen auch für *Pitta*-Typen.

Ergibt 16 – 18 Iddlis (für 4 – 5 Personen)

250 g weißer Basmatireis
125 g gespaltener Urad Dal
etwas warmes Wasser zum Pürieren
1 gestrichener TL Stein- oder Meersalz
etwas Ghee (vegan: Sonnenblumenöl) zum Einfetten der Iddli-Formen
eventuell 1 – 2 EL Wasser
eventuell 1 – 2 EL Reismehl
¼ TL Natron

So wird's gemacht:

1) Reis waschen und in etwa 750 ml Wasser 6 – 8 Stunden einweichen. Urad Dal in einer zweiten Schüssel verlesen, waschen (bis das Waschwasser nicht mehr milchig ist) und in 750 ml Wasser ebenfalls 6 – 8 Stunden oder über Nacht einweichen.
2) Reis und Dal abtropfen lassen. Dal in einem Mixer zu feinem Püree mixen (falls notwendig, noch etwas warmes Wasser hinzufügen). Auch den Reis zu einer feinen Paste pürieren, jedoch nicht ganz so fein wie das Dalpüree. Anschließend die beiden Pürees in einer Schüssel miteinander mischen, Salz darunter rühren und mit einem Deckel abgedeckt 12 – 14 Stunden an einem warmen Ort stehen lassen. Die Teigmasse ist fertig, wenn sich ihr Volumen vergrößert hat und sie mit vielen kleinen Blasen bedeckt ist. Dies kann je nach Küchentemperatur und Jahreszeit bis 36 Stunden dauern. Teigmasse während des Gärprozesses nicht mehr umrühren, damit die Luftbläschen, die den Iddli-Teig auftreiben sollen, nicht entweichen.
3) Die verschiedenen Etagen der Iddli-Form auseinanderschrauben und die Aushöhlungen mit Ghee (oder Sonnenblumenöl) einfetten.

4) Teigmasse behutsam umrühren; die Konsistenz sollte halb geschlagener Sahne gleichen. Test: 1½ EL Teigmasse in eine Iddli-Form geben. Der Teig sollte sich langsam ausbreiten, jedoch nicht durch die kleinen Löcher der Form tropfen. Wenn die Teigmasse zu dünn ist, klebt der gekochte Iddli an der Form fest; ist sie zu dick, wird der fertige Iddli hart und fest. Falls nötig, fügen Sie entweder noch etwas Wasser oder etwas Reismehl hinzu, um die gewünschte Konsistenz zu erreichen.
5) Vor dem Backen das Natron unterheben. Gehen Sie mit dem Teig immer sehr behutsam um, da ein »rauer« Umgang den Teig daran hindert, später luftig weich aufzugehen.
6) Knapp zwei Finger breit (etwa 2,5 cm) Wasser in einen (Schnellkoch-)Topf füllen, und die Platte/Flamme auf große Hitze stellen. Der Deckel des Topfes sollte eine Öffnung haben, damit der entweichende Dampf die Iddlis luftig weich in die Höhe treiben kann (beim Schnellkochtopf das Ventil herausschrauben).
7) Nun die Aushöhlungen der verschiedenen Iddli-Etagen mit jeweils 2 – 3 EL Teig füllen. Anschließend die Etagen wieder zusammensetzen, in den vorbereiteten (Schnellkoch-) Topf stellen, Deckel daraufsetzen und kochen. Die Kochzeit beträgt 14 – 18 Minuten, je nach Größe der Iddlis. Sie sind fertig, wenn die Oberflächen schön rund gewölbt sind. Stäbchenprobe: An einem in den Teig gesteckten Holzstäbchen oder einem Zahnstocher sollte kein Teig mehr hängenbleiben.
8) Iddlis mit einem Spatel aus den Formen lösen und warmhalten. Nun die Formen abwaschen, trocknen, erneut einfetten, mit dem restlichen Teig füllen und kochen (Topf wieder mit ausreichend Wasser auffüllen).

Iddli-Form-Improvisation:

Iddli-Formen bekommen Sie im indischen Lebenmittelgeschäft oder beim Gewürzversand. Falls Sie keine Iddli-Form haben, nehmen Sie z. B. das Gemüsesiebteil eines Schnellkochtopfes, in das Sie drei Lagen feuchtes Baumwoll-Käsetuch hineinlegen (damit der Teig nicht durchtropfen kann). Fetten Sie das Tuch großzügig mit Ghee ein, und füllen Sie so viel Teig in die Form, bis sie etwa 1,5 cm hoch gefüllt ist. Dadurch erhalten Sie einen großen Iddli, den Sie dann in kleine Kuchenstücke schneiden können. Füllen Sie knapp zwei Finger breit Wasser in den Topf (etwa 2,5 cm), und stellen Sie die Form auf ein Gitter, einen Einsatz oder ein kleines Edelstahl-Schälchen in den Topf. Dann erhitzen und weiter wie im Rezept angegeben vorgehen.

Servieren Sie Iddlis am besten dampfend-heiß, mit einem Flöckchen Ghee darauf und zu Kokos-Chutney (siehe Seite 206), Jagannatha-Dal (siehe Seite 130) oder Rasam (siehe Seite 128).

Salate und Raitas

Die ayurvedische Variante des Salats nennt man in Indien Raita. Er wird aus würzigem Joghurt und gekochtem oder rohem Gemüse zubereitet. Raitas sind köstlich, bekömmlich, erfrischend und wirken kühlend, weshalb sie gerne zu scharfen Gerichten und in der heißen Jahreszeit gereicht werden. Und ein weiteres Plus gerade für die heutige Küche: Man kann sie einfach und schnell zubereiten.

Spargelsalat

Wirkt ausgleichend auf alle drei Doshas

Delikates aus dem Dunkel der Erde. Vier Jahre müssen vergehen, ehe Spargelanbauer das erste Mal ihre fürstliche Ernte nach Hause tragen können.
Das Ergebnis kann sich sehen (und schmecken) lassen. Selbst unsere Gesundheit profitiert von der edlen Gaumenfreude. Nach dem Ayurveda wirkt Spargel auf alle drei *Doshas* ausgleichend. Er regt Niere und Blase an, hilft bei Wasseransammlungen im Gewebe und wird bei Gallen- und Leberleiden hoch geschätzt; seine vielen Ballaststoffe wirken lindernd bei Verstopfung. Auch bei schweren Hautunreinheiten und chronischen Ekzemen hat sich eine Spargelkur bewährt.
Bei diesem Spargelsalat können alle drei *Dosha*-Typen nach Herzenslust zugreifen.

Werfen Sie die Schalenreste nicht weg; sie lassen sich noch gut für einen aromatischen Spargelfond verwenden (siehe Seite 110).

Für 4 Personen

800 g weißer oder grüner Spargel
4 – 5 EL Olivenöl
1½ – 2 EL Zitronensaft
½ TL Stein- oder Meersalz
½ TL frisch gemahlener schwarzer Pfeffer
2 – 3 EL frisch gehackte Kräuter
(z. B. Basilikum, Majoran, Kerbel, Koriander)

So wird's gemacht:

1) Spargel waschen und schälen (bei grünem Spargel nur unterstes Drittel schälen).
2) Spargelstangen jeweils in der Mitte durchschneiden und in einem Topf mit Wasser etwa 8 Minuten bissfest garen.
3) Spargel auf einer Platte anrichten. Öl, Zitronensaft, Salz und Pfeffer in einer Tasse mischen und diese Sauce über den Spargel gießen.
4) Mit gehackten Kräutern bestreuen.

Rucola-Karotten-Salat

Wirkt sanft Pitta-erhöhend

Gesundheit schüsselweise. Rucola, bei uns auch unter dem Namen Rauke bekannt, besteht wie jeder Salat zum größten Teil aus Wasser. Doch die restlichen Inhaltsstoffe können sich durchaus sehen lassen. Neben hochwertigem Eiweiß und vielen Ballaststoffen enthält Rucola die Provitamine und Vitamine Carotin, B_1, B_2, Folsäure und C, dazu kommen noch Calcium, Kalium, Natrium, Phosphor, Eisen und Spurenelemente wie Selen. Ferner findet man reichlich blutbildendes Chlorophyll und viele Bitterstoffe, die den Darm und das Immunsystem stärken. Nach dem Ayurveda verstärkt Rucola das *Vata-* und das *Pitta-Dosha.*

Karotten enthalten viel Betacarotin (gut für Augen, Haut und Immunsystem und als Schutz vor Krebs), wertvolle B-Vitamine und die Vitamine C, E und K. Nicht zu vergessen sind ihre ätherischen Öle und Mineralien. Nach dem Ayurveda erhöhen rohe Karotten *Pitta,* reinigen das Blut und stärken die Nieren.

Dieser Salat ist ideal für *Kapha-* und *Vata-*Naturen und in Maßen auch für *Pitta-*Typen.

Für 4 Personen

350 g Rucola (Rauke)
3 große Karotten (etwa 300 g)

Für das Dressing:

4 EL Maiskeim- oder Olivenöl
1 – 2 EL Zitronensaft
1 – 2 EL Birnendicksaft
¾ TL frisch gemahlener schwarzer Pfeffer
½ TL Stein- oder Meersalz

So wird's gemacht:

1) Rucola und Karotten waschen und putzen.
2) Rucola in etwa 3 cm lange Stücke schneiden und Karotten raspeln. Salat in einer Schüssel mischen.
3) Alle Zutaten für das Dressing mischen und unter den Salat heben.

Variation: Rucola-Karotten-Fenchel-Salat

Wirkt ausgleichend auf alle drei Doshas

Eine wohlschmeckende Variante ist auch die Kombination von Fenchel mit Rucola und Karotten. Geben Sie zusätzlich zu den anderen Zutaten noch eine in dünne Streifen geschnittene Fenchelknolle dazu. Ein Salat für alle drei *Doshas.* Guten Appetit!

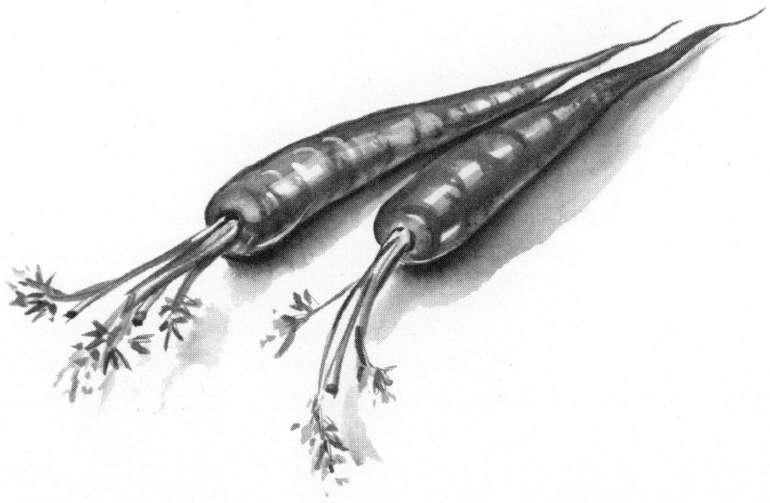

Quinoasalat

Wirkt ausgleichend auf alle drei Doshas

Das Korn aus den Anden. Quinoa ist eine der ältesten Kulturpflanzen der Menschheit. Jahrtausendelang diente das Pseudogetreide den Inkas und deren Vorgängern als wichtige Nahrungsgrundlage.
Quinoa besitzt viele hochwertige Inhaltsstoffe: neben sechszehn Prozent Proteinen mit der wichtigen Aminosäure Lysin auch einen hohen Anteil an ungesättigten Fettsäuren, Ballaststoffen, Mineralstoffen und Vitaminen der B-Gruppe, Vitamin C und Vitamin E sowie Carotin.
Nach dem Ayurveda wirkt Quinoa leicht erwärmend, ohne das *Pitta-Dosha* zu stören. Quinoa kann also allen drei Konstitutionstypen ans Herz oder auf den Teller gelegt werden.
Auch der Mais stammt aus der »Neuen Welt«. Azteken, Mayas und Inkas kannten fast zweitausend verschiedene Maissorten.
Mais reinigt Niere und Blase und lindert Ödeme. Mit seinen leichten, trockenen und erwärmenden Eigenschaften erhöht Mais nach dem Ayurveda *Pitta* und *Vata*. Es ist also ein ideales Getreide für *Kapha*-Konstitutionen. Als frischer gedämpfter Maiskolben wirkt er dagegen nur noch sanft *Vata*- und sanft *Pitta*-erhöhend.
Quinoa-Salat ist für alle drei *Dosha*-Typen und ganz besonders für *Kapha*-Menschen genau das Richtige.

Für 4 – 6 Personen

3 frische Maiskolben
150 g Quinoa
500 ml Wasser
300 g Rote Bete oder Karotten
250 g Zucchini
6 EL Olivenöl
½ TL Asafoetida
3 TL frisch geriebener Ingwer
½ TL Kurkuma
1½ TL gemahlener Koriander
240 g Artischocken aus dem Glas (Abtropfgewicht)
Saft einer halben Zitrone
1 TL frisch gemahlener schwarzer Pfeffer
1½ TL Stein- oder Meersalz
7 EL Buttermilch (vegan: Sojajoghurt)
5 EL frisch gehacktes Basilikum

So wird's gemacht:

1) Maiskolben von den Hüllblättern und Haaren befreien, waschen und in einem Kochtopf mit etwas Wasser 15 – 20 Minuten gar kochen (im Schnellkochtopf dauert dies 7 – 10 Minuten). Der Mais ist gar, wenn sich die Körner leicht vom Kolben lösen lassen.
2) Quinoa in einem feinen Sieb unter fließendem Wasser waschen. In einem Topf mit dem Wasser 15 Minuten zugedeckt köcheln und anschließend auf ausgeschalteter Platte quellen lassen. Rote Bete oder Karotten waschen, schälen und raffeln.

3) Zucchini waschen und in Stifte schneiden. Eine Pfanne mit 2 EL Olivenöl erhitzen. Asafoetida, Ingwer, Kurkuma und Koriander darin anrösten, Zucchini dazugeben und etwa 5 Minuten goldbraun anbraten.

4) Maiskörner in einer großen Schüssel mit einem großen Messer vom Kolben schneiden. Quinoa, Rote Bete oder Karotten und Zucchini hinzufügen. Artischocken klein schneiden und zusammen mit 4 EL Olivenöl, Zitronensaft, Pfeffer, Salz, Buttermilch (oder Sojajoghurt) und dem frisch gehackten Basilikum mischen.

Dieser frische Sommersalat ist zusammen mit einigen Dips geradezu ideal für Partys, Sommerfeste oder fürs Büro. Auch ganz für sich alleine bildet er eine leckere und vollständige Mahlzeit.

Pastinaken-Fenchel-Salat

Wirkt sanft Kapha-erhöhend

Der vergessene Feinschmecker. Pastinaken schmecken würzig und können sich auch in puncto Gesundheit durchaus sehen lassen. Sie besitzen wertvolle Kohlenhydrate, darunter reichlich herzschützendes Pektin, viel Kalium, Calcium, Magnesium und Phosphor und nicht zuletzt zahlreiche Ballaststoffe. Ihr ätherisches Öl lindert Magen- und Darmbeschwerden, regt die Verdauungstätigkeit an, erleichtert die Atmung und stimuliert das Nervensystem. Nach dem Ayurveda erhöhen Pastinaken sanft *Kapha* und haben einen beruhigenden Effekt auf *Vata* und *Pitta*.

Fenchel wurde in Ländern mit langjähriger Küchentradition schon immer gegessen – in Indien, China, Ägypten, Griechenland und Italien. Das in einer Portion enthaltene Carotin deckt mehr als den Tagesbedarf; dazu besitzt er fast doppelt so viel Vitamin C wie Orangen sowie reichlich B-Vitamine und Mineralstoffe. Sein Eisengehalt nimmt unter allen Gemüsesorten eine Spitzenposition ein. Die ätherischen Öle fördern die Durchblutung der Schleimhäute und wirken sich daher günstig auf Verdauungstrakt und Atmungsorgane aus. Sie beeinflussen die Leber- und Nierentätigkeit positiv und beruhigen einen nervösen Magen. Nach dem Ayurveda harmonisiert Fenchel alle drei *Doshas*.

Dieser Salat wirkt leicht kühlend und ist daher für *Pitta*- und *Vata*-Konstitutionen optimal. Abgewandelt kann er jedoch auch *Kapha*-Typen empfohlen werden (siehe *Dosha*-Tipp).

Für 2 – 4 Personen

200 g Pastinaken
350 g Fenchel

Für das Dressing:

2 – 3 EL frisch gehackter Dill oder Basilikum
2 EL Zitronensaft
6 EL Olivenöl oder Sonnenblumenöl
2 EL Sahne (kann entfallen)
1 EL Ahornsirup (kann entfallen)
¾ TL frisch gemahlener schwarzer Pfeffer
½ – ¾ TL Stein- oder Meersalz

So wird's gemacht:

1) Pastinaken waschen und Schalen abschaben. Fenchel waschen. Gemüse fein raffeln.
2) Dressing zubereiten, mit dem Salat vermischen und servieren.

Kapha-Typ: Lassen Sie Sahne und Ahornsirup weg, dafür wird noch eine große Karotte hineingeraspelt. Das Sonnenblumen- oder Olivenöl reduzieren Sie am besten auf 4 EL, dazu kommen dann noch ½ TL Ingwerpulver und je eine Prise Cayennepfeffer und/oder Zimt. Statt Dill verwenden Sie besser frisch gehacktes Basilikum oder Petersilie.

Feldsalat

Wirkt ausgleichend auf alle drei Doshas

»Rapunzel, Rapunzel, lass Dein Haar herunter.« Das alte Märchen der Gebrüder Grimm zeigt, dass der Feldsalat – oder Rapunzel – bei uns schon lange bekannt ist. Je fester und dunkelgrüner der Feldsalat ist, desto besser schmeckt er. Auch wenn er auf den ersten Blick unscheinbar erscheinen mag, in puncto Gesundheit besitzt er geradezu gigantische Kräfte. Von allen Salaten ist Feldsalat derjenige mit dem größten Eisengehalt. Außerdem enthält er zwei- bis dreimal so viel Carotin und dreimal so viel Vitamin C wie Kopfsalat. Nach dem Ayurveda wirkt Feldsalat für sich alleine leicht *Vata*-vermehrend.
Birnendicksaft und Olivenöl erhöhen jedoch das *Kapha-Dosha,* und Pfeffer wirkt *Pitta*-vermehrend – dieses Salatrezept ist also für alle drei Konstitutionstypen genau das Richtige.

Für 2 – 4 Personen

200 g Feldsalat

Für das Dressing:
1 – 2 EL Zitronensaft
5 EL Olivenöl oder Sonnenblumenöl
1 – 2 EL Birnendicksaft oder Ahornsirup
¾ TL frisch gemahlener schwarzer Pfeffer
½ TL Stein- oder Meersalz
3 EL frisch gehackte Kräuter nach Wahl

So wird's gemacht:
1) Feldsalat putzen und waschen.
2) Die Zutaten für das Dressing mischen. Das Dressing erst vor dem Servieren über den Feldsalat geben, da er sonst sehr schnell zusammenfällt.

Eisbergsalat mit Blüten

Wirkt ausgleichend auf alle drei Doshas

Eisbergsalat ist die krachend-frische Version des Kopfsalats; nicht zuletzt deswegen nennt man ihn auch Krachsalat.
Bis zu fünfundneunzig Prozent besteht dieser Salat aus Wasser, aber die restlichen fünf Prozent haben es in sich: Neben vielen Ballaststoffen enthält Eisbergsalat Carotin, mehrere Vitamine des B-Komplexes, Folsäure und Vitamin C, dazu reichlich Calcium, Kalium, Natrium, Phosphor, Eisen, Kupfer und Jod sowie die Spurenelemente Zink, Mangan und Selen. Ferner findet man in ihm viele Bitterstoffe, die die Verdauungsdrüsen anregen, sowie das Harnsäure ausschwemmende Asparagin, das wir vom Spargel kennen. Nach dem Ayurveda besitzt Eisbergsalat eine leicht kühlende und sanft *Vata*-erhöhende Wirkung.
Diese Salatversion wirkt herb-trocken, kühlend, leicht süßlich und leicht scharf und ist daher ideal für alle drei Konstitutionstypen.

Falls Sie keine frischen Blüten und Blätter der Kapuzinerkresse zur Hand haben, verwenden Sie einfach ¼ TL gemahlene schwarze Senfkörner. Dies ist ein würziger Ersatz für den leicht scharfen Geschmack der Kapuzinerkresse.

Für 4 Personen

1 großer Eisbergsalat
2 EL Sonnenblumenkerne
einige orangefarbene Blüten und Blätter der Kapuzinerkresse, blaue Borretschblüten und/oder Blüten der Ringelblume (falls vorhanden)
1 Kästchen frische Gartenkresse
2 – 3 EL frisch gehacktes Basilikum

Für das Dressing:

2 EL frisch gepresster Mandarinen- oder Orangensaft
1 EL Zitronensaft
6 EL Olivenöl
4 EL Buttermilch
1 TL Honig
1 TL frisch geriebener Ingwer
¾ TL frisch gemahlener schwarzer Pfeffer
1 – 1 ½ TL Stein- oder Meersalz

So wird's gemacht:

1) Eisbergsalat putzen, waschen und abtropfen lassen. Sonnenblumenkerne in einer Pfanne (ohne Fett) goldbraun rösten. Blüten vorsichtig waschen. Gartenkresse abschneiden und unter fließendem Wasser waschen.
2) Zitrusfrüchte auspressen und alle weiteren Zutaten für das Dressing zusammenrühren. Vor dem Servieren den Salat mit dem Dressing vermischen und mit Sonnenblumenkernen, Gartenkresse und Basilikum bestreuen. Zum Abschluss mit den Blüten garnieren.

Kürbis-Raita

Wirkt Kapha- und sanft Pitta-erhöhend

Wenn's schnell gehen soll – Kürbis-Raita macht's möglich.
Joghurt besitzt, bis auf den Milchzucker, etwa die gleichen Inhaltsstoffe wie Milch, insbesondere Proteine, Calcium, Vitamine B_1, B_2 und D – und natürlich Milchsäurebakterien. Fünfhundert bis achthundert Millionen dieser natürlichen und erwünschten Mikroorganismen finden sich in einem Milliliter Joghurt und machen aus Joghurt somit ein natürliches Penicillin. Bestimmte Amöben und Bakterien, die verschiedene Krankheiten und vorzeitiges Altern verursachen, werden durch Joghurt abgetötet. Nach dem Ayurveda vermehrt Joghurt *Kapha* und sanft *Pitta.* Er hilft bei leichtem Durchfall und baut die Darmflora wieder auf, wenn diese durch Antibiotikaeinnahme oder eine Krankheit vernichtet wurde. Darüber hinaus stärkt Joghurt den Körper, verlängert das Leben und hemmt das Wachstum von Tumoren und sogar Krebs.
Seine medizinische Wirkung kann Joghurt allerdings nur dann entfalten, wenn er weder homogenisiert noch wärmebehandelt wurde. Achten Sie auch darauf, dass er die gesundheitsfördernde rechtsdrehende Milchsäure enthält. Am besten verwenden Sie nur frischen Joghurt; gekaufter Joghurt ist oft abgestanden und zu sauer. Wie Sie Joghurt einfach und preiswert selbst herstellen können, erfahren Sie auf Seite 224.
Dieses Gericht erhöht *Kapha* und ganz sanft *Pitta,* ist also ideal für *Vata-* und in Maßen auch für *Pitta*-Menschen.

Für 4 Personen

500 g Kürbis
1½ TL Kreuzkümmelsamen
500 g Joghurt
eventuell 1 Prise Cayennepfeffer
1 TL Stein- oder Meersalz
¼ TL Black Salt (Kala Namak)
½ TL frisch gemahlener schwarzer Pfeffer

So wird's gemacht:

1) Kürbis schälen, von den Kernen befreien und in Würfel schneiden.
2) Kürbis in einem Topf mit etwas Wasser dünsten, bis er gar ist (5 – 8 Minuten).
3) Kreuzkümmel in einer Pfanne (ohne Fett) rösten. Joghurt und Kürbiswürfel pürieren, Gewürze, Salz und Pfeffer dazugeben und in kleinen Schüsselchen servieren.

Mit gerösteten und gehackten grünen Kürbiskernen bestreut, ist Raita nicht nur ein Gaumen-, sondern auch ein Augenschmaus. Servieren Sie Kürbis-Raita zu Reis- und Gemüsegerichten.

Gurken-Raita

Wirkt Kapha- und sanft Pitta-erhöhend

Die grüne Wasserflasche. Wie keine andere Gemüsepflanze speichert die Gurke jede Menge Wasser, das mit unzähligen Mineralstoffen angereichert ist: eine geradezu optimale Erfrischung für die heiße Jahreszeit.
Gurken enthalten besonders viel Kalium, Magnesium und Betacarotin und dazu ein insulinähnliches Hormon. Pektine regen den Darm an und Bitterstoffe Leber und Galle. Gurken wirken stark harntreibend, aktivieren den Hautstoffwechsel und helfen bei chronischer Verstopfung. Nur eines ist zu beklagen: Kaum eine Pflanze wird heute so intensiv mit Chemie traktiert. Halten Sie daher nach Gurken aus biologischem Anbau Ausschau. Kleine Gurken besitzen übrigens mehr Prana (Lebensenergie) als ihre großen Geschwister.
Nach dem Ayurveda wirken Gurken kühlend, nährend, feucht und besänftigend, kurzum *Kapha*-vermehrend. Sie sind optimal für *Pitta*- und auch für *Vata*-Typen, wobei letztere zur besseren Bekömmlichkeit die größeren Kerne entfernen und die Gurke schälen sollten. Schwarzer Pfeffer, etwas Zitronensaft oder frischer Ingwer (wie in diesem Rezept) regen die Verdauung zusätzlich an.
Dieses Gericht ist ideal für *Vata*-Typen, gelegentlich können auch *Pitta*-Konstitutionen zugreifen.

Für 4 Personen

1 TL Kreuzkümmelsamen
1 Salatgurke
etwas Stein- oder Meersalz zum Einreiben
500 g Joghurt
1 TL frisch geriebener Ingwer
¾ TL frisch gemahlener schwarzer Pfeffer
1 TL Stein- oder Meersalz
2 – 3 EL frisch gehackte Korianderblätter oder Dill

So wird's gemacht:

1) Kreuzkümmel in einer Pfanne (ohne Fett) rösten und in einem Mörser zu feinem Pulver zerstoßen.
2) Um der Gurke die Bitterstoffe zu entziehen, ein Stückchen vom oberen Ende der Gurke abschneiden, eine Prise Salz daraufstreuen und das abgeschnittene Stückchen so lange an der Gurke reiben, bis sich weißlich zäher Schaum bildet. Diesen Schaum abwaschen. Mit dem anderen Gurkenende ebenso verfahren. Anschließend die Gurke waschen, schälen, grob raspeln und salzen. Mit Joghurt, Ingwer, Kreuzkümmel, Pfeffer und Salz vermischen.
3) Gurken-Raita mit den gehackten Kräutern bestreuen und servieren.

Servieren Sie diesen Raita an heißen Sommertagen; gerade dann ist seine kühlende Wirkung angenehm. Er lässt sich schnell zubereiten und passt zu allen Gerichten wie scharfen Gemüsegerichten mit Reis, knusprig heißen Pakoras (Gemüse-Krapfen) oder frittiertem Fladenbrot (Puris).

Chutneys

»Ein gutes Chutney« (sprich: *Tschat-ni)*, so sagte uns ein langjähriger Freund aus Indien einmal, »muss so süß sein, dass man nicht mehr aufhören kann, und so scharf, dass man nicht zu viel davon isst.«
In der Ayurveda-Küche gehört zu einer *sattvischen* Mahlzeit ein Klacks des süßsauren Chutney-Akzents. Süßscharfe, würzige Chutneys bereichern milde Gerichte und bringen den Geschmack der Hauptgänge stärker zur Geltung. Die lebhaften Farben sind eine Augenweide, die Schärfe regt die Verdauung an, und die Süße rundet jedes Festmahl gelungen ab.

Einige Chutneys eignen sich hervorragend zum Dippen von Snacks. Dattel-Tamarinden-Chutney (siehe Seite 204) oder Kokos-Chutney passen beispielsweise hervorragend zu Pakoras, Kartoffelbratlingen oder Fladenbroten. Manche Chutneys benötigen eine längere Kochzeit, da die Zutaten eindicken müssen. Es gibt aber auch frische Chutneys aus rohen Zutaten, z. B. Minz- oder Petersilienchutney (siehe Seiten 208 und 209), die einfach zu einer Creme püriert werden. Doch genug der Worte – wenden wir uns den Taten (sprich: den Chutney-Rezepten) zu!

Papaya-Bananen-Chutney

Wirkt Kapha- und sanft Pitta-erhöhend

Herbst in Vrindavana. Sobald die Sommerhitze und auch die Regenzeit vorüber sind, bricht in der heiligen Stadt Nordindiens, in der Krishna vor fünftausend Jahren lebte, die Zeit der reifen süßen Papayas an.

Papayas strotzen nur so von Provitamin A, Vitamin C, Calcium, Kalium, Phosphor und Eisen. Viele ihrer Heilwirkungen sind auf antibakteriell wirksame Bestandteile zurückzuführen, und selbst ihre Kerne enthalten neben Senfölen ein wichtiges Enzym, das Papain. Nach dem Ayurveda wirken reife Papayas *Kapha-* und *Pitta-*erhöhend. Ayurveda-Therapeuten setzen sie bei vielen Beschwerden ein, u. a. bei Verdauungsschwäche, Appetitlosigkeit, chronischem Durchfall, Hämorrhoiden, Menstruationsbeschwerden und Darmparasiten. Papayas stärken Leber, Herz und Milz. Grüne, unreife Papayas dagegen vermehren *Vata.*

»Frucht von den himmlischen Planeten« – so nannten die altindischen Veden die Banane, und das zu Recht, denn Bananen besitzen zehn verschiedenen Vitamine, achtzehn Mineralstoffe, alle essentiellen Aminosäuren und zahlreiche Spurenelemente. Ayurveda-Therapeuten empfehlen sie bei Arteriosklerose, Menstruationsstörungen, entzündetem Magen-Darm-Trakt und nach einem Herzinfarkt. Die Vitamine Pantothensäure und Folsäure wirken sich positiv auf das Gehirn aus und fördern die Blutbildung.

Dieses Gericht wirkt *Kapha-* und auch etwas *Pitta-*vermehrend. Es ist optimal für *Vata-*Typen, in Maßen können auch *Pitta-*Menschen zugreifen. Denken Sie an dieses Chutney-Rezept aus Vrindavana, wenn Sie in einem asiatischen Lebensmittelgeschäft reife Papayas sehen.

Für 4 – 6 Personen

1 mittelgroße reife Papaya (etwa 700 g)
3 kleine reife Bananen (etwa 300 g)
1/8 – 1/4 TL Cayennepfeffer
oder 1/2 frische kleine grüne Chili
1 TL Ghee (vegan: Sonnenblumenöl)
1/4 TL Kurkuma
eine halbe Zimtstange (3 cm)
oder 1/4 TL Zimt
1 EL frisch geriebener Ingwer
eventuell 1 EL Wasser
50 – 80 g Vollrohrzucker
oder Roh-Rohrzucker

So wird's gemacht:

1) Papaya waschen, schälen, halbieren und die Kerne entfernen, Bananen schälen. Die Früchte in kleine Würfel oder Scheiben schneiden. Chili waschen, entkernen und klein schneiden.
2) Ghee (oder Sonnenblumenöl) in einem Topf erhitzen. Cayennepfeffer oder Chili, Kurkuma, Zimtstange und Ingwer für einige Sekunden anrösten, sofort die Früchte dazugeben, umrühren und zugedeckt köcheln lassen (eventuell etwas Wasser dazugeben), bis die Papayastückchen weich sind.
3) Vollrohrzucker dazugeben, Zimtstange entfernen und warm oder abgekühlt servieren.

Birnenchutney

Wirkt ausgleichend auf alle drei Doshas

Aus Erfahrung gut. Die heilige Hildegard von Bingen schätzte gekochte Birnen ebenso wie schon Jahrtausende vor ihr der Ayurveda.
Das ist kein Wunder, denn reife Birnen sind die reine Medizin – vorausgesetzt sie sind vor der chemischen Keule verschont worden. Birnen bergen reiche Schätze in sich: Carotin, Vitamine der B-Gruppe, besonders viel Kalium, dazu Magnesium, Calcium, Eisen, Phosphor und sogar etwas Mangan, Kupfer und Jod. Ferner finden sich in ihr Fruchtsäuren, Aromastoffe und hormonähnliche Substanzen. Reife Birnen sind gut für das Herz und fördern die Darmbewegung. Aufgrund ihres Kaliumüberschusses wirken sie entwässernd, schwemmen Ödeme aus, stärken die Nieren und senken hohen Blutdruck. Ihre Gerbsäuren helfen bei Entzündungen im Magen-Darm-Bereich. Nach dem Ayurveda wirken unreife, ungekochte Birnen hauptsächlich *Vata*-vermehrend. Frisch, reif und saftig oder gekocht allerdings, können alle drei *Dosha*-Typen zugreifen. In dieser Form regen sie auch die Ausscheidung von Harnsäure an, was sie gerade bei Gicht, Rheuma und Arthritis interessant macht.
Dieses Chutney ist allen drei *Dosha*-Typen zu empfehlen.

Für 4 Personen

4 reife Birnen (Williams Christ) (etwa 800 g)
1 TL Ghee (vegan: Sonnenblumenöl)
1 TL frisch geriebener Ingwer
½ TL Kurkuma
¼ TL Cayennepfeffer
1 EL Ahornsirup

So wird's gemacht:

1) Birnen waschen, schälen und klein schneiden.
2) Ghee (oder Öl) in einem Topf erhitzen, Ingwer, Kurkuma und Cayennepfeffer einige Sekunden anrösten. Dann sogleich die Birnenstückchen dazugeben und 3 – 4 Minuten köcheln lassen, bis die Birnen weich sind. Ahornsirup dazugeben und umrühren.
3) Warm oder abgekühlt servieren.

Variation: Apfelchutney

Probieren Sie nach dem gleichen Rezept auch einmal Apfelchutney:
Würzen Sie mit 1 – 2 TL frischem Ingwer, ¾ TL Anissamen, 1 TL frisch gehackter grüner Chili, ½ TL Zimt und ½ TL Kurkuma. Je nach Apfelsorte können Sie mit 3 – 4 EL Jaggery/Gur oder Vollrohrzucker süßen.

Dattel-Tamarinden-Chutney

Wirkt Kapha- und sanft Pitta-erhöhend

Sauer macht lustig. Diesen Eindruck gewinnen wir zumindest immer, wenn wir bei Imli Tal, einem jahrtausendealten Tamarindenbaum in der heiligen Stadt Vrindavana, die vielen grünen Papageien sehen, die mit großer Vorliebe die Schoten knacken, um das saure Fruchtfleisch zu verzehren.

Der Mensch hat es ihnen nachgemacht: Tamarinde, das Fruchtfleisch der unreifen Schote des Tamarindenbaumes *(Tamarindus indica;* hindi: Imli), ist bei den meisten süßsauren Gerichten Indiens mit von der Partie. Darüber darf sich nicht nur der Gaumen, sondern auch die Gesundheit freuen. Denn Tamarinde enthält viele Vitamine, allen voran Vitamin C, zahlreiche Fruchtsäuren, Pektin sowie weitere Schutz- und Heilsubstanzen. Nach dem Ayurveda vermehrt Tamarinde *Kapha* und *Pitta.* Sie regt den Appetit an, löscht den Durst, aktiviert die Leberfunktion, fördert die Verdauung und stärkt das Herz. Desweiteren wirkt Tamarinde harntreibend, reinigt die Blase und hilft bei einer vergrößerten Milz.

Auch Datteln haben es in sich. Getrocknet vermehren sie das *Kapha-Dosha* und stärken Herz, Leber, Verdauungsorgane und Nieren. Darüber hinaus kräftigen sie Körper und Geist, regen die Blutbildung an und helfen gegen Infektionskrankheiten, Müdigkeit und Depression.

Das Dattel-Tamarinden-Chutney ist also für alle *Vata*-Menschen optimal und gelegentlich auch für *Pitta*-Typen.

Die Tamarindenreste lassen sich gut weiterverwenden, als säuerliche Würze für die nächste Sauce, ein Gemüse- oder Reisgericht. Dafür brauchen Sie die Tamarinde nur noch einmal kurz mit Wasser aufzukochen und wie beschrieben durchzusieben.

Für 4 Personen

100 g Tamarinde
450 ml Wasser
250 g frische oder weiche getrocknete Datteln
½ TL gemahlener Kreuzkümmel
1 TL frisch geriebener Ingwer
¼ TL Cayennepfeffer
½ TL Kurkuma
2 EL Gur bzw. Jaggery (ersatzweise Vollrohrzucker)
¼ TL Stein- oder Meersalz

So wird's gemacht:

1) Den Tamarindenklumpen in kleine Stückchen brechen und 10 Minuten zugedeckt in einem Topf mit dem Wasser kochen oder die Tamarindenstückchen mit kochend heißem Wasser überbrühen und dann für mindestens 30 Minuten zugedeckt ziehen lassen. In der Zwischenzeit Datteln waschen, entkernen und klein schneiden.
2) Die Tamarinde und das Wasser durch ein feines Sieb in einen Topf gießen. Mit einem Holzlöffel so viel Fruchtfleisch wie möglich durch das Sieb pressen, dabei immer wieder am Boden des Siebes entlangschaben, bis alles Fruchtfleisch durchgepresst ist und nur noch die Kerne und Fasern übrig sind.
3) Datteln und restliche Zutaten in den Tamarindensaft geben und auf mittlerer Flamme in dem offenen Topf kochen lassen, bis die meiste Flüssigkeit verdampft ist und das Chutney eine marmeladenähnliche Konsistenz angenommen hat. Gekühlt hält sich das Chutney 4 Tage, gefroren mehrere Monate.

Aprikosen-Dattel-Chutney

Wirkt ausgleichend auf alle drei Doshas

Weit herumgekommen. Aprikosen gehören von alters her zu den beliebtesten Nahrungsmitteln der Bewohner des nordwestlichen Himalayas. Alexander der Große war von ihnen so angetan, dass er sie mit nach Europa brachte.
Neben einem hohen Gehalt an Betacarotin weisen Aprikosen auch wertvolles Eiweiß sowie Kohlenhydrate, Magnesium, Phosphor, Schwefel, Kupfer und etwas Kieselsäure auf (wichtig für Knochen, Zähne, Nägel, Haar und Gehirn). Der ebenfalls hohe Kaliumanteil macht die köstliche Frucht zu einer hochwirksamen Entwässerungsmedizin; sie entstaut die Beine, entlastet Herz und Kreislauf und ist darüber hinaus heilsam bei Rheuma und Gicht. Aprikosen stärken nicht nur die Sehkraft, sondern auch Leberfunktion, Haut, Schleimhäute und die Körperabwehr. Besonders wertvoll sind sie beim Aufbau von Körpergewebe, z. B. bei Kindern und Schwangeren. Außerdem helfen Aprikosen mit ihrem hohen Eisen- und Calciumgehalt bei Anämie und fördern die Blutbildung. Süße Aprikosen empfiehlt der Ayurveda allen drei *Doshas,* bei sauren sollten sich *Pitta*-Menschen zurückhalten. Datteln wirken nach dem Ayurveda *Kapha*-erhöhend.
Solange Sie süße Aprikosen verwenden, können bei diesem Chutney alle drei *Doshas* nach Herzenslust zugreifen.

Für 3 – 4 Personen

850 – 900 g süße Aprikosen
1 – 2 TL Ghee (vegan: Sonnenblumenöl)
2 TL frisch geriebener Ingwer
½ TL gehackte grüne Chili (entkernt)
¼ TL Kurkuma
¼ TL Zimt
5 Datteln
70 g Jaggery bzw. Gur (ersatzweise Vollrohrzucker oder Roh-Rohrzucker) (Menge richtet sich nach der Süße der Aprikosen)
eventuell 1 EL Wasser
3 – 4 EL Ahornsirup
¼ – ½ TL Bourbonvanille

So wird's gemacht:

1) Aprikosen waschen, entsteinen und in kleine Stücke schneiden.
2) Ghee (oder Öl) in einem Topf erhitzen und Ingwer, Chili, Kurkuma und Zimt für einige Sekunden darin rösten. Anschließend Aprikosen dazugeben und unter Rühren auf mittlerer bis kleiner Flamme köcheln lassen.
3) In der Zwischenzeit Datteln waschen, entkernen und klein schneiden. Datteln und Jaggery zu der Aprikosenmasse geben und weitere 5 – 8 Minuten köcheln lassen, bis die Aprikosen weich sind. Eventuell noch wenig Wasser dazugeben. Zum Abschluss Ahornsirup und Vanille dazugeben.

Avocado-Kokos-Chutney mit Minze

Wirkt Kapha- und sanft Pitta-erhöhend

Sommer, Sonne, Kokospalmen. Nach dem Ayurveda sind Kokosnüsse in der heißen Jahreszeit ideal, da sie in jeder Form kühlend wirken – ob als Saft, als frisch geraspeltes Mark oder wie hier als Kokosflocken. Doch das ist noch lange nicht alles. Neben Kohlenhydraten und Proteinen sowie Vitamin E und den Vitaminen des B-Komplexes enthalten Kokosflocken natürlich auch Mineralien, insbesondere Magnesium, Eisen, Natrium, Calcium und das vor Krebs schützende Selen. Wie die anderen Bestandteile der Kokosnuss helfen die Flocken bei Sodbrennen und Gastritis und reinigen darüber hinaus den Darm. Während die frisch geraspelte Kokosnuss *Kapha*-erhöhend wirkt, enthalten trockene Kokosflocken zusätzlich noch eine sanfte *Vata*-Komponente.
Avocados sind Balsam für Herz und Gefäße. Sie enthalten bis zu dreißig Prozent Fett, das zu drei Vierteln aus doppelt ungesättigten Fettsäuren besteht – ohne jede Spur von Cholesterin. Ihr Gehalt an B-Vitaminen ist unter den Früchten der höchste. Daneben besitzen Avocados alle lebenswichtigen Aminosäuren sowie Provitamin A, Vitamine C und E, Kalium, Calcium, Eisen und Phosphor. Reife Avocados vermehren *Kapha*. Sie helfen bei der Wundheilung, bei Magen- und Darmgeschwüren und bei Koliken. Außerdem sind sie hilfreich bei Stresszuständen, Nervosität und Schlaflosigkeit.
Avocado-Kokos-Chutney ist gut für *Vata*-Menschen und (in Maßen) auch für *Pitta*-Typen.

Für 3 – 4 Personen

1 reife Avocado
500 g Joghurt oder Dickmilch
100 g Kokosflocken
¼ TL Cayennepfeffer
½ TL gemahlener Koriander
¼ TL frisch gemahlener weißer Pfeffer
1 TL Stein- oder Meersalz
1 – 2 EL frische Pfefferminzblätter
½ TL frisch geriebener Ingwer
einige Pfefferminzblättchen zum Garnieren

So wird's gemacht:

1) Avocado halbieren und mit einem Löffel aus der Schale lösen.
2) Joghurt, Kokosflocken, Gewürze und Pfefferminzblätter mit der Avocado und dem Ingwer in einem Mixer pürieren. Chutney in eine kleine Schüssel füllen und mit frischen Pfefferminzblättern garnieren.

Variation: Kokos-Chutney

Lassen Sie die Avocado einfach weg.

Dieses schnelle und einfache Chutney macht sich gut zu Fladenbroten, Snacks, Salaten oder als Teil eines mehrgängigen Menüs.

Frisches Korianderchutney

Wirkt ausgleichend auf alle drei Doshas

Ganz schön cool. So viel Heilkraft traut man den nur etwa fünfundvierzig Zentimeter hohen Korianderpflänzchen kaum zu: Der Koriander ist ein wichtiger Bestandteil der Ayurveda-Küche und vor allem das beste Gewürz für *Pitta*-Menschen. Sowohl Blätter als auch Samen enthalten ätherische Öle, Bitterstoffe und Vitamin C.

Nach dem Ayurveda wirken Korianderblätter süß und kühlend. Frische Korianderblätter sind aromatisch und regen die Verdauung und die Harnorgane an. Sie wirken fiebersenkend und helfen bei Verdauungsstörungen, Erbrechen und Blähungen. Man empfiehlt sie bei Augenentzündungen, Allergien, Heuschnupfen, Nasenbluten, Hautausschlag und Schwellungen.

Die Samen haben darüber hinaus einen appetitanregenden und durststillenden Effekt. Sie vermehren *Agni,* das Verdauungsfeuer, ohne *Pitta* zu erhöhen. Koriandersamen helfen bei Asthma, Husten, Erkältung, Rheuma, Verdauungsbeschwerden und allgemeiner Schwäche. Koriandersamen wirken auf alle drei *Doshas* ausgleichend.

Dieses frische Korianderchutney ist für alle drei *Dosha*-Typen ideal (siehe auch *Dosha*-Tipp). Am meisten Geschmack und heilende Energie besitzt es, wenn Sie es am Tag der Zubereitung verzehren.

Für 4 Personen

½ TL Koriandersamen
½ TL Kreuzkümmelsamen
50 g frische Korianderblätter
1 – 2 TL Zitronensaft
etwa 3 EL Wasser
1½ EL frisch geriebener Ingwer
1 EL Ahornsirup
1 TL Stein- oder Meersalz

So wird's gemacht:

1) Koriandersamen und Kreuzkümmel in einer Pfanne trocken rösten und anschließend fein mahlen. Korianderblätter waschen und trockenschütteln. Nur die Blätter und die feinen Stängel verwenden; die dicken Stängel fasern beim Zermahlen (diese können klein geschnitten in ein Gemüsegericht gegeben werden).
2) Alle Zutaten in einem Mixer mit etwas Wasser pürieren, sodass eine flüssige Paste entsteht.

Pitta-Typ: Verwenden Sie nur 1 – 2 TL frischen Ingwer.

Wenn Sie dieses Chutney mit einigen Löffeln Joghurt verfeinern, haben Sie einen leckeren Dip für Salate oder andere Speisen (Korianderchutney mit Joghurt wirkt leicht *Pitta*-erhöhend).

Minzchutney

Wirkt ausgleichend auf alle drei Doshas

Die Kraft der grünen Kräuter. Die Natur hält Minze in unzähligen verschiedenen Arten und in verschwenderischer Fülle für uns bereit: Am bekanntesten ist sicherlich die Pfefferminze, doch gibt es z. B. auch Krause Minze, Polei-, Zitronen-, Apfel- und Ingwerminze. In der Küchenapotheke genießt die Minze schon lange hohes Ansehen. Bereits im 9. Jahrhundert schrieb ein gartenkundiger Mönch: »Wenn aber einer die Kräfte und Arten der Minzen samt und sonders zu nennen vermöchte, so müsste er gleich auch wissen, wie viele Fische im Roten Meer wohl schwimmen.«

Besonders interessant sind die Inhaltsstoffe ihrer Blätter: Ein bis drei Prozent ätherische Öle (von denen das Menthol das bekannteste ist) lösen Krämpfe, lindern Schmerzen, vertreiben Blähungen und wirken desinfizierend. Gerbstoffe helfen bei Durchfall, Bitterstoffe und Flavonoide aktivieren Leber und Galle. Zur Anregung der Verdauung wird Minze ebenso empfohlen wie bei Appetitlosigkeit, Gallensteinen, Magenschleimhautentzündungen und Koliken. Auch bei Übelkeit, Fieber, Nervosität und Husten greift man wegen ihrer heilenden Eigenschaften gerne auf sie zurück. Nach dem Ayurveda wirkt Minze kühlend und in moderaten Mengen auf alle drei *Doshas* besänftigend.

Ein Chutney für alle drei *Dosha*-Typen (siehe *Dosha*-Tipp).

Für 4 Personen

½ TL Koriandersamen
½ TL Kreuzkümmelsamen
50 g Minze
3 EL frisch gehackte Korianderblätter
1 – 2 TL frisch geriebener Ingwer
¼ TL frisch gehackte grüne Chili (entkernt)
etwas Ghee (vegan: Sonnenblumenöl)
1 – 2 TL Zitronensaft
2 – 3 TL Roh-Rohr- oder Vollrohrzucker
3 EL Wasser
½ TL Stein- oder Meersalz

So wird's gemacht:

1) Koriander und Kreuzkümmel in einer Pfanne trocken rösten und anschließend fein mahlen. Minz- und Korianderblätter gründlich waschen und trockenschütteln.
2) Alle Zutaten in einem Mixer mit gerade so viel Wasser pürieren, dass eine feine Paste entsteht. Oder aber die Minz- und Korianderblätter fein hacken (verwendet werden nur die Blätter und die feinen Stängel) und mit allen Zutaten in einem großen Mörser zu einer Paste mahlen.

Pitta-Typ: Bei zu starkem *Pitta* lassen Sie die Chili weg.

Dieses frische Pfefferminzchutney passt in kleinen Mengen zu jeder Mahlzeit. Eine leckere Variation ist es auch, wenn Sie 2 EL frisch geraspelte Kokosnuss dazugeben (vor allem für *Pitta*-Naturelle).

Petersilienchutney

Wirkt ausgleichend auf alle drei Doshas

Kräuter bringen die Sonne in die Küche – selbst im Winter. Das gilt auch für die Petersilie, die unsere Speisen nicht nur verfeinert und aromatisiert, sondern ganz nebenbei ungeahnte Kräuterkraft besitzt. So deckt z. B. 1 EL gehackte Petersilie schon zwei Drittel des Tagesbedarfs an Vitamin C; außerdem ist Petersilie ein Schatzkistchen an B-Vitaminen und Mineralien, insbesondere an herzfreundlichem Kalium. Dazu kommen Bioflavone, die die Gefäße abdichten, Entzündungen hemmen und antiallergisch wirken, sowie Stoffe mit natürlichen östrogenartigen Eigenschaften. Nach dem Ayurveda wirkt frische Petersilie sanft *Vata*-verstärkend. Damit ist sie ideal für *Kapha*- und *Pitta-*, in Maßen aber auch für *Vata*-Menschen.
Dieses überaus milde und vitaminreiche Chutney sorgt für Abwechslung auf unserem Speisezettel, ob als kleine grüne Beilage zu Kartoffelgerichten oder Salaten, zu Buchweizenrisotto oder als Dip beim kalten Büfett.
Ein optimales Chutney für alle *Dosha*-Typen.

Für 4 – 6 Personen

1 Bund Petersilie (etwa 50 g)
2 TL frisch geriebener Ingwer
1 EL getrocknete Pfefferminze
oder 2 EL frisch gehackte Pfefferminze
2 EL Wasser
2 EL Joghurt
2 TL Zitronensaft
1 TL gemahlener Koriander
1 – 2 TL Vollrohrzucker
½ TL frisch gemahlener schwarzer Pfeffer
½ TL Stein- oder Meersalz

So wird's gemacht:

1) Petersilie waschen, trockenschütteln und Blätter abzupfen.
2) Petersilie, Ingwerstückchen (falls Sie frische Pfefferminze verwenden, diese ebenfalls dazugeben) in einem Mixer oder Mörser zu einer feinen Paste pürieren. Wasser und Joghurt hinzufügen und in eine kleine Schüssel füllen. Getrocknete Pfefferminze zwischen den Handflächen zu Pulver zerreiben und dazugeben.
3) Mit Zitronensaft, Koriander, Vollrohrzucker, Pfeffer und Salz abrunden. Frisch servieren.

Pitta-Typ: Fügen Sie noch 2 – 3 EL frische Korianderblätter hinzu.

Saucen und Dips

Grundrezept Italienische Tomatensauce

Wirkt sanft Pitta- und sanft Kapha-erhöhend

Gewusst wie! Italienische Hausfrauen wissen schon lange, wie man die sauren und erwärmenden Eigenschaften der Tomaten abmildern kann: Durch Enthäuten und Entkernen der Tomaten und dreimaliges Einkochen und Verdünnen der Tomatensauce wird der Tomate viel von ihrer *Pitta*-verstärkenden Wirkung genommen. Nach dem Ayurveda erhöhen Tomaten *Pitta,* mit ihrem saurem Nachverdauungseffekt *(Vipak)* aber auch *Kapha.*
Während Tomaten in Form von Nudeln mit Tomatensauce, Pizza, Ketchup oder Tomatensalat bei vielen Menschen fast täglich auf den Tisch kommen, werden sie in der Ayurveda-Küche mit Einschränkungen verwendet. Der Grund: Zu viele Tomaten bringen das *Pitta*- und auf lange Sicht auch das *Kapha-Dosha* zu sehr durcheinander, und bei scharfen Varianten leidet auch die *Vata*-Komponente.
In Form von Tomatensauce sind sie jedoch ideal für *Vata*-Typen, vorausgesetzt, man enthäutet die Tomaten und entfernt ihre Kerne. Und kommen – wie in diesem Rezept – noch kühlende und leicht bittere Birken- oder Curryblätter hinzu, so können in Maßen auch *Kapha*- und *Pitta*-Konstitutionen zugreifen. Getrocknete Birkenblätter erhalten Sie im Kräuterladen oder in der Apotheke.

Ergibt 750 ml Tomatensauce

1 kg frische reife Tomaten
2 EL getrocknete Birkenblätter
oder 7 – 10 Curryblätter
2,25 l Wasser

So wird's gemacht:

1) Tomaten waschen und Mittelstrünke entfernen, Tomaten kreuzweise einschneiden und in einem Topf mit kochend heißem Wasser für einige Minuten blanchieren, bis die Häute aufplatzen.
2) Tomaten enthäuten, in Stücke schneiden, entkernen und den an den Kernen haftenden Saft durchsieben (an der Tomatenhaut haftet oft Fruchtfleisch, das Sie mit einem Messer abkratzen können). Tomatenstückchen in einen Topf geben und pürieren (ergibt etwa 750 ml).

Es ist eine alte Hausfrauenweisheit, dass Gerichte, die zusammen mit Tomaten gekocht werden, eine längere Kochzeit benötigen. Dies ist wahrscheinlich auf die Säuren der Tomate zurückzuführen und ist auch der Grund, weshalb Tomatensauce immer separat gekocht und erst zum Schluss dazugegeben wird.
Die ganze Prozedur nimmt etwa 2 Stunden in Anspruch. Dabei können Sie sich problemlos anderen Tätigkeiten (in der Küche oder anderswo) widmen. Stellen Sie sich einfach eine Uhr, und rühren Sie gelegentlich um.

3) Tomatenpüree mit getrockneten Birken- oder Curryblättern und 750 ml Wasser bei mittlerer Hitze einkochen, bis die Sauce eingedickt ist (das dauert etwa 30 Minuten). Gelegentlich umrühren.
4) Dann nochmals mit 750 ml Wasser aufgießen und einkochen (für weitere 30 – 40 Minuten). Schließlich noch ein drittes Mal mit 750 ml Wasser weitere 30 – 40 Minuten herunterkochen.
   Nun ist Ihre Tomatensauce fertig für die Weiterverarbeitung (z. B. Zucchini-Tomaten-Sauce, siehe Seite 213, Okra in Tomatensauce, siehe Seite 88).

Pitta-Typ: Birkenblättertee dazu serviert, mildert die erhitzenden Eigenschaften der Tomaten noch weiter ab.

Grundrezept Schnelle Tomatensauce

Wirkt sanft Kapha- und sanft Pitta-erhöhend

Für eilige Zeitgenossen ist diese Tomatensauce genau das Richtige.
Und nicht nur das, denn Tomaten sind sehr kalorienarm, entwässern und senken den Blutdruck. Sie kurbeln nicht nur Leber und Verdauung an, sondern auch Blutbildung und Kreislauf. Mit ihren Vitaminen und Biostoffen können Tomaten auch vor Krebs schützen.
Selbst die Laune bringen sie wieder in Schwung: Tomaten machen munter und optimistisch.
Nach dem Ayurveda erhöhen Tomaten *Pitta,* mit ihrem sauren Nachverdauungseffekt *(Vipak)* vermehren sie jedoch auch *Kapha.* In Italien weiß man seit langer Zeit, wie Tomaten am besten verträglich sind: Durch Häuten, Entkernen, Einkochen und Verdünnen der Tomaten wird ihnen viel von ihrer *Pitta*-erhöhenden Wirkung genommen. Kühlende Birken- oder-Curryblätter mildern zusätzlich die stark erhitzende Wirkung der Tomaten etwas.
Diese Tomatensauce ist am besten für *Vata-,* gelegentlich auch für *Kapha-* und *Pitta*-Typen geeignet.

Ergibt 750 ml Tomatensauce

200 g Tomatenmark, zweifach konzentriert
900 ml Wasser
1 EL Birkenblätter oder 7 – 10 Curryblätter
1 – 2 EL Wildpfeilwurzelmehl oder Maisstärke
100 ml Wasser

So wird's gemacht:

1) Tomatenmark mit 800 ml Wasser verrühren und in einem Topf mit getrockneten Birkenblättern oder Curryblättern 15 – 20 Minuten köcheln lassen, bis die Sauce etwas eingedickt ist.
2) Wildpfeilwurzelmehl mit den restlichen 100 ml Wasser in einer Tasse verrühren.
3) Tomatensauce durchsieben und Birken- oder Curryblätter entfernen. Das angerührte Wildpfeilwurzelmehl unterrühren. Noch einmal aufkochen und eindicken lassen. Nun ist die Tomatensauce fertig für die Weiterverarbeitung und kann je nach Gericht entsprechend gewürzt werden.

Zucchini-Tomaten-Sauce

Wirkt Kapha- und sanft Pitta-erhöhend

Zucchinischwemme. Früher galten Zucchini in unseren Breiten als ausgesprochen exotische Gewächse, heute dagegen wuchern sie zur Sommerzeit in vielen deutschen Hausgärten. Zucchini schmecken nicht nur gut, sie sind auch pflegeleicht, fast das ganze Jahr über zu bekommen und reich an wichtigen Inhaltsstoffen. Sie enthalten viel Betacarotin, aber auch Vitamin C und zahlreiche Mineralien wie Kalium, Calcium, Phosphor, Bitterstoffe und Spuren kostbaren Selens. Sie stärken unser Immunsystem, regen die Darmtätigkeit an, helfen bei Gicht und Rheuma und wirken wassertreibend. Außerdem aktivieren sie Leber, Galle und den Hautstoffwechsel. Nach dem Ayurveda vermehren grüne wie gelbe Zucchini gleichermaßen das *Kapha-Dosha.*

Dieses Gericht ist ideal für *Vata*-Menschen, in Maßen und etwas abgewandelt (siehe *Dosha*-Tipp) können jedoch auch *Pitta*-Naturen zugreifen.

Diese Sauce schmeckt besonders lecker zu Nudel- und Reisgerichten, aber auch zu Rösti (siehe Seite 167). Wem die Sauce mit Sahne zu gehaltvoll ist, kann auch Buttermilch verwenden.

Für 3 – 4 Personen

750 g italienische Tomatensauce (Grundrezept siehe Seite 210)
2 mittelgroße Zucchini (etwa 400 g)
3 EL Olivenöl oder Ghee
½ TL Asafoetida
1 TL gemahlener Kreuzkümmel
2 TL gemahlener Koriander
1 TL Kurkuma
1½ EL frisch geriebener Ingwer
200 ml Sahne oder Buttermilch (vegan: Reisdrink)
¾ – 1 TL frisch gemahlener schwarzer Pfeffer
1 TL Stein- oder Meersalz
2 EL Kräuter der Provence
3 – 4 EL frisch gehacktes Basilikum
2 EL frisch gehackter Salbei

So wird's gemacht:

1) Italienische Tomatensauce nach Grundrezept herstellen.
2) Zucchini waschen und raspeln.
3) Olivenöl oder Ghee in einem großen Topf erhitzen. Asafoetida, Kreuzkümmel, Koriander und Kurkuma und nach einigen Sekunden auch Ingwer und Zucchini dazugeben und etwa 5 Minuten anbraten, bis die Zucchini leicht Farbe angenommen haben. Die Tomatensauce hinzufügen und 5 – 8 weitere Minuten zugedeckt köcheln lassen.
4) Zum Abschluss Sahne oder Buttermilch (oder Reismilch), Pfeffer, Salz und Kräuter dazugeben. Warm servieren.

Pitta-Typ: Wenn Ihr *Pitta* nicht zu stark ist, können Sie ab und zu in den Genuss dieser Tomatensauce kommen: Verwenden Sie statt frischem Basilikum einfach frische, kühlende Korianderblätter.

Schnelle Tomatensauce mit Nori

Wirkt sanft Kapha- und sanft Pitta-erhöhend

Das beliebte Meeresgemüse. Nori ist eine Algenart, die aus der japanischen Küche nicht wegzudenken ist. Auch für diejenigen, die in die Meeresgemüse-Küche einsteigen, sind sie am einfachsten zuzubereiten. Nori-Algen werden in Japan nach dem Trocknen mit der Hand zu Blättern gepresst. Sie lassen sich in der Küche schnell zu Suppen, Saucen und als die berühmten Nori-Rollen mit Reis servieren. Wer Jod in gesunder, natürlicher und vegetarischer Form aufnehmen möchte, sei auf Algen verwiesen – ihr Jodgehalt übertrifft bei Weitem den aller anderen Nahrungsmittel. Nori regen den Stoffwechsel und die Schilddrüse an und lindern Blähungen und Nierenbeschwerden. Ihr Geschmack und Geruch erinnern ein wenig an Fisch, was nicht weiter verwunderlich ist, da sich viele Fische überwiegend von Algen ernähren. Wegen des scharf-salzigen Geschmacks sollten Sie Nori-Gerichte sehr sparsam salzen. Nach dem Ayurveda erhöhen Nori leicht *Pitta* und *Kapha*. Sie sind ideal für *Vata*-Typen, in kleinen Mengen jedoch auch für *Kapha*- und *Pitta*-Menschen.

Dieses Rezept ist für *Vata*-Typen besonders bekömmlich, in Maßen auch für *Kapha*- und *Pitta*-Konstitutionen.

Für 4 Personen

750 ml schnelle Tomatensauce nach Grundrezept (siehe Seite 212)
1 – 2 EL Ghee oder Olivenöl
1 TL frisch geriebener Ingwer
½ TL Asafoetida
2 TL Madras Curry (siehe Seite 260)
½ TL gemahlener Koriander
1 Blatt Nori
¼ TL Stein- oder Meersalz
4 – 5 EL Sahne (vegan: Sojasahne)
¼ TL frisch gemahlener schwarzer Pfeffer
4 EL frisch gehacktes Basilikum oder Korianderblätter

So wird's gemacht:

1) Schnelle Tomatensauce nach Grundrezept herstellen.
2) Ghee oder Olivenöl in einem Topf erhitzen und Ingwer, Asafoetida, Curry und Koriander für einige Sekunden anrösten. Anschließend mit der Tomatensauce aufgießen (Vorsicht: Es spritzt!) und aufkochen lassen.
3) Noriblatt mit einer Schere in feine Stückchen schneiden und dazugeben. Da Nori von Natur aus etwas salzig schmeckt, nur sehr sparsam salzen. Mit Sahne (oder Sojasahne) und Pfeffer abrunden und mit frisch gehackten Basilikum- oder Korianderblättern bestreuen.

Diese schnelle Tomatensauce passt zu vielen verschiedenen Gerichten, ganz besonders gut aber zu Buchweizenrisotto (siehe Seite 166), Vollkornnudeln (siehe Seite 157) oder Polenta (siehe Seite 163).
Nori bekommen Sie in den meisten Naturkostläden, Reformhäusern oder asiatischen Läden. Dort finden Sie auch noch andere Algenarten wie Wakame, Arame, Kombu oder Hijiki.

Pitta-Typ: Wenn Ihr *Pitta* nicht zu stark ist, können Sie diese Sauce gelegentlich genießen. Erhöhen Sie die Menge des gemahlenen Korianders auf 1 TL, und lassen Sie Asafoetida entfallen. An Stelle von Madras Curry verwenden Sie lieber Garam Masala (siehe Seite 261).

Variation: Tamarinden-Tomatensauce

Wirkt Pitta- und Kapha-erhöhend

Wenn Sie die süßsaure Geschmacksrichtung mögen, ersetzen Sie Nori durch 1 TL Tamarindenextrakt (in indischen Lebensmittelläden oder beim Gewürzversand erhältlich), 2 – 3 EL Rosinen und eventuell 1 TL Vollrohrzucker. Diese Saucenvariation ist optimal für *Vata*-Typen.

Grüne Buttermilchsauce

Wirkt ausgleichend auf alle drei Doshas

Die Buttermilch macht's. Neben den zahlreichen Inhaltsstoffen des Ausgangsproduktes Sahne oder Joghurt ist bei Buttermilch vor allem der hohe Lecithingehalt hervorzuheben; Lecithin ist gut fürs Gehirn.

Die alten Ayurveda-Texte sind voll des Lobes über die Buttermilch: Sie rege den Appetit an, stärke und sei gut fürs Herz. Mit einer Prise Muskatnuss verbessert Buttermilch die Absorption, besonders im Dünndarm, und stoppt Durchfall. Bei Magenbeschwerden und Hämorrhoiden kann man sie ohne Bedenken trinken. Die Ayurveda-Diätetik empfiehlt Buttermilch als regelmäßigen Bestandteil der Ernährung. Buttermilch besänftigt und erdet *Vata*. *Pitta*-Menschen hilft sie am meisten, wenn sie leicht mit Vollrohrzucker oder Ahornsirup gesüßt ist. Und auch *Kapha*-Menschen dürfen Buttermilch – mit Ingwer, schwarzem Pfeffer und/oder Honig gewürzt – genießen, wenn auch nicht gerade täglich.

Gekaufte Buttermilch ist schwerer als selbst gemachte (ayurvedische) Buttermilch. Daher sollten insbesondere *Kapha*-Typen sie zu gleichen Teilen mit Wasser verdünnen. Achten Sie beim Kauf stets auf die Bezeichnung *Reine Buttermilch,* denn nur ihr darf weder Wasser, Magermilch noch Milchpulver beigegeben werden. Noch besser ist es natürlich, wenn Sie Ihre Buttermilch einfach selbst herstellen. Wie das gemacht wird, steht auf Seite 229.

Eine ideale Sauce für alle drei *Doshas.*

Für 4 Personen

3 – 4 EL Maisstärke oder Reismehl
300 ml Buttermilch
300 ml Wasser
4 – 5 Ringelblumenblüten (falls vorhanden)
2 EL Olivenöl
1 – 2 TL frisch geriebener Ingwer
½ TL Kurkuma
¾ TL gemahlener Koriander
6 EL frisch gehackte Kräuter nach Wahl (z. B. frisches Basilikum, Majoran, Koriander, Salbei)
½ TL Stein- oder Meersalz
½ TL frisch gemahlener schwarzer Pfeffer
1 Prise frisch geriebene Muskatnuss
1 – 2 TL Jaggery bzw. Gur oder Ahornsirup
3 – 4 EL Sahne

So wird's gemacht:

1) Maisstärke oder Reismehl mit Buttermilch und Wasser in einer kleinen Schüssel verrühren. Ringelblumenblüten waschen und trockenschütteln, gelbe Blütenblätter abzupfen.
2) Olivenöl in einem Topf erhitzen. Ingwer, Kurkuma und Koriander darin für einige Sekunden anrösten, dann mit Buttermilchmasse aufgießen, gut umrühren, aufkochen und etwas eindicken lassen. Kräuter, Blütenblätter, Salz, Pfeffer, Muskat, Jaggery bzw. Gur oder Ahornsirup und Sahne hinzufügen und heiß servieren.

Diese Sauce passt hervorragend zu Vollkornnudeln (siehe Seite 157), Gnocchi (siehe Seite 156) und Reis, aber auch zu gedünstetem Gemüse, z. B. zu Bohnen.

Weiße Sauce mit frischem Basilikum

Wirkt Kapha-erhöhend

Wenn es um Gesundheit und Geschmack geht, darf Basilikum nicht fehlen! Basilikum enthält reichlich ätherische Öle, unter anderem Kampfer, und dazu Gerbsäuren und Saponine. Bei Blähungen, Magenverstimmungen und Verstopfung, aber auch bei Nervosität, Angstzuständen, Depressionen und Schlaflosigkeit wird Basilikum gerne eingesetzt. Auch das Denkvermögen lässt sich durch Basilikum steigern.
Nach dem Ayurveda wirkt frisches Basilikum ausgleichend auf alle drei *Dosha*-Typen. Nur bei getrocknetem Basilikum sollten sich *Pitta*-Typen eher zurückhalten.
Auch der schwarze Pfeffer hat mehr zu bieten, als man ihm gemeinhin zutraut, insbesondere ätherische Öle, Fermente und Harze. Schwarzer Pfeffer regt den Appetit an, stillt Schmerzen und steigert das Verdauungsfeuer. Er vermehrt *Pitta* und beseitigt Beschwerden, die durch ein Zuviel an *Vata* und *Kapha* verursacht wurden, z. B. Husten, Asthma, Erkältungen, ein übermäßiges Schlafbedürfnis und Verstopfung; daneben regt Pfeffer den Kreislauf an.
Zusammen mit den anderen Zutaten entsteht eine milde Sauce, die für *Pitta-* und *Vata*-Naturelle geeignet ist.

Für 4 Personen

2 EL Ghee
3 EL Wildpfeilwurzelmehl oder Maisstärke
200 ml Wasser
200 ml Gemüsebrühe
200 ml Sahne
2 TL frisch geriebener Ingwer
½ TL frisch geriebene Muskatnuss
¾ TL frisch gemahlener schwarzer Pfeffer
1 TL Stein- oder Meersalz
5 EL frisch gehacktes Basilikum

So wird's gemacht:

1) Ghee in einem Topf schmelzen und für 30 Sekunden Wildpfeilwurzelmehl oder Maisstärke darin anrösten. Vorsichtig mit kaltem Wasser aufgießen (Vorsicht: Es spritzt!). Kurz darauf die Gemüsebrühe hinzufügen, umrühren und die Sauce 3 – 4 Minuten köcheln lassen, bis sie etwas eingedickt ist. Dabei immer wieder umrühren, damit nichts anbrennt.
2) Nun Sahne, Ingwer, Muskat, Pfeffer, Salz und Basilikum hinzufügen. Die Sauce auf kleiner Flamme nochmals für wenige Minuten eindicken lassen und heiß servieren.

Weiße Sauce mit Basilikum passt hervorragend zu Vollkornnudeln (siehe Seite 157) oder gedünstetem Gemüse. Wer möchte, kann die Sauce nach Belieben variieren.
Ersetzen Sie das Basilikum auch einmal durch Bohnenkraut, Rucola (Rauke) oder andere Kräuter.

Orangensauce

Wirkt Pitta- und Kapha-erhöhend

Haben Sie gewusst, dass Orange ein Hindi-Wort ist? Die exotischen Südfrüchte baute man zuerst in Indien, China und Japan an. Legendär ist der hohe Vitamin-C-Gehalt der Orangen, doch enthalten sie ebenfalls viel Kalium, Magnesium, Calcium, Eisen, Phosphor und Selen. Ferner finden sich in Orangen jene Bioflavonoide, die unsere Zellen vor Sauerstoffradikalen schützen, die man für Krebs und Herzinfarkt mitverantwortlich macht.

Nach dem Ayurveda sind reife Orangen feucht, sauer und süß, d. h., sie vermehren *Kapha* und *Pitta*. Für *Vata*-Menschen sind Orangen ideal. *Pitta*-Typen sollten sie lieber meiden, es sei denn sie sind sehr süß und damit *Kapha*-vermehrend. Orangen sind leicht verdaulich, appetitanregend und ideal in der Rekonvaleszenz, vor allem nach Fieber- und Durchfallerkrankungen. Darüber hinaus stärken sie die Abwehr, reinigen das Blut, halten das Gewebe jung, helfen bei Magen- und Darmbeschwerden und stärken die Leber. Orangen heben übrigens auch die Stimmung. Wählen Sie am besten biologisch angebaute Früchte aus; der Vermerk »unbehandelt« im Supermarkt bezieht sich nämlich nur auf den Zeitraum *nach* der Ernte. *Vor* der Ernte mussten konventionelle Zitrusfrüchte auf den Plantagen schon einiges an Kunstdünger und chemischen Schädlingsbekämpfungsmitteln über sich ergehen lassen. Es lohnt sich also, auf Orangen aus kontrolliert-biologischem Anbau zurückzugreifen – unsere Gesundheit wird es uns danken. Diese süßsaure und leicht scharfe Sauce ist genau das Richtige für alle *Vata*-Menschen.

Für 2 – 3 Personen

3 Orangen
1 gehäufter EL Reismehl
1 – 2 TL Ghee (vegan: Walnussöl)
1 TL Garam Masala (siehe Seite 261)
¼ TL Kurkuma
¼ TL Ingwerpulver
1 Prise Zimt
1 Prise frisch geriebene Muskatnuss
1 EL Gur oder Vollrohrzucker
½ TL Stein- oder Meersalz

So wird's gemacht:

1) Orangen auspressen – es sollten etwa 350 ml Saft mit Fruchtfleisch sein. Saft und Fruchtfleisch mit dem Reismehl verrühren.
2) Ghee (oder Walnussöl) in einem kleinen Topf erhitzen. Garam Masala, Kurkuma und Ingwerpulver darin 3 – 4 Sekunden anrösten. Mit Orangensaft aufgießen, Zimt, Muskat, Gur oder Vollrohrzucker und Salz dazugeben. Noch einmal kurz aufkochen lassen.

Avocadodip

Wirkt Kapha- und sanft Pitta-erhöhend

Die Allroundkünstler. Avocados lassen sich äußerst vielseitig verwenden. Als Dip passen sie zu Gemüse, Brot, Suppe, Salat oder als Zubereitung zu einem mehrgängigen Essen.
Sie sind Balsam für Herz und Gefäße. Sie enthalten bis zu dreißig Prozent Fett, das zu drei Vierteln aus zweifach ungesättigten Fettsäuren besteht – ohne jede Spur von Cholesterin. Ihr Gehalt an B-Vitaminen ist unter den Früchten der höchste. Daneben besitzen sie alle lebenswichtigen Aminosäuren sowie Provitamin A, Vitamine C und E und Kalium, Calcium, Eisen und Phosphor. Reife Avocados vermehren *Kapha*. Sie helfen bei der Wundheilung, bei Magen- und Darmgeschwüren und bei Koliken. Sie warten mit Bitterstoffen auf und mit weiteren geheimnisvollen Inhaltsstoffen, die bei Stress, Nervosität und Schlaflosigkeit hervorragend sind.
Dieser Dip vermehrt das *Kapha-Dosha* und ist daher ideal für *Vata-* und in Maßen auch für *Pitta*-Konstitutionen geeignet.

Für 2 – 4 Personen

1 reife Avocado
1 – 2 TL Zitronensaft
4 EL Joghurt
4 EL Wasser (oder mehr nach Belieben)
½ TL Stein- oder Meersalz
¼ TL frisch gemahlener schwarzer Pfeffer
1 Prise Asafoetida
1 Prise Cayennepfeffer

So wird's gemacht:

1) Avocado halbieren und den Kern entfernen. Fruchtfleisch mit einem Esslöffel herauslöffeln und mit einer Gabel zu Mus zerdrücken.
2) Nun die restlichen Zutaten dazugeben und servieren.

Pitta-Typ: Wenn Ihr *Pitta* zu stark ist, können Sie den Joghurt auch durch Buttermilch ersetzen. Und lassen Sie Asafoetida und Cayennepfeffer ganz weg.

Bananen-Curry-Dip

Wirkt Pitta- und Kapha-erhöhend

Ein Hauch Exotik. Als Frucht wie als Küchenmedizin gibt es über Bananen nur Positives zu berichten. Im vollreifen Zustand enthalten sie Fruchtzucker und Traubenzucker; dazu kommt ein zwar nur geringer Eiweißanteil, der jedoch alle essentiellen Aminosäuren enthält. Außerdem besitzen sie zehn verschiedene Vitamine, achtzehn Mineralstoffe und zahlreiche Spurenelemente.

Die Banane enthält aber auch Neurohormone, die gute Laune machen und bei Stress und Konzentrationsschwäche helfen. Sie ist also ein wertvolles Lebensmittel für geistig und körperlich Arbeitende sowie für alle Sporttreibende. Ayurveda-Therapeuten empfehlen sie bei Arteriosklerose, Menstruationsstörungen, Entzündungen des Magen-Darm-Trakts und nach einem Herzinfarkt. Nach dem Ayurveda verstärken reife Bananen *Kapha.* Obwohl sie zuerst kühlend wirken *(Virya)*, besitzen sie im Nachverdauungsprozess *(Vipak)* saure Eigenschaften. Bananen sind daher ideal für *Vata* und in Maßen auch für *Pitta*. Die Gewürze wirken *Pitta*-erhöhend.

Dieser einfache und schnelle Dip ist also genau das Richtige für *Vata*-Naturen.

Für 4 Personen

1 große Banane
2 TL Zitronensaft
½ TL frisch geriebener Ingwer
150 g saure Sahne
2 TL Madras Curry (siehe Seite 260)
½ – ¾ TL Stein- oder Meersalz

So wird's gemacht

1) Banane schälen und mit einer Gabel in einer Schüssel zerdrücken. Zitronensaft darüberträufeln.
2) Ingwer mit Banane, saurer Sahne, Curry und Salz verrühren. Fertig!

Ob zum Dippen, für Sandwichs oder für Iddlis (siehe Seite 190), zu Salaten oder Reisgerichten – Bananen-Curry-Dip ist immer eine Gaumenfreude!

Sahnemeerrettich

Wirkt Pitta- und sanft Kapha-erhöhend

Der europäische Ingwer. Meerrettich ist nicht nur ein kraftvolles Küchengewürz, sondern Medizin pur. Sein Vitamin-C-Gehalt ist doppelt so hoch wie der von Zitrusfrüchten; daneben enthält er Vitamine des B-Komplexes und reichlich Kalium und Calcium. Sein wichtigster Wirkstoff ist das Glykosid Sinigrin, das durch Enzyme Senföle bildet. Diese scharfen Senföle durchbluten und desinfizieren in hohem Maße. Beim Zubereiten in der Küche mögen zwar die Tränen fließen, aber wer tüchtig Meerrettich einatmet, wird den hartnäckigsten Schnupfen oder Husten los. Nach dem Ayurveda erhöht Meerrettich für sich allein *Pitta* und auch sanft *Vata*.

Als Sahnemeerrettich wirkt er allerdings in erster Linie *Pitta*-anregend, wobei ihm Apfel und Sahne etwas von seiner Schärfe nehmen. Er ist ein optimales Gericht für *Vata*-Konstitutionen und in Maßen auch für *Kapha*-Menschen (siehe *Dosha*-Tipp). Meerrettich hat aber noch mehr zu bieten: Er ist einfach und schnell zubereitet und lässt sich vielseitig verwenden, z. B. als Grundlage für Dill-Meerrettich-Sauce oder zu Vollkorntoast und pikantem Aufstrich. Guten Appetit!

Ergibt 450 – 500 g

1 Meerrettichwurzel (etwa 150 g)
1 süßer Apfel
200 – 300 g Sahne

So wird's gemacht:

1) Meerrettichwurzel schälen und sehr fein raffeln. Apfel schälen und fein reiben. Sahne steifschlagen.
2) Alle Zutaten in einer Schüssel miteinander vermischen. In zwei Schraubgläser abfüllen und im Kühlschrank aufbewahren.

Kapha-Typ: Verwenden Sie nur 100 – 150 g Sahne.

Sahnemeerrettich konserviert sich durch seine ätherischen Öle selbst und ist gekühlt mindestens 2 Monate haltbar.
Und wenn Ihnen bei der Zubereitung durch die Schärfe des Meerrettichs die Tränen kommen sollten, ist dies eine sehr gute Reinigung für die Augen, weil *Kapha* reduziert wird.

Milchprodukte

Ghee *(Butterreinfett, Butterschmalz)*

Wirkt Kapha-erhöhend

Alles in Butter. Ohne Ghee (sprich: *Gie)* wäre die altindische vedische Küche so unvollständig wie ein Wagen ohne Räder. Zum Kochen, Braten und Frittieren, aber auch in vielen ayurvedischen Arzneimitteln schlägt Ghee alle anderen Speisefette oder -öle um Längen.
Aus gutem Grund. Denn Ghee (aus Kuhmilchbutter) entfacht *Agni* (das Verdauungsfeuer) und regt damit Appetit und Verdauung an. Im Unterschied zu vielen anderen Ölen und Fetten belastet es die Leber nicht, sondern kräftigt sie. Im Ayurveda nimmt Ghee einen hohen Stellenwert ein. Es hilft beispielsweise bei chronischem Fieber und bei Anämie und wirkt entgiftend. Außerdem wird Ghee Menschen empfohlen, die an Husten und Auszehrung leiden. Es hilft bei Magen- und Darmgeschwüren, hält die Gelenke geschmeidig und stärkt Augen, Nase und Haut. Ghee fungiert im Ayurveda als Trägersubstanz für verschiedene Heilkräuter, damit deren Wirkstoffe besser in die entsprechenden Gewebe *(Dhatus)* gelangen können. Nicht zuletzt stärkt und steigert Ghee Gedächtnis, Intelligenz und Auffassungsgabe. Etwas Ghee mit warmer Milch getrunken, beseitigt jede Verstopfung.
Das bei uns übliche Butterreinfett wird durch Ausschmelzen und Zentrifugieren von Butter gewonnen. Der Ayurveda dagegen bevorzugt Ghee aus Butter, die beim Quirlen von Joghurt entsteht. Die Milchsäurebakterien des Joghurts intensivieren die Heilwirkung von Ghee und machen es jahrelang haltbar. Eine praktische Alternative ist, Ghee – wie in unserem Rezept – aus Sauerrahmbutter (am besten Biosauerrahmbutter aus möglichst artgerechter Tierhaltung) herzustellen. Selbst gemachtes Ghee besitzt einen wunderbar nussartigen Geruch und einen unvergleichlichen Geschmack.

Menge nach Wunsch

ungesalzene Sauerrahmbutter

So wird's gemacht:

1) Beliebige Menge ungesalzene Sauerrahmbutter (Ghee-Ausbeute siehe unten) bei mittlerer Hitze in einem schweren Topf erwärmen, bis kleine Schaumbläschen an die Oberfläche steigen (diese kleinen Schaumbläschen sind die festen Milchbestandteile der Butter, die das Ranzigwerden verursachen und beim Kochen verbrennen). Butterschaum mit einem Löffel vorsichtig abschöpfen und in einem Gefäß sammeln.
2) Butter auf niedrigster Flamme weiterköcheln lassen und den aufsteigenden Schaum fortwährend abschöpfen. Auf keinen Fall anbrennen lassen; wenn es überhitzt wird oder zu lange siedet, nimmt es eine dunkle Färbung und einen beißenden Geruch an. Bei richtiger Temperatur geköchelt, riecht es puffmaisähnlich, ist goldfarben und so klar, dass man den Topfboden deutlich sehen kann. Falls Ihre Elektroplatte selbst auf kleinster Einstellung zu stark sein sollte, sollten Sie sie zwischendurch immer mal abschalten.
3) Abschließend fertiges Ghee abschöpfen (ohne den Bodensatz aufzuwirbeln) und durch ein feines, mit Küchenpapier oder Filtertüten ausgelegtes Sieb filtern. In einem Krug oder anderem Behälter (unbedeckt) abkühlen lassen.

Buttermenge	Kochzeit	Ghee-Ertrag
500 g	25 Minuten	400 g
1 kg	¾ Stunden	800 g
2,5 kg	2 Stunden	2,2 kg

Der abgeschöpfte Schaum und Bodensatz sind gekühlt 3 – 4 Tage haltbar und schmecken lecker in Brotteigen, Gemüsegerichten, Suppen oder als Brotaufstrich mit Kräutern und Gewürzen. Richtig zubereitetes Ghee ist in dicht verschlossenen Behältern über ein Jahr haltbar.
Ghee lässt sich ganz einfach selbst herstellen. Wenn Sie beim Kochen von anderen Gerichten noch etwas Zeit zwischendurch haben, können Sie den Topf mit der Butter vor sich hin köcheln lassen und den Schaum immer mal wieder abschöpfen.

Selbst gemachter Joghurt

Wirkt Kapha- und sanft Pitta-erhöhend

Natur pur. Bis auf den Milchzucker besitzt Joghurt etwa die gleichen wertvollen Inhaltsstoffe wie Milch. Hervorzuheben sind reichlich Proteine, Calcium, Vitamin B_2, B_{12} und D – und natürlich die Milchsäurebakterien. Etwa fünfhundert bis achthundert Millionen dieser natürlichen und gewünschten Mikroorganismen finden sich in einem Milliliter Joghurt. Das erklärt, weshalb Joghurt sogar bestimmte Amöben und Bakterien abtöten kann.
Joghurt stärkt den Körper, verlängert das Leben und hemmt das Wachstum von Tumoren und sogar Krebs. Er wirkt cholesterinsenkend, unterstützt die Funktion der Abwehrzellen und stärkt das Immunsystem.
Seine heilenden Eigenschaften kann der Joghurt jedoch nur entfalten, wenn er aus qualitativ hochwertiger (nicht homogenisierter) Milch mit rechtsdrehenden Milchsäurebakterien (nicht wärmebehandelt) hergestellt wurde. Auch sollte er als Bindemittel kein Schlachttierprodukt wie Gelatine enthalten.
Nach dem Ayurveda besitzt Joghurt saure, schwere, feuchte und zusammenziehende Eigenschaften. Er aktiviert *Agni,* das Verdauungsfeuer, kühlt den restlichen Körper und vermehrt *Kapha* und sanft *Pitta:* ideal für *Vata*-Menschen und für die Sommerzeit. Abgewandelt können auch *Pitta-* und *Kapha*-Konstitutionen zugreifen (siehe *Dosha*-Tipp).

Für 1 kg Joghurt

1 l Milch
1 EL Joghurt oder Joghurtkultur (aus dem Reformhaus) für 1 l Milch

So wird's gemacht:

1) Milch (Roh-, Vorzugs- oder nur-pasteurisierte Milch, nicht homogenisiert) aufkochen und die Temperatur auf 35 – 40 °C absinken lassen. Eine Tasse zum Anrühren zurückbehalten.
2) Dann guten Joghurt oder die entsprechende Menge Joghurtkultur aus dem Reformhaus in der zurückbehaltenen Tasse warmer Milch auflösen und diese in den Milchtopf rühren (bei 2 l Milch benötigt man 50 g Naturjoghurt).
3) Joghurtansatz in saubere Schraubgläser füllen oder im Edelstahltopf lassen. Eine Thermosflasche eignet sich besonders gut. Der Ansatz sollte eine gleich bleibende Temperatur von 35 – 40 °C behalten und nicht mehr bewegt oder erschüttert werden. Dann ist er nach 4 – 8 Stunden fertig (am besten, Sie wickeln den Topf oder die Gläser in Handtücher und Wolldecken ein).

Pitta-Typ: Damit Sie nicht auf Joghurt verzichten müssen, sollten Sie ihn mindestens 1:1 mit Wasser verdünnen und mit Ahornsirup und Korianderpulver zu sich nehmen.

Kapha-Typ: Gelegentlich wird Ihnen verdünnter Joghurt gut tun, sei es in Form von Karhi-Saucen (siehe Seiten 118 oder 121) oder als Getränk (4 Teile Wasser, 1 Teil Joghurt) mit Honig, Zimt, Ingwer, schwarzem Pfeffer und Kardamom (siehe auch Lassi Seite 252).

Im Kühlschrank ist selbst gemachter Joghurt 1 – 2 Wochen haltbar, am besten und gesündesten ist er allerdings frisch. Vergessen Sie nicht, einen Rest Joghurt für die nächste Kultur aufzuheben. Wenn die Anfangskultur schwächer wird, nehmen Sie wieder einmal gekauften Joghurt.

Früchtejoghurt: Ihren Joghurt können Sie mit Honig oder anderen gesunden Süßungsmitteln süßen und frische Früchte (pürierte Bananen, Erdbeeren ...) nach Geschmack hinzufügen. Wer den Joghurt noch etwas andicken will, kann Johannisbrotkernmehl oder Bindobin unterrühren.

Panir *(Selbst gemachter Frischkäse)*

Wirkt Kapha-erhöhend

Panir (Frischkäse) lässt sich kinderleicht und schnell selbst herstellen. Dazu ist er von allen Käsesorten auch der bekömmlichste Käse. Neben Eiweiß enthält Panir eine Vielzahl wichtiger Vitamine und Mineralstoffe, allen voran Calcium, Kalium, Natrium, Magnesium und Phosphor. Auf zum Panir, kann man da nur sagen. Nach dem Ayurveda vermehrt Panir *Kapha* und ist daher optimal für alle *Vata*- und *Pitta*-Naturen.
Zum Selbermachen brauchen Sie einen (Edelstahl-)Topf mit schwerem Boden, ein Baumwoll-Käsetuch (z. B. eine Baumwollwindel) und ein Sieb. Und natürlich das Wichtigste, die Milch. Je naturbelassener die Milch ist, desto besser wird der Käse. Rohmilch oder Vorzugsmilch direkt vom Bauernhof oder aus dem Naturkostladen und Reformhaus oder nur-pasteurisierte (aber nicht homogenisierte) Biomilch bringen die besten Resultate. Panir aus Milch mit niedrigem Fettgehalt wird krümelig und hart. Aus der ohnehin nicht empfehlenswerten H-Milch gelingt er erst gar nicht.

Menge nach Wunsch

Milch
Zitronensaft

Wie viel Panir erhalte ich aus der Milch?
1 l Milch: 150 g weichen Panir
(115 g, 10 Minuten gepresst)
2 l Milch: 285 g weichen Panir
(250 g, 10 Minuten gepresst)

(Zum Vergleich: 1 l Milch ergibt
40 – 70 g konventionellen Hartkäse oder
100 – 130 g konventionellen Weichkäse.)

Wie viel Zitronensaft brauche ich?

Milch	*Zitronensaft*
1 l	*2 EL (30 ml)*
1,5 l	*3 EL (45 ml)*
2 l	*4 EL (60 ml)*
2,5 l	*5 EL (75 ml)*
4 l	*8 EL (120 ml)*

So wird's gemacht:

1) Den sauberen Topf mit kaltem Wasser ausspülen (damit die Milch nicht anbrennt) und die Milch darin zum Kochen bringen. In der Zwischenzeit eine Zitrone auspressen (benötigte Menge siehe Tabelle oben).
2) Wenn die Milch zu steigen beginnt, den Zitronensaft nach und nach hineingießen und mit einem Holzlöffel umrühren. Jetzt trennen sich die kleinen weißen Käsestückchen von der gelbgrün schimmernden Molke. Wenn die Molke noch nicht klar ist, noch einmal leicht aufkochen lassen und – falls nötig – noch einige Tropfen Zitronensaft hineinträufeln.
3) Käsetuch über das Sieb legen und das Sieb in eine Schüssel stellen, um die wertvolle Molke aufzufangen. Jetzt den Topfinhalt durch das Sieb gießen.

4) Den Panir mit dem Käsetuch kurz unter fließend kaltes Wasser halten, das Käsetuch an den vier Enden zusammenknoten, aufhängen und etwas abtropfen lassen, bis keine Molke mehr tröpfelt (= **weicher Panir**) oder Käsetuch in das Sieb legen und mit einem schweren Gewicht (einem Stein oder einem gefüllten Topf) 15 – 20 Minuten pressen (= **fester Panir**). Weichen Panir benötigen Sie für Füllungen wie bei gefüllten Zucchiniblüten (siehe Seite 188). Fester Panir wird für schneidfähige Würfel oder in Rezepten wie Safranreis mit Käsebällchen (siehe Seite 148) verwendet.

Verwenden Sie nicht unnötig viel Gerinnungsmittel, da der Panir sonst zu säuerlich wird. Sobald sich die Käsestückchen von der gelbgrünlichen Molke trennen, ist es genug. Schütten Sie die nährstoffreiche Molke nicht fort; sie lässt sich nicht nur zum Kochen weiterverwenden (z. B. für Suppen, Brotteig oder Getränke), sondern auch für entschlackende Trinkkuren oder zum Baden.

Verschiedene Gerinnungsmittel:
Zitronensaft verleiht dem Käse einen leicht säuerlichen Geschmack. 2 EL reichen aus, um 1 l Milch gerinnen zu lassen. Für manche ist **Joghurt** der Favorit unter den Gerinnungsmitteln, weil der Käse dann voll und weich wird. Verrühren Sie den Joghurt mit etwas warmer Milch, bevor Sie ihn in die kochende Milch geben. Für 1 l Milch benötigt man 8 – 9 EL Joghurt. **Saure Molke** ist ebenfalls ein gutes Gerinnungsmittel. Man kann sie schon einen Tag nach ihrer Gewinnung zur Käseherstellung verwenden. Lässt man die Molke 2 Tage stehen, wird sie saurer und noch wirksamer. Man kann für diesen Zweck auch die Molke von abgehängtem Joghurt (Joghurtquark) verwenden. Für 1 l Milch benötigen Sie mindestens 300 ml saure Molke.
Keine synthetisch hergestellte Zitronensäure (Citrat) verwenden! Sie beeinträchtigt nicht nur die Knochen- und Blutbildung, sondern fördert auch die Aufnahme von Giftstoffen. Außerdem wird dadurch die Molke zu sauer und somit unbrauchbar.

Eingelegter Panir

Wirkt Kapha- und sanft Pitta-erhöhend

Der sanfte Käse. Als Panir wird ein Frischkäse bezeichnet, der in Indien schon seit Jahrtausenden mit pflanzlichen Gerinnungsmitteln hergestellt wird. In der Küche schätzt man ihn wegen seines angenehmen Geschmacks und seiner Vielseitigkeit.
Die Kraft der grünen Kräuter, z. B. Majoran, verstärkt seine positiven Eigenschaften. Ätherische Öle, Bitterstoffe und Gerbstoffe helfen bei Verdauungsschwäche, Appetitlosigkeit, Blähungen und Durchfällen. Auch bei Schnupfen, Bronchitis und Asthma greift man gerne auf die lindernde Wirkung von Majoran zurück. Nach dem Ayurveda wirkt Majoran *Pitta*-verstärkend. Für das würzige Aroma sorgt Basilikum, der reichlich ätherische Öle, unter anderem Kampfer, und dazu Gerbsäuren und Saponine enthält. Basilikum setzt man gern bei Blähungen, Magenverstimmungen und Verstopfung ein, aber auch bei Nervosität, Angstzuständen, Depressionen und Schlaflosigkeit. Auch das Denkvermögen kann durch Basilikum gesteigert werden. Nach dem Ayurveda wirkt frisches Basilikum ausgleichend auf alle drei *Doshas.* Nur bei getrocknetem Basilikum sollten sich *Pitta*-Typen etwas zurückhalten.
Nach dem Ayurveda vermehrt in Molke eingelegter Panir *Kapha* und auch sanft *Pitta* und ist daher idel für *Vata*- und in Maßen auch für *Pitta*-Menschen.

Ihrer Kreativität sind keine Grenzen gesetzt: Sie können eingelegten Panir zerkrümelt über den Salat streuen, anbraten, pur als Brotbelag essen, in Würfel oder Scheiben schneiden, als Füllung verwenden oder mit ihm Gemüsegerichte verfeinern.

Für 4 Personen

Für den Panir (Frischkäse):
2 l Milch
Saft von einer bis zwei Zitronen

Zum Einlegen:
½ – ¾ TL Kurkuma
¼ TL Asafoetida
½ TL frisch gemahlener schwarzer Pfeffer
¾ TL Stein- oder Meersalz
1 Prise Black Salt (Kala Namak) (nach Wunsch auch mehr)
1 Prise Cayennepfeffer
1 TL getrockneter Majoran
1 TL getrocknetes Basilikum
500 ml Molke (von der Panirherstellung)

So wird's gemacht:
1) Festen Panir herstellen und die anfallende Molke aufheben (genaue Anleitung siehe Seite 226).
2) Gewürze und getrocknete Kräuter in die noch warme Molke geben und abkühlen lassen (die restliche Molke kann für Suppen, Getränke oder Brotteige weiterverwendet werden).
3) Den festen Panir in Scheiben schneiden und in der Molke einlegen.
Eingelegter Panir ist im Kühlschrank 4 – 5 Tage haltbar.

Variation: Panir in Olivenöl

Anstatt in Molke können Sie den gepressten Panir auch gewürfelt in einem großen Einmachglas mit Olivenöl einlegen. Dafür können Sie die gleichen, oder andere Gewürze verwenden. Frische Kräuterzweige, z. B. Rosmarin, Thymian und Salbei, verleihen dem Panir ein ganz besonderes Aroma.

Ayurveda-Buttermilch

Wirkt bei entsprechender Zubereitung ausgleichend auf alle drei Doshas

Da weiß man, was man hat. Die in den ayurvedischen Heilbüchern viel gelobte Buttermilch wird auf der Grundlage von Joghurt hergestellt. Bei uns dagegen wird Buttermilch durch Verbutterung von Sahne gewonnen und nachträglich mit Starterkulturen gesäuert. Wenn Sie Buttermilch kaufen, entscheiden Sie sich am besten für *Reine Buttermilch,* denn nur ihr darf weder Wasser noch Magermilch oder Milchpulver beigefügt werden.

Neben den vielen wertvollen Inhaltsstoffen ihrer Ausgangsprodukte Sahne oder Joghurt ist bei Buttermilch vor allem der hohe Lecithingehalt hervorzuheben. Reine Buttermilch enthält maximal ein Prozent Fett. Gekaufte Buttermilch ist saurer und schwerer als selbst gemachte (ayurvedische) Buttermilch. Aus diesem Grund sollte gekaufte Buttermilch insbesondere von *Pitta*- und *Kapha*-Typen zu gleichen Teilen mit Wasser verdünnt werden.

Wollen Sie in den Genuss aller im Ayurveda beschriebenen Heilwirkungen kommen, machen Sie sich Ihre Buttermilch am besten selbst. In der Ayurveda-Diätetik wird selbst gemachte Buttermilch aus Kuhmilch-Joghurt gerne über einen längeren Zeitraum als regelmäßiger Bestandteil der Ernährung empfohlen. Sie regt den Appetit an, stärkt den Körper und ist gut für das Herz. Sie verlängert das Leben, tötet Krankheitserreger ab und hemmt das Wachstum von Tumoren und sogar Krebs. Mit einer Prise Muskatnuss verbessert Buttermilch die Absorption, besonders im Dünndarm, und stoppt Durchfall.

Den abgeschöpften Joghurtschaum können Sie noch am selben Tag für Gemüsegerichte, Salatsaucen oder Suppen weiterverwenden.

Menge nach Belieben

Joghurt (z. B. 500 g)
Wasser (z. B. 500 ml)
(zu gleichen Teilen)

So wird's gemacht:

1) Ausgangsprodukt ist Joghurt, den Sie am besten selbst herstellen (siehe Seite 224). Dann ist er wirklich frisch und nicht zu sauer.
2) Frischen Joghurt zu gleichen Teilen mit Wasser verdünnen und im Mixer so lange schlagen, bis eine feine Schaumschicht (das Butterfett) auf der Oberfläche schwimmt. Butterfett abschöpfen, weitermixen und immer wieder abschöpfen, bis kein Butterfett mehr auf der Oberfläche zu sehen ist. Fertig ist die Ayurveda-Buttermilch (falls Ihre Buttermilch zu dick geworden ist, verdünnen Sie sie einfach mit 25 Prozent Wasser; und ist der verwendete Joghurt recht sauer, geben Sie ebenfalls etwas Wasser zu).

Vata-Typ: Geben Sie pro Glas Buttermilch eine Prise frisch geriebene Muskatnuss und ¼ – ½ TL trocken geröstete und zerstoßene Kreuzkümmelsamen oder Kümmel hinzu. Sie können jedoch auch die Empfehlungen für den *Kapha*-Typ befolgen.

Pitta-Typ: Pro Glas noch 1 – 2 TL Ahornsirup oder Vollrohrzucker hinzufügen.

Kapha-Typ: Ihnen wird es gut tun, pro Glas noch ¼ – ½ TL schwarzen Pfeffer und 1 EL frisch geriebenen Ingwer (auspressen und nur den Saft verwenden) hinzuzufügen.
Je schwächer Ihr *Agni* ist, desto mehr sollten Sie die Ayurveda-Buttermilch mit Wasser verdünnen: statt 1:1 also 1 Teil Joghurt und 4 Teile Wasser.

Kräutercreme

Wirkt Kapha- und sanft Pitta-erhöhend

Ohne Kräuter geht hier nichts. Solange wir sie respektvoll zu schätzen wissen, hält die Erde ihre Geschenke in verschwenderischer Fülle für uns bereit. Dazu gehören auch die Kräuter. Sie machen Schwache wieder stark, Erschöpfte wieder frisch, Traurige wieder heiter, Verletzte wieder heil und Kranke wieder gesund.
Je nach Familienzugehörigkeit enthalten Küchenkräuter unterschiedliche Wirk- und Heilstoffe, vor allem Gerbstoffe, Bitterstoffe, Chlorophyll, Saponine, Glykoside und viele Mineralstoffe und Vitamine wie Vitamin C und Betacarotin. Besonders wertvoll sind die ätherischen Öle, von denen etwa zweitausend bekannt sind. Sie regen Appetit und Verdauung an, unterstützen die Atmung und den Kreislauf, schützen vor Arteriosklerose, lösen Schleim und Verkrampfungen, regen Niere und Blase an und sorgen für eine gute Bekömmlichkeit. Manche der guten Küchengeister wirken als natürliche Antibiotika, indem sie Bakterien, Pilze und selbst einige Viren unschädlich machen.
Reservieren Sie doch auch einmal ein kleines Beet im Garten oder einen Blumenkasten auf dem Fensterbrett für Küchenkräuter. Oder suchen Sie im Wald nach Wildkräutern. Gerade im Frühling lässt sich auf diese Weise die reinigende Kraft der Wildkräuter nutzen, z. B. von klein gehackter Knoblauchsrauke oder jungen Giersch- und Löwenzahnblättern.
Bei Kräutercreme kommen *Vata*- und in Maßen auch *Pitta*-Typen ganz auf ihre Kosten.

Für 4 Personen

1 kg frischer Joghurt
4 – 6 EL frisch gehackte Kräuter (z. B. Basilikum, Dill, Koriander, Majoran, Knoblauchsrauke)
½ TL frisch geriebener Ingwer
¼ TL Paprikapulver
1 Prise Asafoetida
½ TL Stein- oder Meersalz
¼ TL frisch gemahlener schwarzer Pfeffer
1 – 2 EL Sahne (nach Belieben)

So wird's gemacht:

1) Joghurt in einem Käsetuch (Baumwollwindel) für einige Stunden abhängen, bis die Hälfte der Molke (etwa 500 ml) abgetropft ist.
2) Kräuter und Gewürze unter die Joghurtcreme rühren. Eventuell noch etwas Sahne dazugeben.

Kräutercreme eignet sich sowohl als Brotbelag als auch als Dip oder Beilage zu Salaten und Eintöpfen wie Khicharis (siehe ab Seite 131).

Knoblauchsrauke, auch Knoblauchhederich genannt *(Alliaria petiolata* oder *officinalis)*, ist trotz ihres Namens nicht mit Knoblauch oder Zwiebeln verwandt; die Knoblauchsrauke stammt aus der Familie der Kreuzblütler. Reibt man die Blätter zwischen den Fingern, so verbreitet sich ein knoblauchähnliches Aroma. Im Geschmack sind die Blätter der Knoblauchsrauke leicht senfscharf, knoblauchartig und etwas bitter. Nach dem Ayurveda erhöht sie *Pitta* und *Vata*.
Die Blätter der Knoblauchsrauke besitzen wundheilende, antiseptische und harntreibende Eigenschaften – genau das Richtige für den »Blutreinigungs-Frühjahrsputz« in Salaten, Reis- und Gemüsegerichten, Suppen, Pfannkuchen, Chutneys, Kräuterbutter und Saucen.

Kräuterbutter

Wirkt Kapha- und sanft Pitta-erhöhend

Alles in Butter. Butter (am besten Biobutter aus möglichst artgerechter Tierhaltung) ist ein Stück natürliche Gesundheit. Sie enthält Provitamin A, Vitamin E, Niacin und die Mineralstoffe Natrium, Kalium, Calcium, Phosphor, Magnesium und Eisen.
Im Ayurveda wird Butter schon lange als wichtiges Heilmittel geschätzt. Sie stärkt Körper, Gedächtnis und Augen, vermehrt das Verdauungsfeuer und hilft bei Magersucht, Schwäche und Tuberkulose. Weiterhin regt sie den Appetit an, verbessert die Absorption, lindert Hämorrhoiden und hilft bei Gesichtslähmung. Butter verleiht Vitalität, verlängert das Leben und hilft bei Schwellungen, Lethargie und Konzentrationsstörungen.
In Indien stellt man Butter aus Joghurt her (*Kapha*- und *Pitta*-vermehrend). Bei uns kennt man nur Süßrahmbutter, die *Kapha*-erhöhend wirkt, oder Sauerrahmbutter, die *Kapha* und sanft *Pitta* vermehrt. Kräuterbutter ist ideal für *Vata*- und in Maßen auch für *Pitta*-Typen.

Für 4 – 6 Personen

5 – 6 EL frisch gehackte Kräuter (z. B. Basilikum, Petersilie, Majoran, Thymian, Kerbel oder Wildkräuter)
250 g Süßrahmbutter
1 TL frisch geriebener Ingwer
1 Prise Asafoetida
¼ – ½ TL frisch gemahlener schwarzer Pfeffer
¾ – 1 TL Paprikapulver
½ TL Stein- oder Meersalz
1 TL Zitronensaft

So wird's gemacht:

1) Kräuter mit der weichen Butter, den Gewürzen und dem Zitronensaft mischen und kalt stellen (wenn Sie eine Küchenmaschine besitzen, können Sie darin die Kräuter fein hacken, die restlichen Zutaten dazugeben und miteinander mischen).

Besonders dekorativ ist es, wenn Sie die Kräuterbutter zu einer dünnen Rolle formen, in Frischhaltefolie wickeln und ihre Oberfläche gut glatt streichen. Kräuterbutter kalt stellen, bis sie fest ist. Frischhaltefolie entfernen und zum Servieren in dünne Scheiben schneiden.

Süßspeisen

Birnen-Quinoa-Auflauf

Wirkt ausgleichend auf alle drei Doshas

»Nützlicher und wertvoller als Gold« – so wurden gekochte Birnen von der heiligen Hildegard von Bingen einst gepriesen. Zu einem ähnlichen Ergebnis kam einige Jahrtausende zuvor auch der Ayurveda. Bei weichen, süßen, reifen und saftigen Birnen können alle drei *Doshas* zugreifen – ebenso wie bei gekochten Birnen. Feste und unreife Birnen dagegen bringen das *Vata-Dosha* durcheinander.
Birnen enthalten Carotin, B-Vitamine, Vitamin C, fast sechszehn Prozent Kohlenhydrate und besonders viel Kalium, dazu Magnesium, Calcium, Eisen, Phosphor, etwas Mangan, Kupfer und Jod. Nicht vergessen sollte man die Fruchtsäuren, Aromastoffe, hormonähnlichen Substanzen und Gerbsäuren. Reife Birnen sind gut für das Herz und fördern die Darmbewegung; aufgrund ihres Kaliumüberschusses entwässern sie, schwemmen Ödeme aus, stärken die Nieren und lindern hohen Blutdruck. Ihre Gerbsäuren wirken sich günstig auf Entzündungen im Magen-Darm-Bereich aus. Kurz gekocht fördern sie die Ausscheidung von Harnsäure und werden deshalb bei Gicht, Rheuma und Arthritis empfohlen.
Bei diesem Gericht können alle drei *Dosha*-Typen nach Herzenslust zugreifen (siehe *Dosha*-Tipp).

Für 2 Personen als Hauptspeise oder für 4 Personen als Dessert

50 g Quinoa
150 ml Wasser
1 kg reife Williams-Christ-Birnen
etwas Ghee oder Sonnenblumenöl zum Einfetten
3 EL Sojamehl
4 EL Wasser
2 EL Sahne (vegan: Sojadrink)
4 EL Ahornsirup
3 EL Rosinen
¼ TL Zimt
1 EL Vollkornhaferflocken
1 Msp Natron
3 EL Sonnenblumenkerne

So wird's gemacht:

1) Quinoa im Wasser etwa 15 Minuten weich kochen. Birnen waschen, schälen, vierteln und in dünne Scheiben schneiden.
2) Eine Auflaufform mit Ghee (oder Sonnenblumenöl) einfetten. Backofen auf 220 °C (Ober- und Unterhitze) oder 200 °C (Umluft) vorheizen. Birnenscheiben dachziegelartig in die Auflaufform legen. Sojamehl mit Wasser und Sahne (oder Sojadrink) verrühren.
3) Dann Quinoa, Ahornsirup, Rosinen, Zimt, Haferflocken und Natron unter die Sojamasse heben, diese auf den Birnen verteilen und mit Sonnenblumenkernen bestreuen.
4) Den Auflauf etwa 30 Minuten bei 220 °C (Ober- und Unterhitze) oder 200 °C (Umluft) backen und heiß servieren.

Vata- und Pitta-Typ: Mit warmer Vanillesauce (siehe Seite 245) servieren.

Kapha-Typ: Mit warmer Fruchtsauce (siehe Seite 246) servieren.

Bratäpfel mit Kürbiskernen

Wirkt sanft Kapha-erhöhend

Im Früchteparadies rangiert er ganz oben: Für fast neunzig Prozent der Deutschen ist der Apfel das Lieblingsobst.
Auch in puncto Gesundheit ist der – ungespritzte – Apfel ein König. Neben Vitaminen, Flavonen und Mineralstoffen enthält er über dreihundert wertvolle Biostoffe. Organische Säuren helfen der Leber bei ihrer Entgiftungsarbeit, und Gerbstoffe, ätherische Öle und Pektin lindern chronische Durchfälle. Äpfel regen den Appetit an, fördern die Verdauung, vernichten Bakterien und putzen so ganz nebenbei auch noch die Zähne. Ayurveda-Therapeuten schätzen auch ihre reinigende Kraft und setzen Äpfel gerne z. B. bei *Ama*-bedingten Gelenkschmerzen, Nebenhöhlenentzündungen und Kopfschmerzen ein. Das Beste am Apfel liegt direkt unter seiner Schale. Es lohnt sich also ganz besonders, nach biologisch angebautem Obst Ausschau zu halten.
Reife und süße Äpfel sind optimal für *Pitta*-Konstitutionen, bei gekochten Äpfeln dürfen jedoch auch *Vata*- und *Kapha*-Naturen zugreifen. Dieses Gericht verstärkt sanft das *Kapha-Dosha* und kann deshalb allen *Pitta*- und *Vata*-Naturen – auch hin und wieder *Kapha*-Menschen – empfohlen werden.

Für 6 Personen

6 Äpfel (etwa 1 kg; z. B. Rubinette oder Roter Boskoop)
etwas Butter (vegan: Sonnenblumenöl) zum Einfetten
200 g frische Datteln
eventuell etwas Wasser
100 g grüne Kürbiskerne
50 g Sonnenblumenkerne
1 – 2 Kardamomkapseln
2 EL Kokosflocken
4 EL Ahornsirup (kann bei süßen Äpfeln entfallen)
½ – ¾ TL Zimt
5 EL Sahne (vegan: Sojasahne)

So wird's gemacht:

1) Äpfel waschen, Kerngehäuse ausstechen und jeweils einen Deckel abschneiden.
2) Backofen auf 220 °C (Ober- und Unterhitze) oder 200 °C (Umluft) vorheizen. Auflaufform mit etwas Butter (oder Sonnenblumenöl) einfetten.
3) Datteln waschen und entkernen. Kürbis- und Sonnenblumenkerne fein mahlen. Kardamomkapseln aufschlitzen und die Samen in einem Mörser zu Pulver zerstoßen. Datteln durch einen Wolf drehen oder mit dem Mixer pürieren (eventuell etwas Wasser zugeben).
4) Alle Zutaten für die Füllung mischen und Äpfel damit füllen. Eventuell Äpfel mit einem Messer noch etwas mehr aushöhlen und das Fruchtfleisch zur Füllung geben. Die Deckel wieder daraufsetzen und Bratäpfel 25 – 30 Minuten backen.

Pitta- und Vata-Typ: Servieren Sie zu Bratäpfeln Vanillesauce (siehe Seite 245).

Kapha-Typ: Ersetzen Sie die Datteln durch 150 g Rosinen.

Mangocreme

Wirkt Kapha-erhöhend

Wer Mangos isst, bleibt jung! Denn Mangos energetisieren nicht nur den Körper und das Nervensystem, sondern verhindern auch vorzeitiges Altern und Abbauerscheinungen. Darüber hinaus sind Mangos die absoluten Superstars in Sachen Provitamin A (Carotin) – selbst Karotten lassen sie weit hinter sich. Zudem besitzen sie reichlich Vitamine der B-Gruppe und Vitamin C sowie Schutz- und Heilstoffe wie die zellschützenden Flavone. Nach dem Ayurveda wirken reife Mangos sanft *Kapha*-erhöhend. Sie regenerieren und stimulieren das Nervensystem, heilen Verstopfung, stärken Haut und Bindegewebe, lindern Nieren- und Dickdarmentzündungen und unterstützen mit ihrem Eisen die Blutbildung. Obwohl Mangos das Verdauungsfeuer und den Appetit anregen, wirken sie auf *Pitta* und *Vata* besänftigend.
Allerdings bekommt man hierzulande nur selten wirklich reife Mangos. Und von unreifen Mangos hält der Ayurveda wenig; in Indien verwendet man grüne unreife Mangos nur in Form von Mangopickles oder als Mangopulver (Amchoor). Also, Ausschau halten nach reifen Mangos, zum Beispiel in indischen Lebensmittelgeschäften von Mai bis Juli!
Dieses Dessert vermehrt *Kapha* und ist daher genau das Richtige für *Vata*- und *Pitta*-Menschen.

Für 4 Personen

200 g Sahne
2 reife Mangos
¼ TL Bourbonvanille
2 – 3 EL Roh-Rohrzucker oder Ahornsirup (kann entfallen)
¼ TL Zimt

So wird's gemacht:

1) Sahne steifschlagen und kalt stellen.
2) Mangos schälen, in Stücke schneiden und pürieren. Vanille, Schlagsahne und – falls gewünscht – Süßungsmittel unterheben, mit Zimt bestreuen und servieren.

Legen Sie Mangos nie in den Kühlschrank; lassen Sie sie immer bei Zimmertemperatur nachreifen.

Erdbeer-Shrikhand *(Erdbeer-Joghurtcreme)*

Wirkt Kapha- und sanft Pitta-erhöhend

Geheimtipp für Gourmets. Wer einmal Shrikhand, das verführerische indische Joghurtdessert, probiert hat, kann vermutlich nicht mehr darauf verzichten. Hinter Shrikhand verbirgt sich ein einfaches Rezept: Es ist Joghurt, den man einige Stunden in einem Käsetuch (Baumwollwindel) zum Abtropfen aufhängt.
Bis auf den Milchzucker besitzt Joghurt etwa die gleichen wertvollen Inhaltsstoffe wie Milch, insbesondere reichlich Proteine, Calcium, Vitamine des B-Komplexes und Vitamin D und natürlich Milchsäurebakterien. Das macht Joghurt zu einem natürlichen Penicillin – er kann sogar bestimmte Amöben, Bakterien und Erreger töten, die als Verursacher von Krankheiten und vorzeitigem Altern gelten. Joghurt hilft bei leichtem Durchfall und baut die Darmflora wieder auf, wenn diese durch Krankheiten oder Antibiotikaeinnahmen vernichtet wurde. Daneben stärkt Joghurt den Körper, verlängert das Leben und hemmt das Wachstum von Tumoren und sogar Krebs.
Seine heilenden Eigenschaften kann Joghurt allerdings nur dann entfalten, wenn er aus qualitativ hochwertiger (nicht homogenisierter) Biomilch hergestellt wurde. Neben dem Geschmack ist das ein weiterer Grund, Joghurt einmal selbst zu machen. Nach dem Ayurveda vermehrt Joghurt *Kapha* und sanft *Pitta.* Obwohl er das Verdauungsfeuer anregt, kühlt er gleichzeitig den restlichen Körper und ist also ideal für *Vata*-Menschen und die Sommerzeit.
Ein optimales Dessert für *Vata-* und in Maßen für *Pitta*-Typen.

Für 4 – 6 Personen

1,5 kg frischer Joghurt
200 g Sahne
50 – 100 g Erdbeeren
200 – 250 g Roh-Rohrzucker
5 Kardamomkapseln

So wird's gemacht:

1) Falls Sie Joghurt selbst machen (am besten schon am Vortag): Anleitung siehe Seite 224.
2) Joghurt etwa 5 Stunden in einem Käsetuch abhängen, bis er die Hälfte des ursprünglichen Gewichtes erreicht hat. Das können Sie daran feststellen, indem Sie die aufgefangene Molke in einem Messbecher abmessen oder den Joghurt abwiegen.
3) Sahne steifschlagen. Erdbeeren waschen, abzupfen und trockentupfen. Erdbeeren und Roh-Rohrzucker miteinander pürieren. Joghurt, Sahne und Erdbeermischung mit einem Handrührgerät cremig rühren. Kardamomkapseln aufschlitzen, die Samen in einem Mörser zu Pulver zerstoßen und unterrühren.
4) Shrikhand zimmertemperiert servieren.

Variation: Safran-Shrikhand

Geben Sie der Joghurtcreme ¼ TL Safranpulver oder 10 Safranfäden bei. Wenn Sie Safranfäden verwenden, diese zuvor in 1 EL Rosenwasser einweichen. Zum Abschluss mit 3 EL gehackten Pistazien dekorieren.

Je nach Geschmack und Saison lassen sich die Früchte beliebig variieren. Shrikhand schmeckt ebenso gut mit Mango, Banane, Himbeeren oder Carob. Der klassische indische Vertreter wird einfach nur mit gelbem Safranpulver und gemahlenen Kardamomsamen (und ohne Früchte) verfeinert – eine intelligente Variante, da Safran und Kardamom bei der Verdauung des etwas schweren, abgehangenen Joghurts behilflich sind.

Dattel-Mandel-Creme

Wirkt Kapha-erhöhend

Oase für die Sinne. Dattelpalmen sind typische Oasenbäume und können bis zu dreißig Meter hoch werden. In Wüstenregionen sind ihre Früchte ein geschätztes Grundnahrungsmittel, und auch bei uns haben sie der Gesundheit einiges zu bieten. Datteln enthalten Provitamin A, Vitamine des B-Komplexes, Eiweiß, Kohlenhydrate, Pektin und Mineralstoffe (Phosphor, Eisen, Calcium und Kalium).
Nach dem Ayurveda gelten Datteln in erster Linie als *Kapha*-vermehrend. Datteln als »Allround-Tonikum« stärken Herz, Leber, Verdauungsorgane und Nieren und unterstützen den Aufbau von Nerven und Gehirngewebe.
Daneben wirken sie reinigend, lösen festsitzenden Schleim und lindern Atemwegserkrankungen. Datteln gelten als ein ideales Verjüngungs- und Rekonvaleszenzmittel. Sie kräftigen Körper und Geist, regen den Appetit und die Blutbildung an und helfen bei Infektionskrankheiten, Müdigkeit und Depressionen. Auch bei Blaseninfektionen, Fieber und Erkältungen sind sie empfehlenswert.
Neben Datteln wirken auch Sahne und enthäutete Mandeln *Kapha*-vermehrend – ein optimales Dessert also für *Vata*- und *Pitta*-Menschen.

Für 3 – 4 Personen

50 g geschälte Mandeln
200 g frische oder getrocknete Datteln
4 – 5 EL Wasser
oder Einweichwasser der Datteln
200 g Sahne
¼ – ½ TL Zimt
2 – 3 EL Ahornsirup (kann entfallen)
¼ TL Bourbonvanille

So wird's gemacht:

1a) Am besten die Mandeln über Nacht in kaltem Wasser einweichen und am nächsten Tag enthäuten.
1b) Wenn es schnell gehen muss: Mandeln mit kochendheißem Wasser übergießen und 5 Minuten ziehen lassen. In der Zwischenzeit Datteln waschen, entkernen und dann mit so viel heißem Wasser übergießen, dass sie bedeckt sind. Datteln 15 Minuten einweichen (dies gilt nur für getrocknete Datteln). Mandeln mit kaltem Wasser abschrecken und enthäuten.
2) Mandeln zu feinem Mus pürieren. Datteln mit 4 – 5 EL des Einweichwassers ebenfalls pürieren. Sahne steifschlagen. Alle Zutaten mit dem Handrührgerät zu einer Creme rühren. Falls Sie eine etwas flüssigere Creme bevorzugen, können Sie noch etwas (Einweich-)Wasser hinzufügen.

Vata-Typ: Für eine etwas weniger gehaltvolle Creme verwenden Sie nur 100 g Sahne. Wenn Sie dann noch 100 g Joghurt oder Buttermilch hinzufügen, verleihen Sie dem Gericht neben der *Kapha*-Komponente auch etwas *Pitta*. Ergänzen Sie dieses Dessert auch einmal mit einer pürierten Banane.

Rote Grütze

Wirkt sanft Pitta- und sanft Kapha-erhöhend

Die kleinen Fitmacher. Erdbeeren besitzen mehr Vitamin C als Zitronen und Orangen, doch die kleinen Powerpakete haben noch viel mehr zu bieten.
Über dreihundert wichtige Inhaltsstoffe wurden in den kleinen Früchten bereits gefunden. Ihr Vitamin C sowie ätherische Öle, Farb- und Gerbstoffe schenken uns Energie, Frische, Gelassenheit, Appetit, eine gute Verdauung und viele rote Blutkörperchen. Vor allem die Flavone haben Krebsschutzfunktion, und die natürliche Salicylsäure wirkt fiebersenkend. Daneben regen Erdbeeren den Stoffwechsel sowie Leber und Nieren an, reinigen die Schleimhaut und helfen bei chronischer Verstopfung. Süße Erdbeeren wirken nach dem Ayurveda süß, sauer und leicht und sind daher ideal für *Vata*- und in Maßen auch für *Kapha*- und *Pitta*-Konstitutionen.
Kirschen brauchen sich in puncto Inhaltsstoffe ebenfalls nicht zu verstecken. Sie liefern jede Menge Kalium, Calcium, Eisen, Magnesium, Phosphor, Kieselsäure sowie Carotin, Vitamin C und die Vitamine des B-Komplexes. Mit ihren vielen guten Säuren und ihrem Fruchtzucker regen Kirschen den Magen-Darm-Kanal und die Verdauungsdrüsen an. Kirschen entlasten Herz und Kreislauf und unterstützen Leber und Nieren. In Maßen empfiehlt der Ayurveda Süßkirschen allen drei *Doshas*.
Rote Grütze ist also ein optimales Dessert für *Vata*-Konstitutionen und in Maßen auch für *Pitta*- und *Kapha*-Naturen (siehe *Dosha*-Tipp).

Servieren Sie Rote Grütze mit warmer Vanillesauce (siehe Seite 245) oder Schlagsahne.

Für 4 Personen

500 g frische süße Kirschen
500 g frische süße Erdbeeren
2 gestrichene EL Wildpfeilwurzelmehl oder Maisstärke
eventuell 100 ml Wasser oder Fruchtsaft
150 ml Ahornsirup, Apfeldicksaft oder Roh-Rohrzucker

So wird's gemacht:

1) Kirschen waschen, entsteinen, halbieren und in einem Topf bei mittlerer Hitze 5 Minuten köcheln lassen. Erdbeeren waschen, abzupfen, klein schneiden und dazugeben. Für weitere 3 – 4 Minuten köcheln lassen.
2) Den durch das Kochen entstandenen Saft in ein Gefäß gießen (es dürften etwa 400 ml Saft sein). Den abgekühlten Saft mit der Stärke vermengen und unter die Früchte rühren. Noch einmal kurz aufwallen lassen. Falls die Masse zu dick ist, noch etwas Wasser oder Fruchtsaft hinzufügen. Süßungsmittel (nach Wahl) beigeben.
3) Rote Grütze warm oder zimmertemperiert servieren.

Pitta-Typ: Rote Grütze ist auch etwas für Sie, wenn Sie wirklich reife und süße Kirschen und Erdbeeren verwenden und alles mit *Kapha*-vermehrender Vanillesauce (siehe Seite 245) oder Schlagsahne servieren. Süßen Sie mit Ahornsirup oder Apfeldicksaft.

Kapha-Typ: Servieren Sie dazu Vanillesauce mit Vanille-Sojadrink und süßen Sie mit Apfeldicksaft.

Carob-Bananen-Halava

Wirkt Kapha-erhöhend

Wenn Wünsche Wahrheit werden. Nicht umsonst ist die Fangemeinde der indischen Süßspeise Halava schon weit über die Grenzen ihres Ursprungslandes hinausgewachsen.
Carob nennt man die fein gemahlenen Früchte des Johannisbrotbaumes: eine gesunde und leckere Alternative zu Kakao. Anders als der bittere Kakao mit seinen Alkaloiden und Reizstoffen besitzt Carob einen hohen Anteil an fruchteigenem Zucker (sechsundvierzig Prozent). Süßspeisen mit Carob müssen deswegen weitaus weniger gesüßt werden. Darüber hinaus besitzt Carob wertvolle Inhaltsstoffe. Neben Vitaminen der B-Gruppe finden sich in ihm zahlreiche Mineralien wie Kalium, Magnesium, Eisen und Calcium sowie Spurenelemente (Mangan, Chrom und Kupfer). Sein Pektin hilft bei Durchfall und Übelkeit. Lignin, ein weiterer Faserstoff, wirkt cholesterinsenkend.
Ebenso wie die anderen Zutaten dieses Rezeptes – Bananen, Weizen und Butter – erhöht Carob nach dem Ayurveda das *Kapha-Dosha.*
So ist es nicht weiter verwunderlich, dass das gesamte Gericht *Kapha*-vermehrend wirkt. *Vata-* und *Pitta*-Menschen können also nach Herzenslust zugreifen. *Kapha*-Menschen dagegen sollten sich – auch wenn's schwerfällt – bei dieser Süßspeise zurückhalten; sie fahren besser mit frischen Obstsalaten oder leichten Desserts wie Ananas-Orangen-Gelee (siehe Seite 247).

Für 4 – 6 Personen

¾ – 1 l Wasser
(oder halb Milch / halb Wasser)
200 – 225 g Jaggery bzw. Gur
oder Vollrohrzucker
3 Bananen
4 EL Carob
200 g Butter
225 g Weizenvollkorngrieß

So wird's gemacht:

1) Wasser oder Milch-Wasser-Mischung in einem Topf erhitzen und den Jaggery bzw. Gur oder Vollrohrzucker darin auflösen. Bananen schälen, im Mixer pürieren oder mit einer Gabel zerdrücken und Carob unterheben.
2) Auf einer zweiten Flamme Butter in einem Topf mit schwerem Boden schmelzen. Vollkorngrieß bei mittlerer bis geringer Hitze darin etwa 15 Minuten rösten, bis er goldbraun ist. Mit einem Holzlöffel immer wieder umrühren, damit der Grieß nicht anbrennt (eventuell Hitze reduzieren).
3) Das kochende Wasser oder die kochende Milch-Wasser-Mischung nach und nach unter den gerösteten Grieß rühren (achten Sie darauf, dass Sie sich nicht durch heiße Spritzer verbrennen). Die Grießmasse mehrmals umrühren.
4) Nun die Bananen-Carob-Creme unterheben und einige Minuten bei gut geschlossenem Deckel auf kleinster Flamme köcheln lassen, bis der Grieß die Flüssigkeit aufgenommen hat (der Grieß kann in dieser Phase ruhig noch etwas flüssig sein, denn der Halava saugt noch einiges an Flüssigkeit auf).
5) Deckel abnehmen und den Halava noch einmal umrühren, um ihn aufzulockern. Dampfend heiß servieren.

Variation: Rosinen-, Nuss-, Zitronen-Halava

Halava ist ein Verwandlungskünstler. Statt Carob und Bananen können Sie auch einmal Rosinen, Nüsse oder ein wenig geriebene Schale einer unbehandelten Zitrone oder Orange unterrühren. Wenn Sie zur Abrundung noch einige Safranfäden oder einige zerstoßene Kardamomsamen hinzufügen, ergibt sich eine völlig neue Süßspeise. Wer es lieber fruchtig mag, probiert Halava einfach mal mit Apfel-, Ananas- und Aprikosenstückchen oder mit Erdbeeren.

Formen Sie Halava mit einem Eisportionierer zu schönen Kugeln, und servieren Sie ihn mit einer Vanille- oder Fruchtsauce (siehe Seiten 245 und 246) oder pur.

Tapiokapudding

Wirkt sanft Kapha- und sanft Vata-erhöhend

Stärke aus den Tropen. Tapioka sind weißliche gekörnte Perlchen, die aus der gereinigten Stärke der tropischen Maniokwurzel gewonnen werden. Sowohl in Suppen und Saucen als auch in Süßspeisen wie in diesem Rezept sorgen die geschmacksneutralen Stärkekügelchen für Abwechslung auf unserem Speiseteller.
Tapioka ist gesund. Der hohe Gehalt an verwertbaren Kohlenhydraten bringt Muskeln, Gehirn und den Stoffwechsel auf Trab. Erwähnenswert ist auch der Kaliumanteil der Stärkekügelchen sowie ihr Gehalt an Natrium, Eisen, Carotin, den Vitaminen des B-Komplexes und Vitamin C. Nach dem Ayurveda erhöht Tapioka sanft *Kapha* und sanft *Vata*. Tapioka ist besonders gut zur Erholung nach einer Krankheit geeignet. Außerdem beruhigt sie die Verdauung, hemmt jedoch sanft *Agni*.
Dieser einfache und schnelle getreidefreie Pudding ist genau das Richtige für *Pitta*- und in Maßen auch für *Vata*- und *Kapha*-Konstitutionen.

Tapiokapudding schmeckt lecker für sich alleine, mit Mandelblättchen bestreut oder auch zu Apfelmus. Süßen Sie den Pudding mit Jaggery bzw. Gur, erobern Sie die Herzen aller Kinder (und Erwachsenen).

Für 4 Personen

60 g Tapioka
1 l Milch
2 – 3 Kardamomkapseln
½ TL Zimt
50 g Roh-Rohrzucker
(wenn Karamellgeschmack gewünscht ist, Vollrohrzucker verwenden)

So wird's gemacht:

1) Tapioka in ein feines Sieb geben, unter fließendem Wasser spülen und anschließend in einer kleinen Schüssel mit kaltem Wasser etwa 10 Minuten einweichen.
2) Einen Edelstahltopf (mit dickem Boden) mit kaltem Wasser ausspülen, Milch hineingießen und aufkochen lassen. Tapioka in ein feines Sieb geben und das restliche Einweichwasser abtropfen lassen. Kardamomkapseln aufschlitzen und die Samen in einem Mörser zu Pulver zerstoßen.
3) Tapioka und Gewürze zu der Milch geben und bei kleinster Hitze 10 – 15 Minuten köcheln lassen. Dabei ab und zu mit einem Holzlöffel vorsichtig umrühren und darauf achten, dass nichts anbrennt. Wenn die Tapiokakügelchen glasig schimmern, ist der Pudding fertig.
4) Nun den Roh- oder Vollrohrzucker unterrühren und den Tapiokapudding noch warm servieren.

Kapha-Typ: Kochen Sie die Tapioka in 750 ml Milch und 250 ml Wasser und geben Sie zusätzlich noch einige Safranfäden und ½ TL Ingwerpulver dazu; das facht Ihr Verdauungsfeuer an.

Firni *(Schneller Reispudding)*

Wirkt Kapha-erhöhend

Wer hätte das gedacht? Reis ist das ertragreichste Getreide: Aus einem einzigen Saatkorn können bis zu dreitausend Reiskörner heranreifen. Neben allen essentiellen Aminosäuren enthält Reis viele Mineralstoffe wie Phosphor, Calcium, Magnesium, Kalium und Natrium. Ferner liefert er uns Carotin, Vitamine des B-Komplexes, Vitamin E sowie Kohlenhydrate und etliche Spurenelemente.
Reis stärkt Haare, Zähne, Nägel, Muskeln und Knochen. Außerdem schützt er vor Hautkrankheiten und versorgt das Gehirn mit Energie. Wegen seiner entwässernden Eigenschaften und seines geringen Fettgehalts ist er ein hochgeschätztes Diätetikum und somit ideal für Menschen mit Nierenkrankheiten, Bluthochdruck und Übergewicht. Auch für Menschen mit Gluten-Unverträglichkeit ist Reis ein ideales Getreide. Daneben schätzt der Ayurveda am Reis, dass er von allen Getreidearten am bekömmlichsten ist. Reis vermehrt *Kapha* und wirkt – wenn er länger gelagert wurde – zusätzlich energetisierend.
Dieser Reispudding lässt sich einfach und äußerst schnell zubereiten. Ein optimales Gericht für *Vata*- und *Pitta*-Konstitutionen.

Für 4 Personen

4 – 5 Safranfäden
1,1 l Milch
100 g Reismehl
50 – 75 g Roh-Rohrzucker

So wird's gemacht:

1) Safranfäden in 100 ml Milch einweichen.
2) Einen Edelstahltopf mit kaltem Wasser ausspülen und 1 l Milch zum Kochen bringen. Das Reismehl mit der Safranmilch verrühren und in die bereits kochende Milch einrühren.
3) Reispudding noch einmal aufkochen lassen und gut umrühren, damit nichts anbrennt. Herdplatte ausstellen, Roh-Rohrzucker unterrühren und Reispudding etwa 10 Minuten quellen lassen.

Bestreuen Sie den Reispudding mit etwas Zimt oder gehackten Pistazienkernen.

Safran-Milchreis *(Khir)*

Wirkt Kapha-erhöhend

A rice day is a nice day – »Ein Reistag ist ein netter Tag«, sagen die Amerikaner. Tatsächlich birgt Reis viele Vorzüge in sich. Von allen Getreidearten ist er am bekömmlichsten. Über die Hälfte der Weltbevölkerung lebt von dieser ertragsreichsten aller Getreidearten.
Neben allen essentiellen Aminosäuren liefert Reis Provitamin A, Vitamine des B-Komplexes und Vitamin E sowie viele Mineralstoffe wie Phosphor, Calcium, Magnesium, Kalium und Natrium. Mit von der Partie sind Kohlenhydrate und Spurenelemente. Nach dem Ayurveda vermehrt Reis *Kapha*. Reis stärkt Haare, Zähne, Nägel, Muskeln und Knochen. Außerdem lindert er Durchfallerkrankungen, schützt vor Hautkrankheiten und versorgt das Gehirn mit Energie. Wegen seiner entwässernden Eigenschaften und seines geringen Fettgehalts (zwei bis drei Prozent) ist er ein hochgeschätztes Diätetikum und somit ideal für Menschen mit Nierenkrankheiten, hohem Blutdruck und Übergewicht. Auch bei Gluten-Unverträglichkeit ist Reis empfehlenswert.
Safran, Nelken, Ingwer und Kardamom regen die Verdauungskraft an und verringern etwas die *Kapha*-vermehrenden Eigenschaften von Reis und Milch.
Ob alt oder jung, Milchreis findet viele Liebhaber. Vor allem *Vata*- und *Pitta*-Menschen können bei diesem Gericht zugreifen.

Für 4 Personen

150 g Basmatireis
500 ml Wasser
4 – 5 Kardamomkapseln
1 l Milch
4 – 5 Safranfäden
½ TL frisch geriebener Ingwer
3 – 4 EL Ahornsirup
70 g Roh-Rohrzucker oder Jaggery bzw. Gur
1 – 2 EL Mandelblättchen
oder gehackte Pistazien

So wird's gemacht:

1) Reis waschen, – wenn möglich – 30 Minuten einweichen und 10 Minuten in Wasser kochen. Kardamomkapseln aufschlitzen und die Samen in einem Mörser zu Pulver zerstoßen. Milch und Gewürze zum Reis geben, noch einmal aufkochen lassen und auf kleiner Flamme 5 – 10 Minuten weiterköcheln lassen. Zwischendurch immer wieder umrühren, damit nichts anbrennt.
2) Ahornsirup, Roh-Rohrzucker oder Jaggery bzw. Gur unter den Reis rühren. Mit Mandelblättchen oder Pistazien bestreuen und heiß oder warm servieren.

Heiß zu Apfelmus und mit Zimt bestreut serviert, ist Safran-Milchreis ein köstliches Essen für süße Schleckermäuler.

Lotos-Khir *(Lotospudding)*

Wirkt Kapha-erhöhend

Die Königin der Blumen. Wer die weißen, blauen oder roten Lotosblumen einmal in natura gesehen hat, ist schnell von ihrer unverrgleichlichen Schönheit fasziniert. Kein Wunder, dass die altindische vedische Literatur das Gesicht von Krishna (Sanskrit: der Allanziehende; einer von vielen Namen Gottes) mit dieser wunderschönen Wasserpflanze vergleicht. So wie die Lotosblume in den Seen steht und dennoch nicht vom Wasser benetzt wird, so erschien vor fünftausend Jahren Krishna in der heiligen Stadt Vrindavana, um den Menschen Wissen von der Unsterblichkeit der Seele und ihrer Beziehung zu Gott zu vermitteln.

Im Juli und August, sobald die Lotosblumen allmählich verblühen, erntet man in Kashmir, Nordindien, verschiedene Lotosköstlichkeiten: Stängel, Schoten und Blätter. In den Lotosschoten verbergen sich die weißen Lotossamen. Nach dem Schälen und Trocknen gibt man sie in eine riesige, mit heißem Sand gefüllte Karhai-Pfanne. In kurzer Zeit poppen sie auf und ähneln riesigem, weichem Popcorn ohne Schale. Nach dem Ayurveda wirken gepoppte Lotossamen sanft *Vata*-erhöhend.

Alljährlich an Krishnas Erscheinungstag bereitet man in den vielen Tempeln Vrindavanas zahlreiche Gerichte mit gepoppten Lotossamen. Frittiert dekoriert man mit ihnen z. B. Karotten-Halava; gemahlen, geröstet und mit Zucker, Koriander und etwas Wasser entsteht ein köstliches Konfekt. Man findet sie aber auch – wie in unserem Rezept – in Khir, einer delikaten Milchpudding-Speise. Es ist ein optimales Gericht für *Pitta*- und *Vata*-Menschen.

Für 4 – 6 Personen

1 TL Safranfäden
2 l Milch
5 Kardamomkapseln
2 TL Ghee
50 g gepoppte Lotossamen (Phul Makhana)
75 – 100 g Jaggery bzw. Gur oder Palmzucker (ersatzweise Roh-Rohrzucker)

So wird's gemacht:

1) Einen großen Topf mit dickem Boden mit kaltem Wasser ausspülen (damit die Milch nicht anbrennt). Safranfäden in einer Tasse mit 1 EL Milch einweichen. Kardamomkapseln aufschlitzen und die Samen in einem Mörser zu Pulver zerstoßen. Die restliche Milch mit dem Kardamom bei mittlerer Hitze zum Köcheln bringen und anschließend auf die Hälfte ihres Volumens einkochen, bis eine cremige Konsistenz erreicht ist. Zwischendurch immer wieder umrühren. Das dauert etwa 1 Stunde.
2) Ghee in einer großen Pfanne schmelzen und die gepoppten Lotossamen goldbraun rösten. Jaggery bzw. Gur oder Palmzucker (ersatzweise Roh-Rohrzucker) im Khir auflösen, sobald dieser eine cremige Konsistenz erreicht hat.
3) Die Lotossamen dazugeben und für 5 Minuten ziehen lassen. Den Khir warm servieren.

Wenn Sie dieses Dessert noch weiter verfeinern möchten, dann kochen Sie das herausgeschabte Mark einer aufgeschlitzten Vanilleschote und die Schote mit. Die Vanilleschote vor dem Servieren entfernen. Gepoppte Lotossamen bekommen Sie im indischen Lebensmittelgeschäft oder beim Gewürzversand.

Kürbis-Khir *(Kürbis-Puddingcreme)*

Wirkt Kapha-erhöhend

Geschätzt von Generationen. Als Khir bezeichnet man in den meisten Teilen Indiens ein puddingartiges Dessert aus eingekochter Milch. Noch immer gibt es in Indien viele Tempel, in denen Khir-Rezepte aus den jahrtausendealten Sanskrit-Schriften bis zum heutigen Tag unverändert zubereitet werden.
Ganz besonders berühmt ist der Khir aus dem Kshira-Chora-Gopinath Tempel in Remuna an Indiens Ostküste. Als vor gut fünfhundert Jahren ein Heiliger in diesen Tempel kam, interessierte er sich für das Khir-Rezept, das die Priester dort jeden Tag der transzendentalen Bildgestalt von Krishna weihten. Der Heilige war zu schüchtern, um direkt um das Rezept zu bitten, dennoch hatte er den großen Wunsch, diesen Khir für seine eigene Krishna-Bildgestalt zu kochen. In der Nacht erschien Krishna dem Oberpriester und bat ihn, dem fremden Pilger den Topf mit Khir zu bringen, den Krishna selbst für ihn versteckt hatte. Überrascht fand der Priester auf dem Altar – unter dem Gewand der transzendentalen Bildgestalt Krishnas – tatsächlich einen kleinen Topf mit Khir (Sanskrit: Kshira), den Krishna dem Heiligen schenken wollte. Seitdem heißt Krishnas Bildgestalt hier Kshira-Chora-Gopinath: Krishna, der für seinen Geweihten den Khir zurückbehielt.
Dieses Gericht vermehrt das *Kapha-Dosha* und ist daher optimal für *Vata-* und *Pitta*-Menschen.

Für 4 – 6 Personen

4 Safranfäden
1 l Milch
700 g orangegelber Kürbis, z. B. Hokkaido
25 – 30 g Butter
200 – 250 g Roh-Rohrzucker
½ TL Bourbonvanille
50 g Mandelblättchen

So wird's gemacht:

1) Safran in 1 – 2 EL Milch einweichen. Kürbis waschen, schälen, von Kernen befreien und mit einer Gemüsereibe fein reiben.
2) Butter in einem Topf schmelzen und Kürbis 8 – 10 Minuten darin anbraten, bis er glasig ist. Dabei immer wieder mit einem Holzlöffel umrühren.
3) Restliche Milch dazugießen, Safranmilch hineingeben und auf mittlerer bis kleiner Flamme (nicht abdecken) 30 – 40 Minuten einköcheln lassen, bis die Masse zur Puddingkonsistenz eingedickt ist. Dabei immer wieder umrühren, damit nichts anbrennt. Am Ende Roh-Rohrzucker, Vanille und Mandelblättchen (1 EL für die Dekoration zurückbehalten) hinzufügen.
4) Puddingspeise in Dessertschälchen füllen, mit den restlichen Mandelblättchen bestreuen und lauwarm servieren.

Variation: Kürbis-Khir mit Orangenblüten

Verfeinern Sie dieses Rezept auch einmal mit 1 TL getrockneten Orangenblüten und 1 TL getrockneten unbehandelten Orangenschalen (in Gewürz- oder persischen Lebensmittelläden erhältlich), die mit dem Khir mitgekocht werden.

Vanillesauce

Wirkt Kapha-erhöhend

Die größten Wunder der Natur nehmen wir heute als selbstverständlich hin. Eines von ihnen ist die Milch mit ihren mehreren hundert Inhaltsstoffen – vorausgesetzt, der Mensch hat nicht zu viel an ihr herumgepfuscht. Rohmilch und »nur-pasteurisierte« Milch von Kühen aus möglichst artgerechter Haltung wird im Ayurveda als Lebens- und Heilmittel verwendet; sie enthält alle essentiellen Aminosäuren und dazu Vitamin A, Vitamine des B-Komplexes, Vitamine C und D sowie Calcium, Phosphor, Eisen, Zinn und viele andere Spurenelemente.
Aufgrund ihrer aufbauenden Eigenschaften sind ein bis zwei Gläser heiße Milch am Tag ideal für Jung und Alt, für Kranke und Gesunde, für geistig und körperlich Rege. Milch hilft bei einer Vielzahl von Beschwerden, z. B. bei Gicht, Nieren- und Blasenkrankheiten, Frauenbeschwerden, Kinderkrankheiten, Blutarmut, Magen- und Darmbeschwerden, Hauterkrankungen, Kopfschmerzen, Schlaflosigkeit, Lebererkrankungen und Drüsenstörungen.
Nach dem Ayurveda erhöht Milch das *Kapha-Dosha,* während Vanille, Kurkuma und Kardamom allen drei Konstitutionstypen gut tun. Dieses Dessert ist also genau das Richtige für *Vata-* und *Pitta-*Menschen. Bei der veganen Version können auch *Kapha-*Typen in Maßen zugreifen.

Für 4 – 6 Personen

1 l Milch (vegan: Vanillesojadrink)
1 Bourbonvanilleschote
½ TL Kurkuma
4 gehäufte EL Mais- oder Kartoffelstärke
2 – 3 Kardamomkapseln
4 – 5 EL Roh-Rohrzucker
oder 75 ml Ahornsirup
(vegan: nur 1 EL Roh-Rohrzucker
oder 1 EL Ahornsirup)

So wird's gemacht:

1) Topf mit kaltem Wasser ausspülen. Die Milch (oder den Vanillesojadrink) – bis auf 1 Tasse – mit der aufgeschlitzten Vanilleschote, dem herausgeschabten Vanillemark und dem Kurkuma zum Kochen bringen.
2) Maisstärke mit der Tasse kalter Milch (oder kalten Sojadrinks) verrühren und in die kochende Milch (oder den Sojadrink) geben. Kardamomkapseln aufschlitzen, die Samen im Mörser zerstoßen und ebenfalls hinzufügen.
3) Kurz aufkochen lassen und Roh-Rohrzucker oder Ahornsirup dazugeben.

Variation: Vanille-Safran-Sauce

Weichen Sie 3 – 4 Safranfäden für 15 Minuten in 2 EL Milch (vegan: Vanillesojadrink) ein, bevor Sie sie mit der restlichen Milch (oder dem Sojadrink) zum Kochen bringen.

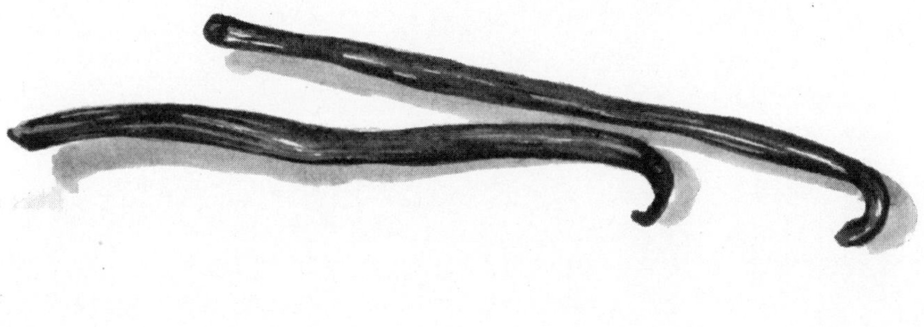

Fruchtsauce

Wirkt ausgleichend auf alle drei Doshas

Gaumenschmauß für alle. Nicht nur im altindischen vedischen Reich wurden Birnen schon vor Jahrtausenden überaus geschätzt. Auch Homer rühmte sie, und die Römer brachten sie schließlich in unser Land, wo sie bei den alten Kelten und Germanen in hohem Kurs standen.
Und das hat nicht nur geschmackliche Gründe. In Birnen finden sich neben zahlreichen Vitaminen und Mineralstoffen fast sechszehn Prozent Kohlenhydrate. Besonders wertvoll sind auch ihre Fruchtsäuren, Aromastoffe und hormonähnlichen Substanzen sowie ihre Gerbsäuren. Reife Birnen sind gut für das Herz und fördern die Darmbewegung. Mit ihrem hohen Kaliumgehalt entwässern sie, schwemmen Ödeme aus, stärken die Nieren und mildern hohen Blutdruck. Ihre Gerbsäuren wirken sich günstig auf Entzündungen im Magen-Darm-Bereich aus.
Nach dem Ayurveda wirken ungekochte, harte und unreife Birnen hauptsächlich *Vata*-vermehrend. Bei gekochten oder reifen Birnen können aber alle drei *Dosha*-Typen zugreifen. In dieser Form regen sie auch die Ausscheidung von Harnsäure an, was sie gerade bei Gicht, Rheuma und Arthritis interessant macht.
Diese einfache und schnelle Fruchtsauce ist für alle drei *Doshas* geeignet. Besonders beliebt ist sie jedoch bei *Kapha*-Naturen, die hier naschen können, ohne sich um ihre Linie sorgen zu müssen.
Dieses Rezept lässt sich natürlich mit jeder beliebigen Sorte Saft zubereiten. Nehmen Sie aber nur hundertprozentige Fruchtsäfte mit dem Vermerk »ungezuckert«.

Für 4 – 6 Personen

50 g Tapioka
750 ml – 1 l Birnen- oder naturtrüber Apfelsaft
½ TL Bourbonvanille und/oder Zimt (nach Belieben)
1 – 2 EL Apfeldicksaft oder Ahornsirup (nach Belieben)

So wird's gemacht:

1) Tapioka in einem feinen Sieb unter fließendem Wasser spülen und abtropfen lassen. Anschließend zusammen mit 500 ml Birnensaft 5 Minuten in einem Topf einweichen.
2) 250 ml Birnensaft dazugießen (oder mehr, wenn die Sauce flüssiger sein soll). Fruchtsauce aufkochen lassen und dann auf mittlerer bis kleiner Flamme etwa 15 Minuten köcheln lassen, bis die Tapioka glasig ist und sich aufgelöst hat. Zwischendurch immer wieder mit einem Schneebesen oder einem Holzlöffel umrühren.
3) Mit Vanille oder/und Zimt aromatisieren und je nach Belieben mit Apfeldicksaft oder Ahornsirup süßen.

Ob kalt oder heiß, ob zu Puddings, süßen Obstaufläufen, Cremes oder einfach nur mit Schlagsahne oder Sojasahne – Fruchtsauce schmeckt immer.
Wenn Sie die Saftmenge auf 500 – 750 ml reduzieren, erhalten Sie ein geleeartiges Fruchtdessert, das der »Götterspeise« ähnlich ist. Warm serviert, ist sie genau das Richtige für *Kapha*- und *Vata*-Typen.
Bei *Kapha*-Dominanz empfehlen wir Ihnen als leichtes Frühstück warme Fruchtsauce oder warmes Fruchtdessert mit etwas Granola (siehe Seite 56) bestreut.

Ananas-Orangen-Gelee

Wirkt ausgleichend auf alle drei Doshas

In aller Munde. Ihr einzigartiger Geschmack, ihr üppiger Saft, ihre gute Lagerfähigkeit und die schnelle Zubereitung haben die Ananas besonders beliebt gemacht. Obendrein ist sie auch gesund. Neben ihrem hohen Wassergehalt finden sich in Ananas Kalium, Magnesium, Phosphor, Eisen, Kupfer, Zink, Mangan und Jod. Daneben enthält die Ananas das Ferment Bromelin, das Nahrungseiweiß aufspaltet und dadurch die Eiweißverdauung in Schwung bringt. Nach dem Ayurveda vermehrt die süße Ananas *Kapha,* die saure dagegen *Pitta* und *Kapha.* Sie stillt den Durst, regt den Appetit an und spendet Energie. Sie fördert die Verdauung und wirkt schweiß- und harntreibend. Auch bei Unruhe und Herzbeschwerden greift der Ayurveda gerne auf Ananas zurück.
Orangen geizen ebenfalls nicht mit wertvollen Inhaltsstoffen. Zu ihnen gehören reichlich Vitamin C und Carotin, daneben Kalium, Magnesium, Calcium, Eisen, Phosphor und Selen. Flavone, ätherische Öle, Bitter- und Gerbstoffe erklären, weshalb Orangen so bekömmlich, appetitanregend und in der Rekonvaleszenz geradezu ideal sind. Nach dem Ayurveda sind süße Orangen feucht und süß, d. h., sie vermehren *Kapha.* Saure Orangen dagegen verstärken daneben auch das *Pitta-Dosha.*
Dieses Gericht ist für alle drei *Dosha*-Typen genau das Richtige.

Für 4 Personen

1 reife Ananas (400 g)
1 süße Orange (300 g)
600 ml Ananas- oder Apfelsaft
1 EL Ahornsirup
2 TL Agar-Agar-Pulver

So wird's gemacht:

1) Ananas und Orange schälen und in kleine Stücke schneiden (die Orangenhaut entfernen).
2) 500 ml Ananas- oder Apfelsaft in einem Topf mit Ahornsirup aufkochen lassen. Agar-Agar-Pulver mit den restlichen 100 ml Saft verrühren und in den kochenden Ananassaft hineinrühren. Ananas hinzufügen und 2 Minuten köcheln lassen.
3) Orangen in kleine (mit kaltem Wasser ausgespülte) Glasschälchen geben, mit Ananasgelee auffüllen und kalt stellen oder in eine große oder mehrere kleine schöne Puddingformen gießen (das Gelee wird erst beim Erkalten fest).

Das Gelee nach dem Erstarren mit einem Messer jeweils vom Rand der Form lösen und stürzen. Mit Schlagsahne-Tupfern und frischen Minzblättern verziert servieren. Köstlich schmecken natürlich auch andere Früchte und Säfte. Frische Beeren, Bananen und Kiwis können Sie direkt mit dem angedickten Saft übergießen und kaltstellen. Feste Früchte wie Äpfel und Birnen dünsten Sie besser, damit sie auch *Vata*-Typen gut bekommen.

Tutti-Frutti in Marzipan

Wirkt ausgleichend auf alle drei Doshas

Powerobst für Naschkatzen. Die größten Wunder der Natur wirken oft unscheinbar, so auch Trockenfrüchte. Wegen ihres konzentrierten natürlichen Fruchtzuckers sind sie für Naschkatzen eine beliebte und dazu gesunde Schleckerei.
So enthalten Rosinen die meisten Wirkstoffe der Trauben, allen voran Kalium, Calcium, Magnesium, Phosphor, Eisen sowie Thiamin und Niacin. Weicht man sie vor der weiteren Verarbeitung in Wasser ein, gleichen sie alle drei *Doshas* aus. Da ihr Eisen leicht vom Körper aufgenommen werden kann, wirken sie blutbildend. Ihr Glukosegehalt ist achtmal so hoch wie bei frischen Trauben und stärkt Gehirn und Nervensystem. Rosinen fördern die natürliche Ausscheidung von Giftstoffen und sind gut für Herz, Willenskraft und Vitalität.
Auch Datteln haben es in sich. Sie enthalten Carotin, Vitamine des B-Komplexes und Vitamin C, Kohlenhydrate, Pektin und die Mineralstoffe Phosphor, Eisen, Calcium und Kalium. Getrocknet vermehren sie das *Kapha-Dosha* und stärken Herz, Leber, Verdauungsorgane und Nieren. Darüber hinaus kräftigen sie Körper und Geist, regen die Blutbildung an und helfen gegen Infektionskrankheiten, Müdigkeit und Depression.
Getrocknete Feigen bieten eine Vielzahl an Mineralstoffen wie Kalium, Calcium, Eisen, Kupfer, Magnesium, Phosphor und Schwefel. Sie wirken appetitanregend, fördern die Verdauung und reinigen das Blut. In Wasser eingeweicht, sind sie ein geschätztes Stärkungsmittel und klassische Helfer bei Verstopfung.
Zusammen mit den anderen Zutaten ist diese Süßspeise ein ideales Gericht für alle drei *Dosha*-Typen.

Für eine kleine Kastenform

Für das Honigmarzipan:
150 g geschälte Mandeln
50 g Cashewnüsse
100 g cremiger Honig

Für das Trockenfrüchtegelee:
100 g getrocknete Datteln
100 g getrocknete Feigen
100 g Trockenpflaumen
100 g getrocknete Aprikosen
100 g Rosinen
4 Safranfäden
450 ml Apfel- oder Ananassaft
2 TL Agar-Agar-Pulver

So wird's gemacht:

1) Trockenfrüchte waschen und mindestens 30 Minuten in heißem Wasser einweichen. Safranfäden in 150 ml Apfel- oder Ananassaft einweichen.
2) Für das Honigmarzipan die enthäuteten Mandeln und die Cashewnüsse fein mahlen und mit Honig verkneten. Kastenform mit in Streifen geschnittenem Backpapier auslegen. Honigmarzipan zwischen zwei Frischhaltefolien ausrollen und die Form zu zwei Dritteln damit auskleiden.
3) 300 ml Apfel- oder Ananassaft in einem Topf zum Kochen bringen. Währenddessen Trockenfrüchte klein schneiden. Die 150 ml Saft von Schritt 1 mit dem Agar-Agar-Pulver verrühren, unter den kochenden Fruchtsaft rühren und 2 Minuten köcheln lassen. Trockenfrüchte in den kochenden Saft geben und abkühlen lassen.
4) Die abgekühlte Masse in die Marzipan-Form gießen und kalt stellen. Sobald sich das Tutti-Frutti verfestigt hat, mit dem Messer vom Rand lösen und auf eine Kuchenplatte stürzen. Backpapier entfernen und – falls gewünscht – mit Schlagsahne oder Fruchtsauce (siehe Seite 246) servieren.

Indischer Nougat

Wirkt Kapha-erhöhend

Die süße Verführung. Groß oder klein, länglich oder rund, Haselnüsse findet man heute fast überall auf der Erde, manchmal sogar – wie beispielsweise im Himalaya – an zwanzig Meter hohen Bäumen.
Haselnüsse sind wahre Kraftpakete. Neben einem hohen Anteil an Eiweiß und Kohlenhydraten enthalten sie über sechzig Prozent Fett mit einem hohen Prozentsatz der wertvollen ungesättigten Fettsäuren. Ihr Mineralstoffgehalt ist hoch: An vorderster Stelle stehen Phosphor, Magnesium, Kalium und Eisen, dazu kommen Schwefel und Calcium sowie reichlich B-Vitamine und Vitamin C. Die Gerbstoffe in der Haselnuss regen die Haut- und Darmfunktion an und stärken die Gefäße. In Verbindung mit den reichlich vorhandenen B-Vitaminen sind die Fettsäuren und Eiweißbausteine der Nüsse günstig für die Muskulatur. Ihr hoher Lecithingehalt ist gut für die Nerven. Daneben regen Haselnüsse die Blutbildung an und stärken die Abwehrkraft. Nach dem Ayurveda vermehren Haselnüsse *Kapha* und sanft *Pitta*.
Dieses Nougatrezept ist daher für *Vata*- und *Pitta*-Menschen genau das Richtige.

Für 4 – 6 Personen

225 g gemahlene Haselnüsse
oder geschälte und gemahlene Mandeln
275 ml Milch (vegan: Sojadrink)
4 Kardamomkapseln
200 – 225 g Jaggery bzw. Gur
oder Vollrohrzucker
2 EL Carobpulver
Fett für das Blech
einige Cashewnusshälften
oder gehackte Pistazien zur Dekoration

So wird's gemacht:

1) Nüsse oder Mandeln mit der Milch (oder dem Sojadrink) in einen Topf geben und bei mittlerer Flamme erhitzen. Die Mischung zu Beginn gelegentlich umrühren. Kardamomkapseln mit einem Messer aufschlitzen und die Samen im Mörser zerstoßen. Nach 10 Minuten Jaggery bzw. Gur, Carob und Kardamom dazugeben. Je mehr die Masse eindickt, desto häufiger rühren, damit nichts anbrennt. Eventuell die Flamme etwas kleiner stellen.
2) Nach 25 – 30 Minuten bildet die Mischung eine einheitliche Masse, die sich vom Boden des Topfes löst. Nougat zum Abkühlen auf ein gefettetes Blech oder Tablett streichen und zu einem 2,5 cm dicken Rechteck formen. Anschließend kalt stellen, bis der Nougat fest geworden ist. Achten Sie darauf, dass Sie den Nougat bis zur erforderlichen Konsistenz einkochen, damit er sich nach dem Abkühlen schneiden lässt. Ansonsten können Sie ihn aber auch mit einem kleinen Löffel naschen.
3) Vor dem Servieren in kleine Stücke schneiden und jeweils mit einer halben Cashewnuss oder mit gehackten Pistazien verzieren.

Sandesh *(Indisches Königskonfekt)*

Wirkt Kapha-erhöhend

Das Land der Superlative. In Indien finden wir die älteste Zivilisation, die ersten Schriftdokumente, die älteste Landwirtschaft, die ersten Städte, die erste systematisch kodifizierte Gesetzgebung, die älteste kontinuierliche Monarchie, die älteste Religion der Welt – und die besten Milch-Süßigkeiten, beispielsweise Sandesh, das beliebteste Konfekt Bengalens.
Das Geheimnis von Sandesh ist die richtige Milch, nämlich Rohmilch, Vorzugsmilch oder nur-pasteurisierte (nicht homogenisierte) Biomilch.
Rohmilch oder nur-pasteurisierte Milch verwendet der Ayurveda als Lebens- und Heilmittel. Sie hilft bei zahlreichen Beschwerden wie Gicht, Nieren- und Blasenkrankheiten, Frauenbeschwerden, Kinderkrankheiten, Blutarmut, Lähmungen, Altersschwäche, Magen- und Darmbeschwerden, Hauterkrankungen, Haarausfall, Kopfschmerzen, Lebererkrankungen, Drüsenstörungen, Vergiftungen, Schlaflosigkeit und allgemeiner Schwäche. Neben den zahlreichen Nähr- und Vitalstoffen enthält Milch auch Exorphine, die den Stoffwechsel und das Wachstum regulieren und darüber hinaus die Stimmung heben und das soziale Verhalten positiv beeinflussen.
Wie sein Ausgangsprodukt Milch wirkt auch Sandesh *Kapha*-erhöhend und ist daher ein optimales Konfekt für *Vata*- und *Pitta*-Menschen.

Ergibt 20 – 25 Stück

Für den Panir (Frischkäse):
Saft einer Zitrone
150 g Joghurt
3 l Milch

Außerdem:
120 – 150 g Roh-Rohrzucker (nach Wunsch)
½ – 1 TL gemahlener Kardamom oder 7 – 10 Kardamomkapseln
½ TL gemahlener Safran oder 15 – 20 Safranfäden

Für die Dekoration:
1 TL Rosenwasser (kann entfallen)
3 EL (30 g) gemahlene oder zerstoßene Pistazien
1 kleine (biologisch angebaute) Rose (kann entfallen)

So wird's gemacht:

1) Panir mit Zitronensaft und Joghurt als Gerinnungsmitteln herstellen (siehe Anleitung Seite 226). Dazu Joghurt in einer Tasse heißer Milch verrühren und anschließend in die kochende Milch geben, dadurch wird der Panir noch cremiger. Sie können aber auch nur Zitronensaft benutzen. Molke nicht wegschütten, sondern anderweitig weiterverwenden, z. B. für Getränke, Suppen, Brotteig oder fürs Badewasser.
2) Das Käsetuch mit dem Panir an allen vier Enden verknoten und kurz unter fließendes kaltes Wasser halten. Überschüssiges Wasser durch mehrmaliges festes Ausdrücken des Tuches herauspressen. Den Panir 45 Minuten abhängen oder 20 Minuten mit einem Gewicht beschweren, damit er einigermaßen fest (aber nicht zu trocken) wird.

3) Den fertigen Panir auf einer sauberen Arbeitsfläche kräftig durchkneten, bis er seine bröselige Konsistenz verliert und zu einem weichen »Teig« ohne Klumpen wird. Je weicher der Teig, desto besser der Sandesh.
4) Roh-Rohrzucker in einer Küchenmaschine oder im Mörser zu feinem Puderzucker mahlen. Den gekneteten Panir in zwei Hälften teilen. Eine Hälfte des Roh-Rohrzuckers in die erste Panir-Hälfte kneten und anschließend in einer Bratpfanne auf niedrigster Stufe erhitzen, dabei ständig mit einem Holzlöffel umrühren. Die feste Sandesh-Masse wird zunächst weich, um sich dann wieder zu verfestigen. Wenn sie wieder fest wird und sich vom Boden der Pfanne zu lösen beginnt (nach etwa 5 Minuten), die Pfanne von der Flamme nehmen. Der Sandesh sollte nicht zu lange rösten, sonst wird er trocken und bröselig. Sandesh in einer Schüssel oder auf der Arbeitsplatte etwas abkühlen lassen; dabei verfestigt sich die Masse noch.
5) Kardamomkapseln aufschlitzen, Kardamomsamen herauslösen und mit den Safranfäden im Mörser vermahlen. Nun den »gerösteten« und den »ungerösteten« Panir, die restliche Rohrzuckermenge und die Gewürze miteinander verkneten. Sandesh abkühlen lassen und auf einer Platte zu einem Rechteck formen, die Oberfläche mit einer Gabel einritzen, mit Rosenwasser beträufeln und mit zerstoßenen Pistazien bestreuen.
6) Vor dem Servieren in kleine Quadrate schneiden und auf Wunsch mit jeweils einem Rosenblütenblatt garnieren. Sandesh zimmertemperiert servieren.

Sie werden staunen, wie einfach man Sandesh selbst machen kann. Das A & O ist dabei die Konsistenz des Panirs. Er sollte nicht zu feucht, aber auch nicht zu trocken sein. Damit er auch nach dem Kneten seidig weich bleibt, sollten Sie ihn in der Pfanne auf der kleinstmöglichen Hitzeeinstellung rösten.

Variationen:

Frucht-Sandesh
Wirkt Kapha-erhöhend

Gern verwendet man an Stelle des Roh-Rohrzuckers auch eingeweichte, abgetropfte und zu Mus pürierte Trockenfrüchte (z. B. Datteln, Rosinen, getrocknete Mangos, Papayas, Ananas oder Aprikosen). Nehmen Sie dazu auf 550 – 600 g Panir 7 – 8 EL Fruchtpaste (90 – 100 g), je nach Süße der Fruchtsorte.

Karamell-Sandesh
Wirkt Kapha-erhöhend

Wer Karamellgeschmack bevorzugt, sollte entweder mit Ahorncreme (eingekochtem, cremeartigem Ahornsirup aus dem Reformhaus) oder mit heruntergekochtem, unraffiniertem Palmzucker (Gur) bzw. Zuckerrohrsaft (Jaggery) süßen. Jaggery bzw. Gur dafür in einem Topf in einigen Tropfen Wasser auflösen und unter den Panir kneten. Sandesh kühlen und – falls er zu feucht geworden ist – gemahlene Pistazien, Nüsse oder Pinienkerne unterkneten.

Nuss-Sandesh
Wirkt Kapha-erhöhend

Geben Sie je nach Belieben 3 – 5 EL (oder auch mehr) gemahlene Nüsse einer Sorte unter die Sandesh-Masse. Hervorragend eignen sich dafür geröstete und gemahlene Haselnüsse, enthäutete Mandeln, Pistazien, Pinienkerne, Walnüsse oder Cashewnüsse.

Getränke

Lassi (Joghurtgetränk)

Wirkt Kapha- und ganz sanft Pitta-erhöhend

Summertime ... Lassi ist ein ideales Getränk für heiße Sommertage. Zu Beginn der heißen Jahreszeit vermindert sich die Verdauungskraft, unter der Haut verstärkt sich jedoch *Agni* (Schweißbildung). Zur Verdauung von schweren Speisen ist dann viel Energie notwendig, daher sollte man jetzt mehr trinken und Leichtbekömmliches essen. Von eisgekühlten Getränken rät der Ayurveda ab. Sie mögen im ersten Augenblick angenehm erscheinen, reduzieren aber das ohnehin schwache *Agni* im Magen und Dünndarm noch weiter.

Für diese Zeit empfiehlt der Ayurveda Joghurt-Zubereitungen, insbesondere Lassi. Joghurt regt nicht nur die Verdauungstätigkeit im Magen an, sondern übt in seiner sekundären Wirkung einen kühlenden Effekt auf den gesamten Körper aus. Bis auf den Milchzucker besitzt Joghurt die gleichen wertvollen Inhaltsstoffe wie Milch, allen voran Calcium, Vitamine des B-Komplexes und Vitamin D sowie reichlich Proteine.

Nach dem Ayurveda besitzt Joghurt *Kapha*- und sanft *Pitta*-vermehrende Eigenschaften. Damit ist Lassi optimal für *Vata*- und in Maßen auch für *Pitta*-Typen.

Für 4 Personen

10 Safranfäden oder ¼ TL gemahlener Safran
1 EL heißes Wasser
4 Kardamomkapseln
oder ¼ TL gemahlener Kardamom
500 g Joghurt (vorzugsweise selbst gemacht, siehe Seite 224)
500 ml – 1 l Wasser (je nach Wunsch)
50 – 100 g Roh-Rohrzucker
oder 50 – 75 ml Ahornsirup
1 Prise Zimt

So wird's gemacht:

1) Safran im heißen Wasser 10 Minuten lang einweichen. Kardamomkapseln aufschlitzen und die Samen im Mörser zerstoßen. Alle Zutaten (außer Zimt) im Mixer pürieren (oder mit einem Schneebesen verrühren, bis sich alle Klümpchen aufgelöst haben).
2) Lassi in schöne Gläser füllen, jeweils mit einer Prise Zimt bestreuen und zimmertemperiert servieren.

Variationen:

Früchte-Lassis schmecken einfach lecker. Wenn Sie jedoch ein zu schwaches Verdauungsfeuer *(Agni)* haben, sollten Sie Lassi lieber nur pikant mit Gewürzen oder leicht gesüßt zu sich nehmen. Um Ihr Verdauungsfeuer nicht zusätzlich zu belasten, trinken Sie Lassi am besten immer zimmertemperiert.

Bananen-Lassi

Wirkt Kapha- und sanft Pitta-erhöhend
(für Vata- und in Maßen für Pitta-Typen)

Lassen Sie den Safran weg. Pürieren Sie noch 1 – 2 Bananen und eventuell 1 TL frisch geriebenen Ingwer, den Sie als Saft auspressen, zusammen mit den restlichen Zutaten.

Mango-Lassi

Wirkt sanft Kapha-erhöhend
(für Pitta- und Vata-,
in Maßen für Kapha-Typen)

1 reife Mango mit den übrigen Zutaten pürieren.

Orangen-Lassi

Wirkt Kapha- und sanft Pitta-erhöhend
(für Vata-und in Maßen für Pitta-Typen)

Mixen Sie 250 ml Saft von süßen Orangen unter das Lassi.

Vanille-Lassi

Wirkt Kapha-erhöhend
(für Pitta- und Vata-Typen)

Lassen Sie Safran und Zimt weg und geben Sie den restlichen Zutaten stattdessen 1 TL gemahlene Bourbonvanille zu.

Rosen-Lassi

Wirkt Kapha-erhöhend
(für Pitta-und in Maßen für Vata-Typen)

Fügen Sie 1 – 2 EL Rosenwasser zu den übrigen Zutaten, lassen Sie Zimt weg, und dekorieren Sie die Gläser mit frischen, biologisch angebauten Rosenblüten oder fein gehackten Pistazien.

Minz-Lassi

Wirkt ausgleichend auf alle drei Doshas

Fügen Sie 2 EL fein gehackte frische Minzblätter hinzu, und dekorieren Sie die Gläser mit je einem frischen Minzblatt.

Gewürz-Lassi

Wirkt ausgleichend auf alle drei Doshas
(je nach Zubereitung)

Kapha-Typ: Verdünnen Sie Ihr Lassi mit vier Teilen Wasser. Wenn Sie es pikant lieben, würzen Sie mit Chat Masala (siehe Seite 263) oder Ingwerpulver, gerösteten und zerstoßenen Kreuzkümmelsamen und etwas schwarzem Pfeffer. Wer es lieber süßlich mag, sollte Ingwerpulver, Safran, Zimt, Kardamom- oder Nelkenpulver zufügen und als Süßungsmittel etwas Honig verwenden.

Vata-Typ: Ihnen werden die gleichen Gewürze gut tun wie *Kapha*-Menschen. Chat Masala (siehe Seite 263) oder eine Prise Muskat unterstützt die Absorption im Darm.

Pitta-Typ: Für Sie sind Gewürze ideal, die Ihr *Pitta* nicht aus dem Gleichgewicht bringen, z. B. geröstete und gemahlene Kreuzkümmelsamen, Koriander, Fenchel, Safran, Kardamom, Zimt und etwas frischer Ingwer. Zusätzlich können Sie Ihr Lassi auch mit kühlenden, frisch gehackten Minz- oder Korianderblättern bestreuen.

Pitta-Lassi

500 g Joghurt
500 ml – 1 l Wasser
1 – 2 TL gemahlener Koriander
oder Chat Masala (siehe Seite 263)
1 – 2 EL Ahornsirup
1 EL frische Korianderblätter

Gewürzmilch

Wirkt sanft Kapha-erhöhend

Das Lebenselixier. Rohmilch oder nur-pasteurisierte Milch (nicht homogenisiert) aus artgerechter Tierhaltung ist nach dem Ayurveda eines der wichtigsten Nahrungs- und Heilmittel. Ein bis zwei Gläser warme Gewürzmilch am Tag sind mit ihren aufbauenden Eigenschaften ideal für Jung und Alt, für Schreibtischmenschen und für Sporttreibende.
Milch macht gute Laune, hält fit und gesund. Noch heute empfehlen Ayurveda-Therapeuten Biomilch bei zahlreichen Krankheiten und Beschwerden, z. B. bei Nieren- und Blasenkrankheiten, Frauenbeschwerden, Blutarmut, Altersbeschwerden, Haarausfall, Kopfschmerzen, Konzentrationsstörungen und Schlaflosigkeit. Milch stärkt den Körper, die Abwehrkraft und – durch ihre Exorphine – auch die Psyche. Frisch gemolkene, euterwarme Milch ist für den Menschen am allerbesten. Bereits drei Stunden nach dem Melken wirkt Milch *Kapha*-vermehrend. Wer keine frisch gemolkene Milch bekommen kann (und das trifft wohl auf die meisten von uns zu), muss den Kopf deswegen nicht hängen lassen. Bereiten Sie die Milch einfach so zu, wie man das in Indien bis zum heutigen Tag tut: Um kalte, *Kapha*-vermehrende Rohmilch wieder besser verträglich zu machen, werden ihr die Elemente Feuer (aufkochen lassen) und Luft (mehrere Male umgießen oder mit dem Schneebesen umrühren) hinzugefügt. Dazu kommen verdauungsanregende Gewürze wie Safran und Kardamom.
Servieren Sie die Milch so heiß, dass man sie nur schlückchenweise zu sich nehmen kann. Und wer möchte, kann nach dem Kochen noch mit etwas Honig oder Jaggery/Gur süßen.
Gewürzmilch ist ideal für *Vata*- und *Pitta*-Naturen.

Pro Person

250 ml Rohmilch oder nur-pasteurisierte Milch (nicht homogenisiert)
2 Safranfäden oder 1 Msp Safranpulver
1 – 2 Kardamomkapseln
Vollrohrzucker, Jaggery bzw. Gur, Ahornsirup oder Honig (je nach Konstitutionstyp)

So wird's gemacht:

1) Topf mit kaltem Wasser ausspülen und Rohmilch oder nur-pasteurisierte Milch mit den Safranfäden auf kleiner bis mittlerer Flamme zum Kochen bringen. Währenddessen die Kardamomkapseln mit einem Messer aufschlitzen, im Mörser zu Pulver zerstoßen und zur Milch geben. Die Milch mit einem Schneebesen so umrühren, dass sich auf ihr Schaum bildet.
2) Milch in eine Tasse füllen und nach Geschmack süßen (*Vata*-Typen können mit Vollrohrzucker, Jaggery bzw. Gur, *Pitta*-Typen mit Ahornsirup und *Kapha*-Typen mit Honig süßen).

Kapha-Typ: Probieren Sie auch einmal heiße Gewürzmilch aus Ziegenmilch, zusätzlich mit ¼ TL Ingwerpulver gewürzt und mit Honig gesüßt.

Variation:

Sie können die Gewürzmilch auch mit 1 Msp Zimtpulver oder 1 Msp Kurkuma würzen.

Wenn Sie keine Milch vertragen, probieren Sie doch einmal heiße, mit Wasser verdünnte Ingwermilch (siehe Seite 255).

Ingwermilch

Wirkt ausgleichend auf alle drei Doshas

Der Allroundkünstler. Ingwer zählt zu den wenigen Lebensmitteln, die alle drei *Doshas* harmonisieren. In Maßen genossen, regt er *Agni*, das Verdauungsfeuer, an, ohne *Pitta* aus dem Lot zu bringen.
Die Natur hat Ingwer eine Vielzahl an Bitterstoffen und ätherischen Ölen mitgegeben, insbesondere das Gingerol. Im Ayurveda wird Ingwer bei Atemwegserkrankungen empfohlen oder wenn es darum geht, *Ama* (Stoffwechselschlacken) abzubauen. Ingwer regt die Verdauungstätigkeit an, wirkt entblähend und pflegt die Darmflora. Er lindert Arthritis, stärkt das Herz und hilft bei Regelbeschwerden. Außerdem hemmt er die Blutgerinnung, senkt den Cholesterinspiegel und den Blutdruck und wirkt krebsvorbeugend.
Zusammen mit Milch gekocht, fördert Ingwer deren bessere Bekömmlichkeit und Absorption, vor allem bei einer Mischung aus gleichen Teilen Milch und Wasser. Ingwermilch ist also ein optimales Getränk für alle drei *Dosha*-Typen. Und wenn Sie rasch und ruhig einschlafen möchten, empfehlen wir Ihnen – entsprechend lange nach der letzten Mahlzeit – ein Glas Ingwermilch vor dem Schlafengehen.

Pro Person

1 – 2 TL frisch geriebener Ingwer
250 ml Rohmilch oder nur-pasteurisierte Milch (nicht homogenisiert)
eventuell 250 ml Wasser
eventuell etwas Ahornsirup, Vollrohrzucker, Jaggery bzw. Gur oder Honig (nach Geschmack und Dosha-Konstitution)

So wird's gemacht:

1) Frisch geriebenen Ingwer in die Milch oder in eine Mischung von 250 ml Milch und 250 ml Wasser geben. Milch für einige Minuten köcheln lassen oder Halb-Milch/Halb-Wasser-Gemisch auf etwa 250 ml einkochen (dies dauert etwa 15 Minuten). Umgießen oder mit einem Schneebesen umrühren, damit Schaum auf der Milch entsteht.
2) Milch in eine Tasse füllen (wer möchte, kann den Ingwer abseihen) und nach Geschmack süßen. *Vata*-Typen können mit Vollrohrzucker, Jaggery bzw. Gur süßen, *Pitta*-Menschen mit Ahornsirup und *Kapha*-Typen mit Honig.

Ingwertee

Wirkt Pitta-erhöhend

Das Wurzelwunder. In der kalten Jahreszeit fängt man sich schnell eine Erkältung ein – dann ist es höchste Zeit für Ingwer. Wann immer es darum geht, ein Zuviel der Elemente Wasser und Erde *(Kapha)* zu lösen, ist Ingwer genau das Richtige.
Dazu hat die Natur den Ingwer mit einer geballten Ladung an Bitterstoffen und ätherischen Ölen ausgestattet, allen voran mit Gingerol. Es ermöglicht den Abbau von *Ama* (Stoffwechseltoxinen) und die Ausleitung von Giftstoffen über den Darm. Ingwer wirkt entblähend, pflegt die Darmflora und hilft bei Übelkeit und verdorbenem Magen. Er hemmt außerdem die Blutgerinnung, schützt vor Herzinfarkt, senkt Cholesterinspiegel und Blutdruck und wirkt vorbeugend gegen Krebs. Nach dem Ayurveda nimmt frischer Ingwer unter den Gewürzen eine Sonderstellung ein, da er die Verdauungskraft *Agni* stark anregt, ohne das *Pitta-Dosha* im Körper zu stören.
Schwarzer Pfeffer vermehrt das *Pitta-Dosha.* Er regt die Verdauung an und hilft ebenfalls bei Erkältungen und Husten. Pfeffer beseitigt *Ama,* lindert Blähungen und wirkt fiebersenkend. Zum gesunden Süßen sollte man nach dem Abkühlen des Tees noch etwas Honig zugeben. Mit seinen erwärmenden und austrocknenden Eigenschaften unterstützt Honig den Heilungsprozess gerade bei Erkältungskrankheiten.
Ideal für *Kapha*-Menschen und bei *Kapha*-Beschwerden und in Maßen auch für *Vata*-Konstitutionen.

Ergibt 1 l Tee

1 l Wasser
1 EL frisch geriebener Ingwer
3 – 4 schwarze Pfefferkörner
1 – 2 Nelken
eventuell Vollrohrzucker oder Honig

So wird's gemacht:

1) Wasser mit Ingwer und Gewürzen aufkochen und anschließend 10 – 15 Minuten zugedeckt auf kleiner Flamme köcheln lassen.
2) Tee abseihen und in eine Thermoskanne füllen. Mit Vollrohrzucker oder Honig gesüßt trinken.

Ingwertee lässt sich natürlich beliebig variieren. Je nach Geschmack können Sie ihn individuell würzen und die Pfefferkörner oder Nelken reduzieren oder ganz weglassen.
Falls Sie **Pippali (Langpfeffer)** bekommen können, kochen Sie 1 – 2 der dünnen, etwa 2 cm langen schwarzen Früchte an Stelle der Nelken. Wie dessen naher Verwandter, der schwarze Pfeffer, ist auch Pippali ein starkes Anregungsmittel sowohl für das Verdauungssystem als auch für den Atemtrakt. Pippali ist stark erhitzend, beseitigt Kälte, Schleimansammlungen und *Ama*. Es ist ein wichtiges Mittel bei Erkältungskrankheiten, aber auch bei Asthma, Arthritis, Rheuma, Gicht, Ischias und Verdauungsbeschwerden.

Variationen:

Agni-anregender Ingwertee
Wirkt ausgleichend auf alle drei Doshas

1 EL geriebenen Ingwer und 3 aufgeschlitzte Kardamomkapseln in 1 l Wasser für 10 Minuten köcheln lassen.

Vier-Winde-Tee
Wirkt ausgleichend auf alle drei Doshas (Agni-anregend und blähungsmindernd)

1 EL geriebener Ingwer, 1 TL Koriander-, 1 TL Kreuzkümmel- und 1 TL Fenchelsamen in 1 l Wasser 10 Minuten köcheln lassen.

Zitronen-Ingwer-Tee
Wirkt ausgleichend auf alle drei Doshas (Agni-anregend, gut für die Leber)

Auf 1 l Wasser 1 EL frisch geriebenen Ingwer und 1 Msp Kurkuma für 10 Minuten köcheln lassen. Vor dem Servieren den Saft einer halben Zitrone hinzufügen und mit Honig, Vollrohrzucker, Jaggery oder Gur süßen.

Süßholz-Fenchel-Ingwer Tee
Wirkt sanft Kapha-erhöhend (Vata- und Pitta-beruhigender Tee)

1 – 2 Süßholzstückchen, 1 TL Fenchelsamen und 1 EL frisch geriebenen Ingwer in 1 l Wasser 10 – 15 Minuten köcheln lassen. Beachten Sie beim Süßen, dass das Süßholz dem Tee bereits einen süßlichen Geschmack verleiht.

Ingwer-Safran-Tee
Wirkt ausgleichend auf alle drei Doshas (besonders bei Vata-Beschwerden wie Krämpfen, auch Menstruationskrämpfen, und Kopfschmerzen)

1 EL frisch geriebenen Ingwer mit ½ TL Safranfäden in 1 l Wasser für 10 Minuten köcheln lassen.

Ingwer-Orangen-Getränk (*Adrak-Sharbat*)

Wirkt Pitta- und sanft Kapha-erhöhend

Powerdrink. Ihr hoher Vitamin-C-Gehalt hat Orangen schon zur Legende gemacht. Allerdings haben die ursprünglich u. a. in Indien beheimateten Früchte noch mehr zu bieten, nämlich einen hohen Gehalt an Provitamin A, reichlich Kalium, Magnesium, Calcium und Selen sowie Bitter- und Gerbstoffe, die Verdauungsenzyme stimulieren, unser »Innenleben« von schädlichen Stoffen säubern und Keime vernichten. Ferner finden sich in Orangen jene Bioflavonoide, die unsere Zellen vor dem Eindringen der giftigen Sauerstoff-Radikale schützen, die heute für Krebs und Herzinfarkt mit verantwortlich gemacht werden.

Nach dem Ayurveda vermehren reife Orangen *Kapha* und *Pitta* und sind daher genau das Richtige für *Vata*-Menschen. *Pitta*-Typen sollten sie lieber meiden, es sei denn, die Orangen sind sehr süß und damit *Kapha*-vermehrend.

Orangen sind appetitanregend, bekömmlich und ideal in der Rekonvaleszenz, vor allem nach Fieber- und Durchfallerkrankungen. Darüber hinaus stärken sie die Abwehr, reinigen das Blut, halten das Gewebe jung und helfen bei Magen- und Darmbeschwerden. Und Orangen heben die Stimmung.

Dieses Getränk ist optimal für *Vata*-Menschen und in Maßen auch für *Kapha*. Etwas abgewandelt können es auch *Pitta*-Typen genießen (siehe *Dosha*-Tipp).

Für 4 – 6 Personen

Saft einer Zitrone (etwa 60 ml)
Saft von 2 süßen Orangen (etwa 150 ml)
1,5 l Wasser
2 TL frisch geriebener Ingwer
2 Kardamomkapseln
¼ TL frisch zerstoßener schwarzer Pfeffer
4 EL Vollrohrzucker

So wird's gemacht:

1) Zitrone und Orangen auspressen und mit dem Wasser in einem Krug mischen.
2) Ingwer dazugeben. Kardamomkapseln aufschlitzen und Samen zusammen mit dem schwarzen Pfeffer im Mörser zu feinem Pulver zerstoßen. Die Gewürze und den Vollrohrzucker in den Saft geben, umrühren und zimmertemperiert servieren.

Pitta-Typ: Lassen Sie den Pfeffer weg, und verwenden Sie nur ganz süße Orangen oder Apfelsaft.

Kapha-Typ: Wenn Ihr *Kapha* zu stark ist, nehmen Sie an Stelle von Orangensaft lieber naturtrüben Apfelsaft.

Masalas (Gewürzmischungen)

Wenn Sie Abwechslung lieben, sind Sie hier richtig. Hinter dem Zauberwort Masalas verbergen sich nämlich alle möglichen Kombinationen aus Gewürzen und Kräutern, ganz gleich, ob sie aus zwei oder aus über zwanzig Ingredienzien bestehen. Masalas gibt es fast so viele wie Sandkörner am Indischen Ozean. Man findet sie in gemahlener Form oder in Form ganzer Samen (z. B. Panch Puran), trocken geröstet und zerstoßen oder auch als feucht gemahlene Gewürzpasten. Als Pasten können Masalas neben Gewürzen auch frische Kräuter, frische Chili, frischen Ingwer, Kokosnuss oder Nüsse enthalten. Masalas öffnen Ihnen die Tür zur gesunden und individuellen Ayurveda-Küche. Ihrer Fantasie sind dabei keine Grenzen gesetzt.

Beachten Sie folgende Tipps, dann können die Gewürze ihre Heil- und Aromakräfte auch richtig entfalten:
Frisch geröstete und gemahlene Gewürze sowie selbst zubereitete Masalas sind einfach am besten – sowohl für Gourmets als auch für Gesundheitsbewusste. Fertig gemahlene Gewürze oder Gewürzmischungen können in Bezug auf Aroma, Duft oder Würzkraft nicht mithalten und besitzen auch nicht mehr viel von ihrer ursprünglich so heilsamen *Prana* (Lebensenergie). Davon abgesehen findet man in Gewürzmischungen auch nicht selten alte, minderwertige Gewürze und Streckmittel.

Bewahren Sie Ihre Gewürze in **luftdicht verschließbaren Dosen oder dunklen Schraubgläsern** an einem trockenen, dunklen und kühlen Ort auf.
Kleine, gut beschriftete Gefäße mit allen Gewürzen für den täglichen Gebrauch sollten **leicht greifbar** sein (z. B. in einer Schublade oder einem Fach neben dem Herd). Größere Gewürzmengen bewahren Sie am besten in großen Vorratsbehältern auf. So brauchen Sie nicht immer mit großen Gläsern zu hantieren, und die Gewürze verderben nicht so leicht. In Indien verwendet man dafür eine sogenannte *Masala Dibba,* einen flachen, runden Stahlbehälter, der sieben kleine Gefäße mit Gewürzen des täglichen Gebrauchs enthält. Ein fest schließender Metalldeckel schützt die Gewürze vor Licht, Feuchtigkeit und Aromaverlust.
Wer sich einmal daran gewöhnt hat, Gewürze während des Kochens frisch zu rösten und im **Mörser** zu mahlen, wird auf dieses unvergleichliche Aroma nur ungern verzichten wollen. In der ayurvedischen und indischen Küche verwendet man einen Mörser aus schwerem Stein oder einen Mahlstein, mit dem sich die Gewürze in Windeseile zu Pulver zerstoßen oder mahlen lassen. Auch eine **kleine elektrische Kaffeemühle** ist praktisch.

Scharfes Madras Curry

Wirkt Pitta-erhöhend

Currypulver ist bei uns wohl die berühmteste und am meisten verwendete Gewürzmischung indischen Ursprungs. Ihren Namen erhielt sie vermutlich von den Curryblättern *(Mitha Neem* – Süßer Neem – oder *Kadhi Patta,* lat. *Murraya Koenigii)*, die den Hauptbestandteil dieser Gewürzmischung bilden. Allerdings kann Currypulver aus einer Mischung aus zwanzig und mehr Gewürzen bestehen. Die im Handel erhältlichen Fertig-Currymischungen haben mit einer frisch gemahlenen Curry Masala natürlich nicht mehr viel zu tun.
Die Form von Curryblättern erinnert an Mini-Zitronenblätter. In Indien wachsen sie wild vom Himalaya bis in den tiefsten Süden. Curryblätter regen den Appetit an, beseitigen Durchfall, helfen bei Fieber und wirken allgemein stärkend. Nach dem Ayurveda wirken Curryblätter *Vata*-erhöhend, die Madras-Curry-Mischung dagegen verstärkt *Pitta.* Am besten schmecken natürlich frische Blätter. Fragen Sie doch einmal nach ihnen in einem asiatischen oder indischen Lebensmittelgeschäft (Sie finden die Blätter dort im Kühlregal).
Falls Sie nicht alle Curryblätter frisch verwenden, breiten Sie sie auf einem Tuch zum Trocknen aus. So haben Sie immer genug Vorrat.

Diese Mischung können Sie bis zu 4 Monate lang aufbewahren. Danach verliert sie beträchtlich an Aroma und Würzkraft.

Für ein kleines Schraubglas

1 EL Kreuzkümmelsamen
1 EL schwarze Senfkörner
1 gehäufter TL Fenchelsamen
2 TL Koriandersamen
1 TL Urad Dal
12 Curry- oder Neemblätter, getrocknet oder vorzugsweise frisch (weglassen, falls nicht erhältlich)
½ EL schwarze Pfefferkörner
4 getrocknete rote Chilis (oder ¾ TL Cayennepfeffer)
2½ EL Kurkuma

So wird's gemacht:

1) Kreuzkümmel, Senf, Fenchel, Koriander und Urad Dal in einer Pfanne bei *kleiner* Hitze 3 – 4 Minuten trocken rösten, bis die Samen eine leichte Tönung angenommen haben. Für weitere 1 – 2 Minuten die getrockneten Curryblätter dazugeben. Dabei immer wieder umrühren (falls Sie frische Curry- oder Neemblätter verwenden, diese zu Beginn mit den Gewürzen mitrösten).
2) Die mit Urad Dal gerösteten Gewürze, Pfeffer und Chilis in einem Mörser oder einer elektrischen Kaffeemühle zu feinem Pulver mahlen und Kurkuma hinzufügen. Alles gut mischen, in ein luftdicht verschließbares Gefäß (Schraubglas) füllen, kühl und trocken aufbewahren.

Mildes Garam Masala

Wirkt ausgleichend auf alle drei Doshas

In der Kürze liegt die Würze. Gewürze und selbst gemachte Gewürzmischungen (Masalas) sind das Herzstück der ayurvedischen und indischen Küche. Sie runden die leicht verdaulichen, schmackhaften und gesunden Zubereitungen erst richtig ab und verleihen ihnen ihr charakteristisches Aroma. Und sie unterstützen die Verdauung, indem sie *Agni* und in vielen Fällen auch *Pitta* anregen. Ohne Masalas wäre die Ayurveda-Küche wie ein lebloser Körper, den die spirituelle Seele verlassen hat. Wer mit Gewürzen und Kräutern angemessen und bewusst umzugehen weiß, erhält damit nicht nur die Gesundheit, sondern kann sogar Krankheiten lindern oder heilen.

Auch bei Garam Masala werden in jeder Region oder jeder Familie andere Gewürzzutaten bevorzugt. Manche Masalas kommen mit drei Gewürzen aus, andere bestehen aus zwölf oder mehr, z. B. Chili, schwarzem und grünem Pfeffer, Muskatblüte, Muskat, getrockneten Granatapfelsamen, Fenchelsamen und anderen Gewürzen.

Koriander, Kreuzkümmel und Kardamom sind im Ayurveda etwas Besonderes. Obwohl sie *Agni* anregen, wirken sie auf alle drei *Doshas* ausgleichend. Aus diesem Grund ist unsere milde Garam-Masala-Mischung auch für *Pitta*-Typen geeignet.

Die Gewürze können Sie auch in einer Kaffeemühle fein mahlen.
Garam Masala passt gut zu Gemüse- und Reisgerichten, Dals und Suppen.

Für ein kleines Schraubglas

4 EL Koriandersamen
2 EL Kreuzkümmelsamen
1 TL Fenchelsamen
1 ½ TL schwarze Pfefferkörner
½ TL Nelken (7 Stück)
etwa 7 Kardamomkapseln
½ TL Zimt

So wird's gemacht:

1) Koriander, Kreuzkümmel und Fenchelsamen in einer Pfanne trocken rösten, bis die Samen eine leichte Tönung annehmen. In einem Mörser zu feinem Pulver zermahlen. Ebenso Pfefferkörner, Nelken und die Samen des Kardamom (dazu Kapseln mit einem Messer aufschlitzen und Samen herausholen) im Mörser fein mahlen.
2) Alle Gewürze miteinander mischen und in einem luftdicht verschließbaren Gefäß (am besten in einem Schraubglas) kühl und dunkel aufbewahren.

Variation: Garam Masala nach Maharastra-Art

Wirkt Pitta-erhöhend
(besonders gut für Kapha-Typen
und in Maßen auch für Vata-Menschen)

Rösten Sie zusätzlich zu den o. g. Gewürzen noch 1 – 2 getrocknete und zerbröselte rote Chilis, 1 EL grüne Pfefferkörner, 1 EL Sesam und 2 Lorbeerblätter. Mahlen Sie die Gewürze und geben Sie anschließend noch 1 TL Ingwerpulver und 1 EL frisch geriebene Muskatnuss hinzu.

Panch Puran *(Bengalische Gewürzmischung aus fünf Gewürzen)*

Wirkt Pitta-erhöhend

Gekonnt ist gekonnt. Noch heute sind die Köchinnen und Köche in Indien stolz darauf, dass sie ihre Gewürzmischungen selbst rösten und mahlen. Oft sind es »geheime Rezepte«, die in den Familien schon seit Generationen weitergegeben wurden und die Speisen deshalb so einzigartig und charakteristisch machen. Fertig gemahlene und gekaufte Gewürzmischungen verwendet man in Indien eher selten, obwohl die Nahrungsmittelproduzenten auch dort nach neuen Märkten für die »eilige Hausfrau« Ausschau halten.
Diese Gewürzmischung ist genau das Richtige für *Vata-* und *Kapha-*Naturen.

Für ein kleines Schraubglas

3 TL Kreuzkümmelsamen
3 TL schwarze Senfsamen
3 TL Fenchel- oder Anissamen
2 TL Schwarzkümmelsamen (Kalonjisamen)
1 TL Bockshornkleesamen (Methi)

So wird's gemacht

1) Alle Gewürze ungemahlen vermischen und in ein Schraubglas füllen.
2) Vor dem Gebrauch stets gut schütteln, um die Gewürze durchzumischen. Panch Puran wird vor dem Kochen meist in Ghee angeröstet, damit es seinen ganz besonderen Geschmack entfaltet. Die Gewürze können aber auch fein gemahlen und wie im Rezept für afghanische Gemüsesuppe (siehe Seite 116) verwendet werden.

Chat Masala

Wirkt Pitta- und Kapha-erhöhend

Der Allroundstar. Unter den Gewürzmischungen ist Chat Masala einer unserer Favoriten. Mangopulver, Black Salt und Asafoetida sind für den leicht säuerlich schwefelartigen Geschmack verantwortlich.
Traditionell verwendet man Chat Masala zu einem sommerlichen Früchtesnack *(Phal-ki-chat)*, das aus vier oder fünf verschiedenen Früchten (z. B. Granatäpfeln, Orangen, Guaven und Papayas) besteht. Dazu werden die geschnittenen Früchte auf einem Teller angerichtet, mit etwas Limonen- oder Zitronensaft beträufelt und mit Chat Masala bestreut. Das kurbelt das gerade in der Sommerzeit schwache Verdauungsfeuer wieder an und hält die Feuchtigkeit im Körper.
Chat Masala ist ein Allroundgewürz. Sie schmeckt zu allen Arten pikanter Snacks und Gerichten wie pikanten Waffeln und Pfannkuchen ebenso wie zu Bratkartoffeln, Pizza, Samosas, Pakoras, Chidwa oder vegetarischen Burgern. Sie können damit aber auch Ihr Lassi (Joghurtgetränk, siehe Seite 252) oder Butterbrot mit Radieschen bestreuen sowie Ihre Gemüsegerichte aus Okra, Bittermelone und Aubergine verfeinern. Chat Masala ist optimal für alle *Vata*-Menschen. Wie heißt es doch so schön: Probieren geht über Studieren!

Für ein kleines Schraubglas

2 TL Kreuzkümmelsamen
¾ TL Fenchelsamen
¼ TL Asafoetida
1 TL Mangopulver (Amchoor)
1 TL Garam Masala (siehe Seite 261)
½ TL Cayennepfeffer
¼ TL Ingwerpulver
¾ TL Black Salt (Kala Namak)

So wird's gemacht

1) Kreuzkümmel und Fenchel in einem kleinen Topf ohne Fett rösten, wenige Sekunden später Asafoetida hinzugeben. So lange rösten, bis die Gewürze eine leichte Tönung angenommen haben. Anschließend in einem Mörser zu Pulver vermahlen.
2) Mit den Pulvergewürzen mischen und in ein luftdichtes Schraubglas füllen.

Rasam-Pulver

Wirkt Pitta-erhöhend

Manche mögen's scharf. Diese berühmte südindische Gewürzmischung wird traditionell für die scharfe und dünnflüssige südindische Dalsuppe (Rasam, siehe Seite 128) verwendet. Frisch zubereitetes Rasam-Pulver ist der Fertigmischung in Aroma und Heilkraft natürlich haushoch überlegen.
Rasam-Pulver können Sie immer dann verwenden, wenn ein bisschen Pepp nötig ist, z. B. über Bratkartoffeln oder Nudelgerichten.
Rasam-Pulver ist ideal für *Kapha-* und in Maßen für *Vata*-Naturen.

Für ein kleines Schraubglas

1 TL schwarze Senfsamen
7 TL Koriandersamen
6 kleine getrocknete rote Chilis
1 TL schwarzer Pfefferkörner
1 ½ TL Fenchelsamen
2 TL Kreuzkümmelsamen

So wird's gemacht:

1) Senfsamen in einem kleinen Topf erhitzen und darin (abgedeckt) rösten, bis die Samen zu springen beginnen. Nun den Topf von der Flamme nehmen, bis sich die Senfkörner »beruhigt« haben. Anschließend den Topf wieder auf die Flamme stellen. Sogleich die restlichen Gewürze dazugeben (Chilis mit den Fingern zerbröseln) und Flamme auf mittlere Hitze reduzieren. Die Gewürze etwa 3 Minuten unter häufigem Rühren rösten, bis sie eine leichte Tönung angenommen haben.
2) Gewürze abkühlen lassen. In einer Kaffeemühle oder einem Mörser zu feinem Pulver vermahlen und in einem luftdicht verschließbaren Gefäß aufbewahren.

Welches Nahrungsmittel für welchen Dosha-Typ?

Folgende Tabellen zeigen Ihnen auf einen Blick, welche Nahrungsmittel Ihrer *Dosha*-Konstitution gut tun. Vergessen Sie aber nicht, dass Tabellen nur allgemeine Richtlinien geben können. Der einzigartige Vorteil der Ayurveda-Küche liegt ja gerade darin, dass sie in der Auswahl der Zutaten und Gewürze selbst Nahrungsmittel, die Ihrem Typ normalerweise nicht so liegen, zu bekömmlichen Delikatessen verwandeln kann. Achten Sie also immer auch auf die *Dosha*-Wirkung des *gesamten* Gerichts, die wir in unseren Rezepten angegeben haben.

Und vergessen Sie ebenfalls nicht, Ihre Ernährung an Jahreszeit, Lebensphase, Verdauungskraft oder momentane Beschwerden anzupassen. Berücksichtigen Sie auch eine etwaige Misch-Konstitution oder Nahrungsmittelallergie. So hilfreich unsere Tabellen in der Praxis sind, so wenig können sie eine individuelle Ayurveda-Ernährungsberatung und eine Behandlung bei einem ayurvedisch geschulten Heilpraktiker oder Arzt ersetzen.

* Diese Nahrungsmittel können in Maßen genossen werden.
** Diese Nahrungsmittel können Sie gelegentlich verzehren.

Obst

VATA		PITTA		KAPHA	
Nein	**Ja**	**Nein**	**Ja**	**Nein**	**Ja**
Herbe und unreife Früchte	Süße, saure, saftige und reife Früchte	Saure Früchte	Süße Früchte	Süße, sehr saure und saftige Früchte	Herbe Früchte
Äpfel *(roh, herb)* Bananen *(unreif)* Birnen *(roh, feste herbe Sorten)* Grapefruits* Preiselbeeren* Quitten Trockenobst *(nicht eingeweicht)*	Ananas Äpfel *(gekocht)* Aprikosen Avocados Bananen *(reif)* Beeren (alle) Birnen *(süß, saftig)* Datteln *(frisch)* Erdbeeren Feigen *(frisch)* Granatäpfel Kakis Kirschen Kiwis Kokosnüsse Limetten (Limonen) Mangos *(reif)* Melonen *(süß)* Nektarinen Orangen Papayas Pfirsiche Pflaumen *(frisch, saftig)* Rhabarber Stachelbeeren Trauben Trockenobst *(eingeweicht oder gekocht)* * Wassermelonen Zitronen	Ananas *(sauer)* Äpfel *(sauer)* Aprikosen *(sauer)* Bananen *(unreif)* Beeren *(sauer)* Erdbeeren* Grapefruits* Kiwis Mangos *(grün)* Orangen *(sauer)* Papayas Pflaumen *(sauer)* Preiselbeeren Rhabarber Sauerkirschen Trauben *(sauer)* Zitronen*	Ananas *(süß)* Äpfel *(süß)* Aprikosen *(süß)* Avocados Bananen *(reif)* Beeren *(süß)* Birnen Datteln Feigen Granatäpfel* Kakis Kokosnüsse Limetten (Limonen)* Mangos *(reif)* Melonen Nektarinen *(süß)* Orangen *(süß)* Pflaumen *(süß)* Pfirsiche *(süß)* Quitten *(süß)* Rosinen Stachelbeeren Trauben *(süß)* Trockenobst Süßkirschen* Wassermelonen Zwetschgen *(süß)*	Ananas Avocados Bananen Datteln Feigen *(frisch)* Grapefruits* Kakis Kiwis* Kokosnüsse Limetten (Limonen)** Melonen Orangen Papayas Pflaumen *(saftig)* Rhabarber Trauben* Wassermelonen	Äpfel Apfelmus *(mit Honig)* Aprikosen Beeren Birnen Erdbeeren* Feigen *(getrocknet)* Granatäpfel Kirschen Mangos* Nektarinen* Pfirsiche* Preiselbeeren Quitten Rosinen Stachelbeeren Trockenobst Zitronen*

Hinweis: Früchte verzehren Sie am besten pur und nicht mehr nach 18 Uhr

Gemüse

VATA		**PITTA**		**KAPHA**	
Nein	**Ja**	**Nein**	**Ja**	**Nein**	**Ja**
Bitteres, rohes (im Übermaß), getrocknetes, in Mikrowelle zubereitetes Gemüse	Gedünstetes oder gekochtes, frisches Gemüse	Scharfes und sauer eingelegtes Gemüse	Süßes, bitteres und zusammenziehendes (auch rohes) Gemüse	Süßes und saftiges Gemüse	Scharfes und bitteres Gemüse (auch roh, wenn gut gewürzt)
Blattgemüse* Blumenkohl Brokkoli Chicorée *(roh)* Chili *(rot)* Chinakohl Erbsen *(frisch)*** Endivien Grünkohl Kartoffeln* Kohlrabi Kohl Kopfsalat* Löwenzahn Mais *(frisch gekocht, mit etwas Ghee)*** Portulak Radicchio Rauke/Rucola* Rettich *(roh)* Rosenkohl Spinat *(roh)* Stangensellerie *(roh)* Sprossen Tomaten *(v. a. roh)** Zuckererbsen*	Artischocken *(mit Öl und Gewürzen)* Auberginen Bockshornkleeblätter* Chicorée *(gedünstet)* Chili (grün) Fenchel Feldsalat* Flaschenkürbis Gurken *(ohne Schale)* Grüne Bohnen* Jap. Rettich (Daikon)* Karela* Karotten Kresse Kürbis Mangold *(gut gewürzt)* Meerrettich** Mungsprossen *(gedünstet)* Okra Oliven Paprika *(enthäutet)* Pastinaken Petersilie* Rote Bete Steckrüben Spargel Spinat *(gekocht)*** Süßkartoffeln* Tomatensauce Zucchini	Auberginen* Bockshornkleeblätter* Chili Karotten *(roh)* Kresse Kohlrabi* Meerrettich Peperoni Radieschen Rauke/Rucola* Rettich Rote Bete *(roh)* Senfblätter Sprossen *(scharf, z. B. Rettich)* Tomaten	Artischocken Blattgemüse Blumenkohl Brokkoli Chicorée Chinakohl Endivien Erbsen Feldsalat Fenchel Flaschenkürbis Grüne Bohnen Grünkohl Gurken Karela Karotten *(gekocht)** Kartoffeln Kohl Kopfsalat Kürbis Löwenzahn Mais *(frisch gekocht, mit etwas Ghee)* Mangold Okra Oliven* Paprika* Pastinaken Petersilie Portulak Radicchio Rosenkohl Rote Bete *(gekocht)* Spargel Spinat Sprossen *(mild)* Stangensellerie Steckrüben Süßkartoffeln Zucchini Zuckererbsen	Gurken Oliven Pastinaken** Steckrüben Süßkartoffeln Tomaten *(v. a. roh)* Zucchini	Artischocken Auberginen *(gegrillt, o. Öl)* Blattgemüse Blumenkohl Bockshornkleeblätter Brokkoli Chicorée Chili Chinakohl Endivien Erbsen Feldsalat Fenchel Flaschenkürbis* Grüne Bohnen Grünkohl Karela Karotten Kartoffeln** Kohl, Kohlrabi Kopfsalat Kresse Kürbis* Löwenzahn Mais Mangold Meerrettich Okra Paprika Peperoni Petersilie Portulak Rauke/Rucola Radicchio Radieschen Rettich Rote Bete Rüben *(scharf)* Stangensellerie Spargel Spinat* Sprossen (alle)

Getreide, Getreideprodukte und Stärkeprodukte

VATA		PITTA		KAPHA	
Nein	**Ja**	**Nein**	**Ja**	**Nein**	**Ja**
Flocken oder gepufftes Getreide	Ideal: gekochtes Getreide (z. B. Brei)		Allgemein gut bekömmlich		Flocken oder gepufftes Getreide
Buchweizen Gerste** Haferflocken *(trocken)* Haferkleie Hefebrot Mais Maisgrieß *(als Polenta mit Olivenöl)*** Müsli *(mit kalter Milch)* Nudeln *(aus Weißmehl)* Popcorn Roggen* Weizenkleie*	Amarant Basmatireis Bulgur Dinkel *(noch besser als Weizen)* Dinkelnudeln Dinkelreis Grünkern Hafer / Haferflocken *(gekocht, z. B. Brei)* Hirse *(gekocht)*** Knäckebrot** Müsli *(mit warmer Milch)* Puffreis *(mit Flüssigkeit)* Quinoa Reismilch Reisnudeln Roter Reis Sauerteigbrot* Tapioka /Sago *(nur mit Milch gekocht)* Vollkornreis *(gewürzt)* Weizen Wildreis	Buchweizen Hefebrot* Hirse Mais Maisgrieß Popcorn* Roggen Sauerteigbrot	Amarant* Basmatireis Bulgur Dinkel *(noch besser als Weizen)* Dinkelnudeln Dinkelreis Gerste Getreideflocken Grünkern Hafer Haferflocken Haferkleie* Hafermüsli Knäckebrot *(ohne Sesam)* Müsli Puffreis Quinoa* Reismilch Reisnudeln Roter Reis Tapioka/Sago Vollkornreis Weizen Weizenkleie Weizenkeimlinge Wildreis**	Bulgur Dinkel*+** Dinkelreis*+** Grünkern* Hafer *(gekocht)* Hefebrot* Reis *(poliert)* Reismilch* Reisnudeln* Roter Reis Sauerteigbrot *(geröstet)** Vollkornreis Weizen Wildreis**	Amarant Basmatireis *(mit Nelke gekocht)* Buchweizen Gerste Getreideflocken *(z. B. Dinkel, Hirse, Roggen)* Haferflocken Haferkleie Hirse Knäckebrot *(z. B. aus Amarant, Roggen, Dinkel)* Mais Maisgrieß Maisnudeln Müsli *(mit Wasser gekocht)* Popcorn Puffreis Quinoa *(auch gepufft)* Roggen Tapioka/Sago* Weizenkleie**

Hülsenfrüchte und Sojaprodukte

VATA		PITTA		KAPHA	
Nein	**Ja**	**Nein**	**Ja**	**Nein**	**Ja**
	Eingeweicht, gut gekocht, mit entblähenden Gewürzen		Allgemein gut bekömmlich		Eingeweicht, mit verdauungsfördernden Gewürzen
Bohnen (weiße, schwarze, Adzuki-, Kidney-, Lima-, Pinto-) Chana Dal Erbsen *(geschält, halbiert, getrocknet)* Kala Chana* Kichererbsen Linsen (braun) Sojabohnen Sojamargarine Sojamehl Tofu *(kalt und ungewürzt)*	Mungbohnen *(gekeimt, ohne Schale und mit Gewürzen)* Mung Dal (gelb und grün) Sojamilch *(warm und gewürzt)** Sojajoghurt** Sojasahne Sojasauce Tofu *(warm und gewürzt)** Tur Dal Urad Dal	Sojasauce Sojajoghurt Tur Dal Urad Dal	Bohnen (weiße, schwarze, Adzuki-, Kidney-, Lima-, Pinto-) Chana Dal Erbsen *(getrocknet)* Kala Chana* Kichererbsen Linsen (braun) Mungbohnen Mung Dal (grün und gelb) Sojabohnen Sojamargarine Sojamehl Sojamilch Sojasahne Tofu	Kidneybohnen Sojabohnen Sojajoghurt Sojamehl Sojamilch *(kalt und ungewürzt)* Sojasahne Sojasauce Tofu *(kalt und ungewürzt)* Urad Dal	Azukibohnen* Bohnen (weiße, schwarze, Lima-, Pinto-) Chana Dal Erbsen *(geschält, halbiert, getrocknet)* Kala Chana* Kichererbsen Linsen (braun) Mungbohnen Mung Dal (grün und gelb) Sojamilch *(warm und gewürzt)* Tofu *(warm und gewürzt)* Tur Dal

Nüsse

VATA		PITTA		KAPHA	
Nein	**Ja**	**Nein**	**Ja**	**Nein**	**Ja**
Bittere, herbe Nüsse	In Maßen		In Maßen		In Maßen
Erdnüsse Cashewnüsse *(ungeröstet)* Kokosflocken**	Cashewnüsse *(geröstet)* Haselnüsse Kokosnüsse *(frisch)* Macadamianüsse Mandeln *(eingeweicht und enthäutet)* Paranüsse Pekannüsse Pinienkerne Pistazien Walnüsse	Macadamianüsse Paranüsse Pekannüsse Pistazien	Cashewnüsse *(nur geröstet)** Erdnüsse *(ungesalzen)** Haselnüsse* Kokosnüsse *(frisch)* Kokosflocken Mandeln *(eingeweicht und enthäutet)* Pinienkerne Walnüsse*	Cashewnüsse Erdnüsse Haselnüsse Kokosnüsse *(frisch)* Macadamianüsse Paranüsse Pekannüsse Pinienkerne Pistazien Walnüsse	Kokosflocken Mandeln *(eingeweicht und enthäutet)*

Ölsamen

VATA		PITTA		KAPHA	
Nein	Ja	Nein	Ja	Nein	Ja
	Nur geröstet oder eingeweicht				Nur geröstet und in Maßen
	Gomasio (Sesamsalz) Kürbiskerne Leinsamen Mohnsamen Sesam Sonnenblumenkerne Tahin (Sesampaste)	Gomasio (Sesamsalz) Sesam Tahin (Sesampaste)	Kürbiskerne Leinsamen Mohnsamen Sonnenblumenkerne	Mohnsamen Sesam* Sesamprodukte* (wie Tahin, Gomasio)	Kürbiskerne Leinsamen Sonnenblumenkerne

Öle

VATA		PITTA		KAPHA	
Nein	Ja	Nein	Ja	Nein	Ja
Raffinierte Öle	Kaltgepresst, zu jeder Mahlzeit	Raffinierte Öle	Kaltgepresst, in Maßen	Raffinierte Öle	Kaltgepresst, nur in kleinen Mengen
Kokosöl Maiskeimöl Sojaöl	Distelöl Ghee Olivenöl Senföl* Sesamöl Sonnenblumenöl Walnussöl	Maiskeimöl Senföl Sesamöl	Distelöl Ghee Kokosöl Olivenöl Sojaöl Sonnenblumenöl Walnussöl	Distelöl Ghee Kokosöl Sesamöl* Sojaöl Walnussöl	Maiskeimöl Olivenöl* Senföl Sonnenblumenöl

Milchprodukte

VATA Nein	VATA Ja	PITTA Nein	PITTA Ja	KAPHA Nein	KAPHA Ja
Homogenisierte, ultrahocherhitzte Milchprodukte, H-Milch	Unbehandelte oder nur-pasteurisierte Milchprodukte*	Homogenisierte, ultrahocherhitzte Milchprodukte, H-Milch	Unbehandelte oder nur-pasteurisierte Milchprodukte	Homogenisierte, ultrahocherhitzte Milchprodukte, H-Milch	Unbehandelte oder nur-pasteuisierte Milch-produkte**+*
Eiscreme** Kuhmilch *(kalt)*	Butter Buttermilch Dickmilch Fetakäse Ghee Hartkäse** Körniger Frischkäse Joghurt Kuhmilch *(erwärmt und gewürzt)* selbst gemachter Frischkäse (Panir) Weichkäse Sahne Saure Sahne Ziegenmilch	Butter *(gesalzen)* Eiscreme* Fetakäse Saure Sahne Ziegenmilch Ziegenkäse	Butter *(ungesalzen)* Buttermilch* Dickmilch* Ghee Hartkäse* Körniger Frischkäse Joghurt* Kuhmilch selbst gemachter Frischkäse (Panir) *(nicht frittiert)* Sahne Weichkäse	Butter *(gesalzen)* Buttermilch *(gekauft)* Dickmilch Eiscreme Fetakäse Ghee Joghurt *(unverdünnt)* alle Käsesorten *(weich und hart)* Kuhmilch *(vor allem kalt)* selbst gemachter Frischkäse (Panir) Sahne Saure Sahne	Butter *(ungesalzen)***+* Buttermilch** *(1:4 verdünnt, gewürzt, selbst gemacht)* Joghurt* *(1:4 verdünnt und gewürzt)* Kuhmilch *(nur heiß, verdünnt und gewürzt)** Ziegenmilch *(entrahmt)* Ziegenkäse *(ungesalzen)***

Gewürze

VATA		PITTA		KAPHA	
Nein	**Ja**	**Nein**	**Ja**	**Nein**	**Ja**
Bittere, herbe, zu scharfe und kühlende Gewürze	*Agni*-anregende, entblähende, süße, saure und salzige Gewürze	Scharfe, zu saure, salzige und erhitzende Gewürze	Bittere, herbe, süße und *Agni*-anregende Gewürze	Süße, saure, salzige und kühlende Gewürze	*Agni*-anregende, scharfe, bittere, herbe und erwärmende Gewürze
Curryblätter* Neemblätter Chili (rot)*	Ajwan Anis Asafoetida Basilikum Bockshornklee* Bohnenkraut Cayennepfeffer* Chili (grün)* Dill Estragon* Fenchelsamen Gewürznelken Ingwer Kardamom Koriander Kreuzkümmel Kümmel Kurkuma Lorbeerblätter* Majoran Mangopulver Muskat Orangenschale Oregano Paprikapulver Petersilie* Pfeffer (schwarz) Pfefferminze* Piment Pippali Rosenwasser Rosmarin Safran Salbei Schwarzkümmel (Stein-)Salz Senfkörner Sternanis Tamarinde Thymian Vanille Zimt Zitronenschale	Ajwan Anis Asafoetida* Basilikum *(getrocknet)** Bockshorn-kleesamen** und -blätter* Bohnenkraut Cayennepfeffer Chili (rot und grün) Gewürznelke Ingwerpulver Lorbeerblätter Majoran Mangopulver Muskat Oregano Paprikapulver Piment Rosmarin**+* Salz* Senfkörner Sternanis Tamarinde	Basilikum *(frisch)** Curryblätter Dill Estragon* Fenchelsamen Ingwer *(frisch)** Kardamom* Koriander Kreuzkümmel Kurkuma Kümmel* Neemblätter Orangenschale* Petersilie Pfeffer (schwarz)* Pfefferminze Pippali* Rosenwasser Safran Salbei Schwarzkümmel* Thymian* Vanille* Zimt* Zitronenschale*	Mangopulver (Meer-)Salz Tamarinde	Ajwan Anis Asafoetida Basilikum Bockshornklee Bohnenkraut Cayennepfeffer Chili (rot und grün) Curryblätter Dill Estragon Fenchelsamen Gewürznelken Ingwer *(v. a. Ingwerpulver)* Kardamom Koriander Kreuzkümmel Kümmel Kurkuma Lorbeerblätter Majoran Muskat Neemblätter Orangenschale Oregano Paprikapulver Petersilie Pfeffer (schwarz) Pfefferminze Piment Pippali Rosenwasser Rosmarin Safran Salbei Schwarzkümmel Senfkörner Steinsalz* Sternanis Thymian Vanille* Zimt Zitronenschale

Süßungsmittel

VATA		**PITTA**		**KAPHA**	
Nein	**Ja**	**Nein**	**Ja**	**Nein**	**Ja**
Weißer, raffinierter Zucker stört alle drei *Doshas*					
Zucker, weiß und raffiniert Fruchtzucker (Fructose)	Ahornsirup Fruchtdicksäfte (z. B. Apfel- oder Birnendicksaft) Honig *(kalt abgefüllt)* Jaggery bzw. Gur Vollrohrzucker Roh- Rohrzucker*	Zucker, weiß und raffiniert Fruchtzucker (Fructose)	Ahornsirup Fruchtdicksäfte (z. B. Apfel- oder Birnendicksaft) Honig *(kalt abgefüllt)* Jaggery bzw. Gur Vollrohrzucker Roh- Rohrzucker*	Zucker, weiß und raffiniert Fruchtzucker (Fructose) Ahornsirup Jaggery bzw. Gur Vollrohrzucker Roh- Rohrzucker	Fruchtdicksäfte (Apfeldicksaft) Honig *(kalt abgefüllt, älter als 6 Monate)*

Warenkunde

Agar-Agar-Pulver
Agar-Agar ist ein rein pflanzliches Binde- und Geliermittel aus Rot- oder Braunalgen. Es wird in kalter Flüssigkeit angerührt und dann gekocht. Erhältlich ist es in Naturkostläden und Reformhäusern in Pulver-, Flocken- oder Stangenform. In diesem Kochbuch wird Agar-Agar in Pulverform verwendet.

Ahornsirup
Ahornsirup wird aus dem Saft von Zucker-Ahornbäumen in Kanada und dem Norden der USA gewonnen. Durch Einkochen dieses Saftes entsteht der süße Sirup. Ahornsirup gibt es in Naturkostläden und Reformhäusern.

Ajwan
(Carom Seeds, Lovage Seeds, Selleriesamen)
Die Selleriesamen, nahe Verwandte des Kümmels, ähneln mit ihrem leicht scharfen Geschmack einer Mischung aus Thymian, weißem Pfeffer und Oregano. Sie sind im Gewürzladen, im indischen oder asiatischen Lebensmittelgeschäft oder beim Gewürzversand (Adressen siehe Seite 281) erhältlich.

Amarant
(Fuchsschwanz)
Amarant wird zwar wie Getreide verwendet, ist aber ein Gewächs aus der Fuchsschwanzfamilie. Er ist in Naturkostläden und Reformhäusern erhältlich.

Amchoor
(Mangopulver, Mango Powder)
siehe Mangopulver

Apfeldicksaft
Dicksäfte werden aus dem gepressten Saft von Äpfeln oder Birnen durch mehrstündiges Einkochen gewonnen. Sie haben einen relativ hohen Mineralstoffgehalt.
Erhältlich sind diese Süßungsmittel in Naturkostläden und Reformhäusern.

Arrowroot
siehe Wildpfeilwurzelmehl

Asafoetida
(Asant; hindi: Hing)
Asafoetida ist das Harz einer Wurzel, das meist in pulverisierter Form verwendet wird. Sie bekommen es im indischen und asiatischen Lebensmittelladen oder beim Gewürzversand (Adressen Seite 281). Das nicht pulverisierte Harz wird wie Muskat gerieben.

Atta
Atta ist ein zu einem feinen Pulver vermahlenes Weizenvollkornmehl, feiner als das Vollkornmehl aus dem Naturkostladen oder dem Reformhaus. Traditionell wird es für Chapatis verwendet. Teig aus Atta-Mehl wird samtweich, lässt sich leicht kneten und sehr gut ausrollen. Erhältlich ist es in indischen Lebensmittelgeschäften oder im Versand.
Falls Sie Atta nicht bekommen können, mahlen Sie einfach Weizen oder Dinkel in Ihrer Getreidemühle ganz fein, sieben Sie die gröbsten Bestandteile aus, und mischen Sie zwei Teilen von diesem Mehl eventuell noch einen Teil Mehl Type 1050 unter.

Bathua
Bathua ist ein grünes spinatähnliches Blattgemüse, das auf dem indischen Subkontinent angebaut wird und unserer Gartenmelde ähnelt. Bei uns ist es kaum erhältlich, stattdessen können Sie aber auch auf die bei uns heimischen Wildkräuter wie Gartenmelde oder Guten Heinrich zurückgreifen.

Besan Flour
siehe Kichererbsenmehl

Birkenblätter
Birkenblätter bringen in etliche Gerichte eine interessante bittere Geschmacksnuance. Sie sind in der Apotheke erhältlich.

Birnendicksaft
siehe Apfeldicksaft

Bittergurke / Bittermelone
siehe Karela

Black Salt
(hindi: Kala Namak)
mineralhaltiges Salz; siehe Steinsalz

Bockshornkleeblätter
(hindi: Kasoori Methi)
Bockshornkleeblätter kennt man in Indien schon seit Jahrtausenden, wo sie frisch oder getrocknet verwendet werden, z. B. als Gewürz für Kartoffeln, Blumenkohl, Kohl, weiße Rüben, zahlreiche Dal- oder Bohnengerichte. Die Blätter entfalten ihren Geschmack am besten, wenn sie in Ghee oder Senföl zubereitet werden. Es gibt sie im indischen Lebensmittelgeschäft oder beim Gewürzversand (Adressen siehe Seite 281).

Bockshornkleesamen
(Fenugreek Seeds; hindi: Methi)
Die viereckigen, ziemlich flachen, beige-bräunlichen Samen schmecken leicht nussig. Bockshornkleesamen sind in Indien fester Bestandteil jeder Currymischung. Verwendet werden sie gemahlen, ungemahlen oder gekeimt, z. B. in Gemüsegerichten, Salaten und Suppen. Achten Sie nur darauf, dass die Samen beim Rösten nicht anbrennen, was ihnen einen bitteren Geschmack verleiht. Bockshornkleesamen sind im Naturkostladen, Reformhaus, im indischen Lebensmittelgeschäft oder beim Versand (Adressen siehe Seite 281) als Gewürz erhältlich.

Buchweizen
(Heidkorn, Welschkorn)
Buchweizen ist eigentlich gar kein Getreide, sondern ein Knöterichgewächs mit nussartigem Geschmack. Erhältlich ist er im Naturkostladen und Reformhaus.

Butterreinfett / Butterschmalz
siehe Ghee

Carom Seeds
siehe Ajwan

Chana Dal
Chana Dal ist die halbierte und geschälte Version von Kala Chana, kleinen indischen Kichererbsen. Sein köstlicher Geschmack, sein hoher Nährwert und seine leichte Bekömmlichkeit machen ihn zu einer der beliebtesten Dalsorten Indiens. Sie bekommen Chana Dal im indischen Lebensmittelgeschäft oder im Versand (Adressen siehe Seite 281).

Chardi Samen
siehe Chironji

Chironji
(Chardi Samen)
Chironji oder Chardi Samen sind die nussartigen Samen eines Baumes namens *Buchanania lazan.* Mit ihrem Geschmack erinnern die linsenartigen, braunen und 6 mm großen Samen stark an Mandeln. Trocken geröstet passen Sie immer dann, wenn man sonst Mandeln verwenden würde. In Indien streut man sie beispielsweise gehackt als Verzierung über den überall beliebten Shrikhand (ein cremiges Joghurtdessert). Chironji erhalten Sie im indischen Lebensmittelgeschäft oder beim Gewürzversand (Adressen siehe Seite 281).

Cumin
siehe Kreuzkümmel

Curryblätter
Curryblätter mit ihrer leicht bitteren Geschmacksnuance verwendet man frisch oder getrocknet. Sie bekommen sie im indischen oder asiatischen Lebensmittelgeschäft.

Dal
Getrocknete Bohnen, Linsen und andere Hülsenfrüchte heißen in Indien Dal. Zusammen mit Getreide gehören Bohnen und Hülsenfrüchte auf der ganzen Welt zu den Grundnahrungsmitteln. Die Ayurveda-Küche schätzt vor allem ihre reinigende und zugleich aufbauende Wirkung und verwendet sie ganz, gespalten oder geschält. Verschiedene Dalsorten bekommen Sie in indischen oder asiatischen Lebensmittelgeschäften, im Naturkostladen oder im Versand (Adressen siehe Seite 281).

Flachreis
(hindi: Poha)
siehe Reisflocken

Flaschenkürbis
(Bottle Gourd; hindi: Louki)
Nahezu alle Küchen rund um den Erdball verwenden Flaschenkürbis, sei es in Indien, dem Mittleren Osten, Afrika, Mexiko oder auch den Mittelmeerländern. Kleine hellgrüne Flaschenkürbisse (15 – 20 cm lang) werden wie Zucchini verwendet, bei größeren (30 – 35 cm) müssen Sie die etwas festere Schale und je nach Größe auch die Kerne entfernen. Sie sind geschmacklich aber ebenso reizvoll wie die kleinen Zucchini. Flaschenkürbisse bekommen Sie in orientalischen und indischen Gemüsegeschäften.

Gartenmelde
(Weiße Melde, Weißer Gänsefuß)
Gartenmelde ist ein wild wachsendes grünes Blattgemüse, das man bei uns seit dem Altertum schätzt, z. B. in Gemüsegerichten, Salaten, Suppen und in Kräuterbutter. Aufgrund seiner wertvollen Inhaltsstoffe lohnt es sich durchaus, im Frühling aus dem Garten oder von einem Waldspaziergang Gartenmelde mitzubringen.

Ghee
(Butterreinfett, Butterschmalz)
Ohne Ghee (sprich: *Gie)* wäre die altindische vedische Küche so unvollständig wie ein Wagen ohne Räder. Zum Kochen, Braten und Frittieren, aber auch in vielen ayurvedischen Arzneimitteln schlägt Ghee alle anderen Speisefette oder -öle um Längen. Am besten ist es, wenn Sie Ihr Ghee selbst herstellen (siehe Seite 222). Konventionell hergestelltes Butter-

schmalz aus Massentierhaltung wird meist aus länger gelagerter Butter gewonnen. Inzwischen gibt es jedoch auch Ghee in kontrolliert biologischer Qualität aus artgerechter Tierhaltung im Naturkostladen. Konventionell hergestelltes Butterschmalz erhalten Sie im Supermarkt, Ghee bekommen Sie im Naturkostladen, im indischen Lebensmittelgeschäft oder beim Gewürzversand (Adressen siehe Seite 281).

Gram Flour
siehe Kichererbsenmehl

Guaven
Guaven sind süße, exotische Früchte, die in den Tropen als wohlschmeckende Durstlöscher geschätzt werden. In Indien serviert man die frischen Früchte gern auf einem Teller, in Stücke geschnitten und mit etwas Zitronensaft oder Chat Masala (siehe Seite 263). Überreife Früchte sehen gelblich grün aus und fühlen sich sehr weich an. Die Kerne in den Früchten sollten Sie allerdings vor dem Verzehr entfernen. Guaven bekommen Sie je nach Saison im indischen oder lateinamerikanischen Lebensmittelgeschäft.

Gulab jal
siehe Rosenwasser

Gur
Gur ist der eingekochte Saft verschiedener Palmenarten. Da er nicht raffiniert wird, enthält Gur noch alle gesunden Inhaltsstoffe der Pflanze. Gur bekommen Sie in asiatischen oder indischen Lebensmittelgeschäften oder beim Gewürzversand (Adressen siehe Seite 281). Siehe auch Jaggery.

Har Dhania
siehe Korianderblätter

Himalayasalz
siehe Steinsalz

Jaggery
Unter den gesunden Süßungsmitteln stehen Jaggery (eingekochter Zuckerrohrsaft) und Gur (siehe dort) neben Honig an erster Stelle. Und zum Kochen und Backen sind sie die Süßungsmittel der Wahl, da Honig nach dem Ayurveda nicht erhitzt werden sollte. Jaggery enthält alle Nährstoffe des Zuckerrohrs. Er gilt auch als gute Provitamin-A-Quelle und ist reich an B-Vitaminen. Jaggery bekommen Sie in asiatischen oder indischen Lebensmittelgeschäften oder beim Gewürzversand (Adressen siehe Seite 281).
Tipp: Um Jaggery, der in festen oder pastenartigen Blöcken erhältlich ist, in der Küche schneller parat zu haben, gehen Sie folgendermaßen vor: Jaggery mit etwas Wasser in einem Topf bei schwacher Hitze auflösen. So viel Wasser dazugeben, bis Sie eine flüssige Masse erhalten. Einige Minuten köcheln lassen, dann durch ein feines Sieb gießen. Er hat nun die Konsistenz von sehr flüssigem Honig. In einem Schraubglas aufbewahrt, können Sie ihn jederzeit verwenden. Nach dem Abkühlen dickt Jaggery noch etwas nach (wenn Sie jedoch genug Wasser dazugegeben haben, bleibt er wie flüssiger Honig). Kühl aufbewahren und bald verbrauchen.

Jeera
siehe Kreuzkümmel

Kala Namak
siehe Steinsalz

Kalonji
(Schwarzkümmel)
Kalonji oder Schwarzkümmel *(Nigella sativa)* hat unzählige Namen: In indischen Geschäften findet man die Samen als *Kalonji* oder *Kalinji;* auf den Packungen werden sie mit *»Schwarze Zwiebelsamen«* bezeichnet, und in orientalischen Geschäften wiederum erhält man sie unter dem Namen *»Siyah Daneh«* oder *»Schwarze Samen«*. Wie auch immer man Schwarzkümmel nennt, gesund ist er allemal; in Indien schätzt man ihn schon lange als Heilmittel. Kalonji bekommen Sie im Gewürzladen, in indischen und persischen Lebensmittelgeschäften sowie beim Gewürzversand (Adressen siehe Seite 281).

Kardamom
(hindi: Elaichi)
Kardamom, eine schilfartige Staude aus der Ingwerfamilie, stammt aus Vorderindien. Es gibt zwei Arten von Kardamom, den *grünen,* kleinen (im Aroma stärkeren) und den *roten,* großen Kardamom. Nach Safran und Vanille ist Kardamom das teuerste Gewürz; geschmacklich ähnelt er Zitronenschalen und Eukalyptus. Dieses aromatische Gewürz kann für Gebäck, Süßspeisen, Getränke und Gemüsegerichte verwendet werden. Kardamom bekommen Sie ganz oder gemahlen im Gewürzladen, Reformhaus, Naturkostladen und indischen Lebensmittelgeschäft.

Karela
(Bittergurke, Bittermelone)
Karelas oder Bittergurken werden in Indien seit Jahrtausenden angebaut. Zum Einsatz in der Küche kommen die noch unreifen Karelas, wenn sie 10 – 20 cm lang sind. Sie sind im indischen, orientalischen und asiatischen Lebensmittelgeschäft erhältlich.

Kasoori Methi
siehe Bockshornkleeblätter

Kichererbsenmehl
(Gram Flour; hindi: Besan)
Die Ayurveda-Küche verwendet Kichererbsenmehl (aus kleinen, gespaltenen Chana-Kichererbsen) schon seit Jahrtausenden. Es dient als Grundlage für Konfekt, aber auch für pikante Gerichte wie Saucen (z. B. Karhi-Sauce, siehe Seite 121) und Pakoras (siehe Seite 118). Die italienische und französische Küche kennt hauchdünne Fladen aus Kichererbsenmehl, sogenannte Soccas. Kichererbsenmehl und Chana Dal gibt es in asiatischen und indischen Läden, im Naturkostladen oder beim Gewürzversand.
Tipp: Wer Kichererbsenmehl selbst herstellen will, kauft sich Chana Dal beim Inder, röstet die Kichererbsen trocken in einer Pfanne und mahlt sie nach dem Abkühlen auf feinster Stufe in der Getreidemühle. Die großen Kichererbsen, Kabuli Chana, sind zum Mahlen ungeeignet, da sie viel zu hart für das Mahlwerk sind.

Kokosnusscreme
(Pure Creamed Coconut, Santen)
Kokosnusscreme wird aus der Steinfrucht der Kokospalme hergestellt. In der Küche verwendet man sie für Saucen, Suppen und Süßspeisen. Man erhält sie in indischen und asiatischen Lebensmittelläden oder beim Gewürzversand (Adressen siehe Seite 281).

Korianderblätter
(hindi: Har Dhania)
Korianderblätter sind das würzige Kraut der Korianderpflanze. Die frischen Blätter werden in der Ayurveda-Küche so häufig verwendet wie bei uns Petersilie. Frische Korianderblätter finden Sie manchmal im gut sortierten Gemüseladen und im indischen oder asiatischen Lebensmittelgeschäft.
Tipp: Sie können Koriander ganz leicht selbst ziehen. Einfach aussähen und 18 – 20 Tage später ernten. Verwenden Sie nur die Blätter und eventuell die ganz feinen Stiele.

Kreuzkümmel
(Cumin; hindi: Jeera)
Kreuzkümmel sind die Samenkörner des einjährigen Weißen Kümmels, der in Indien, Ostasien und im Mittelmeerraum beheimatet ist. Obwohl verwandt mit unserem Kümmel, schmeckt Kreuzkümmel doch völlig anders und häufig selbst Menschen, die normalen Kümmel nicht mögen. Mit Kreuzkümmel verfeinert man z. B. alle scharf-pikanten Gemüsegerichte, Reis, Dal, Joghurtspeisen, Raitas sowie pikante Lassi-Getränke. Currymischungen sind ohne ihn undenkbar. Der volle Geschmack und das Aroma entwickeln sich erst, wenn man die ganzen Kreuzkümmelsamen trocken in der Pfanne röstet. Gemahlenen und ganzen Kreuzkümmel gibt es im Gewürzladen, im Naturkostladen, im Reformhaus sowie im asiatischen und indischen Lebensmittelgeschäft.

Lotossamen, gepoppt
(hindi: Makhana)
Im Spätsommer, wenn die Lotosblumen allmählich verblühen, erntet man in den nordindischen Seen ihre Schoten mit den weißen Lotossamen. Gepoppte Lotossamen bekommen Sie im indischen Lebensmittelgeschäft oder beim Gewürzversand (Adressen siehe Seite 281).

Lovage Seeds
siehe Ajwan

Mangopulver
(Mango Powder; hindi: Amchoor)
Der Ayurveda schätzt Mangos wegen ihrer Heil- und Inhaltsstoffe schon lange. Bei uns bekommt man sie selten reif, dafür aber in Form von Mangopulver im indischen und asiatischen Lebensmittelgeschäft oder beim Gewürzversand (Adressen siehe Seite 281).

Methi
siehe Bockshornkleesamen

Molke
Molke ist die gelbgrüne Flüssigkeit, die bei der Herstellung von Panir und beim Abhängen von Joghurt anfällt. Molke enthält die wasserlöslichen Bestandteile der Milch wie Milchzucker, Milchsäure, wasserlösliche Vitamine, Mineralstoffe und Eiweiß. Sie ist daher zu schade zum Wegschütten und kann in den Rezepten an Stelle von Wasser oder für entschlackende Trinkkuren verwendet werden. Molke eignet sich zudem als haut- und umweltfreundliches Spülmittel und Badewasserzusatz.

Mungbohne
(grüne Sojabohne)
Ganze grüne Mungbohnen sind überall in Nordindien beliebt. Am bekömmlichsten sind sie, wenn sie vor dem Kochen gekeimt wurden (siehe Mungsprossen). Grüne Mungbohnen und Bio-Mungbohnen-Keimsaat erhalten Sie im Naturkostladen, Reformhaus oder in konventioneller Qualität im indischen und asiatischen Lebensmittelgeschäft oder beim Gewürzversand.

Mungsprossen
Während des Keimvorgangs steigt sowohl der Vitamingehalt als auch der Anteil an Mineralien in der Mungbohne ganz erheblich. Daneben ist das Eiweiß schon in die Aminosäuren aufgespalten und von hoher biologischer Wertigkeit.
Mungsprossen können Sie entweder selbst keimen oder im gut sortierten Gemüsegeschäft bekommen, dort werden sie meist als Sojasprossen geführt.
Tipp: Mungbohnen keimen lassen:
1) Grüne Mungbohnen über Nacht in Wasser einweichen (eine halbe Tasse Bohnen ergibt 2 – 3 Tassen Sprossen).
2) Sprossen in eine Keimbox oder ein Sprossenglas geben, in dem sie genug Licht bekommen, und 1 – 2 mal täglich unter fließendem Wasser spülen. Nach 5 – 6 Tagen sind sie genug gekeimt. Dann die Schalen der Sprossen entfernen: Sprossen in einer Schüssel mit lauwarmem Wasser umrühren und die oben schwimmenden Schalen abfischen.

Mustard Seeds
siehe Schwarze Senfkörner

Neemblätter
Neem (sprich: *Niim)* sind die Blätter eines heilkräftigen Baumes *(Azadirachta indica)*, den man im Ayurveda schon seit Jahrtausenden schätzt. Ob Rinde, Früchte, Samen oder die leicht bitter schmeckenden Blätter, alle Teile dieses außergewöhnlichen Baumes werden im Ayurveda therapeutisch verwendet. Neemblätter bekommen Sie im indischen Lebensmittelgeschäft und beim Gewürzversand (Adressen siehe Seite 281).

Nori
Das Meeresgemüse Nori ist von allen Algensorten am einfachsten zuzubereiten. In Japan wird die Alge nach dem Trocknen per Hand zu Blättern gepresst und lässt sich (z. B. über einer Gasflamme geröstet und später zerbröselt) für Suppen, Saucen, Gemüsebrühen und -gerichte oder als die bekannten Sushi-Nori-Rollen mit Reis servieren. Erhältlich ist Nori in asiatischen Lebensmittelgeschäften und manchmal auch in Naturkostläden.

Okra
(Ladyfingers; hindi: Bhindi)
Okras sind die Früchte eines Hibiskusstrauches. Sie werden schon vier bis sechs Tage nach der Blüte geerntet. In Indien schätzt man sie als leckeren Bestandteil vieler Gemüsegerichte. Okras bekommen Sie im indischen, asiatischen und türkischen Lebensmittelladen oder im gut sortierten Gemüsegeschäft.

Palmzucker
Palmzucker wird aus den Blüten einer Palmenart hergestellt. Dabei wird der süße Blütennektar gesammelt, aufgekocht, mehrmals gefiltert und muss dann unter ständigem Rühren erkalten, damit sich die feinen Kristalle bilden. Palmzucker erhalten Sie in asiatischen Lebensmittelgeschäften, in Eine-Welt-Läden oder beim Gewürzversand (Adressen siehe Seite 281).

Papadams
Papadams, oder Papads, sind hauchdünne Knäckechips aus Urad Dal und Gewürzen. Sie werden »neutral« (d. h. nur mit etwas Asafoetida gewürzt) oder aber mit Kreuzkümmel (Cumin), mit Chili u. Ä. angeboten. Erhältlich sind sie in indischen, persischen oder asiatischen Lebensmittelgeschäften oder beim Gewürzversand (Adressen siehe Seite 281).

Papaya
Die süßlichen exotischen Früchte bekommt man bei uns selten in reifer Form. Man kann sie im indischen und asiatischen Lebensmittelgeschäft oder im gut sortierten Gemüseladen finden.

Pure Creamed Coconut
siehe Kokosnusscreme

Quinoa
Quinoa gehört zu der Familie der Gänsefußgewächse und wird wie Getreide verwendet. Es ist sehr widerstandsfähig und gedeiht noch in den Hochlagen der Anden. Sie bekommen Quinoa in Naturkostläden und Reformhäusern.

Rai
siehe Schwarze Senfkörner

Reisflocken
(Flachreis)
Gepresste Reisflocken oder Flachreis sind – in allen möglichen Variationen – ein beliebtes und schnelles Gericht in Indien, Poha nennt man sie dort. Reisflocken gibt es in zwei Sorten: dicke und dünne. Dicke Reisflocken verwendet man zum Kochen, dünne Reisflocken nimmt man zum Frittieren von Snacks (z. B. Chidwa). Sie erhalten dicke Vollkornreisflocken im Naturkostladen oder im Reformhaus. Dünne oder dicke Reisflocken aus weißem Reis erhalten Sie im indischen Lebensmittelgeschäft oder beim Gewürzversand (Adressen siehe Seite 281).

Roh-Rohrzucker
Roh-Rohrzucker wird wie Vollrohrzucker aus Zuckerrohr hergestellt. Sie erhalten ihn im Naturkostladen.

Rosenwasser
(hindi: Gulab jal)
Rosenwasser – seit Jahrtausenden in Indien geschätzt – ist eine Mischung aus vier Tropfen Rosenöl auf einen Liter destilliertes Wasser. Für einen Liter Rosenöl braucht man zwei- bis dreitausend Kilogramm Rosenblätter. In der Küche verwendet man Rosenwasser zur Aromatisierung von Süßigkeiten (wie Sandesh, siehe Seite 250, und Honigmarzipan), Desserts (wie Süßreis) und Getränken (wie Lassi, siehe Seite 252). Auch in der Parfümerie und Kosmetik findet Rosenwasser Anwendung. Rosenwasser aus kontrolliert-biologischem Anbau gibt es im Naturkostladen und in Läden für Naturkosmetik.

Safran
Der ursprünglich u. a. aus Kashmir stammende Safran wird aus den getrockneten Blütennarben des Safrankrokus gewonnen. Er ist das teuerste Gewürz der Welt, da jede Krokusblüte nur 3 – 4 Safranfäden enthält. Sein Geschmack ist eine Kombination aus angenehm scharf, leicht bitter und zugleich süßlich und honigartig. In der Küche verwendet man die Safranfäden, die entweder eingeweicht oder trocken geröstet und anschließend vermahlen werden. Mit Safran färbt und aromatisiert man Teige, Gebäck, Puddings, Joghurtspeisen, Reisgerichte und Getränke. Safran bekommen Sie im Gewürzladen, im indischen, persischen und asiatischen Lebensmittelgeschäft und beim Gewürzversand (Adressen siehe Seite 281).

Schwarze Senfkörner
(Mustard Seeds; hindi: Rai)
Genaugenommen sind die kleinen Senfsamen des Braunen Senfs *(Brassica juncea)* nicht schwarz, sondern violettbraun. Mit Senfsamen würzt man Chutneys, Gemüse- und Dal-(Linsen-)Gerichte. Dabei werden die kleinen Samen in heißem Ghee oder Öl angeröstet, bis sie im (geschlossenen) Topf springen. Schwarze Senfkörner gibt es im Gewürzladen, im indischen Lebensmittelgeschäft oder beim Gewürzversand (Adressen siehe Seite 281).

Schwarzkümmel
siehe Kalonji

Selleriesamen
siehe Ajwan

Sendha Namak
siehe Steinsalz

Sesammus oder Sesampaste
siehe Tahin

Sojadrink
siehe Sojamilch

Sojamilch
Sojamilch wird aus gekochten und ausgepressten Sojabohnen hergestellt. Viele Allergiker und Veganer verwenden sie als tierisch-eiweißfreien Milchersatz. Im Handel finden Sie sie unter der Bezeichnung Sojadrink oder Sojatrunk im Reformhaus oder Naturkostladen – dort auch garantiert gentechnikfrei!

Steinsalz
(Himalayasalz; hindi: Sendha Namak
Black Salt; hindi: Kala Namak)
Himalayasalz, Sendha Namak, ist ein rosaweißliches Mineralsalz aus dem Sindh-Gebirge, einem Ausläufer des Himalaya. Der Ayurveda schätzt Sendha Namak schon seit Jahrtausenden als Heilmittel und in der Küche. Im Geschmack ähnelt es Salinensalz und wird auch ähnlich verwendet, ist jedoch gesünder, da sehr mineralienreich.
Black Salt, Kala Namak, ist ein rötlich graues mineralhaltiges Salz. Wegen seines charakteristischen schwefelhaltigen Geruchs und Geschmacks wird Black Salt nicht als Ersatz von Meersalz, sondern als eigenes Gewürz benutzt (deshalb in gut schließbarem Schraubglas aufbewahren). Man kann es zum Würzen von pikanten Gerichten und Brotaufstrichen, Panir und Quark, aber auch auf Früchte gestreut verwenden. Darüber hinaus ist es Bestandteil der Chat-Masala-Gewürzmischung.
Black Salt (Kala Namak) und Himalayasalz (Sendha Namak) gibt es im Naturkostladen und indischen Laden oder beim Gewürzversand (Adressen siehe Seite 281).

Tahin
(Sesammus, Sesampaste)
Tahin wird aus gerösteten und anschließend gemahlenen Sesamsamen herstellt. Es wird nicht nur als Brotaufstrich, sondern auch für Saucen, Dressings und Ähnliches verwendet. Tahin bekommen Sie als gesalzene oder ungesalzene Paste im Naturkostladen, Reformhaus und im asiatischen Lebensmittelgeschäft.

Tamarinde
Tamarinde, das Fruchtfleisch der unreifen Schote des Tamarindenbaumes, ist bei den meisten süßsauren Gerichten Indiens, wie Gemüse- und Reisgerichten sowie Dals, mit von der Partie. Tamarindenextrakt oder getrocknete Tamarinde bekommen Sie im indischen oder asiatischen Lebensmittelgeschäft oder beim Gewürzversand (Adressen Seite 281).
Tipp: Falls Sie keinen Tamarindenextrakt, sondern die getrockneten Tamarindenschoten (in Blockform verpackt) verwenden, weichen Sie etwa 50 g in einer kleinen abgedeckten Schüssel mit 250 ml kochend heißem Wasser 15 – 20 Minuten ein. Dann das Ganze durch ein feines Sieb gießen und die Tamarinde mit einem Holzlöffel so lange passieren, bis möglichst alles Mark durch das Sieb gepresst ist. Kratzen Sie dabei mit dem Löffel auch das Mark ab, das sich auf der Unterseite des Siebes befindet.

Tapioka
Die weißen Tapiokakügelchen werden aus der Maniokwurzel hergestellt. Sie sind stärkehaltig und besitzen viele wertvolle Inhaltsstoffe. Erhältlich sind sie im Naturkostladen, im Reformhaus und im indischen Lebensmittelgeschäft.

Tofu
Tofu ist ein Sojabohnenkäse oder -quark, der aus Sojamilch hergestellt wird. Wie bei der Herstellung von Käse wird der Milch ein Gerinnungsmittel zugesetzt und der entstehende »Quark« anschließend gepresst.
Tofu ist im Naturkosthandel oder im Reformhaus erhältlich.

Tur Dal
(Toor Dal)
Der gelbliche Tur Dal hat der Gesundheit einiges zu bieten. Sie bekommen ihn im indischen Lebensmittelgeschäft meist in geölter Form. Die Ölschicht dient als natürliches Konservierungsmittel und kann mit heißem Wasser abgewaschen werden.

Urad Dal / Urid Dal
Urad Bohnen sind kleine, schwarze, linsengroße Bohnen. Geschält und gespalten werden sie als Urad Dal bezeichnet und sind elfenbeinfarben. Urad Dal bekommen Sie im indischen oder asiatischen Lebensmittelgeschäft oder beim Gewürzversand (Adressen siehe Seite 281).

Wasserkastanie / Wassernuss
Wasserkastanien oder Wassernüsse, wie die korrekte botanische Bezeichnung lautet, sind unter Wasser wachsenden Früchte der Wasserpflanze *Trapan natans.* Die zu Mehl gemahlenen Früchte werden in Indien für flache Fladenbrote, Puris (siehe Seite 180), Pakoras (siehe Seite 118), Halava (siehe Seite 238) und süße Puddings verwendet. Das Wasserkastanienmehl (Singhar Atta) ist im orientalischen (z. B. persischen) oder indischen Lebensmittelgeschäft oder im Gewürzversand (Adressen siehe Seite 281) erhältlich.

Wildpfeilwurzelmehl
(Arrowroot)
Wildpfeilwurzelmehl wird aus dem zermahlenen Wurzelstock der tropischen Pfeilwurzel gewonnen. Das pulverfeine Stärkemehl wird als Bindemittel oder Verdickungsmittel, z. B. für Saucen und Puddings, verwendet. Pfeilwurzelmehl eignet sich auch hervorragend zum Bestreuen von Kuchen oder Gebäck und ist somit eine gute Alternative zu Puderzucker. Wildpfeilwurzelmehl erhalten Sie im Reformhaus und Naturkostladen.

Zitronenpfeffer
Zitronenpfeffer ist eine Gewürzmischung aus schwarzem Pfeffer, Zitronenschalen und Kurkuma. Sie bekommen ihn im Kräuter- und Gewürzladen.

Erklärung der benutzten Sanskrit-Begriffe

Agni: (wörtl.: Feuer) Verdauungsfeuer, Stoffwechsel

Ama: (sprich: *Aam)* Stoffwechsel- und Körpergifte, die in den Zellen abgelagert werden; geistiges Ama entsteht durch negative Gedanken und Gefühle

Amla: sauer; eine der sechs Rasas (Geschmacksrichtungen)

Asthi: Knochen und Knorpel; eines der sieben *Dhatus* (Gewebe, Aufbauelemente)

Atharva-Veda: alte indische Überlieferung, einer der vier Haupt-Veden

Bhagavad-Gita: das bekannteste vedische Schriftdokument und Weisheitsbuch

Chakra: (wörtl.: Rad) die sieben Hauptenergiezentren des Körpers, die entlang der Wirbelsäule liegen

Charaka Samhita: (sprich: *Tscharak-Sang-hita)* einer der bedeutendsten und ältesten, heute noch erhaltenen Ayurveda-Kommentare

Dhanvantari: Inkarnation Krishnas bzw. Vishnus, Begründer des Ayurveda

Dhatus: die sieben Aufbauelemente des Körpers

Dosha: (wörtl.: das, was aus dem Gleichgewicht geraten kann) Konstitutionstypen, Bioenergien *(Vata, Pitta, Kapha)*

Ekadasi: der jeweils elfte Tag nach Vollmond und nach Neumond

Gunas: die drei Psychoprinzipien *Sattva, Rajas* und *Tamas,* die zusammen mit ihren Kombinationen Körper und Geist beeinflussen

Jagannatha: (wörtl.: Herr des Universums) ein anderer Name für Krishna

Kapha: (sprich: *Kapp-ha* oder *Kaffa)* eines der *Doshas*

Karma: das Gesetz von Ursache und Wirkung

Kasaya: zusammenziehend, herb; eine der sechs Rasas (Geschmacksrichtungen)

Katu: scharf; eine der sechs Rasas (Geschmacksrichtungen)

Krishna: (wörtl.: der Allanziehende) Gott, von dem alle göttlichen Inkarnationen ausgehen, ursprünglicher Lehrer der Veden, Sprecher der Bhagavad-Gita

Lavana: salzig; eine der sechs Rasas (Geschmacksrichtungen)

Madhura: süß; eine der sechs Rasas (Geschmacksrichtungen)

Majja: Knochenmark, Nerven; eines der sieben Dhatus (Gewebe, Aufbauelemente)

Malas: Ausscheidungsprodukte des Körpers

Mamsa: (wörtl.: Fleisch) Muskelgewebe; eines der sieben Dhatus (Gewebe, Aufbauelemente)

Mantra-Meditation: das Rezitieren verschiedener Namen Gottes zur spirituellen Reinigung und Weiterentwicklung

Meda: Fettgewebe; eines der sieben Dhatus (Gewebe, Aufbauelemente)

Ojas: subtiles Stoffwechselprodukt, Essenz der Lebensenergie

Pitta: eines der *Doshas*

Prana: Lebensenergie

Prasadam: geweihte, spiritualisierte Nahrung

Rajas: (sprich: *Radschas)* das Psychoprinzip der Aktiviät und des Leistungsstrebens, das zweite der drei Gunas (Psychoprinzipien)

Rakta: rote Blutkörperchen; eines der sieben Dhatus (Gewebe, Aufbauelemente)

Rasa: Plasma, Zellflüssigkeit; eines der sieben Dhatus (Gewebe, Aufbauelemente)

Rasa: (wörtlich auch: Geschmack, Wohlgeschmack) die sechs Geschmacksrichtungen (Rasas)

Rig-Veda: alte indische Überlieferung, einer der vier Haupt-Veden

Sattva: das Psychoprinzip des Glücks, der Erkenntnis und der Reinheit; angeborener Impuls, sich weiterzuentwicklen

Shrimad-Bhagavatam: eines der bekanntesten vedischen Schriftdokumente

Srotas: Transportsysteme des Körpers

Shukra: Keimzellen, eines der sieben Dhatus (Gewebe, Aufbauelemente)

Sushruta Samhita: einer der bedeutendsten und ältesten, heute noch erhaltenen Ayurveda-Kommentare

Tamas: das Psychoprinzip der Hilflosigkeit und Apathie, das dritte der drei Gunas (Psychoprinzipien)

Tikta: bitter; eine der sechs Rasas (Geschmacksrichtungen)

Vata: eines der *Doshas*

Veda: (wörtl.: echtes Wissen) Sammelbegriff für die vor über fünftausend Jahren schriftlich niedergelegten Erkenntnisse der vedischen Hochkultur

Vipak: Nachverdauungseffekt der Nahrungsmittel; die drei Vipaks süß, sauer und scharf beinflussen die Gewebe und die Ausscheidung des Körpers

Virya: (wörtl.: Kraft) Energie und Wirksamkeit von Lebensmitteln; ingesamt gibt es zwei Viryas: heiß (stoffwechselanregend) und kalt (stoffwechselhemmend)

Vishnu: ein Name Gottes in der vedischen Kultur

Literatur

Bhishagratna, Kunjalal: **Sushruta Samhita Vol. 1 – 3;** Chaukhambha Sanskrit Series

Dash, Bhagavan: **Materia Medica of Ayurveda – Madanapala's Nighantu;** B. Jain Publishers

Dash, Bhagavan u. Kashyap Lalitesh: **Materia Medica of Ayurveda – Todarananda Ayurveda Saukhyam Nr.1;** Concept Publishing Company

Devi, Yamuna: **Lord Krishna's Cuisine, The Art of Indian Vegetarian Cooking;** Dutton – Penguin Putnamy

Frawley, David: **Das große Ayurveda-Heilungsbuch;** Droemer Knaur

Johari, Harish: **Grundlagen der ayurvedischen Kochkunst;** Windpferd Verlag

Johari, Harish: **Dhanwantari;** Rupa & Co

Lad, Vasant u. Frawley, David: **Die Ayurveda Pflanzen-Heilkunde;** Windpferd Verlag

Miller, Light u. Miller, Bryan: **Ayurveda and Aromatherapy;** Motilal Banarsidass Publishers

Morningstar, Amadea u. Desai, Urmila: **The Ayurvedic Cookbook;** Motilal Banarsidass Publishers

Nadkarni, K. M. u. Nadkarni, A. K.: **The Indian Materia Medica Vol. 1 – 2;** Popular Prakashan Private Ltd.

Pahlow, Mannfried: **Das große Buch der Heilpflanzen;** Gräfe und Unzer

Ranade, Subash: **Ayurveda – Wesen und Methodik;** Karl F. Haug Verlag

Sharma, Priyavrat: **Caraka-Samhita Vol. 1 – 4;** Chaukhambha Orientalia

Skibbe, Petra u. Joachim: **Backen nach Ayurveda – Kuchen, Torten & Gebäck;** pala-verlag

Skibbe, Petra u. Joachim: **Backen nach Ayurveda – Kuchen, Torten & Gebäck;** pala-verlag

Skibbe, Petra u. Joachim: **Ayurveda – Feiern und Genießen;** pala-verlag

Skibbe, Petra: **Ayurveda-Handbuch für Frauen;** pala-verlag

Svoboda, Dr. Robert E.: **Prakruti – Your Ayurvedic Constitution;** Motilal Banarsidass Publishers

Willfort, Richard: **Gesundheit durch Heilkräuter;** Rudolf Trauner Verlag

Bezugsquellen

Surabhi Natural Products
Moststraße 25a, 93326 Abendsberg
www.surabhi.de

Govinda Natur GmbH
Feckweilerhaide 2, 55765 Birkenfeld
www.govinda-versand.de

Sat Nam Versand
Ringstraße 98, 64823 Groß-Umstadt
www.satnam.de

Indu-Versand
Turmstraße 7, 35085 Ebsdorfergrund
www.indu-versand.de

Seva Akademie Ayurveda
Zweigstraße 10, 80336 München
www.ayurveda-seva.de

Deutsche Sankirtan-Allianz e. V.
Hochwaldstraße 16, 55767 Brücken
www.krishna-culture.de

Amla Natur Vertriebs GmbH
Schulstraße 38, 21224 Rosengarten
www.bioayurveda.de

Handelskontor Barg GmbH
Bornhöveder Landstraße 40, 24601 Wankendorf
www.kamala-shop.de

Ayurveda-Versand, Wolfgang Kaiser
St. Ludwigstraße 27, 41844 Wegberg
www.ayur-veda-versand.de/kaiser/

Arogyam
Im Göttinger Bogen 34, 36179 Bebra
www.ayurvedaprodukte-arogyam.de

Schweiz:
Govinda Veda Kultur
Berikonerstraße 63, 8966 Oberwill
www.govinda-shop.ch

Österreich:
Govinda Kulturtreff
Lindengasse 2a, 1070 Wien
www.govinda.at

Säurewecker, mikrobielles nicht gentechnisch verändertes) Lab und anderes Zubehör zur Käseherstellung

Bunte Kuh, Käsereibedarf
Hinterdorfstraße 18, 36154 Hosenfeld-Hainzell
www.kaesereibedarf.de

Die Autoren

Petra Skibbe, Jahrgang 1965.
Petra Skibbe lebt und arbeitet heute als selbstständige Physiotherapeutin in Nürnberg. Schon immer hat sie einen ganzheitlichen Heilansatz und holistische Heilmethoden (Shiatsu oder Fußreflexzonen-Massage) in ihre Arbeit integriert.
Als sie vor mehr als 20 Jahren die Ayurveda-Heilkunde und -Ernährung kennenlernte, war sie besonders fasziniert von dem sowohl individuellen, typgerechten als auch ganzheitlichen und philosophischen Ansatz dieser Heilmethode.
Der Schwerpunkt ihres Interesses liegt darin, die universellen Prinzipien des Ayurveda vor allem in Bezug auf Ernährung und Lebensstil in unseren Kulturkreis zu übersetzen, um so die Bedeutung der persönlichen Gesundheitsvorsorge zu betonen. Petra Skibbe studierte intensiv verschiedene Aspekte des Ayurveda, besonders die Bereiche der Ayurveda-Ernährung, die physiotherapeutischen Behandlungstechniken und Massagen, aber auch die altindische Philosophie und Kultur, zu einem großen Teil auch in langjährigen Aufenthalten im Ursprungsland Indien.
Neben ihrer beruflichen Tätigkeit gibt sie ihr Wissen in ayurvedischen Ernährungsberatungen, Vorträgen, Seminaren und Workshops weiter.

Joachim Skibbe, Jahrgang 1958.
In seiner Naturheilpraxis behandelt Joachim Skibbe nach dem Prinzip, dass Körper, Geist und Seele eine Einheit sind und körperliche Beschwerden nur unter Berücksichtigung der individuellen Konstitution und Persönlichkeitsmerkmale erfolgreich therapiert werden können.
Nach eingehender Beschäftigung mit klassischer Homöopathie, Bachblütentherapie, Fußreflexzonen-Massage und Shiatsu traf er vor 25 Jahren auf den Ayurveda. Beim Ayurveda faszinierte ihn besonders die Einbeziehung einer individuellen, typgerechten Ernährung in die Heilkunde.
Joachim Skibbe studierte intensiv verschiedene Aspekte der Ayurveda-Medizin, insbesondere die Bereiche der Ayurveda-Ernährung und der Ayurveda-Lebenskunde, ebenso wie altindische Philosophie und Kultur, zu einem großen Teil auch in langjährigen Aufenthalten im Ursprungsland Indien.
Joachim Skibbe lebt mit seiner Familie in der Nähe von Mainz, wo er auch praktiziert.
Neben seiner beruflichen Tätigkeit bietet Joachim Skibbe auch Vorträge, Seminare und Workshops an. Aktuelle Angebote sind auf seiner Website zu ersehen: www.naturheilpraxis-skibbe.de

Im pala-verlag sind von Petra Skibbe und Joachim Skibbe erschienen:
- *Backen nach Ayurveda – Kuchen, Torten & Gebäck*
- *Backen nach Ayurveda – Brot, Brötchen & Pikantes*
- *Ayurveda-Handbuch für Frauen – typgerecht essen, rundum wohl fühlen*
- *Ayurveda – Feiern und Genießen*
- *Köstliche Kürbis-Küche*
- *Toskana – vegetarisch genießen*

Rezeptindex

Andere Bücher von Petra Skibbe und Joachim Skibbe

Petra Skibbe und Joachim Skibbe:
Ayurveda – Feiern und Genießen
Rezepte rund ums Jahr
ISBN: 978-3-89566-187-7

Petra Skibbe:
Ayurveda-Handbuch für Frauen
Typgerecht essen, rundum wohl fühlen
ISBN: 978-3-89566-176-1

Petra Skibbe und Joachim Skibbe:
Backen nach Ayurveda
Kuchen, Torten & Gebäck
ISBN: 978-3-89566-178-5

Petra Skibbe und Joachim Skibbe:
Backen nach Ayurveda
Brot, Brötchen & Pikantes
ISBN: 978-3-89566-166-2

Andere Bücher aus dem pala-verlag

Petra Skibbe und Joachim Skibbe:
Köstliche Kürbis-Küche
ISBN: 978-3-89566-150-1

Martina Kobs-Metzger:
Ayurvedaküche – leicht und schnell
ISBN: 978-3-89566-209-6

Gertrud Dimachki:
Vegetarisches aus 1001 Nacht
ISBN: 978-3-89566-169-3

Yashoda Aithal:
Vegetarisch kochen – indisch
ISBN: 978-3-89566-153-2

ISBN: 978-3-89566-252-2

Rheinstraße 35, 64283 Darmstadt
www.pala-verlag.de
4. überarbeitete Auflage 2009
Die erste Auflage erschien 1999.

Lektorat: Bettina Snowdon
Titel- und Textillustration: Tatiana Mints
Tipp-Kastenzeichnungen: Sabine Hoff
Druck: freiburger graphische betriebe
www.fgb.de
Printed in Germany

Dieses Buch ist auf Papier aus
100 % Recyclingmaterial gedruckt.